Der Malayische Archipel

Alfred Russel Wallace

Der Malayische Archipel

Herausgegeben und eingeleitet
von Peter Simons

SOCIETÄTS-VERLAG

Bearbeitet und gekürzt nach der
deutschen Übersetzung von A. B. Meyer (1869)

Alle Rechte vorbehalten · Societäts-Verlag
© 1983 Frankfurter Societäts-Druckerei GmbH
Satz und Druck Poeschel & Schulz-Schomburgk, Eschwege
Buchbinderische Verarbeitung Ludwig Fleischmann, Fulda
Umschlaggestaltung Heinrich Müller
Bild Die Molukkeninsel Buru
Printed in Germany 1983
ISBN 3-7973-0407-2

Am 22. März 1869, wenige Wochen nach Erscheinen des
»The Malay Archipelago«, schrieb Charles Darwin an den
Autor A. R. Wallace:
»Mein lieber Wallace,
Ich habe Ihr Buch zu Ende gelesen; es scheint mir ausgezeichnet zu sein und gleichzeitig äußerst angenehm zu lesen. Daß Sie überhaupt jemals lebendig zurückgekommen
sind, ist nach allen Ihren Gefahren durch Krankheit und
Seereisen ... ganz wunderbar. Von allen den Eindrücken,
die ich von Ihrem Buch erhalten habe, ist der stärkste der,
daß Ihre Ausdauer bei der Wissenschaft heroisch gewesen ist.
Ihre Beschreibung des Fanges der prachtvollen Schmetterlinge hat mich neidisch gemacht und hat mich gleichzeitig wieder beinahe jung fühlen lassen, so lebendig hat
sie mir die Erinnerung an alte vergangene Tage vor die
Seele gerufen, als ich selbst sammelte, obgleich ich niemals
solche Fänge gemacht habe wie die Ihrigen ... Ich würde
erstaunt sein, wenn Ihr Buch nicht einen großen Erfolg
hätte; und Ihre glänzenden Verallgemeinerungen über
geographische Verbreitung, mit denen ich aus Ihren Auf-
sätzen vertraut bin, werden den meisten Ihrer Leser neu
sein.«
Charles Darwin ist weiten Kreisen als der eigentliche Be-
gründer der heute wieder viel diskutierten Abstammungs-
theorie bekannt. Weitaus weniger verbreitet ist im deutsch-
sprachigen Raum die Kenntnis, daß Alfred Russel Wallace,
völlig unabhängig von Darwin, die gleiche Theorie vom
Ursprung der Arten entwickelte. Darwin hatte ursprünglich an einen späteren Erscheinungstermin seines epochalen

5

Werkes »Vom Ursprung der Arten« gedacht. »Meine Pläne wurden aber umgestürzt; denn zeitig im Sommer 1858 schickte mir Mr. Wallace, welcher sich damals im Malayischen Archipel befand, eine Abhandlung ›Über die Tendenz der Varietäten, unbegrenzt von dem ursprünglichen Typus abzuweichen‹; und diese Abhandlung enthielt genau dieselbe Theorie wie die meinige.« (Darwin, Autobiographie)

Dieser Aufsatz, geschrieben an drei aufeinander folgenden Abenden im Februar 1858 auf der Molukken-Insel Ternate, erschien im August des gleichen Jahres, zusammen mit einer Kurzfassung von Darwins Arbeiten, in dem »Journal of the Proceedings of the Linnean Society«.

Darwins Buch wurde 1859 veröffentlicht. Bekanntlich war die Auflage schon am ersten Tag vergriffen: Darwin erntete den Ruhm des Erstentdeckers, obgleich Wallace ihn genauso hätte beanspruchen können. Ein Exemplar des Werkes ging bald auf die Reise zu Wallace im fernen Malayischen Archipel. Wallace, der das Buch mehrmals aufmerksam las, schrieb Darwin am 16. Februar 1860 von der Molukken-Insel Amboina, wie außerordentlich hoch er das Werk einschätze. Darwin antwortet herzlich:

»...müssen Sie mir gestatten, Ihnen zu sagen, wie sehr ich die hochherzige Art bewundere, mit welcher Sie über mein Buch sprechen... Die meisten Personen würden wohl in Ihrer Lage etwas Neid oder Eifersucht empfunden haben. Wie prächtig frei von diesen gemeinen Fehlern der Menschheit scheinen Sie zu sein. Sie sprechen aber viel zu bescheiden von sich selbst. Sie würden, wenn Sie freie Zeit gehabt hätten, die Arbeit genauso gut, vielleicht noch besser getan haben, als ich sie gemacht habe...«

In der Tat sind Wallace' erste Abhandlungen über den Ursprung der Arten von bewundernswerter Klarheit und gedanklicher Tiefe. Bereits im Februar 1855 hatte er in der

Einsamkeit der Borneo-Urwälder, nahe der Mündung des Sarawak-Flusses, die Abhandlung »Über das Gesetz, das das Entstehen neuer Arten reguliert hat«, erschienen 1855 in »The Annals and Magazine of Natural History«, geschrieben, die alle wesentlichen Aspekte und Probleme der modernen Abstammungsforschung in programmatischer Form behandelte. Er erkennt bereits sehr klar, daß viele Einzelheiten bei der Darstellung einer stammesgeschichtlichen Klassifikation der Organismen nur sehr schwer einer Erklärung zugänglich sein würden. An der Richtigkeit dieser Aussage hat sich bis heute wenig geändert. Die berühmte Pferdereihe gehört zu den wenigen Stammbäumen, die wir »richtig« kennen.

Das große Naturgesetz ist für Wallace die stufenweise Veränderung der Organismen in einer natürlichen Aufeinanderfolge (natural succession). Bei Kenntnis aller ausgestorbenen Formen würde uns die ganze organische Welt »als ein ununterbrochenes und harmonisches System erscheinen«.

An anderer Stelle schreibt er: »Zu entdecken, wie die ausgestorbenen Arten von Zeit zu Zeit durch neue ersetzt wurden, bis hinunter in die allerersten geologischen Perioden, das ist das schwierigste, aber zugleich interessanteste Problem der Naturgeschichte der Erde.«

Darwin schrieb in einem Brief an Wallace (vom 1. Mai 1857) die oft zitierten Worte nieder: »Was den Aufsatz in den Annals betrifft, so stimme ich der Richtigkeit beinahe jedes Wortes zu...«

In Wallace' »Ternate-Aufsatz« von 1858 geht es um das allgemeine Prinzip, das den Veränderungen der Arten zugrunde liegt. In dieser Abhandlung steht der entscheidende Satz, der Darwin so »alarmierte«: »Das Leben wilder Tiere ist ein Kampf ums Dasein.« Und weiter heißt es darin: »Die Individuenmengen, die jährlich sterben, müssen ungeheuer sein... Es ist ein Kampf ums Dasein, in dem die schwächsten und am wenigsten vollkommen organisierten stets unterliegen müssen.«

Und, so erkannte er plötzlich, durch diesen selbsttätigen Prozeß (self-acting process) wird die Rasse notwendigerweise verbessert, da ja nur die am besten angepaßten Organismen überleben würden (the fittest would survive). Anders ausgedrückt: Es existiert »in der Natur eine Tendenz zu dem andauernden Fortschreiten bestimmter Klassen von Varietäten weiter und weiter von ihrem ursprünglichen Typus weg.« Das sind deutliche Worte, die Darwin geradezu zwangen, sein Buch so rasch wie möglich zu publizieren.

Beide Aufsätze, der 1855 in Sarawak sowie der 1858 auf Ternate verfaßte, wurden später in Wallace' Buch »Beiträge zur Theorie der natürlichen Zuchtwahl« (deutsch 1870) abgedruckt. Die Aufsatzsammlung dieses Werkes ist ein Bekenntnis zum Darwinismus. Die darin enthaltenen Ausführungen über den biologischen Begriff der Art sind auch heute noch lesenswert.

Wallace erkennt klar, daß Arten mit geringer Verbreitung ein weitaus konstanteres Erscheinungsbild zeigen als solche mit ausgedehntem Verbreitungsgebiet, was er während seiner achtjährigen Reisen durch den Malayischen Archipel immer wieder bestätigt findet. Er beschreibt ferner die Eigenständigkeit vieler Formen auf lange isolierten Inseln. Solche, von der Wissenschaft als endemische Arten oder Rassen bezeichneten Belege des Evolutionsprozesses, konnte Darwin am Beispiel der Tier- und Pflanzenwelt der Galapagos-Inseln überzeugend darlegen. (Reise eines Naturforschers um die Welt. (S. 636 ff.) Frankfurt o. J.)

Durch die Erfahrungen seiner Indonesien-Reise wurde Wallace auch zu einem der bedeutendsten Erforscher der tiergeographischen Regionen der Erde. Er erkannte, wie vor ihm schon der holländische Naturforscher Salomon

Müller, daß die Tierwelt von Celebes und der weiter östlich gelegenen Molukken-Inseln gegenüber der asiatischen im Westen und der australischen im Osten eine eigentümliche Zwischenstellung einnimmt. »Diese Insel«, so schreibt er von Celebes, »steht gleichsam auf der Grenzlinie zweier Welten.« (S. S. 224 ff.: Naturgeschichte von Celebes.)

Die geheimnisvolle Grenzlinie zwischen asiatisch-malayischer Fauna und der Übergangszone zur australischen von Neuguinea und Australien zieht Wallace 1860 zwischen den Inseln Bali und Lombok, durch die Makassar-Straße und die Celebes-See sowie zwischen den südlichen Philippinen-Inseln und den Molukken (s. S. 333 ff.: Naturgeschichte der Molukken). Diese später Wallace-Linie genannte Faunengrenze hat ganze Generationen von Zoogeographen beschäftigt. Je nach betrachteter Tiergruppe entbrannten oft heftige Kontroversen um diese Linie, doch im ganzen hat sich die Grenzziehung bis zum heutigen Tage behaupten können.

Die Inseln zwischen der Wallace-Linie und Neuguinea wurden 1928 von R. E. Dickerson u. a. unter dem Namen Wallacea zu einer eigenen tiergeographischen Region zusammengefaßt. Diese tiergeographisch angemessene Bezeichnung bestätigt die grundlegenden Einsichten von Wallace und schreibt seinen Namen als Terminus der biologischen Wissenschaften wohl für alle Zeiten fest.

Alfred Russel Wallace wurde am 8. Januar 1823 in Kensington Cottage, einem kleinen Weiler am Rande des Städtchens Usk, in Südwales geboren. Als Alfred sechs Jahre alt war, verzog die Familie nach Hertford, nördlich von London, wo er seine gesamte Schulzeit verbrachte. Von seinen acht Geschwistern erreichten nur zwei ein hohes Alter, nämlich der Bruder John, der 1895 77jährig in Kalifornien verstarb, und seine Schwester Francis, die 81 Jahre alt wurde. Alfred erreichte von allen das höchste Alter. Er verstarb, fast 91jährig, am 7. November 1913.

Im ersten Band seiner Autobiographie schildert Wallace eingehend das Leben in der *Grammar School,* die er vom sechsten Lebensjahr an besuchte. Der Unterricht begann um 6.30 Uhr, im Winter »erst« um 7.00 Uhr. Um 8.00 Uhr gab es Frühstück; dreimal in der Woche dauerte der Unterricht bis 17.00 Uhr. Das über 200 Jahre alte Schulgebäude besaß im Erdgeschoß einen einzigen großen Raum, in dem 80 Schüler von vier Lehrern und einem Direktor unterrichtet wurden. Neben Latein erlernte er hier im Laufe der Jahre auch Französisch, doch zur Meisterschaft brachte er es in keiner Sprache; wiederholt beklagt er seine mangelnde Begabung für Sprachen.

In Erdkunde und Geschichte, so bemängelt er, wurden fast nur Daten und Namen gelernt. Erstaunlich, was er dennoch in späteren Jahren für die Geographie, insbesondere die Zoogeographie, geleistet hat!

Weihnachten 1836 verläßt er die Schule, eine offizielle »höhere« Bildung wird ihm nie zuteil, geschweige denn ein Hochschulstudium. Weitestgehend aus eigener Kraft arbeitet sich dieser Angehörige des bis dahin kaum von Aufstiegschancen begünstigten Kleinbürgertums zum international angesehenen Naturwissenschaftler empor.

Als Vierzehnjähriger verläßt er Hertford und arbeitet von nun an bei Mr. Webster, Bauunternehmer in London. Der von eineinhalb Stunden Pause unterbrochene Zehnstundentag dauert von 6.00 Uhr bis 17.30 Uhr. Das Elternhaus sieht er nur noch selten während kurzer Ferien.

Durch Vorleseabende des Vaters angeregt, ist er ein eifriger Benutzer von Leihbüchereien geworden. So vertieft er sich in London zum ersten Mal in die Schriften des Sozialisten Robert Owen; die soziale Frage wird ihn bis ins hohe Alter beschäftigen und in seinen Publikationen ihren deutlichen Niederschlag finden. Aufsätze in europäischen und amerikanischen Zeitschriften zu Anfang des 20. Jahrhunderts weisen ihn aus als Ankläger der Kolonialsysteme und

als einen der geistigen Wegbereiter moderner Konflikt-
und Friedensforschung.

Die offiziellen Kanzelpredigten von der ewigen Ver-
dammnis verstärken seinen religiösen Skeptizismus zunehmend. Er steht Zeit seines Lebens außerhalb der offiziellen
Kirchenreligion und ist dennoch, oder gemessen am Zeit-
geist gerade deswegen, ein tief religiöser Mensch.

Im Sommer 1837 begleitet er seinen vierzehn Jahre älteren Bruder William in die mittelenglische Grafschaft Bed-
fordshire. Hier erlernt er unter Anleitung seines Bruders
mit Eifer den Beruf eines Landvermessers, den er auch Zeit
seines Lebens mit Enthusiasmus ausgeübt hätte, wenn nicht
besondere Umstände ihm ein ganz anderes Schicksal zuge-
dacht hätten.

Rasch entwickelt sich bei ihm eine lebenslange Liebe zu
den sogenannten exakten Wissenschaften. Bei der gemeinsamen Arbeit studiert er eindrucksvolle Aufschlüsse geo-
logischer Schichten mit ihren vielfältigen Fossilien. Diese
Begegnung mit den geologischen Strukturen vertieft er
später durch das Studium von Charles Lyell's berühmten
Werk »Principles of Geology« und erwirbt sich damit entscheidende Kenntnisse für das Verständnis der stammesgeschichtlichen Entwicklung der heutigen Tierwelt.

Ab Herbst 1841 arbeiten die Brüder Wallace in der Umgebung von Neath in der Grafschaft Glamorganshire in
Wales. Neben einem großen Interesse für die Astronomie –
er übt sich u. a. in der astronomischen Ortsbestimmung –
entwickelt Alfred zunehmend einen Hang, die Geheimnisse
der ihn umgebenden Natur, insbesondere der Pflanzenwelt,
näher kennenzulernen. Ein Jahr lang sammelt er Pflanzen
und bestimmt die einzelnen Arten; dabei wird ihm in zunehmendem Maße die allen unterschiedlichen Formen zugrunde liegende Ordnung bewußt.

Mehr und mehr vertieft er sich in die großen Pflanzen-
lehrbücher seiner Zeit. Auf langen Exkursionen empfindet

er zum ersten Mal jene unbeschreibliche Freude, Neues zu entdecken, die ihn später in Amazonien und der Insulinde zu fast übermenschlichen Leistungen antreiben wird. Der Anblick tropischer Orchideen in Gewächshäusern erweckt in ihm unstillbare Tropensehnsucht, die wenige Jahre später zur Amazonasreise führt.

Als Zwanzigjähriger schreibt er seine ersten Abhandlungen. Interessante zeitgeschichtliche Einblicke gewährt eine damals verfaßte Studie über die Bauern in Südwales (abgedruckt in My Life, Bd. 1, S. 206-222). Wallace erkennt die Vorzüge einer verständlichen Darstellung gegenüber einem hochwissenschaftlichen Zunftjargon. Nicht weniger aktuell sind seine Ausführungen unter dem Titel »Die Vorzüge eines vielfältigen Wissens«, das nach Wallace – und vielen anderen bedeutenden Denkern – die ganze Persönlichkeit formt, ganz im Gegensatz zu auf frühzeitige Spezialisierung erpichten Bildungsreformen, welche die Entfaltung der schöpferischen Intelligenz eher behindern als fördern.

1844 geht Wallace wieder nach London, da sein Bruder keine Arbeit mehr für ihn hat. Nach mehreren Versuchen gelingt es ihm, eine Anstellung als Lehrer an der *Collegiate School* in Leicester, Mittelengland, zu erhalten. Er bleibt ein Jahr in Leicester, in dessen ausgezeichneter Stadtbücherei er auf Werke stößt, die seinen weiteren Werdegang nachhaltig beeinflussen. Humboldts südamerikanisches Reisewerk bestätigt ihn in seiner Sehnsucht nach einer Tropenreise. Den nachhaltigsten Einfluß auf sein späteres wissenschaftliches Denken gewinnt die Schrift »Principles of Population« von Robert Malthus, eine höchst bemerkenswerte Parallele zu Charles Darwin.

In der Bücherei trifft er zum ersten Mal Henry Walter Bates, seinen späteren Reisebegleiter nach Amazonien. Bates, der bereits eine umfangreiche Käfersammlung besitzt, weckt in ihm die große Liebe für das systematische Sammeln der Insekten, das dann ganz wesentlich zu seinen Erkenntnissen vom Ursprung der Arten beiträgt.

Ostern 1846, zwei Monate nach dem Tode seines Bruders William, zieht er nach Neath, um finanzielle Angelegenheiten des Verstorbenen zu regeln. Er bleibt in Neath, unterrichtet in der Abendschule der *Neath Mechanics' Institution* Handwerker und unternimmt immer zahlreichere Sammel- und Beobachtungsausflüge in die herrliche Natur der Umgebung.

Bei einem Besuch von Bates im Sommer 1847 wird ernsthaft über eine gemeinsame Tropenreise diskutiert. Aus Briefen an Bates geht hervor, daß Wallace schon damals, nur vier Jahre nach Aufnahme des Studiums der Naturwissenschaften, über den Ursprung der Arten zu spekulieren beginnt. Er ist fest davon überzeugt, daß gründliches Studium der Naturfakten (facts of nature) schließlich zu einem Einblick in dieses große Geheimnis (mystery) der Natur führen wird.

Im Jahr darauf ist es dann soweit; Bates und Wallace fiebern dem Tag ihrer Abreise nach Para an der Amazonas-Mündung entgegen. Von Mr. Edward Doubleday, Schmetterlings-Kurator im Britischen Museum, erfahren sie, daß mit Sammlungen aller Arten von Insekten, Vögeln und Säugetieren die Reisekosten leicht gedeckt werden können. Hinzu kommt, daß sie in London in der Person des Mr. Samuel Stevens einen zuverlässigen Agenten finden, der sich in höchst seriöser Art um den Verkauf ihrer Sammlungen kümmern wird.

Die Abreise von Liverpool erfolgt am 20. April 1848. Die Überfahrt auf einer 192-Tonnen-Segelbarke – das Dampfschiffzeitalter hatte gerade erst begonnen – dauert 29 Tage. Wallace kehrt Anfang Oktober 1852 nach England zurück, Bates bleibt noch weitere acht Jahre im Amazonasgebiet.

Vom ersten Tag an ist Wallace zutiefst beeindruckt von

der Welt der Tropen; das Klima behagt ihm außerordentlich. Der tropische Regenwald macht auf ihn einen über-
wältigenden Eindruck. In nur zwei Monaten sammelt er
über 400 Schmetterlingsarten, die sich häufig durch außergewöhnliche Größe und Farbenpracht auszeichnen.

Im Juli 1849 kommt sein Bruder Herbert ins Amazonasgebiet, um sich ebenfalls im Sammeln von Insekten aller
Art zu versuchen. Er stirbt im Mai 1851 kurz vor der Rückreise nach Europa in Para am Gelbfieber. Wallace reist u. a.
den Rio Negro aufwärts bis ins Stromgebiet des Orinoko.

Von den am Rio Negro naturgetreu gezeichneten Fisch-
arten erweisen sich später über 100 als Neuentdeckungen.
Zollformalitäten hindern Wallace jedoch daran, den größeren Teil seiner Sammlungen vor der Einschiffung nach
England vorauszusenden. Was bereits in England angekommen ist, deckt gerade die Reisekosten.

Auf der Rückreise, am Freitag, dem 6. August 1852 morgens gegen 9.00 Uhr, bricht mitten auf dem Atlantik im
Schiffsrumpf Feuer aus. Die nächste Inselgruppe (Bermu-
da) liegt 700 Seemeilen entfernt. Alles, was er retten kann,
sind die Palmen- und Fischzeichnungen sowie ein Rio-
Negro-Tagebuch. Zur eigenen Überraschung bleibt er bei
diesem schrecklichen Ereignis bemerkenswert ruhig und
gefaßt. Erst nach zehn Tagen werden die Schiffbrüchigen
von einem anderen Schiff entdeckt und aufgenommen.

In London bereitet er unverdrossen die Herausgabe seiner Amazonasbücher vor. Eingehende Studien im Britischen Museum geben ihm die Gewißheit, daß der Malayische Archipel der geeignete Raum für eine neue Forschungs-
reise ist. Außer der Insel Java ist hier fast alles Neuland, besonders die geheimnisvolle Welt der Molukken-Gewürz-
inseln verspricht eine Fülle von Neuentdeckungen.

Im April 1854 trifft Wallace in Singapur ein. Hier nun
beginnen seine achtjährigen Reisen in dem riesigen Tropen-
archipel der Insulinde. Wie bei Darwin die Weltreise mit

der »Beagle«, wird es zum zentralen Ereignis in seinem Leben. Auf allen Reisen im Archipel begleitet ihn sein treuer und sachkundiger Diener Ali, den er 1855 in Sarawak engagiert. Ohne die unermüdliche Mithilfe dieses klugen »Eingeborenen« wäre wohl ein großer Teil seiner Sammlungen nie wohlbehalten nach England gelangt. Wir werden hier erinnert an Mohammed el Qatruni, den berühmten Begleiter des deutschen Afrikaforschers Heinrich Barth, ohne dessen Hilfe dieser wohl kaum die Riesenräume der Sahara hätte durchqueren können.

Die Jahre nach seiner Rückkehr, 1862 bis 1871, sind mit wissenschaftlichen und literarischen Arbeiten in London ausgefüllt. Er bearbeitet in dieser Zeit 1000 Vogelarten und gut 7000 Arten von Insekten. Die Herausgabe seines malayischen Reisewerkes verzögert sich dadurch. Doch, was lange währt, wird endlich gut: Das Buch ist auch 35 Jahre nach der Erstveröffentlichung ein Bestseller.

Erst mit 43 Jahren heiratet der vielbeschäftigte Junggeselle, nach einer herben Enttäuschung, die achtzehnjährige Tochter des Botanikers und Gärtners Mitten. Seinen Lebensunterhalt bestreitet er von seiner wissenschaftlichen Tätigkeit und aus dem Erlös seiner Bücher. Verschiedene Bemühungen um feste Anstellung schlagen trotz Fürsprachen fehl.

Unter den bedeutendsten Männern der Wissenschaft in London wird Charles Lyell sein engster Freund. Auch Darwin gehört zu diesem Freundeskreis; die umfangreiche Korrespondenz mit ihm erstreckt sich über einen Zeitraum von 25 Jahren bis wenige Monate vor Darwins Tod. Darwin war von den meisten seiner Veröffentlichungen tief beeindruckt. Über sein Buch »Island Life« schrieb dieser in einem Brief vom 3. November 1880: »Es ist ganz vorzüglich und scheint mir das beste Buch zu sein, das Sie je veröffentlicht haben.«

Gegen Ende 1885 erhält Wallace, nunmehr berühmt,

eine Einladung zu einer Vortragsreise durch Nordamerika. Er arbeitet insgesamt acht Vorträge aus, die später den Grundstock für sein berühmtes Buch »Der Darwinismus« bilden.

Nach vierzehntägiger Seereise erreicht er am 13. Oktober 1886 New York. In Boston lernt er den damals bedeutendsten Botaniker Nordamerikas, Asa Gray, kennen. Die Zeitungen berichten begeistert von den Vorträgen des englischen Gastes, die sich durch eine einzigartige Klarheit der Darstellung auszeichnen. Die Reise führt ihn quer durch den Kontinent bis nach San Franzisko. Von Quebec tritt er am 12. August 1887 die Rückreise nach Europa an.

Das ganze Jahr 1888 ist er mit der Fertigstellung des »Darwinismus« beschäftigt. Wallace gilt damals als der prominenteste Vertreter des Darwinismus, und sein neues Buch, das diese vielen Zeitgenossen zu revolutionäre oder auch ketzerische Lehre noch klarer aufzeigt als Darwins »Vom Ursprung der Arten«, trägt ganz entscheidend zur Verbreitung der Lehre Darwins bei.

Nur in einem wesentlichen Punkt widerspricht er Darwin ganz entschieden. Im Kapitel 15 seines »Darwinismus« (Die Anwendung des Darwinismus auf den Menschen) legt er eingehend dar, warum er sich zu der Annahme gezwungen sieht (I must believe), daß das Prinzip der natürlichen Zuchtwahl keine ausreichende Erklärung für die Entwicklung des Menschen geben kann. Er bezieht sich hierbei auf die mathematische Begabung, die musikalischen und künstlerischen Fähigkeiten u. a., die für den Wilden absolut keinen Selektionswert besaßen. Es muß daher nach Wallace »Leistungen einer höheren Natur in uns ...« geben, »deren Quelle nicht der Kampf um das materielle Dasein ist«. Mit der Stufe, des sich seiner selbst bewußt seienden Ichs, sei eine Instanz in Erscheinung getreten, die uns die Gewißheit von etwas ganz Neuem, durch Selektion nicht Erklärbarem gibt.

Das alles deutet für Wallace mit Bestimmtheit auf eine unsichtbare Welt, eine Welt des Geistes, hin und dieser ist die materielle Welt durchaus untergeordnet. Wir brauchen uns daher nicht von dem Gefühl niederdrücken zu lassen, gleich der übrigen Natur Erzeugnisse blind waltender äußerer Kräfte des Universums zu sein.

»Im Gegensatz zu diesem hoffnungslosen, die Seele ertötenden Glauben können wir, die wir das Vorhandensein einer spirituellen Welt einräumen, auf das Weltall als auf eine unermeßlich große Einheit hinblicken, welche in allen ihren Teilen der Entwicklung geistiger, einer unbegrenzten Fortdauer und Vervollkommnung fähiger Wesen angepaßt ist.« (Der Darwinismus, S. 740.)

Die hier vorliegende Neuausgabe von Wallace' Reisebericht geht auf die alte deutsche Übersetzung von 1869 zurück. Weggelassen sind die speziellen Kapitel über die Physische Geographie des Archipels, die Naturgeschichte der Papua-Inseln, die Menschenrassen im Malayischen Archipel sowie der Anhang über Schädel und Wortschatzsammlungen malayischer Sprachen. Übernommen worden sind alle anschaulichen Schilderungen seines Reisealltags, die unter anderem Aufschluß geben über die Begegnungen mit den Einheimischen. Bemerkenswert ist, mit wieviel Humor Wallace dem Leser nahebringt, was dieser fremdartige, wohl leicht »verrückte« Insektensammler auf die »Eingeborenen« oft für einen seltsamen Eindruck machte. Doch auch die Schattenseiten einer solchen Reise werden nicht verschwiegen. Bemerkenswert sind auch die Ausführungen des vielseitigen Naturforschers über Wirtschaftsentwicklung und die Kolonialsysteme seiner Zeit.

Die Beschreibung der so unterschiedlichen tropischen Landschaften macht die Lektüre zu einem unterhaltsamlehrreichen Geographieexkurs. Nicht zuletzt sind es die oft liebevoll detailliert dargebotenen Eindrücke einer fremdartig-faszinierenden Tier- und Pflanzenwelt, wie die Begegnung mit den damals noch recht zahlreichen Orang-Utans, die Jagd auf die Paradiesvögel und das unvergeßliche Erlebnis des tropischen Regenwaldes, die den besonderen Reiz dieser Schilderung einer achtjährigen Tropenreise ausmachen.

Meine Leser werden natürlich die Frage an mich richten,
weshalb ich nach meiner Rückkehr sechs Jahre gezögert
habe, ehe ich dieses Buch geschrieben, und ich fühle mich
verpflichtet, ihnen vollen Aufschluß über diesen Punkt zu
geben.

Als ich England im Frühjahr 1862 erreicht hatte, sah ich
mich von einer Unmasse gepackter Kisten umstanden, welche die Sammlungen enthielten, die ich von Zeit zu Zeit für
meinen Privatgebrauch nach Hause gesandt hatte. Diese
umfaßten nahezu 3000 Vogelbälge von etwa 1000 Arten,
und wenigstens 20 000 Käfer und Schmetterlinge von etwa
7000 Arten; außerdem einige Vierfüßer und Landmuscheln. Einen großen Teil derselben hatte ich seit Jahren
nicht gesehen, und bei meinem damaligen schwachen Ge-
sundheitszustande nahm das Auspacken, das Sortieren und
Ordnen einer solchen Menge von Exemplaren eine lange
Zeit in Anspruch.

Ich entschloß mich sehr bald, nicht eher meine Reisebeschreibung zu veröffentlichen, als bis ich nicht wenigstens
die wichtigsten Gruppen meiner Sammlung benannt und
beschrieben und einige der interessanteren Probleme der
Abänderung und geographischen Verbreitung, über die mir
beim Sammeln Lichtblicke geworden, ausgearbeitet haben
würde. Ich hätte allerdings sofort meine Notizen und Tage-
bücher drucken lassen und alle Beziehungen auf Fragen
der Naturgeschichte einem späteren Werke vorbehalten
können, allein ich empfand, daß das ebenso wenig zufriedenstellend für mich selbst sein würde, wie es enttäuschend
für meine Freunde und wenig lehrreich für das Publikum
gewesen wäre.

Meine Reisen nach den verschiedenen Inseln hin wurden durch die Jahreszeiten und die Beförderungsgelegenheiten geregelt. In einigen Fällen war ich in der Lage, meine Ansichten im einzelnen darzulegen; in anderen dagegen hielt ich es wegen der größeren Kompliziertheit des Gegenstandes für besser, mich auf eine Angabe der interessanteren, die Probleme betreffenden Tatsachen zu beschränken, Probleme, deren Lösung in den Prinzipien zu suchen ist, welche Herr Darwin in seinen verschiedenen Werken entwikkelt hat. Die vielen Abbildungen werden, wie ich hoffe, viel zur Hebung und zu dem Werte des Buches beitragen. Sie sind nach meinen eigenen Skizzen, nach Photographien oder nach aufbewahrten Exemplaren angefertigt worden; und nur solche Gegenstände wurden ausgewählt, welche in Wirklichkeit die Erzählung oder die Beschreibung erläutern.

Ich besuchte einige Inseln zwei- oder dreimal in verschiedenen Zwischenräumen und mußte in einigen Fällen dieselbe Strecke viermal zurücklegen. Eine chronologische Anordnung hätte meine Leser verwirrt. Sie hätten nie gewußt, wo sie sich befinden, und meine häufigen Beziehungen auf Inselgruppen, welche den Eigentümlichkeiten ihrer tierischen Produkte und menschlichen Bewohner gemäß klassifiziert sind, wären kaum verständlich gewesen. Ich habe daher eine geographische, zoologische und ethnologische Anordnung getroffen, indem ich von Insel zu Insel in ihrer scheinbar natürlichsten Aufeinanderfolge fortschreite, während ich die Ordnung, in welcher ich sie selbst besucht habe, so wenig als möglich berücksichtige.

Ich bin mir sehr wohl bewußt, daß mein Buch für die Bedeutung der Gegenstände, welche es berührt, viel zu wenig umfangreich ist. Es ist lediglich eine Skizze; aber soweit das Thema behandelt wird, habe ich danach getrachtet, es genau zu tun. Fast der ganze erzählende und beschreibende Teil wurde an Ort und Stelle niedergeschrieben und hat wenig mehr als Wortänderungen erlitten. Sowohl die Kapitel über die Naturgeschichte als auch viele Auslassungen an anderen Stellen des Buches sind in der Hoffnung geschrieben worden, Interesse für die verschiedenen Fragen, welche mit der Entstehung der Arten und ihrer geographischen Verbreitung verknüpft sind, anzuregen.

A. R. Wallace

Singapur, die Löwenstadt

Wenige Orte sind für einen Reisenden aus Europa interessanter als die Stadt und Insel Singapur, da sie eine Musterkarte ist für die Mannigfaltigkeit der östlichen Rassen, für die vielen verschiedenen Religionen und Sitten. Die Regierung, die Garnison und die ersten Kaufleute sind Engländer, aber die große Masse der Bevölkerung ist chinesisch; sie stellt ihr Kontingent für einige der reichsten Kaufleute, die Landwirte des Binnenlandes und die meisten Handwerker und Arbeiter. Die eingeborenen Malayen sind gewöhnlich Fischer und Bootsleute und sie formieren das Hauptkorps der Polizei. Die Portugiesen von Malaka sind in großer Zahl Handlungsdiener und kleine Kaufleute. Die Diener und Wäscher sind alle Bengalesen, und es gibt eine kleine, aber in hohem Maße angesehene Klasse von Parsen-Kaufleuten. Außer diesen findet man eine große Menge javanischer Schiffer und Hausbediener, Handelsleute von Celebes, Bali und vielen anderen Inseln des Archipels. Der Hafen ist voll von Kriegs- und Handelsschiffen vieler europäischer Nationen und Hunderten von malayischen Prauen und chinesischen Dschunken, von Schiffen von mehreren hundert Tonnen Last bis hinunter zu kleinen Fischerbooten und Passagiersampans; die Stadt weist hübsche öffentliche Gebäude und Kirchen auf, Moscheen, Hindutempel, chinesische Tempel, gute europäische Häuser, massive Warenlager, wunderliche alte Basare der Klings und Chinesen und lange Vorstädte von chinesischen und malayischen Hütten.

Bei weitem die auffallendsten der verschiedenen Menschenarten in Singapur und diejenigen, welche am meisten die Aufmerksamkeit eines Fremden auf sich ziehen, sind die Chinesen, deren Zahl und deren unablässige Tätigkeit dem Platze fast das Ansehen einer Stadt in China geben. Der chinesische Kaufmann ist gewöhnlich ein dickleibiger Mann mit einem runden Gesicht, mit einer Wichtigkeitsmiene und einem kaufmännischen Blick. Er trägt dieselbe Kleidung (einen weiten weißen Kittel und blaue oder schwarze Hosen) wie der gewöhnlichste Kuli, nur von feineren Stoffen, und ist stets sauber und nett; sein langer Zopf, mit roter Seide zugebunden, hängt ihm bis auf die Hacken herab. Er hat ein hübsches Warenlager oder einen Laden in der Stadt und ein gutes Haus auf dem Lande. Er hält sich ein schönes Pferd und Cabriolet und man sieht ihn jeden Abend barhaupt eine Spazierfahrt machen, um die kühle Brise zu genießen. Er ist reich, Besitzer verschiedener Kramläden und Handelsschoner, er leiht Geld zu hohen Zinsen und mit guter Sicherheit, ist sehr genau in Geschäften und wird mit jedem Jahre fetter und reicher.

In dem chinesischen Basar sind Hunderte von kleinen Läden, in welchen eine gemischte Sammlung von Kurz- und Ausschnittwaren zu finden ist und wo viele Dinge wunderbar billig verkauft werden. Man kann Bohrer zu einem Penny das Stück haben, weißen Baumwollzwirn vier Knäuel für einen halben Penny und Federmesser, Korkenzieher, Schießpulver, Schreibpapier und viele andere Artikel ebenso billig oder billiger als in England. Überall auf den Straßen sind Verkäufer von Wasser, Gemüse, Früchten, Suppe und Agar-Agar (ein Gelee aus Seetang gemacht), die eine Menge ebenso unverständlicher Rufe produzieren wie die Ausrufer Londons. Andere tragen einen ambulanten Kochapparat an einer Stange, durch einen Tisch am andern Ende im Gleichgewicht gehalten, und servieren ein Mahl von Schaltieren, Reis und Gemüse für zwei oder drei Halfpence, während man überall Kulis und Bootsleute trifft, die auf Arbeit warten.

Die Insel Singapur besteht aus einer Menge kleiner Hügel von dreihundert bis vierhundert Fuß Höhe, deren Gipfel teilweise noch mit Urwald bedeckt sind. Das Missionshaus zu Bukit-tima war umgeben von mehreren dieser waldgekrönten Hügel, welche viel von Holzschlägern und Sägern besucht wurden, und sie boten mir vortreffliche Gelegenheit zum Sammeln von Insekten. Hier und da waren auch Tigerfallen aufgestellt, sorgfältig überdeckt mit Stökken und Blättern und so gut versteckt, daß ich mehrere Male kaum dem Hineinfallen entging. Sie sind wie ein Schmelzofen gebaut, unten weiter als oben und vielleicht fünfzehn bis zwanzig Fuß tief, so daß man ohne Hilfe unmöglich wieder heraus kann. Früher wurde ein scharf zugespitzter Pfahl auf den Boden gesteckt; aber seitdem ein unglücklicher Reisender durch Hinabfallen umgekommen, wurde dieser Brauch untersagt. Es gibt um Singapur stets einige Tiger und sie töten durchschnittlich täglich einen Chinesen, besonders jene, welche in den immer in neugelichtetem Dschungel angelegten Pflanzungen arbeiten. Wir hörten einen Tiger ein- oder zweimal des Abends brüllen, und es war immerhin ein etwas nervöses Arbeiten, unter gefallenen Baumstämmen und in alten Sägegruben nach Insekten zu jagen, wenn eines dieser wilden Tiere vielleicht nahebei auf der Lauer lag, auf eine Gelegenheit zum Sprunge wartend.

Mehrere Stunden mitten am Tage verbrachte ich auf diesen Waldplätzen, die entzückend kühl und schattig waren im Gegensatze zu dem nackten offenen Lande, das man durchwandern mußte, um dorthin zu gelangen. Die Vegetation war äußerst üppig und bestand aus enormen Waldbäumen, aus den verschiedenartigsten Farnkräutern und aus einer Unmasse von kletternden Rotang-Palmen. Insekten gab es außerordentlich viele und sehr interessante, und jeder Tag brachte uns eine Unzahl neuer und merkwürdiger Formen. In ungefähr zwei Monaten erhielt ich nicht weniger als siebenhundert Käferarten, von denen ein großer Teil ganz neu war. Fast alle diese wurden auf einem Fleck im Dschungel gesammelt, der nicht größer war als eine Quadratmeile, und auf allen meinen folgenden Reisen im Osten traf ich selten, wenn je, einen so ergiebigen Ort wieder. Diese außerordentliche Ergiebigkeit hatte zweifellos teilweise ihren Grund in einigen begünstigenden Bedingungen des Bodens, des Klimas, der Vegetation und der Jahreszeit, die sehr hell und sonnig war mit genügenden Regenschauern, um alles frisch zu erhalten. Aber es war auch nach meiner Überzeugung zum großen Teile abhängig von der Arbeit der chinesischen Holzfäller. Sie hatten hier mehrere Jahre schon gewirtschaftet und während der ganzen Zeit einen beständigen Vorrat an trockenen, toten und zerfallenden Blättern und Rinden mit vielem Holz und Sägespänen aufgehäuft, was eine gute Nahrung für die Insekten und ihre Larven abgibt. Das war der Grund für die Ansammlung einer großen Menge von verschiedenen Arten auf einem begrenzten Raum, und ich war der erste Naturforscher, der kam, um die Ernte, welche sie bereitet, einzuheimsen. Auf demselben Platze und auf meinen Wanderungen nach anderen Richtungen hin erhielt ich eine schöne Sammlung von Schmetterlingen und anderen Insektenordnungen, so daß ich im ganzen sehr befriedigt war von diesen meinen ersten Versuchen, die Naturgeschichte des malayischen Archipels kennenzulernen.

AUF DER MALAYISCHEN HALBINSEL

Da Vögel und die meisten anderen Tierarten auf Singapur selten waren, so verließ ich es im Juli und ging nach Malaka, wo ich mehr als zwei Monate im Innern zubrachte und einen Ausflug nach dem Berge Ophir machte. Die alte und pittoreske Stadt Malaka zieht sich längs dem Ufer eines schmalen Flusses hin und hat enge Straßen mit Läden und Häusern, bewohnt von den Abkommen der Portugiesen und von Chinesen. In den Vorstädten sind die Häuser der englischen Offiziere und einiger portugiesischer Kaufleute, versteckt in Hainen von Palmen und Fruchtbäumen, deren verschiedenartiges und schönes Laubwerk dem Auge wohltut und erquickenden Schatten spendet.

Das alte Fort, das große Regierungsgebäude und die Ruinen einer Kathedrale zeugen von dem früheren Reichtum und der Bedeutung des Ortes, der einst ebenso der Mittelpunkt des östlichen Handels war als es jetzt Singapur ist.

Heutzutage läuft kaum je ein Schiff über hundert Tonnen in den Hafen, und der Handel beschränkt sich gänzlich auf wenige unbedeutende Produkte der Wälder und auf die Früchte, welche die von den alten Portugiesen gepflanzten Bäume jetzt geben; zum Entzücken der Einwohner von Singapur.

Die Bevölkerung Malakas ist aus verschiedenen Rassen zusammengesetzt. Die überall zu findenden Chinesen sind vielleicht am zahlreichsten vertreten und bewahren ihre Sitten, Manieren und ihre Sprache; die eingeborenen Malayen stehen ihnen an Zahl am nächsten und ihre Sprache ist die Lingua-franca des Ortes. Dann folgen die Abkömmlinge der Portugiesen – eine gemischte und heruntergekommene Rasse, welche aber den Gebrauch ihrer Muttersprache bewahren, wenn auch jämmerlich in der Grammatik verstümmelt; schließlich die englischen Herrscher und die Abkommen der Holländer, welche alle englisch sprechen.

In ihren Sitten sind diese verschiedenen Völker so verschieden wie in ihrer Rede. Die Engländer bewahren den knapp anliegenden Rock, die Weste, die Hosen, den abscheulichen Hut und die Krawatte; die Portugiesen lieben eine leichte Jacke oder mehr noch nur Hemd und Hosen; die Malayen tragen ihre Nationaljacke und Sarong (eine

Art Schürze) mit weiten Unterhosen; während die Chinesen nie im geringsten von ihrem Nationalkostüm abgehen, das man in der Tat für ein tropisches Klima weder bequemer noch hübscher erdenken könnte. Die weit herabhängenden Hosen und das nette weiße Ding, halb Hemd, halb Jacke, sind genau das, was eine Bekleidung in diesen Breitengraden sein sollte.

Ich engagierte zwei Portugiesen zur Begleitung ins Innere; einen als Koch, den anderen, um Vögel zu schießen und abzubalgen, was in Malaka schon zu einem Geschäft geworden ist. Ich blieb erst vierzehn Tage in einem Dorf mit Namen Gading, wo ich es mir in dem Hause einiger chinesischer Konvertiten bequem machte, denen ich von den Jesuitenmissionaren empfohlen worden war. Das Haus war eigentlich nur ein Schuppen, aber es wurde rein gehalten und ich machte es mir ganz behaglich. Der Boden schien arm, der Wald war sehr dicht mit Unterholz bestanden und an Insekten durchaus nicht ergiebig, aber andererseits waren Vögel sehr reichlich vorhanden und ich wurde mit *einem* Male in die reichen ornithologischen Schätze der malayischen Region eingeführt.

Das allererste Mal, als ich meine Flinte abschoß, fiel einer der merkwürdigsten und schönsten Malakavögel herab, der blauschnäblige Schnapper (Cymbirhynchus macrorhynchus), von den Malayen »Regenvogel« genannt. Er ist ungefähr von der Größe eines Stares, schwarz und leuchtend rot gefärbt mit weißen Schulterstreifen und hat einen sehr großen und breiten Schnabel vom reinsten kobaltblau oben und orange unten, während die Iris smaragdgrün ist. Wenn der Balg trocknet, wird der Schnabel ganz schwarz, aber auch dann noch ist der Vogel hübsch. Frisch getötet ist der Gegensatz zwischen dem lebhaften Blau mit den reichen Farben des Gefieders besonders auffallend und schön. Hübsche Spechte und buntfarbige Königfischer, grüne und braune Kuckucke mit sammetweichen roten

Köpfen und grünen Schnäbeln, rotbrüstige Tauben und metallisch glänzende Honigsauger wurden mir Tag für Tag zugetragen und erhielten mich in einem ununterbrochenen Zustande freudiger Erregung. Nach vierzehn Tagen wurde einer meiner Diener vom Fieber ergriffen, und bei der Rückkehr nach Malaka befiel dieselbe Krankheit den andern und auch mich selbst. Durch einen reichlichen Gebrauch von Chinin genas ich bald, und als ich andere Leute engagiert hatte, machte ich mich auf nach dem Regierungs-Sommerhaus von Ayer-panas in der Begleitung eines jungen Mannes, eines Eingeborenen von dort, der an der Naturforschung Gefallen fand.

In Ayer-panas hatten wir ein bequemes Wohnhaus und viel Platz, um unsere Tiere zu trocknen und einzulegen; aber weil dort keine unternehmenden Chinesen waren, die Bäume fällten, so kamen verhältnismäßig wenig Insekten vor, mit Ausnahme von Schmetterlingen, von denen ich eine vortreffliche Sammlung anlegte. Die Art und Weise, wie ich ein sehr schönes Insekt erhielt, war merkwürdig und dient als Beleg dafür, wie fragmentarisch und unvollkommen die Sammlung eines Reisenden notwendigerweise sein muß. Ich spazierte eines Nachmittags einen Lieblingsweg entlang durch den Wald mit meiner Flinte, als ich einen Schmetterling am Boden sitzen sah. Er war groß, schön und mir ganz neu, und ich kam nahe heran, ehe er fortflog. Ich sah dann, daß er auf dem Dung irgendeines fleischfressenden Tieres gesessen hatte. Da ich mir dachte, daß er an denselben Ort zurückkehren würde, so nahm ich am andern Tage nach dem Frühstück mein Netz, und als ich dem Platze mich näherte, sah ich zu meiner Freude denselben Schmetterling auf demselben Dunghaufen sitzen, und es gelang mir auch, ihn zu fangen. Es war eine ganz neue Art von großer Schönheit; sie wurde von Herrn Hewitson Nymphalis calydonia genannt. Ich habe nie ein zweites Exemplar davon gesehen, und nur zwölf Jahre später kam ein zweites Individuum hierher aus dem Nordwesten Borneos.

Da wir entschlossen waren, den Berg Ophir zu besuchen, der in der Mitte der Halbinsel ungefähr fünfzig Meilen von Malaka östlich liegt, so engagierten wir sechs Malayen zu unserer Begleitung und als Gepäckträger. In der Absicht, dort mindestens eine Woche uns aufzuhalten, nahmen wir einen guten Vorrat von Reis mit uns, ein wenig Zwieback, Butter und Kaffee, einige getrocknete Fische, etwas Branntwein, wollene Decken, Kleider zum Wechseln, Insekten- und Vogelbehälter, Netze, Flinten und Munition. Die Entfernung von Ayer-panas sollte ungefähr dreißig Meilen sein. Unser erster Tagesmarsch ging durch Waldstrecken, Lichtungen und malayische Dörfer und war sehr angenehm. Die Nacht schliefen wir in dem Hause eines malayischen Häuptlings, der uns eine Veranda anwies und uns etwas Geflügel und Eier gab. Andern Tages wurde das Land wilder und hügeliger. Wir gingen durch ausgedehnte Wälder, oft bis an die Knie im Moraste, und wurden sehr belästigt durch die in dieser Gegend berüchtigten Blutegel. Diese kleinen Dinger machen die Blätter und das Gesträuch an den Seiten der Wege unsicher; sobald jemand vorübergeht, strecken sie sich in voller Länge aus und wenn sie irgendeinen Teil seines Kleides oder Körpers berühren, so verlassen sie ihr Blatt und setzen sich da fest. Dann kriechen sie weiter an seinen Fuß, seine Beine oder irgendeinen andern Körperteil und saugen sich voll; bei der Erregung des Marsches fühlt man den ersten Stich selten. Abends beim Baden fanden wir gewöhnlich ein halbes Dutzend oder ein Dutzend an uns, meist an den Beinen, aber auch oft am ganzen Körper, und ich hatte einmal einen, der es sich an der Seite meines Halses gut schmecken ließ, aber glücklicherweise die Jugularvene verfehlt hatte. Es gibt viele Arten dieser Waldblutegel. Sie sind alle klein, aber einige sind schön mit hellgelben Streifen gezeichnet. Wahrscheinlich heften sie sich dem Wild oder andern Tieren an, welche die Waldwege benutzen, und haben so die sonderbare Gewohnheit erlangt, sich auszustrecken, wenn sie einen Fußtritt oder das Laubwerk rascheln hören. Früh am Nachmittag erreichten wir den Fuß des Berges und lagerten an einem schönen Flusse, dessen felsige Ufer von Farnkräutern überwachsen waren.

Früh am Morgen nach dem Frühstück machten wir uns auf, versehen mit wollenen Decken und Provision, da wir auf dem Berge zu schlafen beabsichtigten. Nach einem Marsch durch einen kleinen verwilderten Dschungel und morastiges Dickicht, durch das unsere Leute einen Weg gebahnt hatten, kamen wir in einen schönen luftigen Wald, rein von Unterholz, in dem wir frei gehen konnten. Wir stiegen mehrere Meilen rüstig eine mäßige Abdachung hinan, zur Linken einen tiefen Bergstrom. Dann hatten wir ein ebenes Plateau zu passieren, worauf der Berg steiler und der Wald dichter wurde, bis wir an dem »Padang-batu« oder Steinfeld herauskamen, ein Ort, von dem wir viel gehört, aber den uns niemand verständlich hatte beschreiben können. Wir fanden einen steilen Abhang von platten Felsen, der sich längs des Berges, weiter, als wir sehen konnten, hinstreckte. Teilweise war derselbe ganz kahl, aber wo er geborsten und zerspalten war, gedieh ein üppiger Pflanzenwuchs, in welchem die Kannenpflanzen am auffallendsten waren. Diese wunderbaren Pflanzen scheinen nie gut in unseren Gewächshäusern zu gedeihen und kommen darin nicht weit fort. Hier wuchsen sie auf zu halben Kletterstauden, ihre merkwürdigen Krüge von verschiedener Größe und Form hingen im Überfluß von ihren Blättern herab und erregten beständig unsere Bewunderung wegen ihres Umfanges und ihrer Schönheit. Hier erschienen zuerst einige Koniferen der Gattung Dacrydium, und in dem Dickicht gerade über der felsigen Oberfläche gingen wir durch Haine jener prachtvollen Farnkräuter Dipteris Horsfieldii und Matonia pectinata, die große ausgebreitete hand-förmige Wedel an schlanken sechs oder acht Fuß hohen Stämmen tragen. Die Matonia ist die größte und elegan-teste, man kennt sie nur auf diesem Berge, und keine der-selben ist bis jetzt in unsere Gewächshäuser eingeführt.

Es war sehr überraschend, aus dem dunkeln, kühlen und schattigen Wald, in welchem wir seit unserem Aufbruch aufgestiegen waren, auf diesen heißen, offenen Felsabhang herauszutreten, wo wir mit *einem* Schritt aus einer Tief-landvegetation in eine alpine übergetreten zu sein schie-nen. Die Höhe betrug ungefähr 2800 Fuß. Man hatte uns gesagt, daß wir auf Padang-batu Wasser finden würden, aber wir sahen uns sehr durstig vergebens danach um; zu-letzt gingen wir zu den Kannenstauden, aber das Wasser, das in den Kannen enthalten war, war voll von Insekten und durchaus nicht einladend. Aber als wir es versuchten, fanden wir es, wenn auch ziemlich warm, doch sehr schmackhaft, und wir löschten alle unsern Durst aus diesen natürlichen Krügen. Der Gipfel (4000 Fuß) ist eine kleine felsige Plattform mit Rhododendron und anderem Strauch-werk bedeckt. Der Nachmittag war klar und die Aussicht in ihrer Art schön – Hügelreihen und Täler überall mit end-losem Wald bedeckt, mit glitzernden sich zwischen ihnen durchwindenden Flüssen. Von der Ferne sieht eine Wald-landschaft sehr monoton aus, und ich habe nie einen Berg in den Tropen bestiegen, der ein Panorama bietet wie das von Snowdon, und die Fernsichten in der Schweiz sind unendlich viel schöner. Die Nacht war ruhig und sehr milde, und da wir uns ein Bett aus Ästen und Zweigen gemacht hatten, über welche wir unsere Decken legten, so verbrach-ten wir sie sehr angenehm.

Da der Platz, auf dem wir zuerst am Fuß des Berges ge-lagert hatten, sehr düster war, wählten wir einen andern, auf einer Art von Moor, nahe einem von Zingiberaceen überwachsenen Strom, auf dem eine Lichtung schnell gemacht war. Hier bauten unsere Leute zwei kleine Hütten ohne Seitenwände, die uns eben vor dem Regen schützten; wir wohnten eine Woche lang darin, schossen, jagten Insekten und durchstreiften die Wälder am Fuß des Berges. Hier war die Heimat des großen Argusfasans, und wir hörten beständig sein Geschrei. Als ich den alten Malayen bat, er solle es versuchen, einen für mich zu schießen, sagte er mir, obgleich er seit zwanzig Jahren in diesen Wäldern auf Vögel Jagd mache, habe er doch noch nie einen geschossen und auch noch nie einen gesehen, außer in der Gefangenschaft. Der Vogel ist so außerordentlich scheu und listig und läuft so schnell über den Boden in den dichtesten Teilen des Waldes, daß es unmöglich ist, ihm nahe zu kommen; seine dunkeln Farben und glänzenden augenartigen Flecke, welche ihn so zieren, wenn man ihn in einem Museum sieht, müssen gut mit den toten Blättern, zwischen denen er wohnt, harmonieren und machen ihn wenig bemerkbar. Alle Exemplare, die in Malaka verkauft werden, sind in Fallen gefangen, und mein Mann hatte, wenn auch keinen geschossen, so doch viele gefangen.

Tiger und Nashorn werden hier noch gefunden, und noch vor ein paar Jahren gab es viele Elefanten, aber sie sind jetzt alle verschwunden. Wir fanden einige Dunghaufen, welche von Elefanten herzurühren schienen, und einige Spuren vom Nashorn, aber sahen keine von den Tieren. Dennoch unterhielten wir während der Nächte ein Feuer für den Fall, daß irgendeins dieser Geschöpfe uns besuchen sollte, und zwei unserer Leute behaupteten eines Tages, ein Nashorn gesehen zu haben. Als unser Reis zu Ende war und unsere Büchsen gefüllt, kehrten wir nach Ayerpanas zurück und gingen ein paar Tage darauf nach Malaka und von da weiter nach Singapur. Der Berg Ophir hat den Ruf einer Fiebergegend, und alle unsere Freunde waren erstaunt über die Tollkühnheit, daß wir uns so lange an seinem Fuße aufgehalten; aber keiner von uns litt im

geringsten, und ich werde immer mit Vergnügen an diesen
Ausflug zurückdenken als an meine erste Einführung in
die Bergszenerie der östlichen Tropen.

Die Heimat des Orang-Utan

Ich kam in Saráwak am 1. November 1854 an und verließ
es am 25. Januar 1856. In der Zwischenzeit hielt ich mich
an vielen verschiedenen Lokalitäten auf und sah einen großen Teil der Dajak-Stämme und der Malayen von Borneo.
Ich wurde von Sir James Brooke sehr gastfreundlich aufgenommen und wohnte in seinem Hause, so oft ich zwischen
meinen Reisen in der Stadt Saráwak war. Aber es sind seit
meiner damaligen Anwesenheit so viele Bücher über diesen Teil von Borneo geschrieben worden, daß ich es unterlassen will, im Detail zu sagen, was ich von Saráwak und
seinem Beherrscher sah, hörte und dachte; ich werde mich
auf meine Erfahrungen als Naturforscher, der Muscheln,
Insekten, Vögel und den Orang-Utan sucht, und auf einen
Bericht über eine Tour durch einen selten von Europäern
besuchten Teil des Innern beschränken.

Die ersten vier Monate meines Besuches brachte ich an
verschiedenen Teilen des Saráwak-Flusses zu, von Santu-
bong, an seiner Mündung, bis zu den malerischen Kalk-
steinbergen und den chinesischen Goldfeldern von Bow
und Bedé.

Im März 1855 beschloß ich, die Kohlenwerke zu besuchen, welche am Simūnjon-Fluß eben eröffnet waren,
einem schmalen Nebenfluß des Sádong, einem Fluß östlich
von Saráwak und zwischen dieser Stadt und dem Batang-
Lupar. Der Simūnjon fließt ungefähr zwanzig Meilen aufwärts in den Sádong-Fluß. Er ist sehr schmal und schlän-
gelt sich in vielen Windungen und ist beschattet von einem

hohen Wald, dessen Bäume manchmal über ihm fast zusammenschlagen. Das ganze Land zwischen dem Fluß und der See ist eine vollkommen flache waldbedeckte Sumpfgegend, aus welcher einige einsame Hügel hervorragen; an dem Fuß eines derselben liegen die Kohlenwerke. Hier blieb ich fast neun Monate und sammelte eine ungeheure Anzahl von Insekten; auf diese Tierklasse richtete ich mein Hauptaugenmerk in Anbetracht der dafür besonders günstigen Umstände.

In den Tropen ist ein großer Teil der Insekten aller Ordnungen und besonders der großen und beliebten Gruppe der Käfer mehr oder weniger von der Vegetation abhängig und findet sich hauptsächlich auf Bauholz, Rinde und Blättern in den verschiedenen Stadien ihres Verfalles. Im unberührten Urwald sind die Insekten, welche solche Orte besuchen, über eine sehr große Fläche Landes zerstreut, an Stellen, an denen Bäume durch Verfall und hohes Alter umgestürzt oder der Wut des Sturmes erlegen sind; und auf zwanzig Quadratmeilen Land wird man nicht so viele gestürzte und verwesende Bäume finden, wie auf irgendeiner kleinen Lichtung. Die Zahl und Mannigfaltigkeit von Käfern und vieler anderer Insekten, die innerhalb einer gegebenen Zeit in einer tropischen Gegend gesammelt werden können, hängen ab erstens von der unmittelbaren Nähe eines großen Urwaldes und zweitens von der Zahl der Bäume, die in den letzten Monaten gefällt worden sind und noch gefällt werden und zum Trocknen und Absterben auf der Erde liegen bleiben. In all den zwölf Jahren nun, die ich mit Sammeln in den westlichen und östlichen Tropen zubrachte, bin ich in dieser Beziehung nie so vom Glück begünstigt gewesen wie bei den Simūnjon-Kohlenbergwerken. Mehrere Monate lang waren zwanzig bis fünfzig Chinesen und Dajaks fast ausschließlich beschäftigt, einen großen Teil des Waldes zu lichten und eine weite Öffnung zu hauen für eine Eisenbahn zum Sádong-Fluß, zwei Meilen weit. Außerdem waren Sägegruben an verschiedenen Punkten im Dschungel angelegt und wurden große Bäume gefällt, um in Balken und Bretter zerschnitten zu werden.

Hunderte von Meilen im Umkreis nach allen Richtungen hin breitete sich ein prachtvoller Wald über Ebene und Berg, Fels und Sumpf aus, und ich kam gerade dort an, als der Regen aufzuhören und der tägliche Sonnenschein stärker zu werden begann; eine solche Zeit fand ich stets am günstigsten zum Sammeln. Die Menge der Lichtungen und sonnigen Plätze und Fußwege war auch anziehend für Wespen und Schmetterlinge; und da ich für jedes Insekt, das mir gebracht wurde, einen Cent zahlte, so erhielt ich von den Dajaks und Chinesen viele schöne Heuschrecken und Phasmidae, und eine Anzahl schöner Käfer.

Bei meiner Ankunft an den Minen am 14. März hatte ich in den vier vergangenen Monaten 320 verschiedene Arten von Käfern gesammelt. In weniger als vierzehn Tagen war diese Zahl verdoppelt, durchschnittlich täglich ungefähr vierundzwanzig neue Arten. So erhielt ich im ganzen in Borneo ungefähr zweitausend verschiedene Arten, von denen alle bis auf hundert an diesem Ort und auf kaum mehr als einer Quadratmeile Land gesammelt waren.

Meine Schmetterlingssammlung war nicht groß, aber ich erhielt einige seltene und sehr schöne Insekten; die bemerkenswerteste Art war Ornithoptera Brookeana, eine der elegantesten, die man kennt. Dieses prachtvolle Tier hat sehr große und spitze Flügel, in der Form fast einer Sphinxmotte ähnlich. Es ist tief sammetschwarz, mit einem gebogenen, sich über die Flügel von einem Ende zum andern erstreckenden Bande von glänzend metallgrünen Flecken; jeder Fleck ist genau wie eine dreieckige Feder gestaltet, und es macht einen ähnlichen Eindruck wie eine Reihe von Deckfedern des mexikanischen Trogons auf schwarzen Samt gelegt. Die einzigen andern Merkmale sind ein breiter Halskragen von lebhaftem Hochrot, und einige zarte weiße Stellen auf den äußeren Rändern der Hinterflügel. Diese Art, welche damals ganz neu war, und welche ich nach Sir James Brooke nannte, kam sehr selten vor. Man sah sie gelegentlich in den Lichtungen sehr schnell fliegen und sich hin und wieder auf einen Augenblick an Pfützen und schlammigen Löchern niederlassen, so daß es mir nur gelang, zwei oder drei Exemplare zu fangen. Man versicherte mir, daß sie in einigen andern Gegenden des Landes sehr reichlich seien.

Eines der seltsamsten und interessantesten Amphibien, welches ich auf Borneo fand, war ein großer Laubfrosch, den mir ein chinesischer Arbeiter brachte. Er sagte mir, daß er ihn in querer Richtung einen hohen Baum gleichsam fliegend hinunterkommen gesehen hätte. Als ich ihn näher untersuchte, fand ich die Zehen sehr groß und bis zur äußersten Spitze behäutet, so daß sie ausgebreitet eine viel größere Oberfläche darboten als der Körper. Die Vorderbeine waren ebenfalls von einer Haut eingefaßt, und der Körper konnte sich beträchtlich aufblähen. Der Rücken und die Glieder waren von einer tiefgrünen Farbe, die Unterseite und das Innere der Zehen gelb, und die Schwimmhäute schwarz und gelb gestreift. Der Körper war ungefähr vier Zoll lang, während die vollständig ausgebreiteten Schwimmhäute jedes Hinterfußes eine Oberfläche von vier Quadratzoll bedeckten und die Schwimmhäute aller Füße zusammen ungefähr zwölf Quadratzoll. Da die Enden der Zehen große Haftscheiben zum Festhalten haben, welche das Tier zu einem wahren Laubfrosch stempeln, so ist es nicht gut denkbar, daß diese große Zehenhaut nur zum Schwimmen da ist, und die Erzählung des Chinesen, daß er vom Baume hinunterflog, gewinnt an Glaubwürdigkeit. Dies ist, soviel ich weiß, das erste bekannte Beispiel eines »fliegenden Frosches«, und es ist für Darwinianer sehr interessant, da es zeigt, daß die Variabilität der Zehen, welche schon zum Schwimmen und Klettern modifiziert worden waren, vorteilhaft dazu benutzt wurde, um eine verwandte Art zu befähigen, gleich einer fliegenden Eidechse durch die Luft zu streichen.

Einer meiner Hauptgründe, mich am Simūnjon aufzuhalten, war, den Orang-Utan (oder den großen menschenähnlichen Affen von Borneo) in seinem Vaterlande zu sehen, seine Gewohnheiten zu studieren und gute Exemplare der verschiedenen Varietäten und Arten beiderlei Geschlechtes, von den erwachsenen und jungen Tieren, zu bekommen. Alles das gelang mir über Erwarten gut, und ich will nun über meine Erfahrungen in der Jagd auf den Orang-Utan oder Mias, wie die Eingeborenen ihn nennen, etwas berichten.

Gerade eine Woche nach meiner Ankunft in den Minen sah ich zuerst einen Mias. Ich war aus, um Insekten zu sammeln, nicht weiter als eine Viertelmeile vom Hause entfernt, als ich ein Rauschen auf einem Baume in der Nähe hörte und emporschauend ein großes rothaariges Tier erblickte, welches sich langsam weiterbewegte, indem es sich mit den Armen an die Zweige hängte. Es ging von Baum zu Baum, bis es sich im Dschungel verlor, welcher aber so sumpfig war, daß ich ihm nicht folgen konnte. Diese Art der Fortbewegung ist jedoch sehr ungewöhnlich, und ist charakteristischer für den Hylobates als für den Orang-Utan. Ich vermute, daß dieses Tier diese individuelle Eigentümlichkeit besaß, oder daß die Natur der Bäume an diesem Orte gerade eine solche Fortbewegungsart begünstigte.

Ungefähr nach vierzehn Tagen hörte ich, daß einer sich auf einem Baume in dem Sumpf gerade unterhalb des Hauses erginge; ich nahm meine Flinte und hatte das Glück, ihn noch an derselben Stelle zu finden. Sowie ich nahte, versuchte er, sich im Laubwerk zu verstecken; aber ich schoß und beim zweiten Schuß fiel er fast tot herunter, da beide Kugeln in den Körper gedrungen waren. Es war ein Männchen, etwa halb erwachsen und kaum drei Fuß hoch. Am 26. April, als ich mit zwei Dajaks auf der Jagd war, fanden wir ein anderes ungefähr von derselben Größe. Es fiel auf den ersten Schuß, aber schien nicht sehr verletzt zu sein und kletterte sofort auf den nächsten Baum; ich feuerte dann wieder, und es fiel nochmals mit gebrochenem Arm und einer Wunde im Körper. Die beiden Dajaks liefen nun hin, und jeder bemächtigte sich einer Hand; sie riefen mir zu, ich solle einen Pfahl schneiden und sie wollten mir dann das Tier in Sicherheit bringen. Aber obgleich ein Arm gebrochen und es nur ein halb erwachsenes Tier war, so war es doch zu stark für diese jungen Wilden; es zog sie trotz aller ihrer Kraftanstrengung nach seinem Munde hin, so daß sie es wieder loslassen mußten, um nicht ernstlich gebissen zu werden. Es kletterte nun wieder den Baum hinauf, und um weitere Unannehmlichkeiten zu vermeiden, schoß ich es durchs Herz.

Vier Tage später sahen einige Dajaks wieder einen Mias nahe demselben Orte und riefen mich hin. Er war ziemlich groß und saß sehr hoch auf einem Baume. Beim zweiten Schuß fiel er, sich überstürzend, herab, stand aber gleich wieder auf und begann hinaufzuklettern. Beim dritten Schuß fiel er tot nieder. Es war auch ein ausgewachsenes Weibchen, und während wir es zurüsteten, um es nach Hause zu tragen, bemerkten wir noch ein Junges mit dem Kopf nach unten in dem Sumpf. Dieses kleine Geschöpf war nur einen Fuß lang, und hatte augenscheinlich am Halse der Mutter gehangen, als sie zuerst herabfiel. Glücklicherweise schien es nicht verwundet zu sein, und nachdem wir seinen Mund vom Schlamm gesäubert hatten, fing es zu schreien an und schien ganz kräftig und lebhaft. Als ich es nach Hause trug, geriet es mit seinen Händen in meinen Bart und faßte so fest hinein, daß ich große Mühe hatte freizukommen, denn die Finger sind gewöhnlich am letzten Gelenk hakenartig nach innen gebogen. Damals hatte es noch keinen einzigen Zahn, aber einige Tage darauf kamen seine beiden untern Vorderzähne heraus. Unglücklicherweise hatte ich keine Milch, da weder Malayen noch Chinesen noch Dajaks je dieses Nahrungsmittel verwenden, und ich bemühte mich vergebens um ein weibliches Tier, das mein kleines Kind säugen könnte. Ich sah mich daher genötigt, ihm Reiswasser aus einer Flasche, mit einer Federpose in dem Korke, zu geben, aus welcher es nach einigen Versuchen auch sehr gut saugen lernte. Dies war eine sehr magere Diät, und das kleine Geschöpf kam auch nicht gut dabei fort, obschon ich gelegentlich Zucker und Kokosnußmilch hinzu tat, um es nahrhafter zu machen. Wenn ich meinen Finger in seinen Mund steckte, sog es mit großer Kraft, zog seine Backen mit aller Macht ein und strengte sich vergeblich an, etwas Milch herauszuziehen, und erst nachdem es das eine lange Zeit getrieben hatte, stand es mißmutig davon ab und fing ganz wie ein Kind in ähnlichen Umständen zu schreien an.

Wenn man es liebkoste und wartete, war es ruhig und zufrieden, aber sowie man es hinlegte, schrie es stets, und in den ersten paar Nächten war es sehr unruhig und laut. Ich machte einen kleinen Kasten als Wiege zurecht mit einer weichen Matte, welche täglich gewechselt und gewaschen wurde, und bald fand ich es nötig, den kleinen Mias auch zu waschen. Nachdem ich es einige Mal getan hatte, gefiel ihm diese Behandlung, und sobald er nun schmutzig war, fing er an zu schreien und hörte nicht eher auf, als bis ich ihn herausnahm und nach dem Brunnen trug, wo er sich sofort beruhigte, obgleich er beim ersten kalten Wasserstrahl etwas strampelte und sehr komische Grimassen schnitt, wenn das Wasser über seinen Kopf lief. Er liebte das Abwaschen und Trockenreiben außerordentlich, und wenn ich sein Haar bürstete, schien er vollkommen glücklich zu sein, lag ganz still mit ausgestreckten Armen und

Beinen, während ich das lange Haar auf dem Rücken und den Armen durchbürstete. In den ersten paar Tagen klammerte er sich mit allen Vieren ganz verzweifelt an alles, was er packen konnte, und ich mußte sorgfältig meinen Bart vor ihm in acht nehmen, da seine Finger Haar hartnäckiger als irgend etwas anderes festhielten, und ich mich ohne Hilfe unmöglich von ihm befreien konnte. Wenn er unruhig war, wirtschaftete er mit den Händen in der Luft herum und versuchte irgend etwas zu ergreifen; gelang es ihm einmal, einen Stock oder einen Lappen mit zwei oder drei Händen zu fassen, so schien er ganz glücklich zu sein. In Ermangelung eines anderen ergriff er oft seine eigenen Füße, und nach einiger Zeit kreuzte er beständig seine Arme und packte mit jeder Hand das lange Haar, das unter der entgegengesetzten Schulter wuchs. Die Kraft seines Griffes aber ließ bald nach und ich mußte auf Mittel sinnen, ihn zu üben und seine Glieder zu kräftigen. Zu diesem Zwecke machte ich ihm eine kurze Leiter mit drei oder vier Sprossen, an die ich ihn eine Viertelstunde lang anhing. Zuerst schien er es gern zu mögen, aber er konnte nicht mit allen vier Händen in eine bequeme Lage kommen, und nachdem er sie verschiedene Male geändert hatte, ließ er eine Hand nach der andern los, und fiel zuletzt zur Erde. Manchmal, wenn er nur an zwei Händen hing, ließ er die eine los und kreuzte sie nach der gegenüberliegenden Schulter, wo er sein eigenes Haar packte, und da dieses viel angenehmer als der Stock schien, ließ er auch die andere los und fiel herab, wo er dann beide Arme kreuzte, ganz zufrieden auf dem Rücken lag und nie von seinen zahlreichen Stürzen verletzt zu sein schien. Da ich sah, daß er Haar so liebte, bemühte ich mich, ihm eine künstliche Mutter herzustellen, indem ich ein Stück Büffelhaut in ein Bündel zusammenschnürte und es einen Fuß über dem Boden aufhing. Zuerst schien ihm das wunderbar zu passen, da er mit seinen Beinen umherzappeln konnte

41

und immer etwas Haar fand, welches er mit der größten Beharrlichkeit festhielt. Ich hatte nun die Hoffnung, die kleine Waise ganz glücklich gemacht zu haben, und es schien auch so eine Zeitlang, bis er sich seiner verlorenen Mutter erinnerte und zu saugen versuchte. Er zog sich dann bis ganz nahe der Haut in die Höhe und suchte überall nach dem entsprechenden Ort, aber da er nur den Mund voll Haar und Wolle bekam, so wurde er sehr verdrießlich, schrie heftig, und nach zwei oder drei Versuchen ließ er es ganz. Eines Tages bekam er etwas Wolle in die Kehle und ich dachte, er würde ersticken, aber nach vielem Keuchen erholte er sich wieder; ich mußte die nachgemachte Mutter zerreißen und den letzten Versuch, das kleine Geschöpf zu beschäftigen, aufgeben.

Nach der ersten Woche fand ich, daß ich ihn besser mit einem Löffel füttern und ihm ein wenig mehr wechselnde und nahrhafte Kost geben könnte. Gut eingeweichter Zwieback mit etwas Ei und Zucker gemischt und manchmal süße Kartoffeln wurden gern gegessen; und es war ein nie fehlschlagendes Vergnügen, seine drolligen Grimassen zu beobachten, durch welche er seine Billigung oder sein Mißfallen über das, was man ihm gegeben, ausdrückte. Das arme kleine Ding beleckte die Lippen, zog die Backen ein und verdrehte die Augen mit einem Ausdruck der äußersten Befriedigung, wenn er einen Mund voll hatte, der ihm besonders zusagte. War ihm andererseits seine Nahrung nicht süß oder schmackhaft genug, so drehte er den Bissen einen Augenblick mit der Zunge im Munde herum, als ob er einen Wohlgeschmack daran suchen wolle, und spie dann alles aus. Gab man ihm dasselbe Essen weiter, so fing er ein Geschrei an und schlug heftig um sich, genau wie ein kleines Kind im Zorn.

Als ich den kleinen Mias ungefähr drei Wochen hatte, bekam ich glücklicherweise einen jungen Affen (Macacus cynomolgus), der klein, aber sehr lebhaft war und allein fressen konnte. Ich setzte ihn zu dem Mias in denselben Kasten, und sie wurden sogleich die besten Freunde, keiner fürchtete sich im geringsten vor dem andern. Der kleine Affe setzte sich ohne die geringste Rücksicht auf des andern Leib, ja selbst auf sein Gesicht. Während ich den Mias fütterte, pflegte das Äffchen dabei zu sitzen, das, was daneben fiel, aufzunaschen und gelegentlich mit seinen Händen den Löffel aufzufangen; sobald ich fertig war, leckte es das, was noch an den Lippen des Mias saß, ab, und riß ihm dann das Maul auf, um zu sehen, ob noch etwas darin sei; dann legte es sich auf den Leib des armen Geschöpfes wie auf ein bequemes Kissen nieder. Der kleine hilflose Mias ertrug all diese Belästigungen mit der beispiellosesten Geduld, nur zu froh, überhaupt etwas Warmes in seiner Nähe zu haben, das er zärtlich in die Arme schließen konnte. Manchmal aber rächte er sich; denn wenn der kleine Affe fortgehen wollte, hielt der Mias ihn solange er konnte an der beweglichen Haut des Rückens oder Kopfes oder am Schwanze fest, und nur nach vielen kräftigen Sprüngen konnte er sich losmachen.

Es war merkwürdig, das verschiedene Gebaren dieser zwei Tiere, welche im Alter nicht weit auseinander sein konnten, zu beobachten. Der Mias, wie ein ganz kleines Kind, hilflos auf dem Rücken liegend, sich langsam hin- und herrollend, alle Viere in die Luft streckend, in der Hoffnung, irgend etwas zu erhaschen, aber noch kaum imstande, seine Finger nach einem bestimmten Gegenstande hinzubringen, und wenn er unzufrieden war, seinen fast zahnlosen Mund öffnend und seine Wünsche durch ein höchst kindliches Schreien ausdrückend. Der kleine Affe dagegen, in fortwährender Bewegung, lief und sprang umher, wo es ihm Vergnügen machte, untersuchte alles, ergriff mit der größten Sicherheit die kleinsten Dinge, hielt sich auf dem Rande des Kastens im Gleichgewicht, oder lief einen Pfahl hinauf und setzte sich in den Besitz von allem Eßbaren, das ihm in den Weg kam. Ein größerer Gegensatz war kaum möglich, und der Mias erschien neben dem kleinen Affen noch mehr wie ein kleines Kind.

Nach fünf Wochen kamen seine beiden obern Vorderzähne heraus, aber in der ganzen Zeit war er nicht im geringsten gewachsen, sondern an Größe und Gewicht ganz wie zu Anfang geblieben. Dies kam zweifellos von dem Mangel an Milch oder anderer gleich nahrhafter Kost her. Reiswasser, Reis und Zwieback waren nur schwache Ersatzmittel, und die ausgepreßte Milch der Kokosnuß, die ich ihm manchmal gab, vertrug sich nicht ganz mit seinem Magen. Dem schrieb ich auch einen Anfall von Diarrhöe zu, durch den das arme kleine Geschöpf sehr litt; aber eine kleine Dosis Rizinusöl tat ihm gut und heilte ihn. Eine oder zwei Wochen später wurde er wieder krank, und dieses Mal ernstlicher. Die Symptome waren genau die des Wechselfiebers, begleitet von Anschwellungen der Füße und des Kopfes. Er verlor allen Appetit, und nachdem er in einer Woche höchst jämmerlich abgezehrt war, starb er; ich hatte ihn fast drei Monate besessen.

Ungefähr zehn Tage später, am 4. Juni, kamen einige Dajaks zu mir, um mir zu erzählen, daß am gestrigen Tage ein Mias fast einen ihrer Genossen getötet habe. Einige Meilen den Fluß hinab steht das Haus eines Dajak, und die Bewohner sahen einen großen Orang, der sich an den Schößlingen einer Palme am Ufer gütlich tat. Aufgeschreckt zog er sich in den Dschungel zurück, welcher dicht daneben war, und eine Anzahl Männer, mit Speeren und Beilen bewaffnet, liefen hin, um ihm den Weg abzuschneiden. Der vorderste Mann versuchte seinen Speer durch den Körper des Tieres zu rennen, aber der Mias ergriff ihn mit seinen Händen, packte in demselben Moment den Arm mit dem Maule und wühlte sich mit den Zähnen in das Fleisch über dem Ellbogen ein, welches er entsetzlich zerriß und zerfetzte. Wären die andern nicht dicht dahinter gewesen, so hätte er den Mann noch ernstlicher verletzt, wenn nicht getötet, da er gänzlich machtlos war; aber sie hieben das Tier bald mit ihren Speeren und Beilen nieder. Der Mann blieb lange Zeit krank und erlangte nie den Gebrauch seines Armes vollständig wieder.

Sie sagten mir, daß der tote Mias noch an derselben Stelle, wo er erschlagen worden wäre, läge, und ich bot ihnen eine Belohnung, wenn sie ihn mir sofort an unsere Landungsbrücke brächten, was sie mir auch versprachen. Sie kamen jedoch nicht vor dem folgenden Tage, wo er schon zu verwesen angefangen hatte, und große Büschel von Haaren ihm abfielen, so daß es unnütz war, ihn abzuhäuten. Das tat mir sehr leid, da es sich um ein sehr schönes ausgewachsenes Männchen handelte. Ich schnitt den Kopf ab, und nahm ihn mit nach Hause, um ihn zu reinigen, während ich meine Leute beauftragte, eine fünf Fuß hohe feste Umzäunung um den übrigen Körper zu machen, welcher bald von Maden, kleinen Eidechsen und Ameisen aufgezehrt sein würde, so daß mir das Skelett blieb. Im Gesicht hatte er eine große Wunde, welche bis tief in den Knochen ging, aber der Schädel war sehr schön und die Zähne auffallend groß und vollständig.

Ich hatte damals das Unglück, zwischen einigen umgestürzten Bäumen auszugleiten und mir den Knöchel zu verletzen; da ich zuerst nicht sorgsam genug war, so eiterte es stark und wollte nicht heilen, so daß ich mich den ganzen Juli und einen Teil des August zu Hause halten mußte. Als ich wieder gehen konnte, beschloß ich, eine Tour einen Arm des Simūnjon-Flusses hinauf nach Semábang zu machen, wo ein großes Dajak-Haus, ein Berg mit vielen Früchten und eine Menge Orangs und schöner Vögel sein sollten. Da der Fluß sehr schmal war und ich in einem sehr kleinen Boot mit wenig Gepäck fahren mußte, so nahm ich nur einen chinesischen Knaben als Diener mit. Ich lud eine Tonne versetzten Arraks ein, um Mias-Häute zu konservieren, und Proviant für vierzehn Tage. Nach wenigen Meilen wurde der Fluß sehr schmal und gewunden, und das ganze Land an beiden Seiten war überschwemmt. An den Ufern hielten sich sehr viele Affen auf – der gewöhnliche Macacus cynomolgus, ein schwarzer Semnopithecus und der merkwürdige Nasenaffe (Nasalis larvatus), der so groß ist wie ein dreijähriges Kind, einen sehr langen Schwanz hat und eine fleischige Nase, die länger ist als die des dicknasigsten Mannes. Je weiter wir vordrangen, desto enger wurde der Fluß und desto mehr schlängelte er sich; oft versperrten umgestürzte Bäume den Weg und oft verwickelten sich die Zweige und Schlingpflanzen von beiden Seiten so vollständig über demselben, daß sie erst weggeschnitten werden mußten. Es dauerte zwei Tage bis Semábang, und wir sahen kaum einen Fleck trocknen Landes auf dem ganzen Wege. Auf dem letzten Teil der Reise konnte ich meilenweit die Büsche jederseits berühren; und wir wurden oft von den Pandanen, welche in Menge im Wasser standen und über den Fluß gefallen waren, aufgehalten. An andern Stellen füllten große Flöße schwimmenden Grases den Kanal vollständig an, so daß unsere Reise aus einer ununterbrochenen Kette von Schwierigkeiten bestand.

Nahe am Landungsplatz fanden wir ein schönes Haus, 250 Fuß lang, hoch über dem Boden auf Pfählen ruhend, mit einer großen Veranda und einem noch größeren Vorbau von Bambus an der Vorderseite. Allein fast alle Menschen waren auf einem Ausfluge, um eßbare Vogelnester und Bienenwachs zu suchen, und im Hause fanden sich nur zwei oder drei alte Männer und Frauen mit einer Menge Kinder. Der Berg oder Hügel war dicht dabei und bedeckt mit einem vollständigen Wald von Fruchtbäumen, unter denen die Durian und Mangustan zahlreich vorkamen; aber die Früchte waren erst an wenigen Stellen gereift. Ich verblieb hier eine Woche, machte täglich nach verschiedenen Seiten Ausflüge auf den Berg, von einem Malayen begleitet, der bei mir geblieben, während die andern Bootsleute zurückgegangen waren. Drei Tage lang fanden wir keine Orangs, aber schossen einen Hirsch und mehrere Affen. Am vierten Tage jedoch fanden wir einen Mias, der auf einem sehr hohen Durianbaum fraß, und töteten ihn schließlich nach acht Schüssen. Unglücklicherweise blieb er auf dem Baume an den Händen hängen und wir mußten nach dem mehrere Meilen entfernten Hause zurück. Da ich ziemlich sicher war, daß er während der Nacht herabfallen würde, so ging ich früh am Morgen wieder hin und fand ihn auch am Boden unter dem Baume. Zu meinem Erstaunen und meiner Freude schien es eine von allen bisher gesehenen verschiedene Art zu sein; obgleich es, nach dem vollständig entwickelten Gebiß und den sehr großen Augen zu urteilen ein ausgewachsenes Männchen war, so hatte es doch nicht die seitlichen Schwielen im Gesicht und war in allen Dimensionen um ein Zehntel kleiner als die andern ausgewachsenen Männchen. Da es zu weit war, um das ganze Tier nach Hause zu transportieren, so häutete ich es an Ort und Stelle ab und ließ den Kopf, die Hände und Füße daran, um es zu Hause fertig zu machen. Dieses Exemplar ist jetzt im Britischen Museum.

Ende der Woche, als ich keine Orangs mehr fand, kehrte ich nach Hause zurück; ich nahm etwas neuen Proviant und fuhr einen andern, in seinem Charakter sehr ähnlichen Arm des Flusses hinauf nach Menyille, wo einige kleine und ein großes Dajak-Haus standen. Hier bildete eine Brücke aus baufälligen Pfählen, welche beträchtlich weit über dem Wasser lagen, den Landungsplatz. Ich hielt es für ratsamer, mein Faß mit Arrak sicher auf einem Gabelast eines Baumes zurückzulassen; um die Eingeborenen vom Trinken abzuschrecken, tat ich vor ihren Augen mehrere Schlangen und Eidechsen hinein, aber ich glaube doch, daß das sie nicht vom Probieren abgehalten hat. Wir wurden hier in der Veranda des großen Hauses untergebracht, in welcher mehrere große Körbe getrockneter Menschenköpfe standen, Trophäen früherer Generationen von Kopfjägern. Auch hier war ein kleiner mit Fruchtbäumen bedeckter Berg, und dicht am Hause fanden sich einige prächtige Durianbäume mit reifen Früchten; da die Dajaks uns als Wohltäter ansahen, weil wir die Mias, die einen großen Teil ihrer Früchte zerstören, töteten, so ließen sie uns so viele essen, als uns genehm war, und wir schwelgten recht in dieser herrlichsten der Früchte.

An demselben Tage noch gelang es mir, ein anderes ausgewachsenes Männchen des kleinen Orang, des Mias-kassir der Dajaks, zu schießen. Es fiel tot herab, blieb aber in einem Baume hängen. Da ich es gern haben wollte, so suchte ich zwei junge Dajaks, die bei mir waren, zu überreden, den Baum zu fällen; er war sehr hoch, vollkommen gerade und glatt von Rinde und ohne Ast bis zu fünfzig oder sechzig Fuß Höhe. Zu meiner Verwunderung sagten sie, daß sie es vorzögen hinaufzuklettern, allein es wäre ein tüchtiges Stück Arbeit. Einer ging nun an ein Bambusgebüsch in der Nähe und schnitt einen der größten Stämme ab. Davon nahmen sie ein kurzes Stück, spalteten es und machten daraus ein paar starke ungefähr einen Fuß lange, an einem Ende spitze Pflöcke. Dann schnitten sie ein dickes Stück Holz als Hammer zurecht, trieben einen der Pflöcke in den Baum und hingen sich daran. Er hielt und das schien ihnen zu genügen, denn sie machten sofort eine Reihe solcher Pflöcke, während ich mit großem Interesse zusah und mich wunderte, wie sie daran denken könnten, einen so hohen Baum lediglich auf eingetriebenen Pflöcken zu ersteigen, da doch ein Fehltritt in großer Höhe ihnen das Leben kosten würde. Als etwa zwei Dutzend Pflöcke fertig waren, schnitt einer einige sehr lange und dünne Bambusstöcke aus einem andern Gebüsch und verfertigte ferner aus der Rinde eines kleinen Baumes Stricke. Dann trieben sie, etwa drei Fuß über dem Boden, einen Pflock sehr fest hinein, banden einen der langen Bambusstäbe dicht an dem Baum mit den Stricken aus der Rinde an die beiden ersten Pflöcke aufrecht fest und machten in diese kleine Einkerbungen. Einer der Dajaks stellte sich nun auf den ersten Pflock und trieb einen dritten ein, ungefähr in gleicher Höhe mit seinem Gesichte, band ebenso an diesen den Bambusstab fest und stieg dann auf den zweiten Pflock, auf einem Fuß stehend und sich an dem Bambusstabe haltend, während er den nächsten Pflock hineintrieb. So kam er etwa zwanzig Fuß hoch, wo der aufrecht stehende Bambusstab dünn wurde; sein Gefährte reichte ihm darauf einen andern hinauf, und er vereinigte diesen mit dem ersten, indem er sie beide zusammen an drei oder vier Pflöcke festband. Als auch dieser wieder zu Ende ging, wurde noch ein dritter angebunden und bald darauf erreichte er die ersten Äste des Baumes, denen entlang der junge Dajak kletterte und auch bald den Mias kopfüber herabstürzte. Ich war sehr überrascht über diese sinnreich ausgedachte Art zu klimmen und über die bewundernswerte Weise, in der die besonderen Eigenschaften des Bambusrohres zu diesen Zwecken vorteilhaft verwendet wurden. Die Leiter selbst war vollkommen sicher, da, wenn ein Pflock nachgeben oder brechen sollte, er durch die andern mitgehalten würde. Ich verstand jetzt die Bedeutung der Reihen Bambuspflöcke in den Bäumen, die ich oft zu meiner Verwunderung gesehen hatte.

Ich schoß später noch zwei erwachsene Weibchen und zwei Junge verschiedenen Alters, die ich alle einlegte. Eines der Weibchen fraß mit mehreren Jungen auf einem Durianbaume unreife Früchte; sobald es uns sah, brach es offenbar wütend Zweige und die großen stacheligen Früchte ab und schleuderte einen solchen Regen von Wurfgeschossen auf uns herab, daß wir wirklich dadurch gehindert wurden, uns dem Baume zu nähern. Man hat es angezweifelt, daß diese Tiere im Zorn Zweige herabschleudern, allein ich habe es selbst bei drei verschiedenen Gelegenheiten beobachtet. Aber immer waren es Weibchen, die es taten, und es kann sein, daß das Männchen, auf seine große Kraft und seine Zähne vertrauend, kein anderes Tier fürchtet und gar nicht versucht, es zu vertreiben, während die Weibchen der mütterliche Instinkt auf diese Verteidigungsart für sich und ihre Jungen brachte. Man weiß, daß der Orang-Utan Sumatra und Borneo bewohnt und hat guten Grund zu glauben, daß er auf diese zwei großen Inseln beschränkt ist; auf der ersteren aber scheint er viel seltener zu sein. Auf Borneo hat er weite Verbreitung; er bewohnt viele Distrikte der Südwest-, Südost-, Nordost- und Nordwestküsten, aber hält sich nur in den niedrig gelegenen und sumpfigen Wäldern auf. In Sádong, wo ich den Mias beobachtete, findet man ihn nur in niedrigen, sumpfigen und zu gleicher Zeit mit hohem Urwald bedeckten Gegenden. Aus diesen Sümpfen ragen viele isolierte Berge hervor; auf manchen haben sich die Dajaks niedergelassen und sie mit Fruchtbäumen bebaut. Diese bilden für den Mias einen großen Anziehungspunkt; er frißt die unreifen Früchte, aber zieht sich des Nachts stets in den Sumpf zurück. Der untere Teil des Saráwak-Tales ist sumpfig, doch nicht überall mit hohem Wald bedeckt, sondern meist von der Ripa-Palme bestanden; und nahe der Stadt Saráwak wird das Land trocken und hügelig und ist bedeckt von kleinen Strecken Urwald und vielem Dschungel an Stellen, die früher von Malayen und Dajaks bebaut wurden.

Ich meine nun, daß eine große Fläche ununterbrochenen und gleichmäßig hohen Urwaldes für das Wohlbefinden dieser Tiere nötig ist. Solche Wälder sind für sie offenes Land, in dem sie nach jeder Richtung hin sich bewegen können, mit derselben Leichtigkeit wie der Indianer über die Prärie oder der Araber durch die Wüste; sie gehen von einem Baumwipfel zum andern, ohne jemals auf die Erde hinabzusteigen.

Es ist ein seltsamer und sehr interessanter Anblick, einen Mias gemächlich seinen Weg durch den Wald nehmen zu sehen. Er geht umsichtig einen der größeren Äste entlang in halb aufrechter Stellung, zu welcher ihn die bedeutende Länge seiner Arme und die Kürze seiner Beine nötigen; und das Mißverhältnis zwischen diesen Gliedmaßen wird noch dadurch verstärkt, daß er auf den Knöcheln, nicht wie wir auf den Sohlen, geht. Er scheint stets solche Bäume zu wählen, deren Äste mit denen des nächststehenden verflochten sind, streckt, wenn er nah ist, seine langen Arme aus, faßt die betreffenden Zweige mit beiden Händen, scheint ihre Stärke zu prüfen und schwingt sich dann bedächtig hinüber auf den nächsten Ast, auf dem er wie vorher weitergeht. Nie hüpft oder springt er oder scheint auch nur zu eilen, und doch kommt er fast ebenso schnell fort, wie jemand unten durch den Wald laufen kann. Die langen mächtigen Arme sind für das Tier von dem größten Nutzen; sie befähigen es, mit Leichtigkeit die höchsten Bäume zu erklimmen, Früchte und junge Blätter von dünnen Zweigen zu ergreifen, die sein Gewicht nicht aushalten würden, und Blätter und Äste zu sammeln, um sich ein Nest zu bauen. Die Dajaks sagen, daß sich der Mias, wenn es sehr naß ist, mit Pandang-Blättern oder großen Farnen bedeckt, und das hat vielleicht dazu verleitet zu meinen, er baue sich eine Hütte in den Bäumen.

Der Orang verläßt sein Lager erst, wenn die Sonne ziemlich hoch steht und den Tau auf den Blättern getrocknet hat. Er frißt die ganze mittlere Zeit des Tages hindurch, aber kehrt selten während zweier Tage zu demselben Baume zurück. Die Tiere scheinen sich vor Menschen nicht sehr zu fürchten; sie starrten häufig minutenlang auf mich herab und entfernten sich dann nur langsam bis zu einem benachbarten Baum. Ich sah nie zwei ganz erwachsene

51

Tiere zusammen, aber sowohl Männchen als auch Weibchen sind manchmal von halberwachsenen Jungen begleitet, während auch drei oder vier Junge zusammen allein gesehen werden. Sie nähren sich fast ausschließlich von Obst, gelegentlich auch von Blättern, Knospen und jungen Schößlingen. Unreife Früchte scheinen sie vorzuziehen, von denen einige sehr sauer, andere intensiv bitter waren, hauptsächlich aber schien die große rote fleischige Samendecke einer Frucht ihnen sehr zu schmecken. Manchmal essen sie nur den kleinen Samen einer großen Frucht, und sie verwüsten und zerstören fast immer mehr als sie essen, so daß unter den Bäumen, auf denen sie gefressen haben, stets eine Menge Reste liegen. Die Durian lieben sie sehr, und Mengen dieser köstlichen Frucht, wo immer im Walde sie wachsen, werden von ihnen zerstört, aber nie kreuzen sie Lichtungen, um sie zu holen. Es scheint wunderbar, wie das Tier diese Frucht öffnen kann, da die Schale so dick, zäh und dicht mit starken konischen Spitzen besetzt ist. Wahrscheinlich beißt es erst einige dieser ab, macht ein kleines Loch und reißt dann die Frucht mit seinen mächtigen Fingern auf.

Der Mias steigt selten auf die Erde herab, nur dann, wenn er, vom Hunger getrieben, saftige Schößlinge am Ufer sucht; oder wenn er bei sehr trocknem Wetter nach Wasser sucht, von dem er für gewöhnlich genug in den Höhlungen der Blätter findet. Nur einmal sah ich zwei halb erwachsene Orangs auf der Erde in einem trocknen Loch am Fuß der Simūnjon-Hügel. Sie spielten zusammen, standen aufrecht und faßten sich gegenseitig an den Armen an. Es ist übrigens ganz sichergestellt, daß der Orang nie aufrecht geht, außer wenn er sich mit den Händen an höheren Zweigen festhält oder wenn er angegriffen wird. Abbildungen, auf denen er mit einem Stocke geht, sind ganz aus der Luft gegriffen.

Die Dajaks sagen, daß der Mias nie von Tieren im

Walde angefallen wird, mit zwei seltenen Ausnahmen; und die Erzählungen davon sind so merkwürdig, daß ich sie möglichst mit den Worten meiner Berichterstatter, alter Dajak-Häuptlinge, welche ihr ganzes Leben an Orten, wo das Tier sehr viel vorkommt, zugebracht haben, geben will. Der erste, den ich danach fragte, sagte:»Kein Tier ist stark genug, um den Mias zu verletzen, und das einzige Geschöpf, mit dem er überhaupt kämpft, ist das Krokodil. Wenn er kein Obst im Dschungel findet, so geht er an die Flußufer, wo es viele junge Schößlinge gibt, die er gern frißt, und Früchte, die dicht am Wasser wachsen. Dann versucht das Krokodil oft, ihn zu packen, aber der Mias springt auf dasselbe, schlägt es mit Händen und Füßen, zerfleischt und tötet es.« Er fügte hinzu, daß er einmal solchem Kampfe zugeschaut habe, und daß der Mias stets Sieger bliebe.

Mein zweiter Berichterstatter war der Orang Kaya oder Häuptling der Balow Dajaks am Simūnjon-Fluß. Er sagte: »Der Mias hat keine Feinde; kein Tier wagt es, ihn anzugreifen, bis auf das Krokodil und die Tigerschlange. Er tötet das Krokodil stets nur durch seine Kraft, indem er auf demselben steht, seine Kiefer aufreißt und die Kehle aufschlitzt. Wenn eine Tigerschlange einen Mias angreift, packt er sie mit seinen Händen, beißt sie und tötet sie bald. Der Mias ist sehr stark; kein Tier im Dschungel ist so stark wie er.«

Es ist sehr bemerkenswert, daß ein so großes, so eigentümliches und so hoch organisiertes Tier wie der Orang-Utan auf so begrenzte Distrikte beschränkt ist – auf zwei Inseln, die fast am wenigsten von höheren Säugetieren bewohnt werden; denn östlich von Borneo und Java vermindern sich die Vierhänder, Wiederkäuer und Raubtiere rapide und werden bald ganz verschwunden sein. Wenn wir weiter bedenken, daß fast alle andern Tiere in früheren Zeitaltern durch verwandte, wenn auch abweichende Formen repräsentiert waren – daß in der letzten Zeit der Tertiärperiode Europa von Bären, Hirschen, Wölfen, Katzen bevölkert war; Australien von Känguruhs und andern Beuteltieren; Südamerika von gigantischen Faultieren und Ameisenfressern; alle verschieden von irgendwelchen jetzt existierenden, wenn auch sehr nahe mit ihnen verwandten –, so haben wir guten Grund zu glauben, daß der Orang-Utan, der Schimpanse und der Gorilla auch ihre Vorgänger gehabt haben. Mit welchem Interesse muß jeder Naturforscher an die Zeit denken, in der die Höhlen und Tertiärablagerungen der Tropen durchsucht sind und man die frühe Geschichte und das erste Erscheinen der großen menschenähnlichen Affen endlich kennenlernen wird.

In den Wäldern von Saráwak

Als die nasse Jahreszeit nahte, beschloß ich, nach Saráwak zurückzukehren; ich schickte alle meine Sammlungen mit Charles Allen zur See hin, während ich selbst bis zu den Quellen des Sádong-Flusses hinaufgehen wollte und von da wieder herab durch das Saráwak-Tal. Da die Tour etwas beschwerlich war, nahm ich so wenig Gepäck wie nur irgend möglich und nur einen Diener mit, einen malayischen Burschen namens Bujon, der die Sprache der Sádong-Dajaks kannte, mit denen er früher in Handelsverbindung gestanden hatte. Wir verließen am 27. November die Minen und erreichten Tags darauf das malayische Dorf Gúdong, wo ich mich kurze Zeit aufhielt, um Früchte und Eier zu kaufen und bei dem Datu Bandar oder malayischen Gouverneur des Ortes vorsprach. Er wohnte in einem großen und gut gebauten Hause, das von außen und innen sehr schmutzig war, und verfuhr sehr inquisitorisch in Betreff meines Geschäftes und besonders in Betreff der Kohlenminen. Diese machen den Eingeborenen viel Kopfzerbrechen, da sie die ausgedehnten und kostspieligen Vorbereitungen, um nach Kohlen zu graben, nicht verstehen und nicht glauben können, daß man sie nur als Brennmaterial benutzt, wo Holz so im Überfluß vorhanden und so leicht zu bekommen ist. Augenscheinlich kamen Europäer selten hierher, denn eine Menge Frauen nahmen Reißaus, als ich durch das Dorf ging, und ein Mädchen von etwa zehn oder zwölf Jahren, das gerade ein Bambusgefäß voll Wasser aus dem Fluß geholt hatte, warf es im Moment, als sie mich sah, mit einem Schrei des Entsetzens und der Angst nieder, kehrte sich um und sprang in den Strom. Sie schwamm sehr schön, sah sich fortwährend um, als ob sie erwartete, daß ich folgen würde, und schrie die ganze Zeit heftig; während eine Anzahl Männer und Knaben über ihr unwissendes Erschrecken lachten.

In Jahi, dem nächsten Dorf, wurde der Strom so reißend infolge einer Überschwemmung, daß mein schweres Boot nicht von der Stelle kam, und ich sah mich daher genötigt, es zurückzuschicken und in einem sehr kleinen und offenen weiterzufahren. Bis hierher war der Fluß sehr monoton gewesen; die Ufer bestanden aus Reisfeldern, und nur kleine mit Stroh bedachte Hütten unterbrachen die wenig malerischen Umrisse des sumpfigen Gestades, das von hohen Gräsern besetzt und hinter dem kultivierten Land von dem Waldessaume begrenzt war. Einige Stunden jenseits Jahi überschritten wir die Grenze der Kulturen und sahen den herrlichen Urwald bis an den Rand des Wassers treten, mit seinen Palmen und Schlinggewächsen, seinen hohen Bäumen, seinen Farnkräutern und Schmarotzerpflanzen. Die Flußufer waren jedoch meist noch überschwemmt, und wir fanden nur schwierig eine trockene Schlafstelle. Früh morgens erreichten wir Empungan, ein kleines malayisches, an dem Fuß eines alleinstehenden Berges gelegenes Dorf, der schon von der Mündung des Simūnjon-Flusses an sichtbar gewesen war. Höher hinauf werden Ebbe und

Flut nicht mehr gespürt, und wir betraten nun einen Hochwalddistrikt mit einer schöneren Vegetation. Große Bäume streckten ihre Zweige quer über den Fluß und die abschüssigen, erdigen Ufer sind mit Farnen und Zingiberaceen bekleidet.

Früh am Nachmittag kamen wir in Tabókan an, dem ersten Dorfe der Hügel-Dajaks. Auf einem offenen Platze nahe dem Flusse spielten etwa zwanzig Knaben. Von Bujon gerufen, ließen sie sofort ihr Spiel, um meine Sachen in das Hauptgebäude zu tragen – ein rundes Haus in fast allen Dajak-Dörfern, das als Logierhaus für Fremde dient, als Börse, als Schlafstätte für die unverheiratete Jugend und als allgemeines Versammlungslokal. Es ist an hochgelegenen Punkten aufgebaut, hat einen großen Feuerraum in der Mitte, Fenster im Dach rund herum und bietet einen sehr angenehmen und bequemen Aufenthaltsort. Am Abend war es voll von jungen Männern und Knaben, die mich sehen wollten. Es waren meist schöne junge Burschen, und ich konnte nicht umhin, die Einfachheit und Eleganz ihres Kostüms zu bewundern. Ihre einzige Bekleidung ist das lange »Chawat« oder Leibtuch, welches vorn und hinten herabhängt. Es ist gewöhnlich von blauer Baumwolle mit drei breiten Streifen von rot, blau und weiß endend. Diejenigen, welche es bestreiten können, tragen ein Tuch um den Kopf, welches entweder rot ist mit einem schmalen Streifen von Goldborte, oder dreifarbig wie der »Chawat«. Die großen glatten mondförmigen metallenen Ohrringe, die schwere Halsschnur von weißen oder schwarzen Perlen, Reihen von Metallringen an Armen und Beinen und Armringe von weißen Muscheln, alles das dient dazu, die rein rotbraune Haut und das kohlschwarze Haar abzuheben und ins rechte Licht zu setzen. Dazu der kleine Beutel mit Material zum Betelkauen, und ein langes schlankes Messer, beides unabänderlich an der Seite hängend – und man hat das tägliche Gewand des jungen Dajak.

Der »Orang Kaya« oder reiche Mann, wie der Häuptling des Stammes genannt wird, kam nun mit mehreren älteren Leuten herein; und es begann die »Bitchára« oder Verhandlung über das Anschaffen eines Bootes und von Männern, um mich am folgenden Morgen weiterzubringen. Da ich nicht ein Wort ihrer Sprache verstand, die sehr vom Malayischen verschieden ist, so nahm ich an der Verhandlung nicht teil, sondern wurde von meinem Burschen Bujon vertreten, der mir das meiste von dem, was sie sagten, übersetzte. Ein chinesischer Händler war in dem Hause, und auch er wollte Leute für den folgenden Tag haben; aber als er das dem Orang Kaya andeutete, wurde ihm ernstlich gesagt, daß eines weißen Mannes Geschäft augenblicklich verhandelt werde und daß er bis zu einem andern Tage warten müsse, ehe man an das seinige denken könne.

Am andern Morgen fuhren wir in einem ungefähr dreißig Fuß langen und nur achtundzwanzig Zoll breiten Boot ab. Der Fluß ändert hier plötzlich seinen Charakter. Bis dahin war er wenn auch reißend, so doch tief und eben und von steilen Ufern begrenzt gewesen. Jetzt rauschte und brauste er über ein kieseliges, sandiges oder felsiges Bett, bildete gelegentlich kleine Wasserfälle und Stromschnellen und warf hier und da breite Bänke von schön gefärbten Kieseln auf. Mit Rudern konnte man hier nicht weiterkommen, aber die Dajaks stießen uns mit Bambusstangen mit großer Geschicklichkeit und Schnelligkeit vorwärts und verloren nie das Gleichgewicht in dem so engen und schwankenden Schiffe, obgleich sie aufrecht standen und mit aller Kraft arbeiteten. Es war ein herrlicher Tag, und die muntere Tätigkeit der Männer, das Rauschen des perlenden Wassers mit dem glänzenden und mannigfaltigen Laubwerk, das von beiden Ufern aus sich über unsere Köpfe erstreckte, riefen in mir ein Gefühl der freudigen Erregung wach, das mir meine Kanu-Fahrten auf den großen Flüssen Südamerikas in die Erinnerung brachte.

57

Früh am Nachmittag erreichten wir das Dorf Borotói, und obgleich es ein leichtes gewesen wäre, bis in das nächste noch vor der Nacht zu kommen, so war ich doch genötigt zu bleiben, da meine Leute zurückkehren wollten und andere unmöglich ohne vorhergehende Verabredung zu haben waren. Außerdem war ein weißer Mann für sie eine zu große Seltenheit, als daß man ihn sich hätte entgehen lassen sollen, und ihre Frauen würden es ihnen nie vergeben haben, wenn sie von ihren Feldern zurückkehrend eine solche Merkwürdigkeit nicht für sie zur Ansicht aufbewahrt gefunden hätten. Als ich in das Haus trat, in das man mich geladen, umstand mich eine Menge von sechzig oder siebzig Männern, Weibern und Kindern, und die erste halbe Stunde saß ich da wie ein seltsames Tier, das zum erstenmal den Blicken eines neugierigen Publikums preisgegeben wird. Metallringe waren hier im größten Überfluß, und viele der Frauen hatten ihre Arme sowohl vollständig damit bedeckt, als auch ihre Beine vom Knöchel bis zum Knie. Um den Leib trugen sie ein Dutzend oder mehr Bänder von schöner roter Farbe aus Rohr geflochten, an welchen der Unterrock befestigt ist. Darunter sind gewöhnlich einige Metalldrahtbänder, ein Gürtel von kleinen Silbermünzen und manchmal ein breites Gehänge einer Metallringrüstung. Auf dem Kopfe tragen sie einen konischen Hut ohne Boden, von verschiedenfarbigen Perlen gemacht und durch Rotang-Ringe in Façon gehalten, eine phantastische, aber nicht unmalerische Kopfbedeckung.

Am andern Morgen fuhren wir wie vorher weiter, aber der Fluß wurde so reißend und seicht und die Boote waren alle so klein, daß, obgleich ich nichts bei mir hatte als ein Gewand zum Wechseln, eine Büchse und wenige Kochgeräte, dennoch zwei Männer notwendig waren, um mich weiter zu bringen. Der Fels, der hier und da am Flußufer zum Vorschein kam, war ein harter Tonschiefer, an einigen Stellen kristallinisch und fast senkrecht ansteigend. Rechts und links von uns zeigten sich isolierte Kalksteinberge, deren weiße Abhänge in der Sonne glänzten und sich schön von der üppigen Vegetation, die sie überall bedeckte, abhoben.

Der Fluß wurde von da an so seicht, daß Boote kaum darauf fahren konnten. Ich zog es deshalb vor, zu Fuß nach dem nächsten Dorf zu gehen, indem ich hoffte, bei der Gelegenheit etwas von dem Lande zu sehen; aber ich wurde sehr enttäuscht, da der Weg fast gänzlich durch dickes Bambusgebüsch führte. Die Dajaks ernten zweimal hintereinander; einmal Reis und das andere Mal Zuckerrohr, Mais und Gemüse. Dann liegt der Boden acht bis zehn Jahre brach und bedeckt sich mit Bambusrohr und Sträuchern, die sich oft gänzlich über den Weg wölben und jede Aussicht versperren. Drei Stunden Gehen brachten uns in das Dorf Senánkan, wo ich wieder den ganzen Tag bleiben mußte, was ich auf das Versprechen des Orang Kaya hin, daß seine Leute mich am folgenden Tage durch zwei weitere Dörfer quer durch nach Sénna hin, an die Quelle des Saráwak-Flusses, bringen sollten, auch gern tat. Ich unterhielt mich so gut ich konnte bis zum Abend mit Spazierengehen auf den Höhenzügen der Umgegend, um eine Anschauung von der Gegend und von der Höhe der hauptsächlichsten Berge zu gewinnen. Dann kam wieder eine öffentliche Audienz an die Reihe mit Geschenken von Reis und Eiern und Trinken von Reiswein. Diese Dajaks bebauen eine große Strecke Landes und bringen eine Menge Reis nach Saráwak.

Am Morgen wartete ich etwas, aber die Männer, welche mich begleiten sollten, erschienen nicht. Als ich zu dem Orang Kaya schickte, war sowohl er als auch ein anderer Häuptling für den Tag fortgegangen, und als ich nach dem Grunde fragte, hörte ich, daß sie keinen ihrer Leute dazu hätten überreden können, mit mir zu gehen, weil die Reise lang und ermüdend sei. Da ich zum Gehen entschlossen war, so sagte ich zu den wenigen Leuten, die noch geblieben, daß die Häuptlinge sehr übel daran getan hätten, daß ich mich bei dem Rajah wegen ihres Betragens beklagen würde und daß ich sofort aufbrechen wolle. Jeder der Anwesenden hatte eine andere Entschuldigung, aber es wurde nach anderen gesandt und vermittelst Drohungen und Versprechungen und der Anwendung der ganzen Beredsamkeit Bujons kamen wir endlich nach zweistündigem Hin- und Herreden fort.

Die ersten paar Meilen ging unser Weg über für Reisfelder gelichtete Ländereien, die nur aus kleinen, aber tief und scharf eingeschnittenen Rinnen und Tälern bestehen, mit nicht ein paar Fuß ebenen Bodens. Über den Kayan-Fluß, einem Hauptarm des Sádong, kamen war an die niedrigen Abdachungen des Seboran-Berges; der Weg ging längs eines scharfen und mäßig steilen Abhanges und bot eine herrliche Aussicht auf das Land.

Die Gegend glich im kleinen genau der Himalaya-Gegend, wie sie Dr. Hooker und andere Reisende beschrieben haben; sie sah wie ein natürliches Modell einiger Teile jener ungeheuren Berge aus, nach einem Maßstab von etwa einem Zehntel, indem Tausende von Fuß hier durch Hunderte repräsentiert waren. Ich entdeckte jetzt den Ursprung der hübschen Kiesel, die mir im Flußbette so gefielen. Die schieferartigen Felsen hatten aufgehört und diese Berge schienen aus einem Sandstein-Konglomerat zu bestehen, das an einigen Stellen nur aus einer Masse von aneinander haftenden Kieseln aufgebaut war. Die Existenz eines derartigen Systems von Hügeln und Tälern, das im kleinen alle Züge einer großen Bergregion trägt, hat für die moderne Theorie, daß die Bodengestaltung hauptsächlich mehr von atmosphärischer als von unterirdischer Tätigkeit abhängig ist, eine wichtige Tragweite. Wenn wir eine Anzahl verzweigter, nach vielen verschiedenen Richtungen hin laufender Täler und Spalten innerhalb einer Quadratmeile sehen, so scheint es kaum möglich, ihre Entstehung Rissen und Sprüngen, die durch Erdbeben hervorgebracht wären, zuzuschreiben oder auch nur sie von solchen abzuleiten. Auf der andern Seite sind in diesem Falle die Natur des Felsens, der so leicht von Wasser zersetzt und weggeschwemmt werden kann, und die bekannte Tätigkeit der so mächtigen tropischen Regen zum mindesten ganz zureichende Gründe für die Bildung solcher Täler. Allein die Ähnlichkeit ihrer Formen und ihrer Umrisse, ihres Auseinanderstrahlens, ihrer sie trennenden Abhänge und Firste mit denen der großen Bergszenerie des Himalaya ist so bemerkenswert, daß wir zu dem Schlusse hingedrängt werden, daß die Arbeitskräfte in beiden Fällen dieselben gewesen sind und daß nur in der Zeit, in der sie in Tätigkeit gewesen und in der Natur des Materials, auf das sie zu wirken hatten, der Unterschied liegt.

Ungefähr am Nachmittag erreichten wir das Dorf Menyerry, schön gelegen auf einem Ausläufer des Berges, ungefähr sechshundert Fuß über dem Tal und eine prächtige Aussicht auf die Berge dieses Teils von Borneo darbietend. Von hier aus sah ich den Berg Penrissen an dem Ursprung des Saráwak-Flusses, einen der höchsten des Distriktes, der bis zu sechstausend Fuß über der See ansteigt. Nach Süden schienen die Rowan- und weiter hin die Untowan-Berge im holländischen Gebiete gleich hoch zu sein. Von Menyerry herabsteigend passierten wir wieder den Kayan, der sich um den Bergvorsprung herumwindet, und erstiegen den Paß, welcher die Sádong- und Saráwak-Täler von einander trennt und der an zweitausend Fuß hoch ist. Das Herabsteigen von diesem Punkte war sehr schön. Ein Strom rauschte an jeder Seite tief unten in einer Felsschlucht, und allmählich stiegen wir zu dem einen hinunter, indem wir über viele seitliche Rinnen und Abgründe auf Bambusbrücken der Eingeborenen gingen. Einige dieser Brücken waren mehrere hundert Fuß lang und fünfzig oder sechzig

Fuß hoch; ein einzelnes glattes Bambusrohr von vier Zoll Durchmesser bildete den Gehweg, während ein dünnes Geländer von demselben Material oft so schwankte, daß es nur als Führung, nicht als Unterstützung dienen konnte.

Spät am Nachmittag erreichten wir Sodos, auf einem Vorsprung zwischen zwei Flüssen gelegen, aber so von Fruchtbäumen umgeben, daß man nichts von der Gegend sehen konnte. Das Haus war geräumig, rein und bequem und das Volk sehr verbindlich. Viele der Frauen und Kinder hatten nie vorher einen Weißen gesehen und verhielten sich sehr skeptisch in Beziehung darauf, daß ich ganz von derselben Farbe sei wie mein Gesicht. Sie baten mich, ihnen meine Arme und meinen Körper zu zeigen und waren so freundlich und gutgesittet, daß ich mich bewogen fand, ihnen zu willfahren; ich streifte meine Hosen in die Höhe und ließ sie die Farbe meines Beines sehen, welches sie mit großem Interesse betrachteten.

Morgens früh stiegen wir weiter hinab, ein schönes Tal entlang mit Bergen von zweitausend bis dreitausend Fuß Höhe nach jeder Richtung hin. Der kleine Fluß wuchs sehr schnell bis wir Senna erreichten, wo er schon als schöner kieseliger Strom für kleine Kanus schiffbar war. Endlich kamen wir an eine wirklich gefährliche Stromschnelle, wo oft Boote versanken, und meine Leute fürchteten sich darüberzufahren. Einige Malayen überholten uns hier mit einer Schiffsladung Reis, und nachdem sie sicher hinübergekommen waren, sandten sie in gefälliger Weise einen ihrer Leute zurück, um mir zu helfen. Wie es so geht – gerade an der kritischen Stelle verloren meine Dajaks das Gleichgewicht und hätten, wenn sie allein gewesen wären, sicherlich das Boot umgekippt. Der Fluß wurde nun außerordentlich malerisch, da das Land jederseits teilweise für Reisfelder gelichtet war, die die Aussicht nicht behinderten. Zahlreiche kleine Kornspeicher waren hoch oben in über den Fluß hängenden Bäumen angebracht, zu denen Bambusbrücken vom Ufer aus schräg hinaufführten; und hier und da gingen Bambushängebrücken über den Strom, wo querüber wachsende Bäume ihre Herstellung begünstigten.

Ich schlief die Nacht in dem Dorf der Sebungow-Dajaks und erreichte folgenden Tages Saráwak nach Durchwanderung einer sehr schönen Gegend, in der Kalksteinberge mit ihren phantastischen Formen und weißen Abhängen jederseits aufstiegen, geschmückt mit einer üppigen Vegetation. Die Ufer des Saráwak-Flusses sind aller Orten mit Fruchtbäumen bedeckt, welche den Dajaks einen großen Teil ihrer Nahrung bieten. Die Mangustan, Lansat, Rambutan, Jack, Jambou und Blimbing sind alle im Überfluß vorhanden; aber am reichlichsten vorkommend und am geschätztesten ist die Durian, eine Frucht, die man in England wenig kennt, aber welche sowohl von Eingeborenen als von Europäern im malayischen Archipel allen andern vorgezogen wird. Im Hause ist der Geruch oft so unangenehm, daß einige Menschen sich nie überwinden können, sie zu kosten. So ging es mir, als ich es zuerst in Malaka versuchte, aber auf Borneo fand ich eine reife Frucht am Boden und als ich sie im Freien aß, wurde ich mit einem Schlage ein geschworener Durian-Esser.

Die Durian wächst an einem großen und hohen Waldbaum, etwa der Ulme ähnlich in ihrem Hauptcharakter, aber mit einer glatteren und mehr blätterigen Rinde. Die Frucht ist rund oder leicht oval, von der Größe einer großen Kokosnuß ungefähr, von grüner Farbe und ganz mit kleinen starken und scharfen Stacheln bedeckt, deren Basen sich gegenseitig berühren und in Folge davon etwas sechseckig sind. Sie ist so vollständig bewaffnet, daß es bei abgebrochenem Stengel schwierig ist, sie vom Boden aufzuheben. Die äußere Rinde ist so dick und zäh, daß, von welcher Höhe sie auch herabfallen mag, sie doch nie zerbricht. Die Nähte der Fruchtblätter zeigen, wo die Frucht mit einem starken Messer und einer kräftigen Hand geteilt werden kann. Die fünf Zellen sind atlasartig weiß von innen und jede ist von einer ovalen Masse rosafarbigen Breies gefüllt, in dem zwei oder drei Samen von der Größe einer Kastanie liegen. Dieser Brei ist das Eßbare, und Zusammensetzung und Wohlgeschmack desselben sind unbeschreiblich. Ein würziger, butteriger, stark nach Mandeln schmeckender Eierrahm gibt die beste allgemeine Idee davon, aber dazwischen kommen Duftwolken, die an Rahmkäse, Zwiebelsauce, braunen Xereswein und anderes Unvergleichbare erinnern; dann ist der Brei von einer würzigen, klebrigen Weichheit, die sonst keinem Ding zukommt, die ihn aber noch delikater macht. Die Frucht ist weder sauer, noch süß, noch saftig, und doch empfindet man nicht den Mangel einer dieser Eigenschaften, denn sie ist vollkommen so wie sie ist. Sie verursacht keine Übelkeit und bringt überhaupt keine schlechte Wirkung hervor, und je mehr man davon ißt, desto weniger fühlt man sich geneigt aufzuhören. Durian essen ist in der Tat eine neue Art von Empfindung, die eine Reise nach dem Osten lohnt.

Wenn die Frucht reif ist, so fällt sie von selbst herab, und die einzige Art, Durians in Vollkommenheit zu essen, ist, daß man sie frisch gefallen genießt; der Geruch übernimmt dann auch weniger. Unreif ist sie als Gemüse sehr gut zu kochen, sie wird aber auch dann roh von den Dajaks gegessen. In einem guten Fruchtjahr werden große Mengen in Krügen und Bambusgefäßen eingesalzen und das ganze Jahr aufbewahrt; dann erlangt sie für Europäer einen höchst widerwärtigen Geruch, aber die Dajaks schätzen sie sehr als Beigabe zum Reis. Im Walde gibt es zwei Varietäten wilder Durians mit viel kleineren Früchten, eine innen orange gefärbt, und von dieser stammen wahrscheinlich die großen und schönen Durians her, die nie wild vorkommen. Allein es würde doch nicht ganz richtig sein, wenn man sagte, die Durian sei die beste *aller* Früchte, weil sie doch nicht die säuerlich saftigen Früchte ersetzen kann, die Orange, die Weintraube, die Mango und die Mangustan, deren erfrischende und kühlende Eigenschaften so heilsam und angenehm sind; aber als eine Nahrung von höchst ausgezeichnetem Wohlgeschmack ist sie unübertrefflich. Wenn ich zwei Früchte nennen sollte, als vollkommenste Repräsentanten der beiden Klassen, so würde ich zweifellos die Durian und die Orange wählen als König und Königin unter den Früchten.

Die Durian ist aber auch manchmal gefährlich. Wenn die Frucht zu reifen beginnt, so fällt sie täglich und fast stündlich, und nicht selten hört man von Unglücksfällen bei Leuten, die unter den Bäumen gerade gingen oder arbeiteten. Wenn eine Durian bei ihrem Fall jemanden trifft, so verursacht sie eine furchtbare Wunde, die starken Stacheln reißen das Fleisch auf, und der Schlag selbst ist sehr heftig; aber gerade darum stirbt man selten in Folge davon, weil die reichliche Blutung die Entzündung, die sonst Platz greifen könnte, hintanhält. Ein Dajak-Häuptling erzählte mir, daß er von einer auf seinen Kopf gefallenen Durian niedergeschlagen sei und geglaubt habe, sterben zu müssen, allein er erholte sich in einer sehr kurzen Zeit.

Während meiner vielen Reisen auf Borneo und hauptsächlich während meines Aufenthaltes unter den Dajaks an verschiedenen Orten, kam ich erst dazu, die wunderbaren Eigenschaften des Bambusrohres schätzen zu lernen. In den Teilen Südamerikas, welche ich früher besucht hatte, waren diese Riesengräser verhältnismäßig spärlich; und wo sie vorkommen, werden sie wenig gebraucht, da sie einesteils von den verschiedenartigsten Palmen, anderenteils von den Kalebassen und Kürbissen ersetzt werden. Fast alle tropischen Länder produzieren Bambusrohr, und wo immer es in Überfluß gefunden wird, da brauchen die Eingeborenen es zu einer Menge von Dingen. Seine Härte, Leichtigkeit, Glätte, Geradheit, Rundung und sein Hohlsein, die

Bequemlichkeit und Regelmäßigkeit, mit der es gespalten werden kann, seine sehr verschiedene Größe, die wechselnde Länge seiner Knoten, die Leichtigkeit, mit der es geschnitten und mit der Löcher hineingebohrt werden können, seine harte Außenseite, sein Freisein von jedem ausgesprochenen Geschmack oder Geruch, sein reichliches Vorkommen und die Schnelligkeit seines Wachstums und seiner Vermehrung, alles das sind Eigenschaften, die es für hundert verschiedene Zwecke verwendbar machen, denen zu dienen andere Materialien viel mehr Arbeit und Vorbereitungen erfordern würden. Der Bambus ist eins der wundervollsten und schönsten Produkte der Tropen und eins der wertvollsten Geschenke der Natur an unzivilisierte Völker.

Die Dajak-Häuser stehen alle auf Pfählen und sind oft zwei- oder dreihundert Fuß lang und vierzig bis fünfzig Fuß breit. Der Fußboden ist immer aus Brettern von großen Bambusen gemacht, so daß jedes fast eben und ungefähr drei Zoll breit ist, und diese Bretter sind mit Rotang an die Querbalken darunter festgebunden. Es geht sich auf solchen Fußböden, wenn sie gut gemacht sind, sehr angenehm barfuß, da die gerundete Oberfläche des Bambus sehr weich und dem Fuß sehr wohltuend ist, während sie zu gleicher Zeit einen festen Halt bietet. Aber, was noch wichtiger ist, sie geben mit einer Matte darüber ein vortreffliches Bett ab, da die Elastizität des Bambus und seine gerundete Oberfläche einem härteren und mehr ebenen Fußboden weit vorzuziehen ist. Hier finden wir also eine Anwendung des Bambus, in der es durch ein anderes Material ohne ein großes Stück Arbeit nicht ersetzt werden könnte, da Palmen und andere Bäume viel Schneiden und Glätten erfordern und doch nicht ebensogut werden. Welche Arbeit ist hier einem Wilden gespart, dessen einzige Werkzeuge eine Axt und ein Messer sind, und der, wenn er Bretter machen wollte, sie aus dem soliden Stamm eines

Baumes aushauen und tage- und wochenlang arbeiten müßte, um eine so ebene und schöne Oberfläche zu erhalten, wie der Bambus, so behandelt, sie ihm darbietet.

Wie ich schon erwähnte, bauen sich die Hügel-Dajaks im Innern von Saráwak Wege auf weite Entfernungen hin, von Dorf zu Dorf und zu ihren Pflanzungen, in deren Verlauf sie viele Spalten und Bergwasser, ja selbst Flüsse überbrücken, oder manchmal, um große Umwege zu vermeiden, den Pfad einen Abgrund entlangführen müssen. In all diesen Fällen machen sie die Brücken aus Bambus, und das Material ist dafür so wunderbar geeignet, daß es zweifelhaft ist, ob sie je solche Werke unternommen haben würden, wenn sie es nicht besessen hätten. Die Dajak-Brücke ist einfach, aber nach einem guten Plan angelegt. Sie besteht lediglich aus starken sich wie ein X kreuzenden und ein paar Fuß über dem Boden liegenden Bambusstäben. An der Kreuzungsstelle sind sie fest aneinander und an ein großes Bambusrohr gebunden, das auf ihnen liegt und den einzigen Fußweg bildet, mit einem dünnen und oft sehr schwankenden Rohr, das als Handseil dienen soll. Wenn ein Fluß überbrückt wird, so wählen sie einen überhängenden Baum, von dem die Brücke teils getragen, teils durch diagonale Strebebalken vom Ufer aus gestützt wird, um keine Pfeiler in den Strom selbst zu stellen, die dem Fortschwemmen durch Fluten ausgesetzt sein würden. Wenn sie einen Pfad Abhänge entlang anlegen, so brauchen sie die Bäume und Wurzeln zum Tragen; Streben steigen von passenden Einschnitten oder Rissen in dem Felsen auf, und wenn diese nicht genügen, so werden ungeheure fünfzig bis sechzig Fuß lange Bambusstämme an den Ufern oder an dem Zweige eines Baumes unten befestigt. Diese Brücken werden täglich von Männern und Frauen mit schweren Lasten begangen, so daß irgendeine Gebrechlichkeit bald entdeckt, und da die Baustoffe nah zur Hand sind, sofort beseitigt wird. Wenn ein Weg über einen sehr abschüssigen Boden führt und bei sehr nassem oder sehr trockenem Wetter schlüpferig wird, so benutzt man den Bambus noch anders. Es werden Stücke von einer Elle Länge geschnitten und an jedem Ende einander sich gegenüberstehende Einkerbungen gemacht, dann Löcher gebohrt und Pflöcke hindurchgetrieben, und so sind feste und bequeme Stufen mit der größten Leichtigkeit und Schnelligkeit verfertigt. Wohl verfällt in ein oder zwei Jahren viel davon, allein es kann so schnell wiederhergestellt werden, daß es noch immer ökonomischer ist, als wenn man es von einem härteren und dauerhafteren Holze machte.

Eine der überraschendsten Anwendungen des Bambus besteht darin, daß die Dajaks ihn zum Erklettern hoher Bäume verwerten, indem sie Pflöcke auf die Weise hineintreiben, wie ich es schon oben S. 48 beschrieben habe. Diese Methode wird stets angewandt, um sich in den Besitz des Wachses zu setzen, das eins der geschätztesten Produkte des Landes ist. Die Biene Borneos hängt gewöhnlich ihre Honigscheiben unter die Zweige des Tappan, eines Baumes, der alle andern im Walde überragt und dessen glatter zylindrischer Stamm oft hundert Fuß hoch astlos ansteigt. Die Dajaks erklimmen diese hohen Bäume des Nachts, indem sie ihre Bambusleiter konstruieren, und holen riesige Honigscheiben herunter. Diese geben ihnen einen delikaten Leckerbissen von Honig und jungen Bienen, außer dem Wachs, das sie Händlern verkaufen und für den Erlös sich die sehr geschätzten Metalldrähte, Ohrringe und goldberandeten Tücher erstehen, mit denen sie sich selbst zu schmücken lieben. Wenn sie Durians und andere Fruchtbäume ersteigen, deren Zweige dreißig bis vierzig Fuß vom Boden beginnen, so benutzen sie, wie ich gesehen habe, nur die Pflöcke ohne den aufrechtstehenden Bambusstamm, der die Sache so sehr viel sicherer macht.

Die Außenrinde des Bambus, gespalten und dünn geschabt, ist das stärkste Material für Körbe; Hühnerkäfige,

Vogelhäuser, und konische Fischbehälter werden sehr schnell aus einem einzigen Glied verfertigt, indem man die Rinde in schmale Streifen schneidet, die man an dem einen Ende nicht loslöst, während Ringe von demselben Material oder von Rotang in regelmäßigen Entfernungen dazwischengeflochten werden. Auf kleinen Aquädukten, die aus großen halbierten Bambusstämmen bestehen, getragen von gekreuzten Stöcken verschiedener Höhe, um einen regelmäßigen Fall hervorzurufen, wird das Wasser zu ihren Häusern hingeleitet. Dünne langgliedrige Bambusstämme dienen den Dajaks allein zu Wasserbehältern, und ein Dutzend davon steht in dem Winkel eines jeden Hauses. Sie sind reinlich, leicht und gut zu tragen und aus vielen Gründen den irdenen Gefäßen vorzuziehen. Sie geben auch vortreffliches Kochgeschirr ab; Gemüse und Reis kann in ihnen vollständig gekocht werden, und man benutzt sie viel auf Reisen. Gesalzene Früchte und Fische, Zucker, Essig und Honig werden in ihnen statt in Krügen oder Flaschen aufbewahrt.

Da ich gerade von einer Pflanze spreche, so will ich einige der hervorragendsten pflanzlichen Produkte Borneos hier erwähnen. Die wundervollen Kannenpflanzen, die die Gattung Nepenthes der Botaniker bilden, kommen hier zur schönsten Entfaltung. Jeder Berggipfel ist voll von ihnen; sie wachsen am Boden oder schlingen sich über Gebüsch und verkrüppelte Bäume; ihre eleganten Kannen hängen überall. Die schönste bis jetzt bekannte wurde auf dem Gipfel des Kina-balu im Nordwesten von Borneo gefunden. Eine der breiteren Arten, Nepenthes rajah, faßt zwei Quart Wasser in ihrer Kanne. Eine andere, Nepenthes edwardsiana, hat eine schmale zwanzig Zoll lange Kanne; während die Pflanze selbst zwanzig Fuß lang wird.

Farne sind reichlich vorhanden, aber nicht in so verschiedenen Arten als auf den vulkanischen Gebirgen Javas; und Baumfarne sind weder so zahlreich noch so groß als auf dieser Insel. Sie wachsen jedoch ganz hinunter bis an den Spiegel der See und sind gemeinhin schlanke und zierliche Pflanzen von acht bis fünfzehn Fuß Höhe. Ohne gerade viel Zeit daran zu setzen, sammelte ich fünfzig Arten von Farnen auf Borneo, und ich zweifle nicht daran, daß ein guter Botaniker das Doppelte gefunden haben würde. Die interessante Gruppe der Orchideen ist ebenfalls sehr reichlich vertreten, aber wie es gewöhnlich der Fall ist, neun Zehntel der Arten haben kleine und unansehnliche Blumen. Zu den Ausnahmen gehört die schöne Coelogyne, deren große Büschel gelber Blumen die düstersten Wälder schmücken, und jene höchst ausgezeichnete Pflanze Vanda Lowii, welche viel in der Nähe einiger seichter Quellen am Fuße des Berges Peninjauh vorkommt. Sie wächst auf den niedrigen Zweigen von Bäumen, und ihre seltsamen hängenden Blumenähren erreichen oft den Boden. Diese sind im allgemeinen sechs oder acht Fuß lang und tragen große und schöne drei Zoll breite Blumen; sie variieren in der Farbe von orange bis rot mit tiefen purpurroten Flekken. Einmal fand ich eine Anzahl kleiner zu den Anonaceen gehöriger Bäume der Gattung Polyalthea, die in dem düsteren Waldesschatten eine sehr auffallende Wirkung hervorbrachten. Sie waren an dreißig Fuß hoch, und ihre schlanken Stämme waren mit großen sternartigen karmesinroten Blumen bedeckt, welche wie Gewinde traubenartig an ihnen wuchsen und mehr einer künstlichen Dekoration als einem natürlichen Produkt glichen.

Der Wald ist äußerst reich an riesigen Bäumen mit zylindrischen, gestützten und oft ausgehöhlten Ästen, während der Reisende gelegentlich auch auf einen wundervollen Feigenbaum stößt, dessen Stamm selbst ein Wald von Ästen und Luftwurzeln ist. Seltener noch findet man Bäume, welche aussehen, als ob sie mitten in der Luft zu wachsen angefangen hätten, und von da aus weit sich ausbreitende Zweige und eine verwickelte Pyramide von Wurzeln aussenden, die an siebzig bis achtzig Fuß bis auf den Grund hinabsteigen und sich so weit jederseits ausbreiten, daß man mitten im Zentrum stehen kann, den Baumstamm gerade über sich. Bäume ähnlichen Charakters werden über den ganzen Archipel verbreitet gefunden. Ich glaube, daß sie ihren Ursprung als Schmarotzerpflanzen nehmen von Samen, den Vögel holen und in einem Gabelast eines hohen Baumes fallen lassen. Von da steigen Luftwurzeln herab, umspinnen und zerstören zuletzt den sie tragenden Baum, welcher mit der Zeit vollständig von der bescheidenen Pflanze, welche zuerst von ihm abhing, ersetzt wird. So haben wir einen wirklichen Kampf ums Dasein in dem Pflanzenreiche, nicht weniger verhängnisvoll für den Besiegten als die Kämpfe zwischen den Tieren, die wir so viel leichter beobachten und verstehen können. Der Vorteil des schnelleren Zutritts zum Licht, zur Wärme und zur Luft, welchen Schlingpflanzen in ihrer Weise gewinnen, wird hier von einem Waldbaum erreicht, der also in einer Höhe ins Leben treten kann, welche andere erst nach vielen Jahren des Wachstums erreichen, und dann nur, wenn der Sturz eines anderen Baumes ihnen Platz gemacht hat. So wird in dem warmen, feuchten und gleichmäßigen Klima der Tropen jeder vorteilhafte Platz in Anspruch genommen und bietet die Möglichkeit dar, daß sich neue Formen entwikkeln, die ihm speziell angepaßt sind.

Als ich Saráwak Anfang Dezember erreichte, sah ich, daß vor Ende Januar keine Gelegenheit nach Singapur zurückzukehren sich bieten würde. Ich nahm daher Sir James Brookes Einladung an, mit ihm und Herrn St. John in seinem Häuschen auf dem Peninjauh zuzubringen. Dieser ist ein sehr steiler pyramidenförmiger Berg von kristallinischem Basalt, ungefähr tausend Fuß hoch und mit üppigem Wald bedeckt. Auf ihm stehen drei Dajak-Dörfer, und auf einem kleinen Plateau nahe dem Gipfel befindet sich die rohe Holzbehausung, in welcher der englische Rajah sich zu erholen und kühle frische Luft einzuatmen pflegte. Es ist nur zwanzig Meilen den Fluß hinauf, aber die Straße den Berg hinan ist eine Kette von Leitern, dem Rande von Abgründen entlang, von Bambusbrücken über Vertiefungen und Klüfte und von unsicheren Pfaden über Felsen, Baumstämme und ungeheure hausgroße Rollsteine. Eine kühle Quelle unter einem überhängenden Felsen, gerade unterhalb der Hütte, erfrischte uns durch Bäder und köstliches Trinkwasser, und die Dajaks brachten uns täglich aufgehäufte Körbe voll von Mangustans und Lansats hinauf, zwei der delikatesten der säuerlichen tropischen Früchte. Wir kehrten um Weihnacht (das zweite Christfest, welches ich zusammen mit Sir James Brooke zugebracht hatte) nach Sarawak zurück, um welche Zeit alle Europäer, sowohl die aus der Stadt als auch die von den äußeren Stationen, sich der Gastfreundschaft des Rajah erfreuten, welcher in hervorragender Weise die Kunst besaß, alle Menschen um sich herum behaglich und glücklich zu machen.

Als ich nach Singapur zurückkehrte, nahm ich den malayischen Burschen namens Ali mit, der mich in der Folge auch durch den ganzen Archipel begleitete. Charles Allen zog es vor, im Missionshause zu bleiben und erhielt später Beschäftigung in Saráwak und in Singapur, bis er vier Jahre später auf Amboyna in den Molukken wieder zu mir stieß.

BEI DEN KOPFJÄGERN VON BORNEO

Die Sitten und Gebräuche der Ureinwohner von Borneo sind bis ins einzelne beschrieben worden, und zwar mit viel größerer Sachkenntnis, als ich sie besitze, in den Schriften von Sir James Brooke, der Herren Low, St. John, Johnson Brooke und vielen andern. Ich will das nicht alles wiederholen, sondern beschränke mich nach meiner persönlichen Beobachtung auf eine Skizze des allgemeinen Charakters der Dajaks und solcher physischen, moralischen und sozialen Eigentümlichkeiten, von denen weniger häufig die Rede war.

Der moralische Charakter der Dajaks steht zweifellos hoch – eine Behauptung, die denen sonderbar vorkommen wird, die nur von ihnen als von Kopfabschneidern und Piraten gehört haben. Die Hügel-Dajaks aber, von denen ich spreche, sind nie Seeräuber gewesen, da sie sich nie der See nähern; und das Kopfabschneiden ist eine Sitte, die in den kleinen Kriegen zwischen Dorf und Dorf und Stamm und Stamm entstand und welche nicht in höherem Maße einen schlechten moralischen Charakter dokumentiert als etwa die Sitte des Sklavenhandels vor hundert Jahren einen Mangel allgemeiner Sittlichkeit bei allen denen, welche daran teilnahmen, beweist. Gegen diesen einen Flecken in ihrem Charakter (der bei den Saráwak-Dajaks z. B. nicht mehr existiert) haben wir viele lichte Stellen zu verzeichnen. Sie sind wahrhaft und ehrlich in einem bemerkenswerten Grade. Aus diesem Grunde ist es oft unmöglich, von ihnen irgendeine bestimmte Auskunft oder nur eine Meinung zu erhalten. Sie sagen: »Wenn ich erzählen wollte, was ich nicht weiß, so würde ich lügen«; und wenn immer sie freiwillig eine Tatsache berichten, so kann man sicher sein, daß sie die Wahrheit sprechen. In einem Dajak-Dorfe haben alle Fruchtbäume ihre Eigentümer, und es ist mir oft passiert, daß, wenn ich einen Einwohner bat, mir etwas Obst zu pflücken, er mir antwortete: »Ich kann es nicht, denn der Eigentümer des Baumes ist nicht hier«; und sie schienen nie die Möglichkeit einer anderen Handlungsweise auch nur zu überlegen. Auch werden sie nicht das geringste von dem nehmen, was einem Europäer gehört. Als ich am Simunjon wohnte, kamen sie beständig in mein Haus und sammelten Stückchen zerrissener Zeitung oder verbogene

Stecknadeln, welche ich weggeworfen hatte, auf und erbaten es sich als große Gunst, sie behalten zu dürfen. Verbrecherische Gewalttätigkeiten (andere als Kopfabschlagen) sind fast unbekannt; denn in zwölf Jahren war unter Sir James Brookes Regierung nur *ein* Fall von Mord in einem Dajak-Stamme vorgekommen, und dieser eine war von einem in den Stamm adoptierten Fremden begangen worden. In verschiedenen anderen Punkten der Sittlichkeit stehen sie über den meisten unzivilisierten und selbst über vielen zivilisierten Nationen. Sie sind mäßig in Speise und Trank, und die grobe Sinnlichkeit der Chinesen und Malayen ist unter ihnen unbekannt. Sie haben den gewöhnlichen Fehler aller Völker in einem halbwilden Zustand – Apathie und Trägheit; aber wie langweilig das auch für einen Europäer sein mag, der mit ihnen in Berührung kommt, so kann es doch nicht als eine sehr belastende Sünde angesehen werden oder ihre vielen vortrefflichen Eigenschaften überdecken.

Während meines Aufenthaltes unter den Hügel-Dajaks frappierte mich sehr die scheinbare Abwesenheit jener Ursachen, von denen man gewöhnlich annimmt, daß sie der Vermehrung der Bevölkerung Einhalt tun, trotzdem ganz bestimmte Anzeichen davon da waren, daß die Zahl stationär blieb oder nur sehr langsam wuchs. Die günstigsten Bedingungen für eine rapide Vermehrung der Bevölkerung sind: Überfluß an Nahrung, gesundes Klima und frühzeitige Heiraten. Alle diese Bedingungen sind hier vorhanden. Das Volk produziert viel mehr Nahrung, als es konsumiert, und tauscht den Überschuß gegen Gongs und Metallkanonen, alte Krüge und Gold- und Silberschmuck ein, in welchen Dingen ihr Reichtum besteht. Im ganzen scheinen sie sehr frei von Krankheit zu sein, Heiraten werden früh geschlossen (aber nicht zu früh) und alte Junggesellen und alte Jungfern sind ebenfalls unbekannt. Wieso also, so müssen wir fragen, resultierte nicht eine größere Bevölkerung daraus? Wieso sind die Dajak-Dörfer so klein und so weit auseinander, während noch neun Zehntel des Landes mit Wald bedeckt ist?

Von allen Ursachen zur Abnahme der Bevölkerung unter wilden Nationen, die Malthus nennt – Hungersnot, Krankheit, Krieg, Kindermord, Unsittlichkeit und Unfruchtbarkeit der Frauen – scheint er die letztgenannte als die wenigst wichtige anzusehen und als eine von zweifelhafter Bedeutung; und doch scheint sie mir die einzige zu sein, die den Stand der Bevölkerung unter den Saráwak-Dajaks erklären kann. Die Bevölkerung Großbritanniens wächst derart an, daß sie sich in ungefähr fünfzig Jahren verdoppelt. Damit das zustande komme, muß jedes verheiratete Paar durchschnittlich drei Kinder im Alter von ungefähr 25 Jahren verheiraten. Zieht man noch die in Rechnung, welche im Kindesalter sterben, welche nie heiraten, oder welche spät heiraten und keine Kinder bekommen, so müssen aus jeder Ehe im Durchschnitt vier oder fünf Kinder hervorgehen, und wir wissen ja, daß Familien mit sieben oder acht Kindern gewöhnlich und mit zehn und zwölf durchaus nicht selten sind. Aber ich erfuhr durch meine Nachforschungen bei fast jedem Dajak-Stamm, den ich besuchte, daß die Frauen selten mehr als drei oder vier Kinder bekommen, und ein alter Häuptling versicherte mir, daß er nie eine Frau gekannt habe mit mehr als sieben. In einem Dorfe von hundertundfünfzig Familien lebte nur eine mit sechs Kindern und nur sechs mit fünf Kindern, die Majorität hatte zwei, drei oder vier. Vergleicht man diese Tatsachen mit den bekannten Verhältnissen in europäischen Ländern, so leuchtet ein, daß die Zahl der Kinder aus jeder Ehe kaum im Durchschnitt mehr als drei oder vier sein kann; und da selbst in zivilisierten Ländern die Hälfte der Bevölkerung vor dem fünfundzwanzigsten Lebensjahre stirbt, so würden nur zwei übrig bleiben, um ihre Eltern zu ersetzen; solange dieser Zustand anhält, muß die Population stationär bleiben. Dies soll die Sache natürlich nur illustrieren, aber die Tatsachen, die ich festgestellt habe, scheinen anzudeuten, daß etwas der Art in Wirklichkeit statt hat, und wenn dem so ist, so kann man unschwer die kleine und fast stationäre Bevölkerungszahl der Dajak-Stämme verstehen.

Wir müssen zunächst nach der Ursache der geringen Anzahl von Geburten und von in *einer* Familie lebenden Kindern fragen. Klima und Rasse können wohl Einfluß darauf haben, aber ein mehr den Tatsachen entsprechender und ausreichender Grund scheint mir in der harten Arbeit der Frauen und in den schweren Lasten zu liegen, welche sie beständig tragen. Eine Dajak-Frau verbringt im allgemeinen den ganzen Tag im Felde, trägt jede Nacht eine schwere Last von Gemüse und Holz zum Feuern nach Hause, oft mehrere Meilen weit über rauhe und hügelige Pfade und hat nicht selten felsige Berge auf Leitern zu erklimmen und über schlüpfrige Schrittsteine Erhöhungen von tausend Fuß anzusteigen. Daneben hat sie abendlich eine Stunde zu tun, um den Reis mit einem schweren Holzstampfer zu zerstoßen, was jeden Teil des Körpers heftig anstrengt. Schon mit neun oder zehn Jahren tut sie es und ohne Unterbrechung bis ins äußerste gebrechliche Alter. Sicherlich brauchen wir uns nicht über die begrenzte Zahl ihrer Kinder zu wundern, sondern müssen eher staunen über die Zähigkeit ihrer Natur, die ein Aussterben der Rasse nicht zuläßt.

Eine der sichersten und wohltätigsten Wirkungen vorschreitender Zivilisation ist die Verbesserung der Lage dieser Frauen. Die Lehre und das Beispiel höherer Rassen wird den Dajak beschämen über sein verhältnismäßig träges Leben, während seine schwächere Hälfte wie ein Lasttier arbeitet. Wenn seine Bedürfnisse wachsen und sein Geschmack sich verfeinert, so werden die Frauen mehr Haushaltspflichten zu erfüllen haben und aufhören, Feldarbeit zu machen – eine Änderung, welche schon zum großen Teil in den verwandten malayischen, javanischen und Bugis-Stämmen Platz gegriffen hat. Dann wird die Bevölkerung sich sicherlich rascher vermehren, verbesserte Methoden des Landbaues, eine mäßige Teilung der Arbeit wird notwendig werden, um die Mittel zum Leben herbeizuschaffen, und ein komplizierterer sozialer Zustand wird an die Stelle der einfachen gesellschaftlichen Verhältnisse, welche jetzt unter ihnen gelten, treten. Aber wird mit dem tätigeren Kampf ums Dasein, der dann eintritt, das Glück des Volkes im ganzen sich vermehren oder vermindern? Werden nicht schlechte Leidenschaften durch den Geist des Wettkampfes erregt und Verbrechen und Laster, die jetzt unbekannt sind oder schlummern, ins Leben gerufen werden? Das sind Probleme, welche die Zeit allein lösen kann; aber man muß hoffen, daß Erziehung und das Beispiel der höher organisierten Europäer viel von dem Übel, das oft in analogen Fällen entsteht, beseitigt und daß wir schließlich imstande sein werden, auf *ein* Beispiel wenigstens hinweisen zu können, wo ein unzivilisiertes Volk nicht demoralisiert wurde und ausstarb durch die Berührung mit der europäischen Zivilisation.

Zum Schluß einige Worte über die Regierung von Saráwak. Sir James Brooke fand die Dajaks bedrückt und bedrängt von der grausamsten Tyrannei. Sie wurden von den malayischen Händlern betrogen und von den malayischen Häuptlingen beraubt. Ihre Frauen und Kinder wurden oft gefangen und in Sklaverei verkauft, und feindliche Stämme erwirkten sich die Erlaubnis von ihren grausamen Beherrschern, sie auszuplündern, in die Sklaverei führen und morden zu dürfen. Rechtsprechungen oder Abhilfe von diesen Schädigungen war durchaus unerreichbar. Seit der Zeit, als Sir James das Land in Besitz nahm, hat das alles aufgehört. Gleiches Recht gilt für Malayen, Chinesen und Dajaks. Die grausamen Piraten von den Flüssen weiter nach Osten

77

wurden bestraft, schließlich in ihrem eigenen Lande eingeschlossen, und der Dajak konnte zum ersten Male ruhig
schlafen. Sein Weib und Kind war nun vor der Sklaverei
sicher; sein Haus wurde ihm nicht mehr über dem Kopf
angezündet; sein Getreide und seine Früchte gehörten nun
ihm, und er durfte sie nach Gefallen verkaufen oder verzehren. Und wer konnte wohl der unbekannte Fremde sein,
der alles dieses für sie getan hatte und nichts dafür verlangte? Wie war es ihnen möglich, seine Beweggründe zu
begreifen? Denn für reines Wohlwollen bei großer Macht
gab es unter ihnen kein Beispiel. Sie schlossen daher ganz
natürlich, daß er ein höheres Wesen sei, das herab auf die
Erde gestiegen, um den Betrübten Glückseligkeit zu bringen. In vielen Dörfern, wo man ihn noch nicht gesehen
hatte, fragte man mich ganz sonderbar über ihn. War er so
alt wie die Berge? Konnte er die Toten nicht ins Leben zu-
rückrufen? Und sie glauben standhaft, daß er ihnen gute
Ernten bescheren und ihre Fruchtbäume reichlich tragen
machen könnte.

Wenn man sich ein richtiges Urteil über Sir James Brookes Regierung bilden will, so darf man nicht vergessen,
daß er Saráwak nur durch die Gunst der Eingeborenen inne
hielt. Er hatte es mit zwei Rassen zu tun, von denen die
eine, die mohammedanischen Malayen, auf die andere, die
Dajaks, als auf Wilde und Sklaven, die nur zum Rauben
und Plündern gut sind, herabsahen. Er hat in Wirklichkeit
die Dajaks beschützt und hat sie unabänderlich als in seinen Augen gleichberechtigt mit den Malayen behandelt;
und doch hat er sich die Liebe und Gunst beider erworben.
Daß seine Regierung noch besteht nach siebenundzwanzig
Jahren – trotz seiner häufigen Abwesenheit wegen Krankheit, trotz der Verschwörungen der malayischen Häuptlinge und der Aufstände der chinesischen Goldgräber, die
alle mit Hilfe der eingeborenen Bevölkerung überwältigt
wurden, und trotz der finanziellen, politischen und häus-

lichen Störungen –, das ist, glaube ich, nur den vielen bewunderungswerten Eigenschaften zuzuschreiben, welche Sir James Brooke besaß, hauptsächlich aber gelang es ihm dadurch, daß er die eingeborene Bevölkerung durch jede Handlung seines Lebens überzeugte, daß er sie nicht zu seinem Vorteil, sondern zu ihrem Besten beherrschte.

Seit ich dies geschrieben habe, ist sein edler Geist von hinnen geschieden. Aber wenn er auch von denen, welche ihn nicht kannten, als ein enthusiastischer Abenteurer bespöttelt oder als ein hartherziger Despot geschmäht wird, so kommt doch das allgemeine Urteil derer, welche in seinem Adoptivvaterland mit ihm in Berührung standen, seien es Europäer, Malayen oder Dajaks, darin überein, daß Rajah Brooke ein großer, weiser und guter Herrscher gewesen – ein wahrer und treuer Freund, ein Mann, den man wegen seiner Talente bewundern, wegen seiner Ehrlichkeit und seines Mutes achten und wegen seiner echten Gastfreundschaft, seiner liebenswürdigen Gemütsart und seines weichen Herzens lieben mußte.

DIE TROPENINSEL JAVA

Ich verbrachte dreieinhalb Monate auf Java, vom 18. Juli bis zum 31. Oktober 1861, und will meine eignen Reisen und meine Beobachtungen über das Volk und die Naturgeschichte des Landes kurz beschreiben.

Die jetzt auf Java angenommene Art zu regieren ist die, daß man die ganze Reihe der eingebornen Herrscher beibehält, von dem Dorfhäuptling hinauf bis zu den Fürsten, welche unter dem Namen von Regenten die Häupter der Distrikte von der Größe einer kleinen englischen Grafschaft sind. An der Seite jedes Regenten steht ein holländischer Resident oder Assistent-Resident, den man als den

»älteren Bruder« ansieht und dessen »Befehle« die Form von »Ratschlägen« haben, denen jedoch stets und unbedingt Folge geleistet wird. Neben jedem Assistent-Residenten steht ein Kontrolleur, eine Art von Inspektor all der niedrigeren eingebornen Herrscher, welcher periodisch jedes Dorf im Distrikt besucht, das Verfahren der inländischen Gerichtshöfe prüft, Klagen gegen die Häuptlinge oder andere eingeborene Großen anhört und die Regierungs-Plantagen beaufsichtigt. Das führt uns auf das »Kultursystem«, welches die Quelle des ganzen Reichtums ist, den die Holländer aus Java ziehen und welches der Gegenstand vielen Mißbrauches in diesem Lande wurde, da es die Kehrseite des »Freihandels« ist. Um seinen Nutzen und seine wohltätigen Wirkungen zu verstehen, ist es notwendig, die gewöhnlichen Resultate des freien europäischen Handels mit unzivilisierten Völkern zu skizzieren.

Eingeborene der Tropen haben wenig Bedürfnisse, und wenn diese befriedigt sind, so sind sie, wenigstens ohne starken Anreiz dazu, abgeneigt, um mehr als das Notwendigste zu arbeiten. Bei solchen Völkern kann man unmöglich eine neue oder systematische Kultur einführen, außer durch die despotischen Befehle der Häuptlinge, denen sie zu gehorchen gewohnt sind wie Kinder ihren Eltern. Die freie Konkurrenz von europäischen Händlern aber führt zwei mächtige Beweggründe zur Arbeit ein. Spirituosen und Opium sind eine zu starke Versuchung für fast alle Wilden um zu widerstehen, und um sie zu erlangen, verkauft er, was er hat, und arbeitet, um mehr zu bekommen. Eine andere Versuchung, der er nicht widerstehen kann, ist der Kredit auf Waren. Der Händler bietet ihm bunte Gewänder an, Messer, Gongs, Kanonen und Pulver und will sich bezahlt machen mit der Ernte, die vielleicht noch nicht gesät ist, oder mit Produkten, die jetzt noch im Walde stehen. Der Wilde hat nicht genügend Voraussicht, um nur eine mäßige Quantität zu nehmen, und nicht genug Energie, um früh und spät zu arbeiten, damit er schuldenfrei werde; und die Folge davon ist, daß er Schulden auf Schulden häuft und oft Jahre lang, ja sein Leben lang ein Schuldner und fast ein Sklave bleibt. Das ist der Zustand der Dinge, wie er sich sehr ausgesprochen in jedem Teil der Welt, in welchem Menschen einer höheren Rasse frei mit Menschen einer niederen handeln, ausgebildet hat. Allerdings wird der Handel dadurch zeitweilig ausgedehnt, aber er demoralisiert die Eingebornen, hemmt wahre Zivilisation und führt nicht zu einer stetigen Vermehrung des Reichtums des Landes; so daß die europäische Regierung eines solchen Landes schließlich einen Verlust erleiden muß.

Das von den Holländern eingeführte System beabsichtigte, das Volk durch seine Führer dazu zu veranlassen, daß es einen Teil seiner Zeit auf die Kulturen von Kaffee, Zukker und andern wertvollen Produkten verwendete. Ein bestimmter Tagelohn – zwar niedrig, aber ungefähr dem gleich, der allerorten bezahlt wird, wo europäische Konkurrenz ihn nicht künstlich gesteigert hat – wurde den Arbeitern ausgesetzt für das Urbarmachen des Bodens und für den Anbau von Plantagen unter der Oberaufsicht der Regierung. Die Erträge werden der Regierung zu einem niedrigen bestimmten Preise verkauft. Von dem Nettogewinn erhalten die Häuptlinge einen gewissen Prozentsatz, und der Rest wird unter die Arbeiter verteilt. Dieser Überschuß ist in guten Jahren ziemlich bedeutend. Im allgemeinen ist das Volk wohl genährt und anständig gekleidet; es hat sich an eine regelmäßige Industrie gewöhnt und betreibt einen rationellen Landbau, der in Zukunft seinen Nutzen bringen wird. Man muß nicht vergessen, daß die Regierung jahrelang Kapitalien hergegeben hat, ehe sie irgend etwas zurückerhielt; und wenn sie jetzt große Gewinne bezieht, so geschieht es in einer Weise, die dem Volke weit weniger lästig und ihm viel wohltätiger ist als irgendeine andere Steuer.

Aber wenn dieses System auch gut sein mag und ebenso wohl geeignet zur Entwicklung von Kunst und Industrie bei einem halbzivilisierten Volke, als es auch vorteilhaft ist für das regierende Land selbst, so kann man doch nicht verlangen, daß es praktisch überall durchgeführt werde. Die Neigung zum Herrschen und zum Dienen, die vielleicht schon seit tausend Jahren Beziehungen zwischen den Häuptlingen und dem Volke geknüpft hat, kann nicht auf einmal unterdrückt werden; und aus diesen Beziehungen müssen Nachteile hervorgehen, bis die Verbreitung der Erziehung und der allmähliche Einfluß des europäischen Blutes sie auf natürlichen Wegen und unmerklich verschwinden lassen. Man sagt, daß die Residenten, von dem Wunsche beseelt, ein starkes Wachsen der Produktion in ihrem Distrikte aufzuweisen, oft das Volk zu so ununterbrochener Arbeit in den Plantagen gezwungen haben, daß ihre Reisernten wesentlich kleiner wurden und Hungersnot daraus entstand. Wenn das vorgekommen ist, so ist es sicherlich nicht die Regel, und man muß es einem Mißbrauche des Systemes zuschreiben, hervorgegangen aus einem Mangel an Verständnis oder einem Mangel an Humanität bei dem Residenten.

Man darf nicht vergessen, daß die unbestrittene Herrschaft der Holländer in Java viel jüngern Datums ist als die unsere in Indien und daß die Regierung und die Methode des Bezuges von Einkünften mehrere Male gewechselt wurde. Die Einwohner haben so lange Zeit unter der Herrschaft der eingeborenen Fürsten gestanden, daß es nicht leicht ist, auf einmal die außerordentliche Verehrung zu verwischen, welche sie für ihre alten Herren hegen, oder die drückenden Erpressungen zu vermindern, welche die letzteren stets gewohnt waren zu betreiben.

Als Ganzes genommen und von allen Seiten betrachtet ist Java vielleicht die schönste und interessanteste tropische Insel der Erde. Sie steht hinsichtlich ihrer Größe nicht in

erster Linie, aber sie ist mehr als sechshundert Meilen lang
und sechzig bis hundertundzwanzig Meilen breit, und ihr
Flächenraum ist fast so groß wie der von England; zweifellos aber ist sie die fruchtbarste, die produktivste und die
bevölkertste Insel der Tropen. Über ihre ganze Oberfläche
hin bietet sie eine herrliche Abwechselung an Berg- und
Waldansichten. Sie besitzt achtunddreißig Vulkane, von
denen manche bis zu zehn- oder zwölftausend Fuß ansteigen. Die übermäßige Feuchtigkeit und die tropische Hitze
des Klimas bekleidet diese Berge oft bis zu ihren Gipfeln
mit üppigem Pflanzenwuchs, während Wälder und Plantagen ihre niedrigeren Abhänge bedecken. Die Tierwelt,
hauptsächlich Vögel und Insekten, ist schön und mannigfaltig und enthält viele eigenartige Formen, die nirgend
anders auf der Erde gefunden werden. Der Boden auf der
ganzen Insel ist äußerst fruchtbar, und alle Produkte der
Tropen, neben vielen der gemäßigten Zonen, können leicht
gezogen werden. Java besitzt ferner eine Zivilisation, eine
Geschichte und Altertümer von großem Interesse. Die Religion der Brahminen blühte dort seit einer Zeit, die sich
nicht bestimmen läßt, bis ungefähr ums Jahr 1478, als die
islamische an ihre Stelle trat. Die frühere Religion war von
einer Zivilisation begleitet gewesen, die von den Eroberern
nicht vernichtet werden konnte; denn durch das Land hin
verstreut, hauptsächlich im Osten, findet man in hohen
Wäldern vergraben Tempel, Gräber und Statuen von großer Schönheit und bedeutendem Umfange; ferner Reste
ausgedehnter Städte, an Stellen wo heute der Tiger, das
Nashorn und der wilde Ochse ungestört ihr Wesen treiben.
Eine moderne Zivilisation anderer Art breitet sich jetzt
über das Land aus. Gute Straßen ziehen durch die Insel
von einem Ende zum andern; die europäischen und inländischen Herrscher arbeiten Hand in Hand; und Leben und
Eigentum ist so sicher wie in den bestregierten Staaten
Europas. Ich glaube daher, daß Java wohl den Anspruch

erheben darf, das schönste tropische Eiland der Erde zu sein und in gleichem Maße interessant für den Reisenden, der neue und schöne Eindrücke sucht, als auch für den Naturforscher, welcher die Mannigfaltigkeit und Schönheit der tropischen Natur kennen zu lernen wünscht, als endlich für den Moralisten und den Politiker, welche das Problem lösen wollen, wie die Menschen unter neuen und veränderten Bedingungen am besten regiert werden können.

Der holländische Postdampfer brachte mich von Ternate nach Surabaja, der größten Stadt und dem bedeutendsten Hafen des östlichen Teiles von Java, und nachdem ich vierzehn Tage damit zu tun gehabt hatte, meine letzten Sammlungen zu verpacken und fortzuschicken, machte ich mich auf eine kurze Reise ins Innere auf. In Java zu reisen ist eine sehr bequeme, aber sehr teure Sache; die einzige Art ist die, daß man einen Wagen mietet oder leiht und dann eine halbe Krone die Meile für Postpferde zahlt, die alle sechs Meilen regelmäßig gewechselt werden und mit einer Schnelligkeit von zehn Meilen die Stunde von einem Ende der Insel zum andern laufen. Ochsenkarren oder Kulis werden dazu gebraucht, alles Extra-Gepäck zu transportieren. Da diese Art zu reisen meinen Mitteln nicht entsprach, so beschloß ich, nur eine kurze Tour in den Distrikt am Fuß des Berges Arjuna zu machen, wo es ausgedehnte Wälder geben sollte und wo ich einige gute Sammlungen zu machen hoffen konnte. Das Land meilenweit hinter Surabaja ist vollkommen flach und überall bebaut; es ist ein Delta oder eine angeschwemmte Ebene, die durch viele verästelte Ströme getränkt wird. Dicht um die Stadt waren die handgreiflichen Zeichen des Reichtums und einer fleißigen Bevölkerung sehr wohltuend; aber beim Weiterreisen wurden die beständig sich folgenden offenen Felder, von Bambusreihen besetzt, mit hier und da weißen Gebäuden und hohen Schornsteinen von Zuckermühlen, monoton. Die Straßen laufen meilenweit in gerader Linie und sind von Reihen staubiger Tamarinden beschattet. Jede Meile steht ein kleines Wächterhaus, wo ein Polizist stationiert ist; und vermittelst einer hölzernen Handtrommel (Gong) können sie sich mit großer Schnelligkeit über das ganze Land in Verbindung setzen und Signale geben. Ungefähr alle sechs oder sieben Meilen kommt ein Posthaus, wo die Pferde gewechselt werden ebenso schnell wie die der Post in der guten alten Zeit der Kutschen in England.

Ich blieb in Modjokarta, einer kleinen Stadt ungefähr vierzig Meilen südlich von Surabaja und der nächste Ort an der Hauptstraße des Distriktes, den ich zu besuchen beabsichtigte.

Die Straße nach Wonosalem ging durch einen prächtigen Wald, in dessen Gründen wir bei einer schönen Ruine vorbeikamen, die ein königliches Grabmal oder Mausoleum gewesen zu sein schien. Es ist ganz aus Stein gemacht und sorgsam ausgehauen. Nahe der Basis ist eine Lage kühn hervorspringender Blöcke mit Skulpturen in Hochrelief, einer Reihe von Szenen, welche wahrscheinlich Vorfälle aus dem Leben des Toten darstellen. Diese sind alle sehr schön ausgeführt, besonders einige Tierfiguren sind leicht zu erkennen und sehr genau. Der allgemeine Plan, soweit der zerfallene Zustand des oberen Teiles einen Schluß erlaubt, ist sehr gut, und durch sehr viele und mannigfaltig geformte hervor- oder einspringende Lagen von viereckigen Gesimssteinen wird ein wirksamer Effekt hervorgebracht.

Wenige Engländer wissen um die Zahl und Schönheit der architektonischen Überreste Javas. Sie sind nie in populären Werken abgebildet und beschrieben worden, und es wird daher die meisten Menschen überraschen zu erfahren, daß sie bei weitem jene von Zentral-Amerika übertreffen, vielleicht selbst die von Indien. Um eine Idee von diesen Ruinen zu geben und vielleicht reiche Liebhaber dazu anzuregen, daß sie dieselben durchforschen und uns, ehe es zu spät ist, ihre schönen Skulpturen durch die Photographie anschaulich machen, will ich die wichtigsten nach der kurzen Beschreibung in Sir Stamford Raffles' »History of Java« aufzählen.

Nahe dem Zentrum von Java, zwischen den Hauptstädten der Eingeborenen, Djokjokarta und Surakarta, liegt das Dorf Brambanam, nahe welchem sehr viele Ruinen gefunden werden, von denen die wichtigsten die Tempel von Loro-fongran und Chaudi Sewa sind. In Loro-fongran waren zwanzig getrennte Gebäude, sechs große und vierzehn kleine Tempel. Sie sind jetzt zu einer Masse von Ruinen zusammengefallen, aber die größten Tempel sollen neunzig Fuß hoch gewesen sein. Sie waren alle von solidem Stein aufgebaut, überall mit Verzierungen und Basreliefs und mit zahllosen Statuen, von denen noch viele unversehrt sind, geschmückt. In Chaudi Sewa oder den »Tausend Tempeln« sind viele schöne Kolossalfiguren. Hauptmann Baker, der diese Ruinen beaufsichtigt, sagte, er habe nie in seinem Leben »so erstaunliche und vollendete Proben der menschlichen Arbeit, der Wissenschaft und des Geschmakkes längst vergessener Zeiten auf einem so kleinen Raum wie hier zusammengedrängt« gesehen. Sie bedecken einen Raum von fast sechshundert Quadratfuß und bestehen aus einer äußern Reihe von vierundachtzig kleinen Tempeln, einer zweiten Reihe von sechsundsiebzig, einer dritten von vierundsechzig, einer vierten von vierundvierzig und die fünfte bildet ein inneres Parallelogramm von achtundzwanzig, alles in allem 296 kleine Tempel, in fünf regelmäßigen Parallelogrammen angeordnet. Im Mittelpunkt steht ein großer kreuzförmiger Tempel umgeben von hohen Treppenreihen, reich mit Skulptur geschmückt und in viele einzelne Abteilungen geteilt. Die tropische Vegetation hat die meisten der kleineren Tempel zugrunde gerichtet, aber einige sind ziemlich erhalten geblieben, nach denen man sich die Wirkung des Ganzen vergegenwärtigen mag.

Etwa achtzig Meilen westlich in der Provinz Kedu befindet sich der große Tempel von Borobodur. Er ist auf einem kleinen Hügel erbaut und besteht aus einer Zentralkuppel in sieben Reihen terrassenförmiger Mauern, welche den Abhang des Hügels bedecken und offene, durch Stufen und Torwege miteinander verbundene übereinanderliegende Galerien bilden. Der Dom in der Mitte ist fünfzig Fuß im Durchmesser; um ihn herum ist ein dreifacher Kreis von zweiundsiebzig Türmen, und das ganze Gebäude hält 620 Fuß im Quadrat und ist etwa hundert Fuß hoch. In den Terrassenmauern sind Nischen angebracht, in denen Kolossalfiguren mit gekreuzten Beinen stehen, etwa vierhundert an Zahl, und beide Seiten aller Terrassenmauern sind bedeckt von Basreliefs, lauter aus hartem Stein gehauene Figuren; diese Mauern haben also eine Länge von fast drei Meilen! Das Aufgebot menschlicher Arbeit und Geschicklichkeit, das verschwendet wurde, um die große Pyramide in Ägypten aufzurichten, sinkt bis zur Bedeutungslosigkeit herab, wenn man es mit der Anstrengung vergleicht, die nötig war, um diesen prachtvollen Hügel-Tempel im Innern von Java zu vollenden.

Im östlichen Teil von Java, in Kediri und Malang, sind ebenfalls zahlreiche Spuren von Altertümern, aber die Gebäude selbst sind meist zerstört. Steinerne Bildwerke jedoch kommen vielfach vor, und überall findet man Überreste von Festungen, Palästen, Bädern, Wasserleitungen und Tempeln. Es ist durchaus dem Plane dieses Buches entgegen etwas zu beschreiben, was ich nicht selbst gesehen habe; aber da ich gelegentlich ihrer erwähnte, so fühlte ich mich verpflichtet, etwas dazu beizutragen, daß diesen wunderbaren Kunstwerken einige Aufmerksamkeit geschenkt werde. Man fühlt sich überwältigt bei der Betrachtung dieser zahllosen Skulpturen, die mit Zartheit und künstlerischem Gefühl aus einem harten und schwer zu behandelnden Trachyt gearbeitet sind und die alle auf *einer* tropischen Insel gefunden werden. Es ist sehr zu bedauern, daß die holländische Regierung nicht energische Schritte ergreift, um diese Ruinen dem zerstörenden Einfluß der tropischen Vegetation zu entziehen und um die schönen Skulpturen, die überall hin über das Land zerstreut sind, zu sammeln.

Wonosalem liegt ungefähr tausend Fuß über dem Meere, aber unglücklicherweise ist es von dem Walde etwas entfernt und umgeben von Kaffeplantagen, Bambusdickicht und groben Gräsern. Es war zu weit, um täglich nach dem Walde zurückzugehen, und in andern Richtungen konnte ich keine Gründe, die sich dem Insektensammeln ergiebig erwiesen, auffinden. Aber der Ort war wegen seiner Pfaue berühmt, und mein Bursche schoß bald mehrere dieser prachtvollen Vögel, deren Fleisch wir zart, weiß und delikat, ähnlich dem des Truthahns fanden. Der javanische Pfau ist eine von der indischen verschiedene Art; der Nakken ist mit schuppenartigen grünen Federn bedeckt und der Kamm anders geformt; aber der äugige Schweif ist ebenso groß und ebenso schön. Es ist eine sonderbare Tatsache in Beziehung auf die geographische Verbreitung, daß der Pfau nicht auf Sumatra und Borneo gefunden wird, während der prächtige Argus-Fasan, die Fasane mit feuerrotem Rücken und die augenfleckigen Fasane *dieser* Inseln ebenso unbekannt auf Java sind.

Drei Tage nach meiner Ankunft in Wonosalem besuchte mich mein Freund Herr Ball und erzählte mir, daß vor zwei Abenden ein Knabe von einem Tiger getötet und gefressen worden sei nahe bei Modjo-agong. Er fuhr auf einem Ochsenkarren und kam in der Dämmerung die Hauptstraße entlang auf dem Wege nach Hause; kaum eine halbe Meile vom Dorfe sprang ein Tiger auf ihn, trug ihn in den Dschungel dicht dabei und verzehrte ihn. Am nächsten Morgen fand man seine Überreste, die nur aus ein paar zermalmten Knochen bestanden. Der Waidono hatte ungefähr siebenhundert Männer zusammengebracht und wollte das Tier jagen; es wurde auch, wie ich später hörte, gefunden und getötet. Man gebraucht bei der Verfolgung eines Tigers nur Speere. Man umstellt eine große Strecke Landes und zieht sich allmählich zusammen, bis das Tier in einen vollständigen Ring bewaffneter Männer eingeschlossen ist. Wenn es sieht, daß es nicht mehr entfliehen kann, so macht es gewöhnlich einen Sprung und wird von einem Dutzend Speere aufgefangen und fast augenblicklich zu Tode gestochen. Das Fell eines so getöteten Tieres ist natürlich wertlos und in diesem Fall war der Schädel, den ich Herrn Ball gebeten hatte mir zu sichern, in Stücke gehauen, um die Zähne zu verteilen, die als Zaubermittel getragen werden.

Nach einem einwöchentlichen Aufenthalte in Wonosalem kehrte ich an den Fuß des Berges zurück in ein Dorf mit Namen Djapannan, welches von verschiedenen Waldpartien umgeben war und für meine Zwecke durchaus zu passen schien. Der Häuptling des Dorfes hatte für mich zwei kleine Bambuszimmer an der einen Seite seines eigenen Hofraumes hergerichtet und schien geneigt zu sein, mir so viel als möglich zu helfen. Das Wetter war außerordentlich heiß und trocken, und da seit mehreren Monaten kein Regen gefallen, so waren infolgedessen Insekten und hauptsächlich Käfer sehr spärlich vorhanden. Ich ließ es mir daher hauptsächlich angelegen sein, eine gute Reihe Vögel zu erlangen, und es gelang mir auch, eine erträgliche Sammlung zu machen. Alle Pfaue, welche wir bisher geschossen, hatten kurze oder unvollkommene Schwänze gehabt, aber jetzt erhielt ich zwei prachtvolle Exemplare von mehr als sieben Fuß Länge, von denen ich einen vollständig aufbewahrte, während ich von zwei oder drei andern nur den an dem Schwanze befestigten Schweif behielt. Wenn man diesen Vogel auf dem Boden nach Nahrung gehen sieht, so scheint es wunderbar, wie er mit einem so langen und schwerfälligen Schweife von Federn sich in die Luft erheben kann. Und doch tut er es mit großer Leichtigkeit, indem er ein kleines Stück schnell läuft und dann schief in die Höhe steigt; er fliegt über Bäume von beträchtlicher Höhe. Ich erhielt hier auch ein Exemplar des seltenen grünen Dschungelhuhns (Gallus furcatus), mit einem aus bronzenen Federn schön geschuppten Rücken und Nacken und einem sanftgerandeten ovalen und an der Basis grünen Kamm von violett purpurner Farbe. Es ist auch dadurch bemerkenswert, daß es einen einzigen großen Kehllappen hat, glänzend gefärbt mit drei roten, gelben und blauen Flecken. Das gewöhnliche Dschungelhuhn (Gallus bankiva) kommt auch hier vor. Es ist fast genauso wie ein gewöhnlicher Kampfhahn, aber seine Stimme ist anders, viel kürzer und abgebrochener, woher es auch seinen inländischen Namen Bekéko hat.

In einem Monate sammelte ich in Wonosalem und Djapannan achtundneunzig Vogelarten, aber eine armselige Anzahl von Insekten. Ich beschloß also, Ost-Java zu verlassen und es mit den feuchteren und üppigeren Distrikten am Westende der Insel zu versuchen. Ich kehrte nach Surabaja zu Wasser zurück in einem großen Boot, welches mich selbst, meine Diener und mein Gepäck zu einem Fünftel des Preises beförderte, den ich hatte bezahlen müssen, um nach Modjo-karta zu kommen. Der Fluß ist durch sorgfältiges Abdämmen schiffbar gemacht worden, was aber den gewöhnlichen Erfolg gehabt hat, daß das anliegende Land gelegentlich heftigen Überschwemmungen preisgegeben ist. Ein ganz bedeutender Handel nimmt seinen Weg diesen Fluß hinunter; an einer Schleuse, die wir zu passieren hatten, warteten eine Meile weit beladene Boote zwei bis drei Reihen tief, die je sechs auf einmal nacheinander durchgelassen werden.

Nach ein paar Tagen ging ich per Dampfschiff nach Batavia, wo ich ungefähr eine Woche in dem größten Hotel blieb und Vorbereitungen zu einem Ausflug ins Innere traf. Die Geschäftsgegend der Stadt ist nahe dem Hafen, aber die Hotels und alle Wohnungen der Beamten und europäischen Kaufleute sind in einer Vorstadt zwei Meilen davon in breiten Straßen und Plätzen gelegen, so daß sie einen großen Flächenraum einnehmen. Das Hôtel des Indes war sehr bequem eingerichtet; jeder Gast hat ein Wohn- und Schlafzimmer, das sich auf eine Veranda öffnet, wo er seinen Morgenkaffee und Abendtee nehmen kann.

Ich fuhr mit einem Wagen nach Buitenzorg, vierzig Meilen landeinwärts und ungefähr tausend Fuß über dem Meere, berühmt durch sein köstliches Klima und seine botanischen Gärten. Über die letzteren war ich etwas enttäuscht. Die Wege waren alle mit lockeren Kieselsteinen belegt, die ein längeres Umherwandern unter der tropischen Sonne sehr ermüdend und schmerzhaft machten. Die Gärten sind ohne Frage wunderbar reich an tropischen und speziell malayischen Gewächsen, aber ihre Anordnung läßt vieles zu wünschen übrig; es sind nicht genug Leute angestellt, um die Gärten ganz in Ordnung zu halten, und die Gewächse selbst lassen sich selten, was ihre Üppigkeit und Schönheit anlangt, mit denen derselben Arten vergleichen, die in unsern Treibhäusern gedeihen. Das ist auch leicht erklärlich. Die Pflanzen können selten in die für sie natürlichen und ihnen günstigen Verhältnisse gebracht werden. Das Klima ist entweder zu heiß oder zu kalt, zu feucht oder zu trocken, wenigstens für einen großen Teil derselben, und sie bekommen selten den richtigen Grad von Schatten oder den ihnen gerade passenden Boden. In unseren Treibhäusern können diese mannigfachen Verhältnisse jeder individuellen Pflanze viel besser angepaßt werden als in einem großen Garten, wo die Tatsache, daß die Pflanzen meistenteils in oder nahe ihrem Vaterlande wachsen, die Notwendigkeit, ihnen viel individuelle Aufmerksamkeit zu schenken, scheinbar nicht vorschreibt. Dennoch muß man hier vieles bewundern. Man findet Alleen von stattlichen Palmen, Bambusgebüsche von vielleicht fünfzig verschiedenen Arten, und eine endlose Menge tropischer Stauden und Bäume mit seltsamem und schönem Laubwerk. Zur Abwechselung von der außerordentlichen Hitze in Batavia ist Buitenzorg ein köstlicher Aufenthalt. Es liegt gerade hoch genug, um erfrischend kühle Abende und Nächte zu haben, aber nicht so hoch, um irgendeinen Kleiderwechsel zu erfordern; und für jemand, der lange in dem heißeren Klima der Ebenen zugebracht hat, ist die Luft stets frisch und angenehm und gestattet fast zu jeder Stunde des Tages einen Spaziergang. Die Umgebung ist höchst malerisch und üppig, und der große Vulkan Gunung-Salak mit seinem abgestumpften und ausgezackten Gipfel gibt vielen der Aussichten einen charakteristischen Hintergrund.

Als ich Buitenzorg verließ, nahm ich Kulis für mein Gepäck und ein Pferd für mich selbst und beides wurde alle sechs oder sieben Meilen gewechselt. Die Straße stieg allmählich an, und nach der ersten Station traten die Hügel jederseits etwas zusammen und bildeten ein breites Tal; die Temperatur war so kühl und angenehm und die Gegend so interessant, daß ich es vorzog, zu Fuß zu gehen. Dörfer von Eingeborenen, in Fruchtbäumen versteckt, und hübsche Villen, von Pflanzern oder in den Ruhestand getretenen holländischen Beamten bewohnt, gaben diesem Distrikt ein sehr gefälliges und zivilisiertes Ansehen; aber was hier am meisten meine Aufmerksamkeit auf sich zog, das war das System der Terrassen-Kulturen, welches hier allgemein angenommen ist und welches, wie ich glaube, kaum seinesgleichen auf der Erde hat. Die Abdachungen des Haupttales und dessen Verzweigungen sind überall bis zu einer beträchtlichen Höhe zu Terrassen umgewandelt und wenn diese sich um die zurücktretenden Hügel winden, so bringen sie den vollen Effekt großartiger Amphitheater hervor. Hunderte von Quadratmeilen des Landes sind derartig terrassiert und geben eine schlagende Vorstellung von dem Fleiße des Volkes und von dem Alter seiner Zivilisation.

Diese Terrassen werden Jahr um Jahr ausgedehnt mit dem Wachstum der Bevölkerung, indem die Einwohner eines jeden Dorfes unter der Leitung ihrer Häuptlinge einheitlich zusammenarbeiten; und vielleicht nur durch dieses System der Dorf-Kulturen konnte eine so ausgedehnte Terrassierung und Bewässerung möglich gemacht werden. Ich sah diese Art von Landbau zuerst auf Bali und Lombok, und da ich es dort etwas im Detail beschreiben werde (siehe das neunte Kapitel), so brauche ich hier nichts weiter darüber zu sagen, als daß es den schöneren Formen und der größeren Üppigkeit der Gegenden West-Javas entsprechend hier den überraschendsten und malerischesten Effekt hervorbringt. Die niedrigeren Abhänge der Berge auf Java besitzen ein so köstliches Klima und einen so fruchtbaren Boden, der Unterhalt ist dort so billig und Leben und Eigentum so gesichert, daß eine beträchtliche Anzahl Europäer, welche im Regierungsdienste gestanden haben, sich dort für immer niederlassen anstatt nach Europa zurückzukehren.

Zwanzig Meilen jenseits Buitenzorg führt die Poststraße über den Megamendong-Berg in einer Höhe von 4500 Fuß. Die Gegend ist schön bergig und auf den Hügeln ist viel Urwald stehen geblieben sowie einige der ältesten Kaffee-Anpflanzungen auf Java, wo die Pflanzen fast die Dimensionen von Waldbäumen angenommen haben. Ungefähr fünfhundert Fuß unter der höchsten Erhebung des Passes steht die Hütte eines Wegaufsehers, die ich zur Hälfte für vierzehn Tage mietete, da das Land mir für Sammlungen sehr versprechend schien. In einer Woche erhielt ich nicht weniger als vierundzwanzig Vogelarten, welche ich nicht im Osten der Insel gefunden hatte, und in vierzehn Tagen wuchs diese Zahl zu vierzig Arten an, die fast alle der ja-

93

vanischen Fauna eigentümlich sind. Große und schöne Schmetterlinge sind ebenfalls ziemlich häufig. In dunklen Hohlwegen und gelegentlich auch an der Landstraße fing ich den prächtigen Papilio arjuna, dessen Schwingen mit goldgrünen, in Bändern und mondförmig angeordneten Körnern bestreut zu sein scheinen, während man den elegant gestalteten Papilio coön manchmal niedrig über die schattigen Wege flattern sah. Eines Tages brachte mir ein Knabe zwischen seinen Fingern einen vollkommen unversehrten Schmetterling. Er hatte das Insekt gefangen als es, die Flügel gerade in die Höhe gerichtet, an der Landstraße saß und aus einem Tümpel Flüssigkeit aufsog. Viele der schönsten tropischen Schmetterlinge haben diese Gewohnheit und sind gewöhnlich so emsig bei ihrer Mahlzeit, daß man sich ihnen leicht nähern und sie fangen kann. Es war der seltene und merkwürdige Charaxes kadenii, bemerkenswert wegen zweier wie ein Paar Tasterzirkel gebogener Fortsätze an jeder Hinterschwinge. Es war das einzige Exemplar, das mir je zu Gesicht gekommen, und es ist heute noch der einzige Repräsentant dieser Art in englischen Sammlungen.

Bei weitem das Interessanteste meines Aufenthaltes auf Java war ein Ausflug auf den Gipfel der Pangerango- und Gedeh-Berge; ersterer ein erloschener Vulkankegel von ungefähr zehntausend Fuß Höhe, der letztere ein tätiger Krater auf einem niedrigeren Teile desselben Bergzuges. Tchipanas, ungefähr vier Meilen über dem Megamendong-Paß, liegt am Fuße dieses Berges. Es ist hier ein kleines Landhaus für den Gouverneur-General angelegt und eine Zweigstation des botanischen Gartens, dessen Aufseher mir für die Nacht ein Bett einräumte. Es sind dort viele schöne Bäume und Gesträucher angepflanzt und große Mengen europäischer Gemüse für die Küche des Gouverneur-Generals. An der Seite eines kleinen Bergwassers, das den Garten begrenzt, werden Mengen von Orchideen gezogen an Baumstämmen oder von Zweigen herabhängend, so daß sie ein interessantes Orchideenhaus in freier Luft bilden. Da ich zwei oder drei Nächte auf dem Berge zu bleiben beabsichtigte, so engagierte ich zwei Kulis, um mein Gepäck zu tragen, und wir machten uns mit meinen zwei Jägern früh am andern Morgen auf den Weg. Die erste Meile ging es über offnes Land, das uns an den Wald brachte, der den ganzen Berg etwa fünftausend Fuß hoch bedeckt. Die nächsten zwei Meilen führte der Weg sehr angenehm durch einen großen Urwald, dessen Bäume von großem Umfange waren mit Unterholz aus schönen Kräutern, Farnbäumen und Sträuchern. Ich war erstaunt über die sehr große Zahl von Farnen, die an der Seite der Straße wuchsen. Ihre Verschiedenheiten schienen endlos, und ich hielt jeden Augenblick an, um eine neue und interessante Form zu bewundern. Beim weiteren Ansteigen wurde die Straße eng, holperig und steil, indem sie sich im Zickzack den Kegel hinaufwindet, der von unregelmäßigen Felsmassen bedeckt und mit einem dichten, üppigen, aber weniger hohen Pflanzenwuchse bekleidet ist. Wir passierten einen Wasserstrom, dessen Temperatur nicht viel niedriger als der Siedepunkt ist und einen höchst eigentümlichen Anblick darbietet, da er in Dampfwolken gehüllt über sein unebenes Bett dahinschäumt und oft von dem überhängenden Kräuterwerk von Farnen und Lycopodien verdeckt wird, die hier in größerer Üppigkeit als irgendwo anders gedeihen.

In ungefähr 7500 Fuß Höhe kamen wir an eine andere offene Bambushütte auf einem Platze, der Kandang Badak oder »Rhinocerosfeld« genannt wird, wo wir unseren zeitweiligen Aufenthalt nehmen wollten. Hier war eine kleine Lichtung mit einer Fülle von Farnbäumen und einigen jungen Chinarindenbaum-Anpflanzungen. Da gerade ein dikker Dunst und ein staubartiger Regen herrschte, so versuchte ich es an dem Abend nicht, auf den Gipfel zu gelangen; aber ich besuchte ihn zweimal während meines Aufenthaltes und den tätigen Krater von Gedeh einmal. Dieser bildet eine weite halbmondförmige von schwarzen senkrechten Felsenmauern umgrenzte Kluft und ist von Meilen zerrissener, schlackenbedeckter Abhänge umgeben. Der Krater selbst ist nicht sehr tief. Es kommen in ihm Schwefel und verschieden gefärbte vulkanische Produkte vor, und er sendet beständig aus einigen Spalten Ströme von Rauch und Dampf aus.

Unglücklicherweise herrschte beständig Nebel und Regen über und unter uns die ganze Zeit, als ich auf dem Berge war, so daß ich nicht einmal die Ebene unter mir zu Gesicht bekam oder nur einen flüchtigen Blick hatte auf die prachtvolle Aussicht, welche man bei schönem Wetter von dem Gipfel aus genießt. Dieser Widerwärtigkeit ungeachtet genoß ich den Ausflug in hohem Maße, denn es war das erste Mal, daß ich mich hoch genug auf einem Berge nahe dem Äquator befand, um den Übergang aus einer tropischen in eine gemäßigte Flora beobachten zu können. Ich will diese Übergänge nun kurz skizzieren, wie ich sie auf Java beobachtet.

Beim Aufsteigen trafen wir zuerst bei einer Höhe von dreitausend Fuß Kräuter der gemäßigten Zone; Erdbeeren und Veilchen wachsen dort, aber erstere sind geschmacklos und letztere haben sehr kleine und blasse Blüten. Dort gibt auch schon das an dem Wege stehende, meist zu den Compositae gehörige Unkraut dem Kräuterwerk ein etwas europäisches Aussehen. Zwischen zweitausend und fünftausend Fuß bieten die Wälder und Gründe die höchste Entfaltung tropischer Üppigkeit und Schönheit dar. Die Fülle edler oft fünfzig Fuß hoher Farnbäume trägt hauptsächlich zu der Allgemeinwirkung bei, denn von allen Formen tropischen Pflanzenwuchses sind sie sicherlich die überraschendsten und schönsten. Einige der tiefen Schluchten, aus denen man die großen Baumstämme herausgeschlagen hat, sind von Grund auf bis zur Spitze von ihnen erfüllt; und wo die Straße eines dieser Täler kreuzt, da bieten ihre Federkronen in verschiedenen Lagen über und unter dem Beschauer einen Anblick so malerischer Schönheit dar, daß man ihn nie vergißt. Das glänzende Laubwerk der breitgeblätterten Musaceen und Zingiberaceen mit ihren seltsamen und schimmernden Blumen zieht beständig die Aufmerksamkeit in dieser Gegend auf sich. Die Zwischenräume zwischen den Bäumen und größeren Pflanzen ausfüllend und auf jedem Ast und Stumpf und Zweig sind Mengen von Orchideen, Farnen und Lycopodien, welche schweben und hängen und sich ineinander schlingen in immer wechselnden Verflechtungen. In ungefähr fünftausend Fuß Höhe sah ich zuerst Schachtelhalme (Equisetum), unseren Arten sehr ähnlich. Sechstausend Fuß hoch stehen sehr viele Himbeeren, und von da bis zum Gipfel des Berges fand ich drei Arten eßbarer Brombeeren. Siebentausend Fuß hoch erscheinen Zypressen und die Waldbäume werden kleiner und sind mehr mit Moosen und Flechten bedeckt. Von hier an aufwärts nehmen diese rapide an Ausbreitung zu, so daß die Fels- und Lavablöcke, welche den Bergabhang bilden, vollständig in einer moosigen Hülle verborgen liegen. Ungefähr achttausend Fuß hoch werden europäische Pflanzenformen sehr zahlreich. Verschiedene Arten von Geißblättern, Johanniskraut und Schneeballen sind überall zu finden, und etwa neuntausend Fuß hoch treffen wir zuerst die seltene und schöne Königs-Primel (Primula imperialis), die nirgend sonst auf der Erde als auf diesem einzigen Berggipfel gefunden werden soll. Sie hat einen langen, starken Stamm, manchmal mehr als drei Fuß hoch. Die Waldbäume, auf die Dimensionen von Sträuchern reduziert und verkrüppelt, reichen ganz bis an den Rand des alten Kraters, aber dehnen sich nicht über die Vertiefung an seinem Gipfel aus. Hier finden wir viel offenes Feld mit Dickicht von strauchigen Artemisien und

Gnaphalien bestanden, wie unsere Stabwurz und Ruhr-
kraut, aber sechs bis acht Fuß hoch; während Butterblumen, Veilchen, Heidelbeeren, Gänsedisteln, Sternblüm-
chen, weiße und gelbe Cruciferen, Wegerich und einjäh-
rige Gräser sehr zahlreich vertreten sind.

Das tatsächliche Vorkommen einer der europäischen so
nahe verwandten Vegetation auf einer isolierten Bergspitze
auf einer Insel südlich vom Äquator, während die Tieflän-
der Tausende von Meilen weit darum herum von einer
Flora total verschiedenen Charakters eingenommen werden, ist sehr außergewöhnlich; erst ganz kürzlich hat man
derartiges zu verstehen gelernt. Auf den höheren Bergen
der Alpen und selbst der Pyrenäen kommt eine Anzahl von
Pflanzen vor, die absolut mit denen von Lapland identisch
sind, aber nirgend sonst in den dazwischenliegenden Niederungen gefunden werden. Auf den Gipfeln der weißen
Berge, in den Vereinigten Staaten, ist jede Pflanze mit den
Arten, welche in Labrador wachsen, identisch. In diesen
Fällen lassen alle gewöhnlichen Mittel des Transportes im
Stich. Viele der Pflanzen haben so schwere Samen, daß sie
nicht möglicherweise durch den Wind so ungeheure Strek-
ken weit fortgetragen werden konnten; und der Einfluß
von Vögeln, die in so wirksamer Weise diese alpinen Höhen besät haben sollten, steht ebenfalls außer Frage. Die
Schwierigkeit war so groß, daß einige Naturforscher zu der
Annahme getrieben wurden, diese Arten seien alle zweimal
getrennt voneinander auf diesen weit entfernten Gipfeln
geschaffen worden. Das Aufhören einer neueren Eiszeit jedoch bot bald eine viel tiefer eindringende Lösung dar,
eine Lösung, welche jetzt allgemein von den Männern der
Wissenschaft angenommen worden ist. Eine Menge anderer Tatsachen ähnlicher Art haben dahin geführt anzunehmen, daß die Temperatur-Erniedrigung einmal genügend
gewesen sei, um einigen wenigen Pflanzen der nördlichen
gemäßigten Zone den Übertritt über den Äquator (über

die höchst gelegenen Straßen) zu gestatten und sie bis in die antarktische Region gelangen zu lassen, wo sie jetzt gefunden werden.

Man wird jedoch natürlicherweise einwenden, daß die See in großer Ausdehnung zwischen Java und dem Festlande sich erstreckte, und daß sie in wirksamer Weise die Einwanderung der Pflanzenformen einer gemäßigten Zone während der Eiszeit verhindert haben würde. Das wäre zweifellos ein verhängnisvoller Einwand, gäbe es nicht eine Fülle von Beweisen, welche dartun, daß Java früher mit Asien in Verbindung gestanden und daß die Vereinigung zu einer Zeit, die ungefähr der erforderten Epoche entspricht, stattgefunden habe. Der auffallendste Beweis einer solchen Verbindung liegt in dem Vorkommen der großen Säugetiere Javas, des Nashorns, des Tigers und des Bantengs oder wilden Ochsen in Siam und Birma, Tiere, welche sicherlich nicht durch den Menschen eingeführt worden sind. Der javanische Pfau und mehrere andere Vögel sind ebenfalls diesen zwei Ländern gemeinsam; aber in der Mehrzahl der Fälle sind die Arten verschieden, wenn auch nahe verwandt, und das zeigt an, daß eine beträchtliche Zeit (die für solche Modifikationen erforderlich ist) seit der Trennung verfloß, während sie auf der andern Seite nicht so bedeutend lang gewesen ist, als daß sie eine vollständige Veränderung hätte bewirken können. Eine solche Epoche von mittlerer Dauer entspricht nun genau der Zeit, welche wir als verflossen annehmen können seit der Einwanderung der Pflanzenformen gemäßigter Zonen in Java. Diese Formen gehören allerdings fast alle verschiedenen Arten an; allein die veränderten Bedingungen, unter denen sie zu existieren gezwungen, und die Wahrscheinlichkeit, daß einige derselben seitdem auf dem Festlande von Indien ausgestorben sind, erklärt diese Differenz der javanischen Arten zur Genüge.

Nach meiner Rückkehr nach Toego versuchte ich einen

andern Ort auszufinden um zu sammeln; ich begab mich nach einer Kaffee-Plantage einige Meilen nordwärts und probierte nacheinander höhere und niedrige Stationen auf dem Berge aus; allein es gelang mir nie, Insekten in irgend nennenswerter Menge zu fangen, und die Vögel waren viel weniger zahlreich als auf dem Megamendong-Berge. Das Wetter wurde jetzt regnerischer als je, und da die nasse Jahreszeit ernstlich eingesetzt zu haben schien, so kehrte ich nach Batavia zurück, verpackte und versandte meine Sammlungen und verließ es per Dampfschiff am 1. November, um nach Bangka und Sumatra zu kommen.

SUMATRA

Der Postdampfer von Batavia nach Singapur brachte mich nach Muntok (»Minto« auf den englischen Karten), der Hauptstadt und dem Haupthafen von Bangka. Hier blieb ich ein oder zwei Tage, bis ich ein Boot erhalten konnte, das mich über die Meeresenge den Fluß hinauf nach Palembang fahren sollte. Einige Spaziergänge über Land zeigten mir, daß es sehr hügelig und von Granit- und Lateritfelsen bedeckt ist, mit einer trocknen und verkümmerten Waldvegetation; ich fand daher sehr wenig Insekten. Ein hübsch großes offenes Segelboot trug mich querüber an die Mündung des Palembang-Flusses, wo ich in einem Fischerdorf ein Ruderboot mietete, das mich nach Palembang, zu Wasser etwa hundert Meilen, bringen sollte. Wir kamen nur mit der Flut weiter, ausgenommen wenn der Wind stark und uns günstig wehte; die Flußufer waren im allgemeinen überschwemmte Nipa-Sümpfe, so daß die Stunden, in denen wir genötigt waren vor Anker zu liegen, sehr langsam verflossen. Ich erreichte Palembang am 8. November und wohnte bei dem Doktor, an den ich ein

Einführungsschreiben hatte; alsbald suchte ich mich zu vergewissern, wo ich eine gute Lokalität zum Sammeln finden könnte. Jedermann sagte mir, daß ich sehr weit gehen müsse, um einen trocknen Wald zu erreichen, da in dieser Jahreszeit die ganze Gegend viele Meilen landeinwärts überflutet sei. Ich blieb daher eine Woche in Palembang, ehe ich mich in Betreff meiner weiteren Pläne entschließen konnte.

Die Stadt ist groß und erstreckt sich drei bis vier Meilen einer hübschen Biegung des Flusses entlang, der hier so breit ist wie die Themse bei Greenwich. Der Strom wird jedoch sehr durch die Häuser eingeengt, welche auf Pfählen in ihm stehen, und innerhalb dieser kommt noch wieder eine Reihe Häuser auf großen Bambusflößen, welche mit Rotangtauen am Ufer oder an Pfählen befestigt sind und mit der Flut steigen und fallen. Die ganze Flußfront an beiden Seiten ist hauptsächlich von solchen Häusern besetzt, und es sind meist Läden, die mit ihrer offnen Seite dem Wasser zusehen und nur einen Fuß über demselben liegen, so daß man in einem kleinen Boote leicht zu Markte fahren und alles, was in Palembang zu haben ist, kaufen kann. Die Eingeborenen sind echte Malayen; sie bauen nie ein Haus auf dem Trocknen, wenn sie Wasser finden, und gehen nirgends zu Fuß hin, wenn sie den Ort in einem Kahn erreichen können. Einen beträchtlichen Teil der Bevölkerung bilden Chinesen und Araber, welche den ganzen Handel inne haben; die einzigen Europäer sind die Zivil- und Militärbehörden der holländischen Regierung. Palembang steht auf einem einige Meilen großen Fleck erhöhten Bodens, am Nordufer des Flusses. Etwa drei Meilen von der Stadt steigt ein kleiner Hügel an, dessen Gipfel von den Eingeborenen heilig gehalten und von einigen schönen, von einer Kolonie halb zahmer Eichhörnchen bewohnten Bäumen beschattet wird. Wenn man ihnen einige Krumen Brot oder etwas Obst hinhält, so kommen sie den Stamm hin-

unter gelaufen, nehmen den Bissen aus der Hand und stürzen sofort pfeilschnell wieder fort. Ihre Schwänze tragen
sie gerade in die Höhe und das grau, gelb und braun geringte Haar läuft gleichmäßig in Strahlen aus und macht
sich außerordentlich hübsch. Sie haben in ihren Bewegungen etwas Mäuseartiges, indem sie mit kleinen plötzlichen Bewegungen hervorkommen und mit ihren großen
schwarzen Augen eifrig umherschauen, ehe sie es wagen,
weiter vorwärts zu gehen. Die Art und Weise, in der die
Malayen oft das Zutrauen wilder Tiere erlangen, bildet
einen sehr gefälligen Zug in ihrem Charakter und ist bis zu
einem gewissen Grade eine Folge der ruhigen Beschaulichkeit ihrer Sitten und ihrer größeren Liebe zur Ruhe als zur
Tätigkeit. Man sagte mir, daß eine Tagereise zu Wasser
oberhalb Palembang eine Militärstraße anfinge, welche sich
die Berge hinauf und selbst bis hinüber nach Bankahulu erstreckte, und ich entschloß mich, diese Route zu wählen und
so weit zu reisen, bis ich einen mäßigen Sammelgrund
fände. So würde ich mich an trocknes Land halten und an
eine gute Straße und die Flüsse meiden, welche in dieser
Jahreszeit wegen der mächtigen Strömungen sehr lästig
hinaufzufahren sind und zugleich dem Sammler sehr wenig
bieten wegen der bedeutenden Überschwemmungen nach
allen Seiten hin. Wir fuhren früh morgens ab und erreichten das Dorf Lorok, an dem die Straße beginnt, erst spät
in der Nacht. Ich blieb dort einige Tage, aber fand, daß
fast alles nicht überschwemmte Land in der Nachbarschaft
bebaut war und daß der einzige Wald in jetzt nicht zugänglichen Sümpfen stand. Die Leute versicherten mir, daß
das Land auf sehr weite Strecken hin genauso beschaffen
sei wie hier – weiter als eine Wochenreise, und sie schienen
kaum eine Vorstellung von einem hohen waldbedeckten
Land zu besitzen. Endlich jedoch fand ich einen Mann,
der das Land kannte und intelligenter war; er sagte mir
sofort, daß ich, wenn ich Wald suchte, nach dem Distrikt

Rembang gehen müsse, welcher, wie mir Nachforschungen ergaben, etwa fünfundzwanzig bis dreißig Meilen entfernt lag.

Die Straße ist in regelmäßige Stationen von zehn bis zwölf Meilen geteilt, und wenn man nicht im voraus Kulis bestellt, so kann man in einem Tage nur diese Distanz zurücklegen. An jeder Station stehen Häuser zur Bequemlichkeit der Passagiere mit Küche und Ställen und stets sechs oder acht Mann als Wache. Es existiert dort ein geregeltes System, um zu bestimmten Preisen Kulis zu bekommen, indem die Eingeborenen der umliegenden Dörfer nacheinander sich dem Kulidienst sowohl als dem Stationswächteramt unterziehen müssen, und zwar fünf Tage hintereinander. Diese Einrichtung erleichtert das Reisen sehr und war für mich eine große Bequemlichkeit. Ich machte des Morgens eine angenehme Spazierfahrt von zehn bis zwölf Meilen, und den Rest des Tages konnte ich umherwandern und das Dorf und dessen Umgebung durchsuchen, und stets stand ein Haus für mich ohne weitere Förmlichkeiten in Bereitschaft. In drei Tagen erreichte ich Moeradua, das erste Dorf in Rembang, und da das Land trocken und hügelig mit Wald untermischt war, so beschloß ich, eine kurze Zeit zu bleiben und die Nachbarschaft abzusuchen. Gerade der Station gegenüber war ein schmaler, aber tiefer Fluß und ein guter Badeplatz; und jenseits des Dorfes befand sich ein hübscher Fleck Waldes, durch welchen die Straße führte, überschattet von prächtigen Bäumen, welche mich teilweise dazu verführt hatten zu bleiben, aber nach vierzehntägigem Aufenthalte hatte ich noch keinen guten Platz zum Insektensammeln gefunden und sehr wenige Vögel, die von den bekannten Arten Malakas verschieden waren. Ich ging daher bis zur nächsten Station, nach Lobo Raman, wo das Wächterhaus ganz allein im Walde steht, fast je eine Meile von drei Dörfern entfernt. Das war für mich sehr angenehm, da ich umherwandern konnte, ohne daß jede meiner Bewegungen von einer Menge Männer, Frauen und Kinder überwacht wurde.

Die Dörfer der sumatranischen Malayen sind eigentümlich und sehr malerisch. Ein Areal von einigen Morgen ist von einem hohen Zaun eingefaßt, und auf diesem Raume stehen die Häuser eng aneinander ohne das geringste Bestreben nach Regelmäßigkeit. Große Kokosnußbäume wachsen in Menge zwischen ihnen und der Boden ist glatt und eben von dem Getrampel vieler Füße. Die Häuser stehen etwa sechs Fuß hoch auf Pfosten; die besten sind ganz von Brettern gebaut, andere von Bambus. Die ersteren sind stets mehr oder weniger mit Schnitzereien geziert und haben hochgipfelige Dächer und überhängende Traufen. Die Giebelenden und die größeren Pfosten und Balken sind oft mit außerordentlich geschmackvoller Schnitzarbeit bedeckt und das ist noch mehr in dem weiter westlich gelegenen Distrikte Menangkabo der Fall. Der Fußboden ist aus gespaltenen Bambusen gemacht und etwas windbrüchig; aber es findet sich darauf nichts dergleichen, was wir Hausrat nennen könnten: weder Bänke noch Tische noch Stühle, sondern nur der ebene Boden mit Matten bedeckt, auf welchen die Hausgenossen sitzen oder liegen. Der Anblick des Dorfes selbst ist sehr nett; es wird vor den Haupthäusern oft gefegt; aber es riecht überall schlecht, da unter jedem Haus ein stinkendes Schmutzloch ist, in das man alle unbenutzten Flüssigkeiten und allen Unrat durch den Fußboden von oben her schüttet. In den meisten andern Dingen sind die Malayen ziemlich reinlich.

In allen diesen sumatranischen Dörfern hatte ich beträchtliche Schwierigkeiten, mir Essen zu verschaffen. Es war nicht die Jahreszeit für Gemüse, und wenn ich nach vieler Mühe etwas Yamswurzeln von einer auffallenden Varietät erhalten hatte, so waren sie gewöhnlich hart und kaum genießbar. Hühner waren sehr spärlich vorhanden; und von Früchten gab es lediglich eine untergeordnete Bananensorte. Die Eingeborenen leben (wenigstens während der nassen Jahreszeit) ausschließlich von Reis, wie die ärmeren Irländer von Kartoffeln. Eine Schüssel mit Reis sehr trocken gekocht und mit etwas Salz und rotem Pfeffer zweimal per Tag gegessen, bildet während eines großen Teiles des Jahres ihre einzige Nahrung. Es ist das kein Zeichen von Armut, sondern nur Gewohnheit; denn ihre Weiber und Kinder sind mit silbernen Armspangen vom Handgelenk bis zum Ellenbogen beladen und tragen Dutzende von silbernen Münzen um den Hals und in den Ohren.

Je weiter ich mich von Palembang entfernte, desto weniger rein fand ich das Malayische von dem gewöhnlichen Volke gesprochen, bis es mir zuletzt ganz unverständlich war, obgleich die beständige Wiederkehr vieler gut bekannter Wörter mir sicher anzeigte, daß es eine Form des Malayischen sei und mich in den Stand setzte, das Wesentlichste der Unterhaltung zu erraten. Dieser Distrikt hatte vor einigen Jahren einen sehr schlechten Ruf, die Reisenden wurden oft beraubt und ermordet. Kämpfe zwischen Dorf und Dorf fanden auch häufig statt, und viele Menschen kamen um infolge von Grenzstreitigkeiten oder infolge von Frauenintrigen. Aber jetzt, seitdem das Land in Distrikte unter »Kontrolleure« geteilt ist, welche nacheinander ein jedes Dorf besuchen, um Klagen zu vernehmen und Streitigkeiten beizulegen, hört man nichts mehr von solchen Dingen. Dieses ist eines der zahlreichen mir zu Gesicht gekommenen Beispiele von den guten Wirkungen des holländischen Regimentes. Die Regierung übt eine strenge Überwachung über ihre entferntesten Besitzungen aus, richtet sich in der Form der Verwaltung nach dem Charakter des Volkes, schafft Mißbräuche ab, bestraft Verbrecher und setzt sich überall bei der eingeborenen Bevölkerung in Achtung. Die Oberfläche des Landes ist wellig ohne Berge oder nur Hügel, und Felsen gibt es auch nicht; im allgemeinen besteht der Boden aus einem roten zerreiblichen Ton. Viele kleine Bäche und Flüsse durchschneiden das Land und es zeigt abwechselnd offene Lichtungen und Waldstrecken, sowohl Urwald als auch neuere Pflanzungen mit einer Menge von Fruchtbäumen; auch ist an Wegen nach jeder Richtung hin kein Mangel. Alles in allem ist es eine höchst passende Gegend für einen Naturforscher, und ich bin überzeugt, daß sie zu einer günstigeren Jahreszeit außerordentlich viel bieten würde; aber jetzt herrschte die Regenzeit, in der, selbst an den günstigsten Lokalitäten, Insekten stets spärlich vorhanden sind, und da keine Früchte an den Bäumen hängen, auch Vögel nur selten erscheinen.

Unter den Insekten ist der hübsche Papilio memnon, ein prächtiger Schmetterling von einer tief schwarzen Farbe mit Linien und Gruppen von Schuppen von einer hell aschblauen Farbe über und über gefleckt. Seine Flügel messen ausgebreitet fünf Zoll, und die Hinterschwingen sind abgerundet mit ausgeschweiften Rändern. Diese Beschreibung gilt von den Männchen; aber die Weibchen sind ganz anders und variieren so sehr davon, daß man früher meinte, sie gehörten überhaupt einer anderen Art an.

Eine andere Art, auf welche ich die Aufmerksamkeit lenken möchte, ist Kallima paralekta, ein Schmetterling, der zu derselben Gruppe von Familien gehört wie unser Schillerfalter und ungefähr von derselben Größe oder größer ist. Seine obere Seite ist reich purpurrot, an verschiedenen Stellen aschgrau gefärbt und quer über die vorderen Flügel geht ein breites, tief orangenes Band, so daß er im Fluge stets auffällt. Diese Art war in trocknem Gehölz und Dickicht nicht ungewöhnlich, aber ich versuchte oft vergeblich, den Schmetterling zu fangen, denn wenn er eine kurze Strecke geflogen war, schlüpfte er in einen Busch zwischen trockne und tote Blätter und wie sorgsam ich auch zu der Stelle hinkroch, so konnte ich ihn doch nie entdecken, bis er plötzlich wieder herausflog und dann an einem ähnlichen Orte wieder verschwand. Endlich aber war ich so glücklich, genau den Fleck zu sehen, wo er sich niederließ, und obgleich ich ihn eine Zeitlang aus den Augen verlor, so entdeckte ich ihn schließlich doch dicht vor mir; aber er glich in seiner Ruhestellung so sehr einem toten, an einem Zweige hängenden Blatte, daß man sich selbst dann täuschen mußte, wenn man gerade darauf hinsah. Ich fing verschiedene fliegende Exemplare und war so imstande zu beobachten, wie diese wunderbare Ähnlichkeit hervorgerufen wird.

Das Ende der oberen Flügel geht in eine feine Spitze aus, gerade wie die Blätter vieler tropischer Stauden und Bäume enden, während die unteren Schwingen stumpfer sind und sich in einen kurzen dicken Ausläufer ausziehen. Zwischen diesen zwei Punkten läuft eine dunkle gebogene Linie, welche genau der Mittelrippe eines Blattes gleicht, und von dieser strahlen nach jeder Seite hin einige schräge Striche aus, welche sehr gut die Seitenrippen nachahmen. Diese Striche sind an dem äußeren Teile der Basis der Flügel und an der innern Seite gegen die Mitte und die Spitze hin deutlicher zu sehen und sie werden durch Streifen und Zeichnungen hervorgerufen, welche bei verwandten Arten sehr gewöhnlich sind, aber welche sich hier modifiziert und verstärkt haben, so daß sie genauer die Nervatur eines Blattes nachahmen. Die Färbung der unteren Seite variiert viel, aber stets hat sie eine aschbraune oder rötliche Farbe, welche mit der von toten Blättern übereinstimmt. Die Gewohnheit dieser Art ist nun die, stets auf einem Zweige zwischen toten oder trockenen Blättern zu sitzen und in dieser Stellung, mit den Flügeln dicht aneinander, gleichen sie genau einem mäßig großen, leicht gebogenen oder gerunzelten Blatte. Die Enden der Hinterflügel bilden einen vollkommenen Stengel und berühren den Stamm, während das Insekt auf dem mittleren Beinpaare sitzt, das zwischen den umgebenden Zweigen und Fasern nicht beachtet wird. Der Kopf und die Antennen sind zwischen den Flügeln zurückgezogen, so daß sie ganz verborgen liegen, und gerade an der Basis der Flügel ist ein Ausschnitt, in welchen der Kopf gut zurückgezogen werden kann. Alle diese verschiedenen Einzelheiten kombiniert rufen eine Maskierung hervor, die so vollständig und wunderbar ist, daß sie jeden in Erstaunen setzt, der sie beobachtet; und die Gewohnheiten der Insekten sind der Art, daß sie aus diesen Eigentümlichkeiten Nutzen ziehen und daß sie ihnen so sehr zum Vorteil gereichen, daß jeder Zweifel über den Zweck dieses sonderbaren Falles von Nachahmung schwindet, ein Zweck, der eben zweifellos in einem Schutze für das Insekt zu suchen ist. Sein starker und schneller Flug genügt, um es im Fliegen vor seinen Feinden zu schützen, allein wenn es ebenso in die Augen fallend beim Stillsitzen wäre, so würde es bald ausgerottet sein, da ja insektenfressende Vögel und Reptilien in tropischen Wäldern sehr zahlreich vorkommen.

Wenn solche außerordentliche Anpassung wie diese allein stünde, so würde es sehr schwierig sein, irgendeine Erklärung davon zu geben; aber obgleich es vielleicht der vollkommenste Fall von schützender Nachahmung ist, den man kennt, so gibt es doch Hunderte von gleichartigen Ähnlichkeiten in der Natur, und aus der Gesamtheit dieser Erscheinungen ist es möglich, eine allgemeine Theorie abzuleiten über die Art, wie sie allmählich hervorgebracht worden sind. Das Prinzip der Variation und das der »natürlichen Auswahl« oder des Überlebens des Passendsten, wie es von Herrn Darwin in seiner berühmten »Entstehung der Arten« ausgearbeitet ist, liefert die Grundlage für eine solche Theorie; und ich selbst habe mich bemüht, sie auf alle Hauptfälle von Nachahmung anzuwenden in einem Artikel in der Westminster Review für 1867, betitelt:»Nachahmung und andere schützende Ähnlichkeiten bei den Tieren« (Mimicry, and other Protective Resemblances among Animals), auf welchen ich den Leser verweise, der etwas mehr über diesen Gegenstand zu wissen wünscht.

Auf Sumatra sind Affen sehr zahlreich vorhanden, und in Lobo Raman pflegten sie die Bäume, welche das Wächterhaus beschatten, zu besuchen und gaben mir so eine gute Gelegenheit, ihre Sprünge zu beobachten. Zwei Arten von Semnopithecus waren am zahlreichsten – Affen von einer schlanken Form mit sehr langen Schwänzen. Da man nicht viel nach ihnen schießt, so sind sie ziemlich kühn und bleiben ganz sorglos bei der alleinigen Anwesenheit von Eingeborenen; aber als ich herauskam und sie ansah, starrten sie ein bis zwei Minuten auf mich herab und machten sich dann aus dem Staube. Sie springen ungeheuer weit von den Ästen eines Baumes auf die etwas tieferen eines andern, und es ist sehr unterhaltend zu sehen, wie, wenn einer der starken Führer einen kühnen Sprung wagt, die andern mit größerer oder geringerer Hast folgen; es kommt dann oft vor, daß einer oder zwei der letzten gar nicht sich zum Sprunge entschließen können, bis die andern halb außer Sicht sind; dann werfen sie sich verzweifelt und aus Furcht, allein gelassen zu werden, in die Luft, durchbrechen die schwachen Zweige und stürzen oft zu Boden.

Ein sehr seltsamer Affe, der Siamang, war auch ziemlich häufig, aber er ist weit weniger kühn als jene, hält sich mehr in den Urwäldern auf und meidet die Dörfer. Diese Art ist verwandt mit den kleinen langarmigen Affen der Gattung Hylobates, aber ist beträchtlich größer und unterscheidet sich von ihnen durch die Vereinigung der zwei ersten Zehen des Fußes, nahe dem Ende, daher sein lateinischer Name: Siamanga syndactyla. Er bewegt sich viel langsamer als der lebhafte Hylobates, hält sich auf niedrigeren Bäumen und liebt nicht die ungeheuren Sprünge; aber doch ist er sehr lebhaft und kann sich mit seinen sehr langen Armen – der Erwachsene mißt fünf Fuß sechs Zoll querüber bei drei Fuß Höhe – zwischen weit auseinanderstehenden Bäumen hin- und herschwingen. Ich kaufte einen kleinen, den Eingeborene gefangen und so fest gebunden hatten, daß er dadurch verletzt worden war. Er war zuerst ziemlich wild und wollte beißen; aber als wir ihn losgebunden und ihm zwei Stangen unter der Veranda zum Dranhängen gegeben hatten, indem wir ihn an ein kurzes Tau befestigten, das vermittelst eines Ringes die Stangen entlang glitt, so daß er sich leicht bewegen konnte, wurde er zufrieden und sprang mit großer Schnelligkeit umher. Er aß fast alle Arten Früchte und Reis, und ich hatte gehofft, ihn mit nach England bringen zu können, allein er starb gerade, ehe ich abreiste.

Da der Orang-Utan bekanntlich Sumatra bewohnt und tatsächlich hier zuerst entdeckt worden ist, so zog ich viele Erkundigungen über ihn ein; aber keiner der Eingeborenen hatte je von einem solchen Tiere gehört, und ich fand auch keinen holländischen Beamten, der irgend etwas davon wußte.

Die andern großen Säugetiere von Sumatra, der Elefant und das Nashorn, sind viel weiter verbreitet; aber der erstere ist seltener als er es vor ein paar Jahren war und scheint sich schleunigst vor der Ausbreitung der Kultur zurückzuziehen. Um Lobo Raman findet man gelegentlich Fangzähne und Knochen im Walde, aber das lebende Tier kommt hier nie mehr vor. Das Nashorn (Rhinoceros sumatranus) ist noch zahlreich vorhanden und ich sah beständig seine Spuren und seinen Dung; einmal auch störte ich eines beim Fressen, es rauschte durch den Dschungel fort und ich sah es nur einen Moment durch das dichte Unterholz. Ich erhielt einen ziemlich vollkommenen Schädel und eine Anzahl Zähne, die von den Eingeborenen gesammelt worden waren.

Ein anderes seltsames Tier, das ich in Singapur und auf Borneo traf, das aber hier zahlreicher war, ist der Galeopithecus oder fliegende Maki. Dieses Geschöpf besitzt eine breite Membran, die sich rund um seinen Körper zieht bis an die äußersten Zehenspitzen und bis an das Ende seines

ziemlich langen Schwanzes. Dadurch ist es befähigt, von
einem Baume zum andern quer durch die Luft zu streichen. Es ist schwerfällig in seinen Bewegungen, wenigstens
bei Tage, indem es in kurzen Sätzen von ein paar Fuß
einen Baum hinaufgeht und dann einen Augenblick inne-
hält, als ob es ihm schwer geworden wäre. Es hängt während des Tages an den Baumstämmen, wo sein olivenfar-
benes oder braunes Fell mit unregelmäßigen weißlichen
Punkten und Flecken genau der Farbe der gesprenkelten
Rinde gleicht und ohne Zweifel dazu beiträgt, es zu schützen. Einmal in der Dämmerung sah ich eines dieser Tiere
einen Baumstamm auf einem ziemlich offenen Platze hin-
aufrennen und dann quer durch die Luft auf einen andern
Baum gleiten, auf welchem es nahe der Basis herunterkam
und sofort wieder hinaufzusteigen begann. Wie der Cuscus
von den Molukken nährt sich der Galeopithecus hauptsächlich von Blättern und hat einen sehr voluminösen Magen und lang gewundene Därme. Das Gehirn ist sehr klein,
und das Tier besitzt eine so bedeutende Lebenszähigkeit,
daß es außerordentlich schwer fällt, es auf gewöhnliche
Weise zu töten. Es hat einen Greifschwanz und gebraucht
ihn wahrscheinlich zur Unterstützung beim Futtersuchen.
Man sagt, es bekomme jeweils nur *ein* Junges, und meine
eigene Beobachtung bestätigte dieses Verhalten, denn ich
schoß einmal ein Weibchen mit einem sehr zarten blinden
und nackten kleinen Geschöpfe, das nahe an seiner Brust
hing; es war ganz nackt und sehr gerunzelt und erinnerte
mich an die Jungen der Beuteltiere, zu denen es einen
Übergang zu bilden schien. Auf dem Rücken und bis über
die Extremitäten und die Flughaut ist das Fell dieser Tiere
kurz, aber sehr weich und ähnelt in seiner Textur dem von
Chinchilla.

Ich kehrte zu Wasser nach Palembang zurück, und als ich
einen Tag in einem Dorf blieb, da ein Boot wasserdicht gemacht werden mußte, war ich so glücklich, ein Männchen,

Weibchen und ein Junges von einem der größten Hornvögel zu erhalten. Ich hatte meine Jäger auf den Fang ausgeschickt, und während ich beim Frühstücke saß, kehrten sie zurück und brachten mir ein schönes großes Männchen von Buceros bicornis, welches einer von ihnen geschossen zu haben versicherte, während es ein Weibchen, welches in einem Loche auf einem Baume saß, fütterte. Ich hatte oft von dieser sonderbaren Gewohnheit gelesen und ging sofort, von mehreren der Eingeborenen begleitet, an den Ort. Jenseits eines Flusses und eines Sumpfes fanden wir einen großen, über einem Wasser hängenden Baum und an seiner unteren Seite, etwa in einer Höhe von zwanzig Fuß, kam ein kleines Loch zum Vorschein, das wie eine Schlammasse aussah, die, wie man mir sagte, dazu gedient hatte, das große Loch auszufüttern. Nach einiger Zeit hörten wir das rauhe Geschrei eines Vogels im Innern und konnten sehen, wie er das weiße Ende seines Schnabels heraussteckte. Ich bot eine Rupie, wenn jemand hinaufsteigen und den Vogel mit dem Ei oder den Jungen herausnehmen wolle; aber alle erklärten, es sei zu schwer und fürchteten sich. Ich ging daher sehr ärgerlich fort. Etwa eine Stunde darauf hörte ich zu meiner großen Überraschung ein sehr lautes heiseres Gekrächze in meiner Nähe; man brachte mir den Vogel zusammen mit einem Jungen, das in dem Loche gefunden worden war. Dieses letztere war ein höchst seltsames Objekt, so groß wie eine Taube, aber ohne ein Federchen an irgendeiner Stelle. Es war außerordentlich fleischig und weich und hatte eine halb durchscheinende Haut, so daß es mehr wie ein Klumpen Gallerte aussah, an dem Kopf und Füße angesteckt waren, wie ein wirklicher Vogel.

Die außergewöhnliche Gewohnheit des Männchens, das Weibchen mit ihrem Ei zu übertünchen und sie während der ganzen Zeit der Bebrütung und bis das Junge flügge wird zu füttern, ist mehreren der großen Hornvögel eigen

und ist eine jener wunderbaren Tatsachen in der Naturgeschichte, welche wunderbarer sind als man es sich träumen
läßt.

NATURGESCHICHTE DER INDO-MALAYISCHEN INSELN

Die Flora des Archipels ist bis jetzt so unvollkommen bekannt und ich selbst habe ihr so wenig Aufmerksamkeit geschenkt, daß ich aus ihr nicht viele Tatsachen von Bedeutung anführen kann. Allein der malayische Pflanzentypus
ist ein sehr ausgesprochener und Dr. Hooker belehrt uns in
seiner »Flora Indica«, daß derselbe über alle feuchteren
und mehr gleichförmigen Teile von Indien verbreitet ist.

Als charakteristische Formen dieser Flora kann man die
Rotangs betrachten – Kletterpalmen der Gattung Calamus und eine große Menge hoher sowohl als auch niedriger Palmen. Orchideen, Araceen, Zingiberaceen und Farne
sind besonders zahlreich vertreten und die Gattung Gram-
matophyllum – eine riesige Schmarotzer-Orchidee, deren
Blattbüschel und Blumenstengel zehn bis zwölf Fuß lang
sind – ist dieser Flora eigentümlich. Hier ist ferner die Do-
mäne der wunderbaren Kannenpflanzen (Nepenthaceae),
welche anderswo, auf Ceylon, Madagaskar, den Seychel-
len, Celebes und den Molukken nur durch einzelne Arten
repräsentiert sind. Jene berühmten Früchte, die Mangustan
und die Durian, sind dieser Region entsprossen und werden
außerhalb des Archipels kaum gedeihen. Von den Bergpflanzen Javas ist schon erwähnt worden, daß sie auf eine
frühere Verbindung mit dem asiatischen Festlande hinweisen.

Pflanzen können weit leichter Meeresarme kreuzen als
Tiere. Die kleineren Samen werden leicht von den Winden
fortgeführt, und viele derselben sind speziell einem solchen

Transporte angepaßt. Andere können lange Zeit ungeschädigt im Wasser umherschwimmen und werden durch Winde und Strömungen an entfernte Ufer getrieben. Tauben und andere fruchtessende Vögel sind ebenfalls Träger zur Verbreitung der Pflanzen, da die durch ihre Körper passierten Samen leicht keimen. So kommt es, daß Pflanzen, welche an Ufern und in Flachländern wachsen, eine weite Verbreitung haben, und es erfordert eine eingehende Kenntnis der Arten jeder Insel, um die Verwandtschaften ihrer Floren mit einiger Sicherheit und Genauigkeit zu bestimmen. Heutzutage haben wir noch nicht eine so vollkommene Kenntnis von der Botanik der verschiedenen Inseln des Archipels; und nur aus so auffallenden Phänomenen, wie das Vorkommen von nördlichen und selbst europäischen Gattungen auf den Gipfeln javanischer Berge eines ist, können wir den früheren Zusammenhang jener Insel mit dem asiatischen Festlande beweisen. Eine andere Bewandtnis hat es jedoch mit den Landtieren. Ihre Mittel und Wege, um eine breite Meeresfläche zu kreuzen, sind sehr viel mehr beschränkt. Ihre Verbreitung ist weit genauer studiert worden, und wir besitzen eine viel vollständigere Kenntnis solcher Gruppen, wie z. B. Säugetiere und Vögel, von den meisten der Inseln, als wir sie von den Pflanzen haben. Diese beiden Klassen werden uns auch die meisten Tatsachen hinsichtlich der geographischen Verbreitung organisierter Wesen in dieser Region darbieten.

Die Zahl der Säugetiere, von denen man weiß, daß sie die indo-malayische Region bewohnen, ist sehr beträchtlich; sie übersteigt 170 Arten. Mit Ausnahme der Fledermäuse hat keine derselben irgendwelche regelmäßigen Mittel, um viele Meilen breite Seearme zu überschreiten, und eine Betrachtung ihrer Verbreitung muß uns daher in Beziehung auf die Frage, ob diese Inseln je miteinander oder mit dem Festlande seit dem Bestehen der Arten verbunden gewesen sind, große Dienste leisten.

Alle anderen Säugetiergruppen bieten dieselben allgemeinen Phänomene dar. Einige Arten sind mit den indischen identisch; viel mehr aber sind eng verwandt oder haben ihre Repräsentanten, während eine kleine Zahl von eigentümlichen Gattungen stets vorkommt, welche Tiere enthalten, die nirgend anderswo auf der Erde gefunden werden. Es sind dort ungefähr fünfzig Fledermäuse, darunter weniger als ein Viertel indische Arten; vierunddreißig Nagetiere (Eichhörnchen, Ratten etc.), darunter nur sechs oder acht indische; und zehn Insektivoren mit e i n e r Ausnahme der malayischen Region eigentümlich. Die Eichhörnchen sind sehr zahlreich und charakteristisch, nur zwei Arten von fünfundzwanzig verbreiten sich über Siam und Birma. Die Tupajas sind merkwürdige Insektenfresser, welche den Eichhörnchen sehr ähneln und fast auf die malayischen Inseln begrenzt sind.

Da die Halbinsel Malaka einen Teil des asiatischen Festlandes bildet, so wird die Frage nach der früheren Vereinigung der Inseln mit dem Hauptlande durch das Studium jener Arten am besten erhellt werden, welche sowohl in dem ersteren Distrikt als auch auf einigen der Inseln vorkommen. Wenn wir nun die Fledermäuse, welche zum Fluge befähigt sind, gänzlich aus der Betrachtung lassen, so gibt es noch achtundvierzig Arten von Säugetieren, welche die Halbinsel Malaka mit den drei großen Inseln gemein haben. Darunter sieben Vierhänder (Affen, Meerkatzen und Lemuren), Tiere, welche ihr ganzes Leben in Wäldern zubringen, welche nie schwimmen und welche vollständig unfähig sein würden, eine einzige Meile zur See fortzukommen; neunzehn Karnivoren, von denen zweifellos einige schwimmen, allein wir können nicht annehmen, daß eine so große Zahl auf diesem Wege eine Meeresenge überschritten habe, welche überall, außer an einer Stelle, dreißig bis fünfzig Meilen breit ist; ferner fünf Huftiere, nämlich der Tapir, zwei Nashornarten und ein Elefant; endlich dreizehn Nager und vier Insektenfresser, darunter eine Spitzmaus und sechs Eichhörnchen, deren Überschreiten von zwanzig Meilen zur See ohne Hilfe selbst noch unbegreiflicher sein würde als das der größeren Tiere.

Aber wenn wir die Fälle betrachten, in denen dieselben Arten zwei der weiter voneinander entfernten Inseln bewohnen, so ist die Schwierigkeit noch größer. Borneo ist fast hundertundfünfzig Meilen von Biliton gelegen, diese Insel ungefähr fünfzig Meilen von Bangka und diese fünfzehn von Sumatra, und dennoch sind nicht weniger als sechsunddreißig Arten von Säugetieren Borneo und Sumatra gemeinsam. Java wiederum liegt mehr als zweihundertundfünfzig Meilen von Borneo entfernt, und doch haben diese beiden Inseln zweiundzwanzig Arten gemeinsam, darunter Meerkatzen, Fuchsaffen, wilde Ochsen, Eichhörnchen und Spitzmäuse. Diese Tatsachen scheinen es absolut sicherzustellen, daß in einer früheren Periode eine Verbindung zwischen all diesen Inseln und dem Festlande vorhanden gewesen ist, und die Tatsache, daß die meisten zweien oder mehreren derselben gemeinsamen Tiere unbedeutende oder keine Verschiedenheiten zeigen, oft aber absolut identisch sind, deutet darauf, daß die Trennung in einer im geologischen Sinne neueren Zeit stattgefunden haben muß; das heißt nicht früher als die neuere Pliozän-Periode, zu welcher Zeit die Landtiere den jetzt lebenden sehr ähnlich zu werden begannen.

Selbst die Fledermäuse geben uns eine Bestätigung dieser Argumentierung, wenn wir noch einer solchen bedürfen, indem sie uns zeigen, daß die Inseln nicht voneinander oder von dem Festlande aus bevölkert werden konnten, ohne einen früheren Zusammenhang. Denn wenn sie auf diesem Wege mit Tieren versehen worden wären, so müßten doch sicherlich Geschöpfe, welche weite Strecken durchfliegen können, zuerst sich von Insel zu Insel ausbreiten und es müßte auf diese Weise eine fast vollkommene Gleichförmigkeit der Arten über die ganze Region resultieren. Aber eine solche Gleichförmigkeit existiert nicht, und die Fledermäuse jeder Insel sind fast, wenn nicht ganz so verschieden wie die andern Säugetiere. Es sind beispielsweise sechzehn Arten auf Borneo bekannt und von diesen kommen zehn auf Java und fünf auf Sumatra vor, ein Verhältnis, das ungefähr dem der Nager gleich ist, welche doch keine direkten Mittel zum Wandern besitzen. Wir lernen aus dieser Tatsache, daß die Meere, welche die Inseln voneinander trennen, weit genug sind, um selbst den Übergang von Flugtieren hintanzuhalten, und daß wir dieselben Ursachen herbeiziehen müssen, um die jetzige Verbreitung beider Gruppen zu erklären. Der einzig denkbare zureichende Grund liegt in dem früheren Zusammenhange aller Inseln mit dem Festlande und eine solche Umwandlung steht ja in vollkommenem Einklange mit dem, was wir von der Erdgeschichte wissen, und sie wird ferner durch die bemerkenswerte Tatsache wahrscheinlich gemacht, daß eine Erhebung von nur dreihundert Fuß die großen Seen, welche sie jetzt trennen, in ein ungeheures sich windendes Tal oder in eine Ebene von ungefähr dreihundert Meilen Breite und zwölfhundert Meilen Länge verwandeln würde.

Man könnte vielleicht denken, daß Vögel, welche die Fähigkeit zum Fliegen in einem so hervorragenden Maße besitzen, in ihrer Verbreitung nicht durch Meeresarme behindert würden und daß sie also kaum Beweise für den früheren Zusammenhang oder die Loslösung der Inseln, welche sie bevölkern, beibringen können. Das ist jedoch nicht der Fall. Eine sehr große Anzahl von Vögeln scheint durch Wassergrenzen ebenso streng wie die Vierfüßer lokalisiert zu werden; und da die ersteren mit so sehr viel mehr Aufmerksamkeit gesammelt worden sind, so haben wir ein noch vollständigeres Material zu verwerten und sind auf diese Art in den Stand gesetzt, aus ihrer Verbreitung noch bestimmtere und zufriedenstellendere Schlüsse

abzuleiten. Es sind nur einige Gruppen wie die Wasser-
vögel, die Waldvögel und die Raubvögel starke Wanderer;
andere sind fast nur den Ornithologen bekannt. Ich werde
mich deshalb hauptsächlich nur auf einige der bestbekannten und der bemerkenswertesten Familien der Vögel beziehen, die uns als Prototypen für die Schlußfolgerungen,
welche die ganze Klasse uns zu ziehen erlaubt, dienen
können.

Die Vögel der indo-malayischen Region haben eine große
Ähnlichkeit mit denen von Indien; denn wenn auch ein sehr
großer Teil der Arten ganz verschieden ist, so gibt es doch
nur etwa fünfzehn diesem Distrikte eigentümliche Gattungen und nicht eine einzige Familiengruppe, welche auf ihn
beschränkt ist. Wenn wir aber die Inseln mit Birma, Siam
und Malaka vergleichen, so finden wir noch weniger Unterschiede und gelangen zu der Überzeugung, daß alle diese
Länder durch das Band eines früheren Zusammenhanges
eng miteinander verknüpft sind. Aus so gut bekannten Familien wie es die Spechte, Papageien, Trogons, Königfischer, Tauben und Fasane sind, finden wir einige identische
Arten über ganz Indien und über Java und Borneo verbreitet, während Sumatra und die Halbinsel Malaka verhältnismäßig einen sehr großen Teil gemeinsam besitzen.

Die Bedeutung dieser Tatsachen kann erst dann recht
gewürdigt werden, wenn wir von den Inseln der austral-
malayischen Region sprechen und zeigen werden, wie ganz
ähnliche Barrieren den Übergang der Vögel von einer Insel
zur andern vollständig unmöglich gemacht haben, so daß
von wenigstens dreihundertundfünfzig Java und Borneo
bewohnenden Landvögeln nicht mehr als zehn östlich nach
Celebes gedrungen sind. Und doch ist die Mangkassar-
Straße kaum so breit wie die Java-See, und Borneo und
Java besitzen wenigstens hundert gemeinschaftliche Arten.

Wir sind nun in der Lage, mit einiger Wahrscheinlichkeit
den Lauf der Ereignisse skizzieren zu können. Wenn wir

mit der Zeit beginnen, in der die ganze Java-See, der Golf von Siam und die Malaka-Straße trockenes Land waren und mit Borneo, Sumatra und Java eine große südliche Verlängerung des asiatischen Festlandes bildeten, so würde die erste Bewegung die Entstehung der Java-See und der Sunda-Straße gewesen sein, welche der Tätigkeit der javanischen Vulkane, dem südlichen Teile des Landes entlang, folgte und welche zu einer vollständigen Trennung dieser Insel geführt hat. Als der Vulkangürtel von Java und Sumatra an Tätigkeit zunahm, tauchte mehr und mehr von dem Lande unter, bis zuerst Borneo und dann Sumatra vollständig voneinander getrennt waren. Seit der Zeit der ersten Störungen mögen mehrere verschiedene Erhebungen und Senkungen stattgehabt haben, und die Inseln können mehr als einmal miteinander oder mit dem Hauptlande verbunden und wieder getrennt worden sein. Aufeinanderfolgende Wellen von Einwanderungen werden auf diese Weise ihre Tierwelt modifiziert und zu jenen Anomalien in der Verbreitung geführt haben, welche so schwierig als die Wirkung einer einzigen Erhebung oder Senkung erklärt werden können. Die Gestalt von Borneo – ausstrahlende Bergketten mit dazwischenliegenden breiten Alluvial-Tälern – bringt uns auf den Gedanken, daß diese Insel dereinst weit mehr unter Wasser gelegen habe als heutzutage (wo es dann mehr Celebes oder Halmahera in den äußeren Umrissen geglichen haben würde), und daß sie auf ihre heutigen Dimensionen dadurch anwuchs, daß sich ihre Meerbusen mit Sedimentablagerungen ausfüllten, die noch durch allmähliche Erhebung des Landes unterstützt wurden. Auch Sumatra ist augenscheinlich durch die Bildung von Alluvial-Ebenen, seiner Nordost-Küste entlang, angewachsen.

Die Inseln Bali und Lombok, am Ostende von Java gelegen, sind von besonderem Interesse. Es sind die einzigen Inseln im ganzen Archipel, auf denen die Hindu-Religion sich noch erhalten hat – und sie bilden die Endpunkte der zwei großen zoologischen Abteilungen der östlichen Hemisphäre; denn wenn sie auch im äußern Ansehen und in allen Punkten ihrer physischen Geographie einander sehr ähnlich sind, so differieren sie doch bedeutend hinsichtlich ihrer Naturgeschichte. Ich hatte zwei Jahre auf Borneo, Malaka und Singapur zugebracht, als ich diesen Inseln auf meinem Wege nach Mangkassar einen etwas unfreiwilligen Besuch abstattete. Wäre ich imstande gewesen, direkt von Singapur aus dahin zu gelangen, so hätte ich wahrscheinlich Bali und Lombok nie gesehen und würde einige der wichtigsten Entdeckungen meiner ganzen Expedition nach dem Osten nicht gemacht haben.

Es war am 13. Juni 1856 als wir nach einer Überfahrt von zwanzig Tagen von Singapur aus in dem »Kembang Dschepun« (Rose von Japan), einem Schoner, der einem chinesischen Kaufmanne gehörte, mit javanischem Schiffsvolke bemannt war und von einem englischen Kapitän befehligt wurde, auf der gefährlichen Reede von Baliling, auf der Nordseite der Insel Bali, Anker auswarfen. Als ich mit dem Kapitän an Land ging, sah ich mich sofort in eine neue und interessante Szene versetzt. Wir gingen zuerst in das Haus des chinesischen Bandar oder Hauptkaufmannes, wo wir eine Anzahl Eingeborener fanden; sie waren gut gekleidet und alle in auffälliger Weise mit Krissen bewaffnet, deren lange Handhaben aus Elfenbein oder Gold oder aus schön marmoriertem und poliertem Holze sie zu Schau stellten.

Die Chinesen hatten ihr Nationalkostüm aufgegeben und den malayischen Anzug angenommen und konnten so kaum von den Eingeborenen der Insel unterschieden werden – ein Beweis von der nahen Verwandtschaft der malayischen und mongolischen Rassen. Unter dem dichten Schatten einiger Mangobäume nahe dem Hause verkauften mehrere Händlerinnen Baumwollwaren; denn hier handeln und arbeiten die Frauen zum Vorteil ihrer Ehegatten, ein Brauch, den islamische Malayen nie annehmen. Man brachte uns Obst, Tee, Kuchen und Zuckerwerk; viele Fragen wurden in betreff unseres Geschäftes und über den Stand des Handels in Singapur gestellt, und wir machten dann einen Spaziergang ins Dorf. Es war ein sehr unfreundlicher und trauriger Ort; eine Anzahl enger von hohen Lehmwänden eingefaßter Straßen mit Bambushäusern, von denen wir einige betraten und sehr freundlich aufgenommen wurden.

Während unseres zweitägigen Aufenthaltes hier besuchte ich die Umgegend, um Insekten zu fangen, Vögel zu schießen und um über die Fruchtbarkeit oder Unfruchtbarkeit des Landes etwas zu erfahren. Ich war erstaunt und erfreut zugleich; denn da mein Besuch auf Java erst einige Jahre später stattfand, so hatte ich noch nie außerhalb Europas einen so schönen und gut bebauten Distrikt gesehen. Eine leicht wellige Ebene dehnt sich von der Seeküste etwa zehn bis zwölf Meilen landeinwärts aus, wo sie von einer schönen Reihe bewaldeter und bebauter Hügel begrenzt wird. Häuser und Dörfer, bezeichnet durch dichte Gebüsche von Kokosnußpalmen, Tamarinden und anderen Fruchtbäumen, sind nach allen Richtungen hin verstreut; zwischen ihnen dehnen sich üppige Reisfelder aus, von einem sorgsamen Bewässerungssystem durchzogen, welches der Stolz der bestkultivierten Teile Europas sein würde. Die ganze Oberfläche des Landes ist in unregelmäßige Felder geteilt, welche den welligen Erhebungen des Bodens folgen, von der Größe vieler Morgen bis herab zu wenigen Ruten, und jedes derselben ist vollkommen eben, aber liegt einige

Zoll oder mehrere Fuß über oder unter den angrenzenden. Jedes dieser Fleckchen kann nach Willkür berieselt oder dräniert werden vermittelst eines Systems von Gräben und kleinen Kanälen, in welches alle von den Bergen herabkommenden Flüsse abgeleitet sind. Die Frucht stand auf jedem Stückchen in verschiedenen Stadien der Reife, manchmal schon fast reif zum Schneiden, überall aber in dem blühendsten Zustand und in den ausgesuchtesten grünen Färbungen.

Wir verließen Baliling und kamen nach einer angenehmen Segelfahrt von zwei Tagen nach Ampanam auf Lombok, wo ich zu bleiben beschloß, bis ich eine Gelegenheit zur Überfahrt nach Mangkassar erhalten könne. Wir gegenossen herrliche Aussichten auf die Zwillingsvulkane von Bali und Lombok, von denen jeder ungefähr achttausend Fuß hoch ist; sie machen sich bei Sonnenauf- und Untergang ganz prächtig, wenn sie sich aus dem Dunst und den Wolken, welche sie umgeben, erheben und in den reichen und wechselnden Tinten derselben erglühen – entzückende Augenblicke eines tropischen Tages.

Die Bai oder Reede von Ampanam ist sehr groß, und da sie um diese Jahreszeit vor den herrschenden Südostwinden geschützt lag, so war sie so ruhig wie ein See. Der Strand von schwarzem vulkanischem Sand ist sehr tief und jederzeit die Brandung heftig, welche während der Springfluten so bedeutend wird, daß es Booten oft unmöglich ist zu landen und viele ernste Unglücksfälle vorkommen.

Ich fühlte mich sehr erleichtert, als alle meine Kisten und ich selbst in Sicherheit durch die verzehrende Brandung gekommen, auf welche die Eingeborenen mit Stolz sehen und sagen, daß »ihre See stets hungrig sei und alles auffräße, was sie bekommen könne«. Ich wurde von Herrn Carter freundlich aufgenommen, einem Engländer, welcher einer der Bandars oder privilegierten Kaufleute des Hafens ist und mir Gastfreundschaft und jede Unterstützung während meines Aufenthaltes anbot.

Am folgenden Tage besuchte ich Herrn S., einen andern Kaufmann, an den ich ein Einführungsschreiben mitgebracht hatte und der etwa sieben Meilen entfernt wohnte. Herr Carter lieh mir freundlichst ein Pferd, und ein junger Holländer, der in Ampanam wohnte, bot sich mir als Führer an. Wir kamen zuerst durch die Stadt und die Vorstädte, eine gerade Straße entlang, die von Lehmwänden und einer schönen Allee hoher Bäume eingefaßt war; dann durch Reisfelder, in derselben Weise bewässert, wie ich es in Baliling gesehen hatte; nachher über sandige Weiden nahe der See und gelegentlich am Gestade selbst entlang. Herr S. nahm uns freundlich auf und bot mir eine Wohnung in seinem Hause an, falls ich die Nachbarschaft meinen Zwecken entsprechend finden sollte. Nach einem frühzeitigen Imbisse gingen wir zur Orientierung mit Büchsen und Insektennetzen aus. Wir kamen an einige niedrige Hügel, welche sehr vorteilhaft zu sein schienen, gingen über Sümpfe, sandige, mit grobem Schilfgrase bewachsene Ebenen, durch Weiden und bebaute Gründe, fanden jedoch im Gehen sehr wenig Vögel oder Insekten. An dem Wege stießen wir auf ein oder zwei menschliche Skelette, die in einer kleinen Bambuseinzäunung eingeschlossen lagen, mit Kleidern, Kopfkissen, Matte und Betelbüchse der unglücklichen Individuen – die entweder ermordet oder hingerichtet worden waren. Bei unserer Rückkehr fanden wir einen balinesischen Häuptling mit seinem Gefolge auf Besuch. Die von höherem Range saßen auf Stühlen, die anderen kauerten am Boden. Der Häuptling forderte sehr kaltblütig Bier und Branntwein und bediente sich und sein Gefolge, was das Bier betraf anscheinend mehr aus Neugierde als aus irgendeinem andern Grunde, denn es schien ihnen gar nicht zu schmecken, den Branntwein aber tranken sie mit vielem Behagen aus Biergläsern.

Nach meiner Rückkehr nach Ampanam widmete ich mich einige Tage lang der Jagd auf die Vögel in der Nachbarschaft.

Täglich sah man Knaben die Straßen entlang und bei den Hecken und Gräben herumgehen, um Libellen mit Vogelleim zu fangen. Sie tragen einen biegsamen Stock mit ein paar gut beschmierten Zweigen am Ende, so daß die geringste Berührung das Insekt fängt, dessen Schwingen abgerissen werden, ehe man es in einen kleinen Korb legt. Die Wasserjungfern sind hier so zahlreich zur Zeit der Reisblüte, daß Tausende auf diese Weise schnell gefangen werden. Man röstet die Körper in Öl mit Zwiebeln und konservierten Garnelen oder manchmal auch allein und sie gelten für eine große Delikatesse. Auf Borneo, Celebes und vielen andern Inseln ißt man die Larven von Bienen und Wespen, sowohl lebend, wie sie aus den Zellen herauskommen, als auch, wie die Wasserjungfern, geröstet. Auf den Molukken werden die Larven der Palmkäfer (Calandra) regelmäßig in Bambusen zu Markte gebracht und als Nahrung verkauft; und viele der großen gehörnten Blatthornkäfer werden auf heißer Asche leicht geröstet und wo man sie findet gegessen. Der Überfluß an Insekten wird also von diesen Inselbewohnern ausgebeutet.

Da ich fand, daß Vögel nicht sehr zahlreich vertreten waren und da ich oft von Labuan Tring am Südende der Bai hörte, wo viel unbebautes Land und viele Vögel, Wild und wilde Schweine sein sollten, so beschloß ich mit meinen beiden Dienern, Ali, dem malayischen Burschen von Borneo, und Manuel, einem Portugiesen von Malaka, der Vögel abzubalgen verstand, dorthin zu gehen. Ich mietete von den Eingeborenen ein Boot mit Auslegern für uns und unser weniges Gepäck, und nachdem wir einen Tag dem Ufer entlanggerudert hatten, kamen wir dort an.

Die Umgegend war sehr hübsch und für mich neu; sie bestand aus zerrissenen vulkanischen Hügeln, die flache Täler und offene Ebenen einschlossen. Die Hügel waren mit einem dichten verkrüppelten Gebüsch von Bambus und stacheligen Bäumen und Sträuchern bedeckt, die Ebenen waren mit Hunderten schöner Palmbäume geschmückt und an vielen Orten standen prächtige Staudengewächse. Vögel waren zahlreich vorhanden und sehr interessant; ich sah hier zum ersten Male viele australische Formen, welche auf den Inseln weiter westlich ganz fehlen. Kleine weiße Kakadus kamen in Menge vor, und ihr lautes Geschrei, ihre auffällige weiße Farbe und ihre hübschen gelben Helme machten sie zu einem in die Augen springenden Charakteristikum der Landschaft. Dies ist der westlichste Punkt der Erde, an dem Vögel aus dieser Familie gefunden werden. Einige kleine Honigsauger der Familie Ptilotis und die sonderbaren Hügelauftürmer Megapodius gouldii findet der nach Osten reisende Naturforscher auch hier zuerst. Der letztgenannte Vogel bedarf einer ausführlicheren Erwähnung.

Die Megapodidae bilden eine kleine Familie von Vögeln, welche in Australien und den umliegenden Inseln gefunden werden und sich bis über die Philippinen und Nordwest-Borneo verbreiten. Sie sind mit den hühnerartigen Vögeln verwandt, aber unterscheiden sich von diesen und von allen andern dadurch, daß sie nie auf ihren Eiern sitzen, welche sie im Sande, in der Erde oder im Schutte vergraben und sie von der Sonnen- oder Gärungswärme ausbrüten lassen. Sie sind alle durch sehr große Füße charakterisiert und durch lange gebogene Krallen, und die meisten Megapodius-Arten scharren und kratzen allen möglichen Schutt, tote Blätter, Stöcke, Steine, Erde, verfallenes Holz usf. zusammen, bis es einen großen Hügel, oft sechs Fuß hoch und zwölf Fuß breit, bildet, in dessen Mitte sie ihre Eier vergraben. Die Eingeborenen können es einem Hügel ansehen, ob er Eier enthält oder nicht; und sie nehmen sie, wo sie nur können, da die ziegelroten Eier (so groß wie Schwaneneier) als große Delikatesse angesehen werden. Man sagt, daß eine Anzahl Vögel sich vereinigen, um diese Hügel aufzuwerfen, und daß sie ihre Eier gemeinschaftlich hineinlegen, so daß man manchmal vierzig bis fünfzig findet. Die auf Lombok vorkommende Art ist etwa von der Größe einer kleinen Henne und gänzlich von dunkel oliver und brauner Farbe. Der Vogel nährt sich von verschiedenartigem Futter; er verschlingt herabgefallene Früchte, Erdwürmer, Schnecken und Tausendfüßler, aber das Fleisch ist weiß und von gutem Geschmacke, wenn es richtig gekocht wird.

Hier auch traf ich zum ersten Male den hübschen australischen Bienenfresser (Merops ornatus). Dieser elegante kleine Vogel sitzt auf Zweigen an freien Plätzen und blickt emsig umher, fliegt von Zeit zu Zeit schnell fort, um ein Insekt zu fangen, das er in der Nähe gesehen, und kehrt dann auf denselben Zweig zurück, um es zu verzehren. Sein langer, scharfer, gebogener Schnabel, die zwei langen schmalen Federn in seinem Schwanze, sein schönes grünes Gefieder mit den reich braunen, schwarzen und lebhaft blauen Stellen an der Kehle machen ihn zu dem zierlichsten und interessantesten Objekte, das ein Naturforscher zum ersten Male sehen kann.

Die charakteristischste Eigenschaft des Dschungels waren die Dornen. Die Stauden waren dornig, die Schlingpflanzen waren dornig und selbst der Bambus war es. Alles wuchs zickzack und in Spitzen und in einem unentwirrbaren Knäuel, so daß mit der Flinte oder dem Netz oder nur der Brille hindurchzukommen für gewöhnlich unmöglich war und Insektenfangen in solchen Lokalitäten ganz außer Frage kam. An solchen Orten hielten sich die Pittas oft verborgen, und wenn ich einen Vogel geschossen hatte, so war es schwierig, ihn zu finden, und selten gewann ich den Preis ohne einen Tribut an Stichen, Schrammen und zerrissenen Kleidern. Der trockene vulkanische Boden und das dürre Klima scheinen der Produktion solcher verkümmerten und dornigen Pflanzenwelt günstig zu sein, denn die Eingeborenen versicherten mir, daß es noch nichts sei gegen die Dornen und Stacheln auf der Insel Sumbawa, deren Oberfläche noch eine Decke der vulkanischen Asche trägt, die vor vierzig Jahren durch die furchtbare Eruption von Tomboro ausgeworfen wurde. Unter den Stauden und Bäumen, die nicht dornig waren, fanden sich die Apocynaceae sehr zahlreich vertreten; ihre zweilappigen Früchte von verschiedener Gestalt und Farbe und oft von dem verführerischsten Aussehen hängen überall an den Seiten der Wege, als ob sie den müden, ihrer giftigen Eigenschaften unkundigen Wanderer zu seinem eigenen Schaden einladen wollten.

Die große von den Eingeborenen »Gubbong« genannte Palme, eine Art Corypha, ist der auffallendste Baum der Ebenen, in denen er zu Tausenden wächst und in drei verschiedenen Stadien sich präsentiert – beblättert, mit Blumen und Früchten und abgestorben. Diese Palme hat einen zylindrischen Stamm von ungefähr hundert Fuß Höhe und zwei bis drei Fuß Durchmesser; die Blätter sind groß und fächerförmig und fallen ab, wenn der Baum blüht, was nur einmal in seinem Leben in Form einer ungeheuren endständigen Ähre stattfindet, in welcher Mengen einer glatten runden Frucht von grüner Farbe und etwa einem Zoll Durchmesser produziert werden. Wenn diese reifen und fallen, stirbt der Baum ab und bleibt noch ein Jahr oder zwei stehen, ehe er umstürzt. Bäume nur mit Blättern sind bei weitem die zahlreichsten, dann solche mit Blumen und Früchten, während tote nur hier und da zwischen ihnen liegen. Wenn die Bäume Früchte tragen, so sind sie der Versammlungsort der großen grünen Fruchttauben. Truppen von Affen (Macacus cynomolgus) besetzen oft einen Baum und schütteln die Früchte in großer Zahl herunter, schreien bei einer Störung und machen einen ungeheuren

Lärm, wenn sie zwischen den toten Palmblättern davonlaufen; auch die Tauben haben eine laute, schreiende Stimme, mehr dem Gebrüll eines wilden Tieres als Vogeltönen gleich.

Meine Sammlungen wurden hier unter mehr als gewöhnlichen Schwierigkeiten präserviert. Ein kleines Zimmer mußte zum Essen, Schlafen und Arbeiten, als Vorratshaus und als Sektionszimmer dienen; es waren keine Börter, Schränke, Stühle oder Tische darin; Ameisen krochen überall umher, und Hunde, Katzen und Federvieh trat nach Gefallen ein und aus. Daneben stellte es das Sprech- und Empfangszimmer meines Wirtes vor, und ich war genötigt, auf ihn und auf die zahlreichen Gäste, die uns besuchten, Rücksicht zu nehmen. Mein Hauptmöbel war ein Kasten, der mir als Eßtisch, als Stuhl beim Abbalgen und als Aufbewahrungsort für Vögel, wenn sie abgebalgt und getrocknet waren, diente. Um sie vor Ameisen zu schützen, liehen wir uns mit einiger Schwierigkeit eine alte Bank, deren vier Beine in mit Wasser gefüllte Kokosnußschalen gestellt wurden und uns so ziemlich frei von dieser Plage hielten. Der Kasten und die Bank waren jedoch buchstäblich die einzigen Plätze, wohin man etwas legen konnte, und sie waren gewöhnlich ganz eingenommen von zwei Insektenkästen und ungefähr hundert Vogelbälgen, die trocknen sollten. Man begreift daher wohl leicht, daß, wenn irgend etwas von größerem Umfange oder etwas Außergewöhnliches gebracht wurde, die Frage: »Wo kann man es hinlegen?« ziemlich schwierig zu beantworten war. Dazu kommt noch, daß alle tierischen Substanzen eine gewisse Zeit brauchen, um ganz zu trocknen, daß sie einen sehr unangenehmen Geruch dabei verbreiten und besonders anziehend für Ameisen, Fliegen, Hunde, Ratten, Katzen und anderes Ungeziefer sind, und eine besondere Vorsicht und beständige Aufsicht erfordern, welche unter den oben beschriebenen Umständen unmöglich war.

Meine Leser werden nun zum Teil wenigstens verstehen, wieso ein reisender Naturforscher mit beschränkten Mitteln, wie die meinigen, so viel weniger vollbringt als man erwartet und als er selbst zu tun wünscht. Es würde interessant sein, Skelette vieler Vögel und Säugetiere, Reptilien und Fische in Spiritus, Häute von größeren Tieren, bemerkenswerte Früchte und Hölzer und die bedeutsamsten Gegenstände der Manufaktur und des Handels aufzubewahren; aber man wird einsehen, daß es unter den eben beschriebenen Umständen unmöglich gewesen wäre, diese Dinge zu den Sammlungen, welche meine eigenen mehr speziellen Liebhabereien waren, hinzuzufügen. Wenn man zu Wasser reist, so sind die Schwierigkeiten ebenso groß oder größer und sie sind auch nicht geringer bei einer Reise über Land. Es war daher absolut notwendig, meine Sammlungen auf bestimmte Gruppen zu beschränken, denen ich beständig meine persönliche Aufmerksamkeit widmen und auf diese Weise vor der Zerstörung oder dem Verfall Dinge bewahren konnte, welche oft nur mit vieler Arbeit und Mühe in meinen Besitz gekommen waren.

Während Manuel am Nachmittage seine Vögel abbalgte, gewöhnlich von einem kleinen Haufen Malayen und Sassaks (wie die Eingeborenen von Lombok genannt werden) umgeben, hielt er ihnen oft Vorträge mit der Miene eines Lehrers und man hörte ihm mit gespannter Aufmerksamkeit zu. Er sprach sehr gern über die »speziellen Schickungen«, die ihm nach seiner Meinung täglich beschieden waren. »Allah ist heute dankbar gewesen«, sagte er z. B. – denn obgleich Christ, hatte er doch die islamische Sprachweise angenommen – »und hat uns einige sehr schöne Vögel beschert; wir können ohne ihn nichts tun.« Dann antwortete einer der Malayen: »Sicherlich, Vögel sind wie Menschen; sie haben ihre bestimmte Zeit zum Sterben; wenn diese Zeit kommt, so kann sie nichts retten, und wenn sie nicht gekommen ist, so kannst Du sie auch nicht töten.« Ein Beifallsgemurmel folgt dieser Meinungsäußerung und Rufe von »Butul! Butul!« (Wahr, wahr). Dann konnte Manuel eine lange Geschichte erzählen von einer seiner erfolglosen Jagden; — wie er einen schönen Vogel gesehen und ihn weit verfolgte und ihn dann verlor und ihn wieder fand und zwei- oder dreimal danach schoß, ohne ihn je treffen zu können. »Ah!« sagt ein alter Malaye, »seine Zeit war nicht gekommen und daher war es Dir unmöglich, ihn zu töten.« Diese Doktrin ist für den schlechten Schützen sehr trostreich und trägt den Tatsachen durchaus Rechnung, aber sie ist denn doch nicht ganz zufriedenstellend.

Man glaubt allgemein auf Lombok, daß manche Leute die Macht haben, sich in Krokodile zu verwandeln, was sie tun, um ihre Feinde zu verschlingen, und viele sonderbare Geschichten werden von solchen Verwandlungen erzählt.

Ein Ereignis fand hier statt, welches mir einiges Licht auf die Ursache der furchtbaren Brandung bei Ampanam zu werfen schien. Eines Abends hörte ich ein seltsames brummendes Geräusch und zur selben Zeit schwankte das Haus leicht. In dem Gedanken es donnere, fragte ich: »Was ist das?« »Es ist ein Erdbeben«, antwortete Inchi Daud, mein Wirt, und er erzählte mir dann, daß leichte Erschütterungen gelegentlich dort gefühlt würden, aber daß er nie heftige erlebt habe. Dies geschah am Tage des letzten Mondviertels und daher zu einer Zeit, als die Fluten niedrig und die Brandungen gewöhnlich am schwächsten waren. Bei meiner Nachforschung später in Ampanam erfuhr ich, daß kein Erdbeben bemerkt worden sei, aber daß eines Nachts die Brandung sehr heftig gewesen, die Häuser geschwankt hätten und daß am folgenden Tage die Flut sehr hoch gestiegen sei; das Wasser überschwemmte Herrn Carters Grund und Boden höher, als er es je vorher erlebt hatte. Diese ungewöhnlichen Fluten kommen dann und wann vor und man achtet ihrer nicht sehr; aber durch sorgfältige Nachforschung stellte ich fest, daß die Brandung in derselben Nacht eingetreten sei, in der ich in Labuan Tring, fast zwanzig Meilen davon entfernt, das Erdbeben gespürt hatte. Dieses scheint anzudeuten, daß, wenn auch die gewöhnliche Brandung durch das An- und Abschwellen des großen südlichen Ozeans, der hier in einen engen Kanal eintritt, hervorgerufen sein mag, unterstützt von einer besonderen Beschaffenheit des Bodens nahe dem Ufer, doch die plötzlichen und heftigen Brandungen und hohen Fluten, welche gelegentlich bei vollkommen ruhigem Wetter statt haben, in leichten Erhebungen des Ozeanbettes in dieser eminent vulkanischen Gegend ihren Grund haben.

SITTEN UND GEBRÄUCHE des VOLKES VON LOMBOK

Als ich eine sehr schöne und interessante Sammlung von Vögeln in Labuan Tring gemacht hatte, nahm ich Abschied von meinem liebenswürdigen Wirt, Inchi Daud, und kehrte nach Ampanam zurück, um eine Gelegenheit nach Mangkassar abzuwarten. Da kein nach jenem Hafen hin bestimmtes Schiff angekommen war, so beschloß ich, einen Ausflug ins Innere der Insel zu unternehmen in der Begleitung des Herrn Roß, eines auf den Keeling-Inseln geborenen Engländers, der jetzt für die holländische Regierung die Angelegenheiten eines Missionars ordnete.

Unser Weg ging eine Strecke weit durch vollkommen ebenes Land mit schön stehenden Reisfeldern. Die Straße war gerade und gewöhnlich von hohen Bäumen eingefaßt, die eine hübsche Allee bildeten. Sie war zuerst sandig, dann grasig und manchmal von Bächen und Sümpfen durchzogen. Nach einem Marsche von ungefähr vier Meilen erreichten wir Mataram, die Hauptstadt der Insel und die Residenz des Rajah. Es ist ein großes Dorf mit breiten, von einer prächtigen Allee eingefaßten Straßen und niedrigen, hinter Lehmwällen verborgenen Häusern. Innerhalb dieser königlichen Stadt darf kein Eingeborener der niedrigeren Rangklassen reiten, und unser Begleiter, ein Javane, war genötigt, abzusteigen und sein Pferd zu führen, während wir langsam hindurchritten. Die Wohnungen des Rajah und des Hohenpriesters zeichnen sich durch rote Backsteinpfeiler aus, die mit vielem Geschmacke gebaut sind; aber der Palast selbst schien sich nur wenig von den gewöhnlichen Häusern des Landes zu unterscheiden. Jenseits Mataram und dicht dabei ist Karangassam, die alte Residenz des eingeborenen oder Sassak-Rajah vor der Eroberung der Insel durch die Balinesen.

Bald hinter Mataram begann das Land allmählich schön wellig anzusteigen; manchmal erhoben sich niedrige Hügel gegen die zwei Bergzüge hin in den nördlichen und südlichen Teilen der Insel. Hier zuerst erhielt ich eine vollständige Vorstellung von einem der wundervollsten Kultursysteme der Erde, das allem dem, was von dem chinesischen Fleiße erzählt wird, gleichkommt und das, so viel ich weiß, in betreff der Arbeit, die ihm gewidmet worden, jedes Stück Land von gleicher Ausdehnung in den zivilisiertesten Gegenden Europas übertrifft. Ich ritt im höchsten Grade erstaunt durch diesen fremdartigen Garten und war kaum imstande, die Tatsache als wahr hinzunehmen, daß auf dieser entfernten und wenig bekannten Insel, von welcher alle Europäer, einige wenige Händler am Hafen ausgenommen, eifersüchtig ferngehalten werden, viele Hunderte von Quadratmeilen unregelmäßigen welligen Landes so geschickt terrassiert und geebnet, und so von künstlichen Kanälen durchsetzt sind, daß jeder Teil davon nach Gefallen berieselt und trockengelegt werden kann. Je nach dem mehr oder weniger steilen Gefälle des Bodens sind die terrassierten Plätzchen viele Morgen oder nur wenige Quadratellen groß. Wir sahen sie in jedem Stadium der Bebauung; einige als Stoppelfelder, andere gepflügt, noch andere mit Reisernten in verschiedenen Zuständen der Reife. Hier standen üppige Tabakanpflanzungen, dort brachten Gurken, süße Kartoffeln, Jamswurzeln, Bohnen oder Mais Abwechselung in die Szene. An einigen Orten waren die Gräben trocken, an anderen kreuzten kleine Flüsse unsere Straße und waren über Ländereien geleitet, welche gerade besät oder bepflanzt werden sollten. Jeder Bach und jedes Flüßchen war aus seinem Bette geleitet, und anstatt den tiefstgelegenen Grund zu durchströmen, waren sie oft quer über unsere Straße halbwegs eine Anhöhe hinaufgeführt, eingezäunt durch alte Bäume und moosbewachsene Steine, so daß sie ganz das Ansehen eines natürlichen Kanals hatten und ein Zeugnis ablegten von der frühen Zeit, in welcher diese Werke gebaut worden waren. Als wir weiter landeinwärts kamen, wurde die Szene mannigfaltiger durch steile Felsenhügel, durch tiefe Bergschluchten und durch Gebüsche von Bambus und Palmen in der Nähe von Häusern und Dörfern; während in der Ferne die schöne Reihe von Bergen, von denen der Lombok-Gipfel, achttausend Fuß hoch, den höchsten Punkt bildet, einen passenden Hintergrund abgeben für eine Aussicht, die kaum übertroffen werden kann, sowohl hinsichtlich des menschlichen Interesses, welches sie bietet, als auch hinsichtlich ihrer malerischen Schönheit.

Auf dem ersten Teil unserer Straße kamen wir an Hunderten von Frauen vorbei, welche Reis, Obst und Gemüse zu Markt trugen; und weiterhin trafen wir eine fast ununterbrochene Reihe von Pferden mit Reis in Säcken oder in Ähren beladen auf dem Wege nach dem Hafen von Ampanam. Alle paar Meilen an der Straße unter schattigen Bäumen oder leichten Dächern saßen Verkäufer von Zuckerrohr, Palmwein, gekochtem Reis, gesalzenen Eiern und geröstetem Pisang und einigen anderen Delikatessen. In diesen Buden kann man eine tüchtige Mahlzeit für einen Penny einnehmen, aber wir begnügten uns mit etwas süßem

Palmwein, ein sehr köstliches Getränk in der Hitze des Tages. Nach einer Tour von etwa zwanzig Meilen erreichten wir eine höhere und trocknere Region, wo, da das Wasser spärlich war, die Kulturen sich auf die kleinen flachen Stellen, welche die Flüsse begrenzen, einschränkten. Hier war die Gegend ebenso schön wie früher, aber von einem andern Charakter; sie bestand aus welligen Dünen mit kurzem Rasen, von schönen Baum- und Gebüschgruppen unterbrochen, in dem manchmal die Waldung, manchmal die Ebene vorherrschte. Wir kamen nur durch eine kleine Strecke wirklichen Waldes, wo wir von hohen Bäumen beschattet waren und um uns herum eine dunkle und dichte Vegetation sahen, die sehr angenehm berührte nach der Hitze und der Helle des offenen Landes.

Endlich etwa um vier Uhr erschien der Pumbuckle, und wir unseren Bestimmungsort – das Dorf Kupang, fast in der Mitte der Insel gelegen – und traten in den äußeren Hof eines Hauses, welches einem der Häuptlinge gehörte, mit denen mein Freund, Herr Roß, oberflächlich bekannt war. – Hier mußten wir uns unter einen offenen Schuppen auf einen erhöhten Bambusflur setzen, ein Platz, welcher dazu benutzt wird, Besuche zu empfangen.

Endlich etwa um vier Uhr erschien der Pumbuckle und wir taten ihm unsere Wünsche kund, einige Tage bei ihm zu bleiben, um Vögel zu schießen und das Land kennenzulernen. Er schien darüber etwas betroffen und fragte, ob wir einen Brief von dem Anak Agong (Sohn des Himmels), welches der Titel des Rajahs von Lombok ist, hätten. Einen solchen hatten wir nicht, da wir es für ganz unnötig gehalten hatten; und er sagte uns dann plötzlich, daß er erst mit seinem Rajah sprechen müsse, ob wir bleiben könnten. Die Stunden vergingen, die Nacht trat ein, er kehrte nicht zurück. Ich fing an zu glauben, wir wären irgendwelcher übeln Absichten verdächtig, denn der Pumbuckle war augenscheinlich ängstlich, sich Ungelegenheiten zu bereiten.

Er ist ein Sassak-Fürst und wenn auch dem jetzigen Rajah zu Diensten, so doch mit einigen der Häupter einer Verschwörung verwandt, welche vor einigen Jahren unterdrückt wurde.

Ungefähr um fünf Uhr kam das Packpferd an, das meine Flinten und Kleider trug, mit meinen Leuten Ali und Manuel, die zu Fuße waren. Die Sonne ging unter, es wurde bald finster und wir wurden ziemlich hungrig, als wir müde unter dem Schuppen saßen und niemand kam. Wir warteten weiter, Stunde auf Stunde, bis etwa um neun Uhr der Pumbuckle, der Rajah, einige Priester und eine Menge Gefolge erschienen und sich rund um uns herum setzten. Wir gaben uns die Hände und einige Minuten lang herrschte tiefes Schweigen. Dann fragte der Rajah, was wir wünschten; worauf Herr Roß antwortete und ihm verständlich zu machen suchte, wer wir wären und weshalb wir gekommen, daß wir durchaus keine finsteren Absichten hätten und keinen Brief vom »Anak Agong« besäßen, lediglich weil wir es für ganz unnötig gehalten hätten. Es wurde dann eine lange Unterhaltung in der Bali-Sprache geführt und Fragen gestellt in betreff meiner Büchsen, und was für Pulver ich hätte, und ob ich Schrot oder Kugeln brauchte; ferner zu was die Vögel dienten, und wie ich sie konservierte, und was mit denselben in England getan würde. Jeder meiner Antworten und Erklärungen folgte eine leise und ernste Unterhaltung, welche wir nicht verstehen, aber deren Inhalt wir erraten konnten. Sie waren augenscheinlich sehr in Verlegenheit und glaubten nicht ein Wort von dem, was wir ihnen erzählt hatten. Dann fragten sie, ob wir wirklich Engländer und nicht Holländer wären; und obgleich wir uns energisch auf unsere Nationalität beriefen, schienen sie uns doch nicht zu glauben.

Jedoch nach Verlauf einer Stunde etwa brachten sie uns etwas Abendbrot und darauf etwas sehr schwachen Kaffee und Kürbis mit Zucker gekocht. Nachdem dieses nun verhandelt war, fand eine zweite Konferenz statt; es wurden wieder Fragen gestellt und die Antworten wieder ausgelegt. Dazwischen wurden leichtere Themen diskutiert. Meine Brille (Konkavgläser) wurde nacheinander von drei oder vier alten Männern versucht, welche nicht verstehen konnten, wieso sie nicht dadurch sähen, und diese Tatsache gab zweifellos Anlaß zu neuem Argwohn gegen mich. Mein Bart war auch Gegenstand der Bewunderung, und es wurden mir viele Fragen gestellt über persönliche Eigentümlichkeiten, über welche man in europäischer Gesellschaft nicht redet. Endlich etwa um ein Uhr Morgens stand die ganze Gesellschaft auf um fortzugehen, und nachdem sie einige Zeit am Tore noch zusammen gesprochen hatten, gingen sie auch alle fort. Wir baten nun den Dolmetscher, welcher mit einigen Männern und Knaben bei uns geblieben, uns einen Platz zum Schlafen anzuweisen, worüber er sehr erstaunt schien und meinte, daß wir ja sehr gut logiert wären. Es war recht kalt und wir waren sehr dünn gekleidet und hatten keine Decken mitgebracht, aber alles, was wir nach einer weiteren Stunde Unterhandelns bekommen konnten, war eine inländische Matte, ein Kopfkissen und einige alte Vorhänge, um sie an drei Seiten des offenen Schuppens zu hängen und uns ein wenig vor dem kalten Luftzuge zu schützen. Wir verbrachten den Rest der Nacht sehr unbequem und beschlossen am Morgen zurückzukehren und uns einer so schäbigen Behandlung nicht länger zu unterwerfen.

Einige Tage später unternahmen wir den langbesprochenen Ausflug nach Gunong Sari. Unsere Gesellschaft war vergrößert durch den Kapitän und Superkargo eines Hamburger Schiffes, das Reis für China lud. Wir ritten auf Lombok-Ponies von sehr gemischter Rasse, die wir nur mühsam mit den notwendigen Sätteln und Zubehör hatten versehen können; und die meisten von uns flickten sich Sattelgurte, Zügel oder Steigbügelriemen zusammen, so gut es ging.

Wir kamen durch Mataram, wo unser Freund Gusti Ga-
dioca zu uns stieß auf einem schönen schwarzen Pferde
und wie alle Eingeborenen ohne Sattel oder Steigbügel rei-
tend, nur auf einer hübschen Satteldecke und mit verzier-
ten Zügeln. Etwa drei Meilen auf angenehmen Neben-
straßen brachten uns an unseren Bestimmungsort. Wir traten durch einen recht hübschen Backsteintorweg, der durch
scheußliche steinerne Hindu-Gottheiten gestützt wurde, ein.
Drinnen war eine Umzäunung mit viereckigen Fischtei-
chen und einigen schönen Bäumen; dann kam ein zweiter
Torweg, durch den wir in den Park traten. Rechts stand
ein Backsteinhaus etwas im Hindu-Stil gebaut auf einer
hohen Terrasse oder Plattform; links befand sich ein
großer Fischteich, von einem kleinen Bache gespeist, der
durch das Maul eines riesigen aus Backsteinen und Stein
gut gearbeiteten Krokodiles hineinfloß. Die Ränder des
Teiches waren mit Ziegelsteinen ausgelegt, und in der Mitte
stand ein phantastischer und malerischer, mit grotesken
Statuen verzierter Pavillon. Der Teich war mit schönen Fischen gut versehen, welche jeden Morgen bei dem Ton
eines hölzernen Gongs, der für diesen Zweck in der Nähe
hängt, zum Füttern herbeikommen. Wenn man daran
schlug, so schwammen sofort eine Menge Fische aus den
Massen von Unkraut, von dem der Teich voll ist, herbei
und folgten uns dem Rande entlang in Erwartung des Futters. Zur selben Zeit kam einiges Wild aus dem anstoßen-
den Gehölze, fast zahm, da es selten geschossen und regelmäßig gefüttert wird. Der Dschungel und das Gehölz um
den Park schien von Vögeln zu wimmeln; ich machte mich
auf, um einige zu schießen und wurde dadurch belohnt, daß
ich mehrere Exemplare des schönen neuen Königfischers,
Halcyon fulgidus, und die seltene und hübsche Erddrossel,
Zoothera andromeda, erhielt. Der erstere straft seinen Namen insofern Lügen, als er das Wasser nicht besucht und
sich nicht von Fischen nährt. Er lebt beständig im niedrigen

feuchten Gebüsch und pickt Insekten, Tausendfüßler und kleine Mollusken vom Boden auf. Im ganzen war ich sehr erfreut über meinen Besuch an diesem Orte, und er gab mir eine bessere Meinung von dem Geschmacke dieses Volkes, wenn auch der Stil der Gebäude und Skulpturen dem der prächtigen Ruinen Javas weit untergeordnet ist. Die Ureinwohner von Lombok sind Mohammedaner und machen die Masse des Volkes aus. Die herrschenden Klassen aber sind Eingeborene der anliegenden Insel Bali und haben die Hindu-Religion. Die Regierung ist eine absolute Monarchie, aber sie scheint mit mehr Weisheit und Maß gehandhabt zu werden als gewöhnlich in malayischen Ländern. Die jetzt auf Lombok geltenden Gesetze sind sehr strenge. Diebstahl wird mit dem Tode bestraft. Es ist eine geltende Regel, daß, wenn jemand in einem Hause nach eingebrochener Dunkelheit angetroffen wird, es sei denn, daß es sich dort mit Wissen des Eigentümers aufhält, er getötet und sein Körper auf die Straße oder ans Ufer geworfen werden kann, ohne daß jemand danach fragt.

Die Männer sind außerordentlich eifersüchtig und sehr streng mit ihren Frauen. Eine verheiratete Frau darf unter Todesstrafe nicht eine Zigarre oder ein Sirihblatt von einem Fremden annehmen. Man erzählte mir, daß vor einigen Jahren einer der englischen Händler eine balinesische Frau aus guter Familie hatte, die mit ihm lebte – und daß die Verbindung von den Eingeborenen als ganz ehrenhaft angesehen wurde. Während eines Festes verstieß dieses Mädchen gegen das Gesetz, indem sie eine Blume oder irgendeine andere Kleinigkeit von einem anderen Manne annahm. Dieses wurde dem Rajah hinterbracht (von dem einige Frauen mit dem Mädchen verwandt waren); er sandte sofort in das Haus des Engländers und befahl ihm, das Mädchen aufzugeben, da sie »gekrist« werden müsse. Vergebens bat und flehte dieser, erklärte sich bereit, jede Buße, welche der Rajah ihm auferlegen wolle, zu bezahlen und verweigerte schließlich sie aufzugeben, wenn er nicht mit Gewalt dazu gezwungen würde. Dazu wollte der Rajah seine Zuflucht nicht nehmen, denn er dachte ohne Zweifel, daß er ebenso sehr für die Ehre des Engländers als für seine eigene einträte; es schien also, als hätte er die Sache fallen lassen. Aber einige Zeit darauf sandte er jemanden aus seinem Gefolge in das Haus, der das Mädchen bat herauszukommen; dann sagte er: »Der Rajah sendet Dir dies«, und stieß ihr den Dolch in das Herz. Ernstere Untreue wird noch grausamer bestraft; die Frau wird mit ihrem Liebhaber Rücken an Rücken zusammengebunden und so in die See geworfen, wo stets einige große Krokodile sich aufhalten und die Körper verschlingen. Eine derartige Exekution fand statt, als ich in Ampanam war, aber ich machte einen weiten Spaziergang landeinwärts, um außer dem Bereiche zu sein, bis alles vorüber war; ich ließ mir auf diese Weise die günstige Gelegenheit entgehen, eine schreckliche Geschichte meiner etwas ermüdenden Erzählung einflechten zu können.

Die Haupthandelsartikel von Lombok sowohl als auch von Bali sind Reis und Kaffee; ersterer wächst in den Ebenen, letzterer auf den Hügeln. Der Reis wird sehr viel nach den anderen Inseln des Archipels ausgeführt, nach Singapur und selbst nach China, und gewöhnlich liegt eins oder mehrere Schiffe ladend im Hafen. Nach Ampanam wird er auf Packpferden gebracht und fast täglich kam eine Reihe solcher in Herrn Carters Hof. Das einzige Geld, das die Eingeborenen für ihren Reis nehmen, ist chinesische Kupfermünze, von der zwölfhundert auf einen Dollar gehen. Jeden Morgen mußten zwei große Säcke dieses Geldes in zur Bezahlung passenden Summen aufgezählt werden.

Mein portugiesischer Vogelausstopfer Fernandez bestand jetzt darauf, seine Verabredung zu brechen und nach Singapur zurückzukehren; teilweise aus Heimweh, aber mehr, glaube ich, weil er von der Ansicht ausging, daß sein

Leben unter so blutdürstigen und unzivilisierten Völkerschaften nicht für den Lohn einiger Monate feil sei. Es war für mich eine beträchtliche Einbuße, da ich ihm dreimal voll den gewöhnlichen Preis für drei Monate im voraus gezahlt hatte, von denen wir die Hälfte auf der Reise gewesen waren, und den Rest in einem Orte, wo ich ohne ihn hätte fertig werden können, weil so wenig Insekten dort vorkamen, daß ich meine eigene Zeit dem Schießen und Abbalgen widmen konnte. Einige Tage, nachdem Fernandez fort war, kam ein kleiner Schoner an, nach Mangkassar bestimmt, wohin ich einen Platz nahm. Als passenden Schluß zu obiger Skizze dieser interessanten Inseln will ich eine Anekdote erzählen, welche ich von dem jetzigen Rajah hörte, die, ob sie nun durchaus wahr sei oder nicht, den inländischen Charakter sehr gut beleuchtet und dazu dienen kann, einige Einzelheiten der Sitten und Gebräuche des Landes, von denen ich noch nicht gesprochen habe, vorzuführen.

WIE DER RAJAH DIE VOLKSZÄHLUNG VORNAHM

Der Rajah von Lombok war ein sehr weiser Mann und zeigte seine Weisheit in hohem Maße durch die Art, wie er eine Volkszählung vornahm. Meine Leser müssen nämlich wissen, daß die Haupteinkünfte des Rajah durch eine Kopftaxe von Reis bestritten wurden, indem jährlich jeder Mann, jede Frau und jedes Kind auf der Insel ein kleines Maß lieferte. Es bestand darüber kein Zweifel, daß ein Jeder diese Taxe zahlte, denn es war eine sehr geringfügige und das Land war fruchtbar und das Volk befand sich wohlauf; aber sie hatte durch vieler Leute Hände zu gehen, ehe sie in die Regierungs-Vorratshäuser gelangte. Wenn diese Ernte vorbei war, brachten die Bauern ihren Reis dem Kapala kampong oder Häuptling des Dorfes, und er hatte zweifellos manchmal Mitleid mit den Armen oder Kranken und sah von ihrem kleinen Maße ab; auch war er manchmal genötigt, sich denen, welche Klagen gegen ihn zu führen hatten, gnädig zu erweisen; dann aber mußten seiner Ehre halber *seine* Kornböden besser gefüllt sein als die seiner Nachbarn, und so war der Reis, den er zum »Waidono« brachte, der seinem Distrikte vorstand, gewöhnlich ein gutes Teil geringer, als es hätte sein sollen. Und alle »Waidonos« hatten natürlich für sich selbst Sorge zu tragen, denn sie waren alle verschuldet und es war ja so leicht, etwas von dem Regierungs-Reis zu nehmen; für den Rajah würde ja doch noch eine Menge bleiben. Und ebenso bedienten sich die »Gustis« oder Fürsten, welche den Reis von den Waidonos erhielten; so kam es denn, daß wenn die Ernte vorüber und der Reis-Tribut eingebracht war, die Menge desselben mit jedem Jahre geringer befunden wurde. Krankheit in einem Distrikt, Fieber in einem anderen, Fehlschlagen der Ernte in einem dritten wurden natürlich als Ursache dieses Ausfalles angegeben; aber wenn der Rajah zur Jagd ging am Fuße des großen Berges oder einem »Gusti« einen Besuch abstattete an der anderen Seite der Insel, sah er stets die Dörfer voll von Menschen, die alle wohlgenährt und glücklich schienen. Und er bemerkte, daß die Krisse seiner Häuptlinge und Offiziere stets hübscher und hübscher wurden, und die Griffe von gelbem Holze verwandelten sich in elfenbeinerne, und die elfenbeinernen in goldene und Diamanten und Smaragden glitzerten auf vielen; und er wußte sehr wohl, welche Wege der Tribut-Reis wandelte. Aber da er keine Beweise in Händen hatte, so blieb er still und beschloß eines Tages bei sich, eine Zählung zu veranstalten, um die Größe seiner Bevölkerung kennen zu lernen und um nicht um mehr Reis betrogen zu werden, als recht und billig war.

Aber die Schwierigkeit war die, *wie* eine Volkszählung zu

bewerkstelligen sei. Er konnte nicht selbst in jedes Dorf und jedes Haus gehen und alle Leute zählen; und wenn er anbefohlen hätte, daß es von den angestellten Beamten geschehen sollte, so würden sie sofort die Absicht gemerkt haben, und sicherlich hätte dann die Zählung genau übereingestimmt mit der Menge Reis, die er im letzten Jahre erhalten. Es war daher einleuchtend, daß, um zu seinem Ziele zu gelangen, niemand argwöhnen dürfe, weshalb die Volkszählung vorgenommen würde; und um ganz sicher zu gehen, durfte auch niemand wissen, daß überhaupt eine Zählung stattfände. Das war ein schweres Problem; und der Rajah dachte und dachte, so emsig, wie man von einem malayischen Rajah nur erwarten kann, daß er denkt, aber er konnte das Problem nicht lösen; und so wurde er sehr unglücklich und tat nichts als rauchen und Betel kauen mit seiner Lieblingsfrau zusammen und aß fast nichts; und selbst wenn er zum Hahnenkampfe ging, schien er nicht darauf zu achten, ob seine besten Vögel gewönnen oder verlören. Er verblieb einige Tage in diesem traurigen Zustand, und der ganze Hof fürchtete, daß ein böser Blick den Rajah behext habe; ein unglücklicher irischer Kapitän, der gerade um seine Ladung Reis eingelaufen war und der furchtbar schielte, war nahe daran, gekrißt zu werden, aber da man ihn erst vor des Königs Majestät brachte, so wurde ihm gnädig anbefohlen, an Bord zu gehen und dort zu bleiben, solange sein Schiff im Hafen läge.

Eines Morgens jedoch, nachdem diese unerklärliche Melancholie etwa eine Woche gedauert hatte, trat eine willkommene Veränderung ein, denn der Rajah ließ alle Häupter, Priester und Fürsten zusammenrufen, welche in Mataram, seiner Hauptstadt, waren; und als sie alle in gespannter Erwartung versammelt waren, redete er sie folgendermaßen an:

»Viele Tage lang war mein Herz sehr krank und ich wußte nicht weshalb, aber jetzt ist die Unruhe von mir ge-

wichen, denn ich habe einen Traum gehabt. In der letzten
Nacht erschien mir der Geist des »Gunong Agong« – des
großen Feuerberges – und sagte zu mir, ich solle auf die
Spitze des Berges gehen. Ihr alle sollt mit mir bis in die
Nähe der Spitze kommen, aber dann muß ich allein hinaufgehen und der große Geist will mir wieder erscheinen
und will mir etwas von großer Wichtigkeit mitteilen, mir
und Euch und dem ganzen Volke der Insel. Geht nun alle
hin und gebt es kund über die ganze Insel und laßt jedes
Dorf Männer senden, um uns einen Weg zu bahnen durch
den Wald hinauf auf den großen Berg.«

Es wurde nun die Neuigkeit, daß der Rajah den großen
Geist auf der Spitze des Berges treffen solle, über die ganze
Insel verbreitet; und jedes Dorf sandte seine Leute, und
sie lichteten den Dschungel und schlugen Brücken über die
Bergwässer und ebneten die rauhen Pfade für des Rajahs
Durchzug. Und als sie an die steilen und schroffen Felsen
des Berges gekommen waren, suchten sie die besten Wege
anzulegen, oft das Bett der Gebirgswässer entlang, oft auf
schmalen Felsenriffen; hier fällten sie einen hohen Baum
zu einer Brücke über einen Abgrund, dort bauten sie Leitern auf, um die glatte Oberfläche eines Abhanges zu erklimmen. Die Häuptlinge, welche das Werk überwachten,
bestimmten die Länge jeder Tagereise im voraus, je nach
der Natur des Weges, und wählten liebliche Plätze an den
Ufern klarer Ströme und in der Nähe schattiger Bäume,
wo sie Schuppen und Hütten von Bambus bauten, wohl
bedacht mit Blättern von Palmen, in welchen der Rajah
und sein Gefolge am Ende jeden Tages essen und schlafen
könne.

Und als alles fertig war, kamen die Fürsten, Priester
und Häuptlinge wieder zum Rajah, um ihm zu sagen, was
getan sei und um ihn zu fragen, wann er den Berg bestei-
gen wolle. Und er bestimmte einen Tag und befahl jedem
Manne von Rang und Ansehen, ihn zu begleiten, um den

großen Geist zu ehren, der ihm die Reise vorgeschrieben, und um zu zeigen, wie willig sie dessen Befehlen folgten. Und da gab es viel Vorbereitungen über die ganze Insel. Das beste Vieh wurde geschlachtet und das Fleisch gesalzen und an der Sonne getrocknet; und eine Menge von rotem Pfeffer und süßen Kartoffeln wurde gesammelt; und die hohen Pinang-Bäume wurden erklommen, um die würzige Betelnuß herunterzuholen, das Sirih-Blatt wurde in Bündel gerollt und jeder Mann füllte seinen Tabaksbeutel und seine Kalkbüchse bis an den Rand, um während der Reise nicht Mangel zu leiden an Stoff zum Kauen des erfrischenden Betel. Und die Vorräte wurden einen Tag vorauf gesendet. Am Tage aber vor dem zum Aufbruch bestimmten kamen alle Häuptlinge, sowohl große als kleine, nach Mataram, der Behausung des Königs, mit ihren Pferden und ihren Dienern und den Trägern ihrer Sirih-Büchsen und ihren Schlafmatten und Mundvorräten. Und sie lagerten unter den hohen Waringi-Bäumen, welche alle Straßen um Mataram beschatten, und verscheuchten mit lodernden Flammen die Dämonen und bösen Geister, welche nächtlich die düsteren Alleen besuchen.

Am Morgen nun wurde eine große Prozession gestellt, um den Rajah auf den Berg zu geleiten. Und die königlichen Prinzen und Verwandten des Rajah bestiegen ihre schwarzen Pferde, deren Schwänze den Boden fegten; sie brauchten keine Sättel und Steigbügel, sondern saßen auf hellen farbigen Decken; die Gebisse waren von Silber und die Zügel von vielfarbigen Bändern. Das weniger gewichtige Volk ritt auf kleinen, starken, für Gebirgstouren sehr passenden Pferden von verschiedenen Farben, und alle (selbst der Rajah) waren nacktbeinig bis an die Knie, nur mit der hellfarbigen wollenen Leibbinde, einer seidenen oder baumwollenen Jacke und einem großen Tuche, das geschmackvoll um den Kopf geschlungen war, bekleidet. Einen jeden begleiteten ein oder zwei Diener, welche Sirih-

und Betel-Büchsen trugen und auch auf Ponies ritten; und eine große Anzahl Leute waren vorauf gegangen oder warteten, um den Nachtrupp zu bilden. Die Männer von Ansehen zählten nach Hunderten und ihr Gefolge nach Tausenden, und die ganze Insel war gespannt, was daraus werden würde.

Die ersten zwei Tage ging es gute Straßen entlang und durch viele Dörfer, welche rein gefegt waren und wo helle Tücher aus den Fenstern wehten; und alles Volk kauerte respektvoll auf den Boden nieder, als der Rajah kam, und jeder berittene Mann stieg ab und kauerte auch nieder und viele schlossen sich in jedem Dorfe der Prozession an. An dem Orte, wo sie die Nacht blieben, hatten die Leute an jeder Seite der Straße vor den Häusern Pfähle aufgestellt. Diese waren an der Spitze quer gespalten und kleine Lampen aus Ton hingen daran und dazwischen waren grüne Blätter von Palmbäumen angebracht, welche vom Abendtau tropfend hübsch in den vielen funkelnden Lichtern erglänzten. Und wenige gingen in jener Nacht vor dem hereinbrechenden Morgen zu Bette, denn jedes Haus barg eine Gesellschaft emsiger Erzähler und viel Betelnuß wurde konsumiert und endlos waren die Vermutungen, was wohl daraus werden würde.

Am zweiten Tage ließen sie das letzte Dorf hinter sich und betraten die wilde Gegend, welche den großen Berg umgibt, und blieben in den Hütten, welche für sie an den Ufern eines Stromes mit kaltem und sprühendem Wasser gebaut worden waren. Und des Rajahs Jäger, bewaffnet mit langen und schweren Büchsen, gingen auf die Jagd nach Hirschen und wilden Ochsen in dem angrenzenden Gehölz und brachten früh Morgens Fleisch von beiden heim und sandten es vorauf, um es zum Mittagsmahle zu bereiten. Am dritten Tage kamen sie so weit als die Pferde gehen konnten und lagerten an dem Fuße hoher Felsen, zwischen denen nur enge Fußwege angelegt werden konnten, um die Bergesspitze zu erreichen. Und am vierten Morgen, als der Rajah aufbrach, war er nur von einer kleinen Anzahl Priester und Prinzen mit ihrem nötigsten Gefolge begleitet; und sie schlichen sich mühsam den rauhen Pfad hinauf und wurden oft von ihren Dienern getragen, bis sie jenseits der großen Bäume in das dornige Gebüsch kamen und dann den schwarzen und verbrannten Felsen auf dem höchsten Teile des Berges betraten.

Und als sie dem Gipfel nahe waren, befahl der Rajah ihnen allen, Halt zu machen, während er allein den großen Geist auf der höchsten Spitze des Berges treffen wollte. So ging er nur mit zwei Knaben weiter, welche seinen Sirih und Betel trugen, und erreichte bald die Spitze des Berges zwischen den großen Felsen an dem Rande des tiefen Schlundes, aus dessen Rachen fortwährend Rauch und Dämpfe aufstiegen. Und der Rajah befahl Sirih und hieß die Knaben unter einem Felsen niedersitzen und den Berg hinabsehen und nicht sich rühren, bis er zu ihnen zurückkehre. Und da sie müde waren und die Sonne warm und angenehm schien und der Felsen sie vor dem kalten Winde schützte, so schliefen die Knaben ein. Und der Rajah ging noch etwas weiter, unter einen anderen Felsen; und auch er war müde und die Sonne schien warm und angenehm und er schlief auch ein.

Und die, welche auf den Rajah warteten, fanden, daß er lange Zeit auf der Spitze des Berges bliebe, und meinten, der große Geist müsse viel zu sagen haben oder möchte ihn vielleicht für immer auf dem Berge behalten oder der Rajah habe vielleicht beim Herabsteigen den Weg verfehlt. Und sie debattierten noch, ob sie sich aufmachen sollten, um ihn zu suchen, als sie ihn mit den beiden Knaben herabkommen sahen. Und als er zu ihnen stieß, blickte er sehr ernst, aber sagte nichts; und dann stiegen alle zusammen hinab und die Prozession kehrte zurück wie sie gekommen, und der Rajah ging in seinen Palast und die Häuptlinge in ihre Dörfer und das Volk in seine Häuser, um ihren Weibern und Kindern alles zu erzählen, was sich ereignet hatte, und wieder in Spannung zu harren, was wohl daraus werden möge.

Und drei Tage darauf berief der Rajah die Priester und Prinzen und Häuptlinge von Mataram, auf daß sie vernähmen, was der große Geist ihm auf dem Bergesgipfel gesagt habe. Und als sie alle versammelt und Betel und Sirih rundgegangen waren, erzählte er ihnen, was sich ereignet. Auf dem Bergesgipfel sei er in Verzückung gesunken und der große Geist sei ihm erschienen mit einem Gesicht wie glänzendes Gold und habe gesagt: »O Rajah! viel Plage und Krankheit und Fieber wird über die ganze Erde kommen, über Männer und Pferde und über das Vieh; aber da du und dein Volk mir gehorcht, und da ihr auf meinen großen Berg gekommen seid, so will ich euch lehren, wie ihr, du und das ganze Volk von Lombok, dieser Plage entgehen könnt.« Und alle warteten gespannt zu vernehmen, wie sie von einer so fürchterlichen Plage gerettet werden sollten. Und nach einem kurzen Schweigen sprach der Rajah wieder und sagte – daß der große Geist befohlen habe, zwölf heilige Krisse anzufertigen und daß zu ihrer Anfertigung jedes Dorf und jeder Distrikt ein Bund Nadeln senden müsse – *eine* Nadel für jeden Kopf in dem Dorfe. Und wenn eine ernste Krankheit in dem Dorfe sich zeige, so müsse eins der heiligen Krisse dorthin gesandt werden; und wenn jedes Haus in jenem Dorfe die rechte Zahl von Nadeln gesandt hätte, so würde die Krankheit sofort schwinden; aber wenn die Zahl der gesandten Nadeln nicht genau richtig wäre, so würde das Kris keine Gewalt haben.

Es sendeten nun die Fürsten und Häuptlinge in alle ihre Dörfer die Botschaft von dieser wunderbaren Neuigkeit; und alle beeilten sich, die Nadeln mit der größten Genauigkeit zu sammeln, denn sie fürchteten, daß wenn nur *eine* fehle, das ganze Dorf leiden würde. So brachten Ein bei

Ein die Häuptlinge der Dörfer ihre Nadelbunde; die Mataram nahe wohnten, kamen zuerst, die entfernteren später; und der Rajah nahm sie eigenhändig in Empfang und legte sie sorgsam in eines der inneren Gemächer in einen Kasten von Kampherholz, dessen Schloß und Scharnier von Silber waren; und auf jedes Bund wurde der Name des Dorfes und Distriktes, von wo es gekommen, geschrieben, auf daß man wisse, ob alle die Befehle des großen Geistes vernommen und ihnen gehorcht hätten.

Und als es ganz sicher war, daß jedes Dorf seine Bunde gesandt hatte, teilte der Rajah die Nadeln in zwölf gleiche Teile und beorderte die besten Stahlarbeiter in Mataram mit ihren Schmieden und Blasebälgen und Hämmern in den Palast, um die zwölf Krisse unter den Augen des Rajah und in Gegenwart aller Leute, welche es sehen wollten, anzufertigen. Und als sie geschmiedet waren, wurden sie in neue Seide eingehüllt und sorgfältig weggelegt, bis man sie brauchen sollte.

Es war nun die Reise auf den Berg in der Zeit des Ostwindes, bei dem kein Regen auf Lombok fällt, unternommen. Und bald nach Anfertigung der Krisse kam die Zeit der Reisernte heran, und die Häupter der Distrikte und Dörfer brachten dem Rajah ihre Abgaben, der Kopfzahl ihres Dorfes entsprechend. Und dort, wo nur wenig an der vollen Zahl fehlte, sagte der Rajah nichts; aber zu denen, welche nur die Hälfte oder ein Viertel von dem brachten, was sie eigentlich bringen sollten, sagte er milde: »Die Nadeln, welche Du aus Deinem Dorfe gebracht hast, waren viel zahlreicher, als die aus dem Dorfe jenes andern, und doch ist Dein Tribut geringer als seiner; geh' hin und sieh', wer seine Taxe nicht entrichtet hat.« Und im nächsten Jahre wuchs der Ertrag der Taxe bedeutend, denn sie fürchteten, der Rajah möchte gerechterweise diejenigen töten, welche ein zweites Mal den rechten Tribut zurückbehielten. Und so wurde der Rajah sehr reich und vermehrte die Zahl seiner Soldaten und schenkte seinen Frauen Gold und Juwelen und kaufte schöne schwarze Pferde von den bleichen Holländern und gab große Feste bei der Geburt und Verheiratung seiner Kinder; und keiner der Rajahs oder Sultane der Malayen war so groß oder so mächtig wie der Rajah von Lombok.

Und die zwölf heiligen Krisse hatten große Macht. Wenn eine Krankheit in einem Dorfe ausbrach, wurde eines hingesendet; und manchmal schwand die Krankheit, und dann wurde das Kris mit großen Ehrenbezeugungen zurückgetragen und der Häuptling des Dorfes erzählte dem Rajah von seiner wunderbaren Macht und dankte es ihm. Und manchmal schwand die Krankheit nicht; dann war ein Jeglicher überzeugt, daß in der Zahl der Nadeln, die aus dem Dorfe gesandt worden, ein Irrtum vorgefallen sei und daß daher das heilige Kris seine Wirkung nicht habe, und es wurde mit schwerem Herzen von den Häuptlingen zurückgetragen, aber stets doch mit den gebührenden Ehrenbezeugungen – denn war es nicht ihre eigene Schuld?

TIMOR – INSEL DES OSTENS

Die Insel Timor ist etwa dreihundert Meilen lang und sechzig breit und scheint das Ende der großen Reihe von vulkanischen Inseln zu bilden, welche mit Sumatra mehr als zweitausend Meilen nach Westen beginnt. Sie unterscheidet sich jedoch in bemerkenswertem Grade von allen anderen Inseln der Kette, indem sie keine aktiven Vulkane besitzt mit einziger Ausnahme des Timor-Gipfels, nahe der Mitte der Insel, welcher früher tätig war, aber bei einer Eruption im Jahre 1638 auseinander gesprengt wurde und seitdem ruhig geblieben ist. In keinem andern Teile von Timor kommen irgendwelche vulkanische Gesteine vor, so daß man diese Insel kaum als eine vulkanische bezeichnen kann. In der Tat ist ihre Lage gerade außerhalb des großen Vulkangürtels, welcher sich von Floris durch Ombai und Wetta nach Banda hinzieht.

Ich besuchte Timor zuerst im Jahre 1857, blieb einen Tag in Kupang, der größten holländischen Stadt am Westende der Insel, und dann im Mai 1859, als ich mich vierzehn Tage in ihrer Nachbarschaft aufhielt. Im Frühling 1861 verbrachte ich vier Monate in Dehli, der Hauptstadt der portugiesischen Besitzungen im östlichen Teile der Insel.

Die ganze Umgegend von Kupang scheint zu einer spätern Zeit erst gehoben worden zu sein; sie besteht aus einer rauhen Oberfläche von Korallenfelsen, welche in einer vertikalen Wand zwischen dem Ufer und der Stadt aufsteigen, deren niedrige weiße Häuser mit roten Ziegeldächern ihr ein den andern holländischen Ansiedelungen des Ostens sehr ähnliches Aussehen geben. Die Vegetation ist überall arm und strauchig. Pflanzen aus den Familien Apocynaceen und Euphorbiaceen kommen zahlreich vor, aber man kann es nirgend einen Wald nennen; die ganze Gegend hat ein ausgedörrtes und trauriges Aussehen und steht in schroffem Gegensatze zu den hohen Waldbäumen und dem perennierenden Grün der Molukken oder von Singapur. Am meisten in die Augen springend war die Menge von fächerblättrigen Palmen (Borassus flabelliformis), von deren Blättern die allgemein gebrauchten starken und haltbaren Wasserbehälter gemacht werden und welche weit vortrefflicher sind, als die aus irgendeiner andern Palmenart. Von demselben Baume werden Palmwein und Zucker bereitet, und die gewöhnliche Bedachung der Häuser mit den Blättern desselben hält sich sechs bis sieben Jahre. Nahe der Stadt bemerkte ich die Grundmauern eines zerstörten Hauses unter der Hochwasserlinie, was ein neuerdings stattfindendes Sinken beweist. Erdbeben sind hier nicht stark und so selten und harmlos, daß die Hauptgebäude aus Stein gebaut sind.

Die Einwohner Kupangs sind Malayen, Chinesen und Holländer neben den Eingeborenen, so daß viele sonderbare und komplizierte Mischlingsformen unter der Bevölkerung vorhanden sind. *Ein* englischer Kaufmann wohnt dort, und Walfischfahrer sowohl als auch australische Schiffe kommen, um Vorrat und Wasser einzunehmen hin. Die eingeborenen Timoresen wiegen vor, und eine oberflächliche Beobachtung genügt schon, um darzutun, daß sie mit Malayen nichts gemein haben, sondern den echten Papuas der Aru-Inseln und Neu-Guineas viel näher verwandt sind. Sie sind groß, haben ausgesprochene Gesichtszüge, starke etwas adlerartige Nasen und krauses Haar und im allgemeinen eine dunkelbraune Farbe. Die Art, wie die Frauen untereinander und mit den Männern sprechen, ihre lauten Stimmen und ihr Gelächter und der allgemeine Zug von Selbstbewußtsein würde einen erfahrenen Beobachter schon bestimmen, selbst ohne daß er sie sieht, sie nicht für Malayen zu halten.

Herr Arndt, ein Deutscher und der von der Regierung angestellte Arzt, lud mich ein, in seinem Hause zu wohnen, solange ich in Kupang weilte, und ich nahm dieses Anerbieten freudig an, da ich nur einen kurzen Besuch zu machen gedachte. Wir sprachen zuerst französisch miteinander, aber er wurde so schlecht damit fertig, daß wir bald unmerklich ins Malayische übergingen; und wir hielten später lange Diskussionen über Literatur, Wissenschaft und philosophische Fragen in jener halbbarbarischen Sprache, deren Unzulänglichkeit wir durch den freien Gebrauch französischer und lateinischer Wörter hoben.

Auf einigen Spaziergängen in der Umgegend der Stadt fand ich so wenig Insekten und Vögel, daß ich beschloß, auf einige Tage nach der Insel Samao, an dem westlichen Ende von Timor, zu gehen, wo Waldland mit Vögeln, die in Ku-

pang nicht vorkommen, sein sollte. Mit einiger Schwierigkeit erhielt ich zur Überfahrt – eine Entfernung von etwa
zwanzig Meilen – ein großes ausgehöhltes Boot mit Auslegern. Ich fand das Land sehr hübsch bewaldet, aber mehr
mit Gestrüpp und dornigem Gebüsch als mit Waldbäumen
bedeckt, und überall sehr ausgedörrt und vertrocknet durch
die lang andauernde trockene Jahreszeit.

Ich blieb vier Tage in dem Dorfe Olassa und kehrte
dann, da ich gar keine Insekten und nur sehr wenig neue
Vögel fand, nach Kupang zurück, um das nächste Postdampfschiff zu erwarten.

Das Postdampfschiff kam erst nach einer Woche an; ich
beschäftigte mich damit, so viel Vögel als möglich zu erhalten, und fand einige von hohem Interesse. Darunter fünf
Taubenarten aus ebenso vielen Gattungen und die meisten
derselben der Insel eigentümlich; zwei Papageien – der
schöne rotbeschwingte Breitschwanz (Platycercus vulnera-
tus), einer australischen Art verwandt, und eine grüne Art
der Gattung Geoffroyus. Der Tropidorhynchus timorensis
war ebenso überall zu finden und ebenso lärmend wie ich
ihn auf Lombok angetroffen hatte; und der Sphaecothera
viridis, ein seltener grüner Pirol, um die Augen nackt und
rot, war eine große Errungenschaft. Es waren darunter ferner mehrere hübsche Finken, Buschsänger und Fliegenfänger und dabei der elegante blaue und rote Cyornis hya-
cinthina.

In Samao gibt es viele Affen. Es sind gewöhnliche Hasen-
schart-Affen (Macacus cynomolgus), welche über alle westlichen Inseln des Archipels verbreitet gefunden werden und
die von den Eingeborenen, welche sie oft gefangen bei sich
haben, eingeführt worden sein mögen.

Ich kam in Dehli, der Hauptstadt der portugiesischen Besitzungen auf Timor, am 12. Januar 1861 an und wurde
von Kapitän Hart freundlich aufgenommen, einem Engländer, der seit langem dort ansässig ist, mit den Produk-

ten des Landes Handel treibt und auf einer Plantage am Fuße der Hügel Kaffee baut.

Dehli ist ein höchst elender Ort, selbst mit den ärmsten der holländischen Städte verglichen. Die Häuser sind alle von Schlamm und mit Stroh gedeckt; das Fort ist nur eine Schlammumzäunung, und das Zollhaus und die Kirche sind von demselben gemeinen Baustoffe, ohne irgendeinen Versuch zu Verzierungen oder zur Reinlichkeit. Das ganze Aussehen des Ortes ist das einer armen inländischen Stadt, und rund herum gibt es kein Zeichen der Kultur oder der Zivilisation. Sr. Exzellenz des Gouverneurs Haus ist das einzige, welches einen Anspruch auf Äußeres macht, und es ist doch nur eine niedrige geweißte Hütte wie ein inländisches Sommerhaus.

Die Stadt, eine Strecke weit von Sümpfen und Schlammflächen umgeben, ist sehr ungesund, und eine einzige Nacht zieht Neuangekommenen oft Fieber zu, das nicht selten verderbenbringend ist. Um dieser Malaria zu entgehen, schlief Kapitän Hart stets auf seiner Plantage, auf einer kleinen Anhöhe etwa zwei Meilen von der Stadt.

Die ersten paar Wochen befand ich mich sehr schlecht und konnte mich nicht weit vom Hause entfernen. Das Land war von niedrigem, dornigem Gestrüpp und von Akazien bedeckt, außer in einem kleinen Tale, wo ein Bach von den Hügeln herabfloß und einige schöne Bäume und Büsche das Wasser beschatteten; es war ein sehr angenehmer Ort zum Spazierengehen. Es gab dort viele Vögel und eine Reihe verschiedener Arten, aber sehr wenig hellgefärbte. In der Tat waren mit einer oder zwei Ausnahmen die Vögel dieser tropischen Insel kaum so bunt wie die von Großbritannien. Käfer gab es so wenige, daß ein Sammler leicht sagen könnte, es gäbe gar keine, da die wenigen dunklen und uninteressanten Arten das Suchen nicht verlohnen. Die einzigen überhaupt bemerkenswerten oder interessanten Insekten waren die Schmetterlinge, welche, wenn auch verhältnismäßig gering an Artenzahl, so doch in genügender Menge vorhanden waren, und darunter ein großer Teil neue und seltene. Die Ufer des Baches bildeten meine besten Sammelgründe, und ich wanderte täglich sein schattiges Bett hinauf und hinunter, welches etwa eine Meile aufwärts felsig und jäh wurde. Hier erhielt ich die seltenen und schönen schwalbenschwänzigen Schmetterlinge Papilio acnomaus und P. liris.

Anfang Februar trafen wir Vorbereitungen, um uns eine Woche in einem Dorfe namens Baliba aufzuhalten, das etwa vier Meilen entfernt im Gebirge und zweitausend Fuß hoch liegt. Wir packten unsere Sachen und einen Vorrat von allem Nötigen auf Pferde, aber obgleich die Entfernung auf dem Wege, den wir wählten, nicht mehr als sechs bis sieben Meilen betrug, so brauchten wir doch einen halben Tag, um hinzukommen. Die Straßen bestanden in nichts als in Spuren, manchmal steile felsige Treppen hinauf, manchmal in schmalen Rinnen, die von den Hufen der Pferde ausgehöhlt und so eng waren, daß wir unsere Beine auf den Hals der Tiere hinaufziehen mußten, um nicht gequetscht zu werden. An einigen Orten mußte man das Gepäck abladen, an andern wurde es herabgeworfen. Manchmal war das Hinauf- oder Hinabsteigen so steil, daß man besser tat, zu Fuß zu wandern, als sich an den Rücken der Ponies anzuklammern; und so ging es Berg auf und Berg ab über nackte Hügel, deren Oberfläche mit kleinen Kieseln bedeckt war und auf denen Eukalypten zerstreut standen; es erinnerte mich die Szenerie mehr an das, was ich von einigen Teilen im Innern von Australien gelesen hatte, als an den malayischen Archipel.

Das Dorf bestand nur aus drei Häusern mit niedrigen, einige Fuß hoch auf Pfählen stehenden Wänden und sehr hohen, mit Gras bedeckten Dächern, das inwendig bis zwei oder drei Fuß vom Boden herabhing. Ein unvollendetes und hinten halb offenes Haus wurde uns zum Gebrauche überlassen, und dieses staffierten wir mit einem Tische, einigen Bänken und einem Vorhange aus, während ein innerer abgeschlossener Raum uns als Schlafzimmer diente. Wir genossen eine herrliche Aussicht auf Dehli und die See jenseits. Die Umgegend war wellig und offen außer in den Vertiefungen, wo einige Strecken Waldes vorkamen, welcher, wie Herr Geach, der den ganzen östlichen Teil von Timor kannte, mir versicherte, der üppigste war, welchen er noch auf der Insel gesehen. Ich durfte also hoffen, dort einige Insekten zu finden, aber ich wurde sehr enttäuscht, wahrscheinlich in Folge der Feuchtigkeit des Klimas; denn erst wenn die Sonne sehr hoch stand, klärten sich die Nebel auf, und Mittags schon war es gewöhnlich wieder bewölkt, so daß selten mehr als ein bis zwei Stunden unbeständiger Sonnenschein herrschte. Wir suchten nach allen Richtungen hin Vögel und andere Jagd, aber sie war sehr spärlich.

Das gewöhnliche Dschungelhuhn von Indien (Gallus bankiva) kam hier vor und gab uns manchmal einen leckeren Bissen; aber Wild konnten wir nicht erhalten. Kartoffeln wachsen den Berg höher hinauf in Menge und sind sehr gut. Jeden zweiten Tag ließen wir ein Schaf schlachten und verzehrten unseren Braten mit vielem Appetit in dem kalten Klima, in welchem ein Feuer stets angenehm war.

Obgleich die Hälfte der europäischen Einwohner von Dehli beständig fieberkrank liegt und die Portugiesen den Ort seit drei Jahrhunderten inne haben, so hat doch noch niemand sich ein Haus auf diesen schönen Hügeln gebaut, welche, auf einer guten Straße, nur etwa eine Stunde zu reiten von der Stadt entfernt liegen; und fast ebenso gute Plätze könnten auch tiefer gefunden werden, nur eine halbe Stunde entfernt. Die Tatsache, daß Kartoffeln und Weizen von vortrefflicher Qualität und Fülle in einer Höhe von 3000 bis 3500 Fuß wachsen, zeigt, was Klima und Boden leisten würden, wenn man passende Kulturen anlegte. Auf einer Höhe von ein- bis zweitausend Fuß würde Kaffee gedeihen; und Hunderte von Quadratmeilen Land sind vorhanden, auf denen alle die verschiedenen Produkte, welche ein Klima *zwischen* dem für Kaffee und Weizen erforderlichen benötigen, vortrefflich fortkommen würden; aber nicht ein Versuch ist bis jetzt gemacht worden, eine einzige Meile weit eine Straße anzulegen oder einen einzigen Acker zu bepflanzen!

Es muß in dem Klima von Timor etwas sehr ungewöhnliches liegen, daß es Weizen in einer so geringen Erhebung zu wachsen gestattet. Das Korn ist von vortrefflicher Beschaffenheit; das Brot, das daraus bereitet wird, kommt dem besten gleich, das ich je gegessen habe, und es ist allgemein anerkannt, daß es nicht übertroffen wird von irgendwelchem, aus importiertem europäischem oder amerikanischem feinem Weizenmehl gebackenen. Die Tatsache, daß die Eingeborenen (gänzlich aus eigenem Antriebe) zum Anbau so fremde Artikel wie Weizen und Kartoffeln gewählt haben, welche sie in kleinen Mengen auf den Rücken der Ponies auf den fürchterlichsten Bergwegen hinunterbringen und sehr billig an der See verkaufen, beweist zur Genüge, was geschehen könnte, wenn gute Straßen angelegt und das Volk belehrt, ermutigt und beschützt würde. Schafe kommen ebenfalls gut auf den Bergen fort; und eine Zucht starker Ponies, die über den ganzen Archipel in gutem Rufe stehen, treibt sich dort wild umher, so daß es den Anschein hat, als ob dieses Land, welches so unfruchtbar aussieht und die gewöhnlichen Züge einer tropischen Vegetation nicht besitzt, doch speziell dazu geeignet wäre, eine Menge von Produkten zu ziehen, welche für den Europäer wesentlich sind, welche die anderen Inseln nicht produzieren und welche sie demgemäß von der anderen Seite der Erdkugel importieren.

Die Bergbewohner von Timor sind ein Volk vom Papua-Typus, mit ziemlich schlanken Formen, buschigem krausem Haar und dunkelbrauner Hautfarbe. Sie haben die lange

Nase mit überhängender Spitze, welche für die Papuas so charakteristisch und unter den Rassen von malayischem Ursprung absolut unbekannt ist. An der Küste findet man viel Beimischung von einigen malayischen Rassen und vielleicht auch von Hindus und Portugiesen. Die Statur ist hier im allgemeinen kleiner, das Haar wollig, statt kraus und die Gesichtsbildung weniger ausgezeichnet. Die Häuser werden auf dem Boden erbaut, während die Hochländer sie auf Pfähle drei bis vier Fuß hoch stellen. Die gewöhnliche Bekleidung ist ein langes um den Leib geschlungenes und bis auf die Knie herabhängendes Tuch, wie Abbildungen, die nach einer Photographie angefertigt sind, zeigen. Beide Männer tragen den National-Sonnenschirm, der aus einem ganzen fächerigen Palmblatte gemacht ist, sorgfältig an der Falte jedes Blättchens geheftet, um das Auseinandersplittern zu verhindern. Dieser wird geöffnet und schräg über den Kopf und Rücken gehalten, wenn es regnet. Die kleine Wasserschale ist aus einem ganzen ungeöffneten Blatte derselben Palme verfertigt, und der bedeckte Bambusbehälter enthält wahrscheinlich Honig zum Verkauf. Sie tragen gewöhnlich einen seltsamen Quersack, der aus einem Quadrat starkgewebten Zeuges besteht, dessen vier Ecken mit Stricken aneinandergebunden und oft sehr mit Perlen und Quästen verziert sind. An das Haus gelehnt hinter der Figur zur Rechten stehen Bambusen, welche statt der Wasserkrüge gebraucht werden. Die Timoresen sind im allgemeinen große Diebe, aber sie sind nicht blutdürstig. Sie kämpfen beständig untereinander und nehmen jede Gelegenheit wahr, um unbeschützte Leute anderer Stämme als Sklaven wegzuschleppen; aber Europäer können überall sicher durch das Land reisen. Außer einigen Mischlingen in der Stadt gibt es auf der Insel Timor keine eingeborenen Christen. Das Volk bewahrt in großem Maße seine Unabhängigkeit und hegt eine Abneigung gegen seine scheinbaren Herrscher, ja verachtet sie, sowohl Holländer als auch Portugiesen.

Die portugiesische Regierung auf Timor ist eine höchst miserable. Niemand scheint sich im geringsten um die Verbesserung des Landes zu kümmern, und bis auf den heutigen Tag, nach dreihundertjährigem Besitze, ist noch nicht *eine* Meile Straße jenseits der Stadt angelegt und im Innern ist nirgend ein alleinstehender Europäer ansässig. Alle Regierungsbeamten bedrücken und berauben die Eingeborenen, so viel sie nur können, und doch ist gar keine Sorge getragen, die Stadt verteidigen zu können, falls die Timoresen es versuchen sollten sie anzugreifen. Die Offiziere des Militärs sind so unwissend, daß z. B., als sie einen kleinen Mörser und einige Bomben erhielten, niemand gefunden werden konnte, der sie zu gebrauchen wußte; und bei einem Aufstande der Eingeborenen (als ich in Dehli war) wurde der Offizier, der es erwartete, gegen die Insurgenten geschickt zu werden, sofort krank, und man gestattete diesen, von einem wichtigen Passe, drei Meilen von der Stadt, Besitz zu ergreifen, wo sie sich gegen die zehnfache Zahl verteidigen konnten. Infolge dessen wurden keine Provisionen von den Hügeln herabgebracht, eine Hungersnot drohte und der Gouverneur mußte den holländischen Gouverneur von Amboina um Proviant bitten.

In seinem gegenwärtigen Zustande gereicht Timor seinen holländischen und portugiesischen Beherrschern mehr zur Unruhe als zum Vorteil, und das wird so weitergehen, bis man ein anderes System einschlägt. Einige wenige gute Straßen nach den höherliegenden Distrikten des Innern, eine friedliche Polizei, genaue Rechtspflege den Eingeborenen gegenüber und die Einführung eines guten Kultursystems wie in Java und Nord-Celebes könnte Timor zu einem produktiven und wertvollen Lande machen. Reis gedeiht gut auf den morastigen Niederungen, welche oft die Küste umgeben, Mais wächst auf allen Marschen und ist die gewöhnliche Nahrung der Eingeborenen, wie es zu den Zeiten Dampiers im Jahre 1699 war, als er die Insel besuchte. Die kleine Menge Kaffee, welche jetzt angebaut wird, ist von sehr vortrefflicher Qualität, und man könnte den Anbau bis zu jedem Belaufe steigern. Schafe kommen fort und würden als frische Nahrung für Walfischfänger und um die anliegenden Inseln mit Fleisch zu versehen, stets wertvoll sein, wenn nicht schon wegen der Wolle; auch ist es wahrscheinlich, daß dieses Produkt im Gebirge bald durch verständige Zuchten erhalten werden könnte. Pferde kommen erstaunlich gut fort; und es könnte genug Weizen wachsen, um den ganzen Archipel damit zu versorgen, wenn die Eingeborenen genügend angeregt werden würden, ihre Pflanzungen auszudehnen, und wenn es gute Straßen gäbe, um ihn billig an die Küste zu schaffen. Unter einem solchen Systeme würden die Eingeborenen bald einsehen, daß eine europäische Regierung für sie vorteilhaft wäre. Sie würden anfangen Geld zu sparen und mit der Sicherung des Eigentums schnell neue Bedürfnisse und einen neuen Geschmack sich aneignen und viel europäische Waren konsumieren. Dieses würde für ihre Beherrscher eine weit sicherere Einnahmequelle sein als Abgaben und Erpressungen und würde zu gleicher Zeit wahrscheinlicher zum Frieden und Gehorsam führen, als diese militärische Spottherrschaft, die sich bis jetzt höchst unwirksam gezeigt hat. Um ein solches System aber einzuführen, dazu gehörte eine sofortige Kapitalanlage, welcher weder Holländer noch Portugiesen geneigt zu sein scheinen – und eine Anzahl ehrlicher und energischer Beamten, welche die letztgenannte Nation wenigstens nicht imstande zu sein scheint hervorzubringen; und so muß man sehr fürchten, daß Timor viele Jahre noch in seinem gegenwärtigen Zustande der immerwährenden Aufstände und der Mißregierung bleiben wird.

Neben Ponies sind fast die einzigen Exportartikel Timors Sandelholz und Bienenwachs. Das Sandelholz (Santalum sp.) ist das Produkt eines kleinen Baumes, der spärlich auf den Bergen Timors und auf vielen der anderen Inseln des Fernen Ostens wächst. Das Holz ist von schöner gelber Farbe und besitzt den wohlbekannten köstlichen Wohlgeruch, der wunderbar lange haftet. Es wird nach Dehli in kleinen Klötzen herabgebracht und hauptsächlich nach China exportiert, wo man es viel zum Verbrennen in den Tempeln und den Häusern der Reichen gebraucht.

Das Bienenwachs ist ein noch wichtigeres und wertvolleres, von den wilden Bienen (Apis dorsata) bereitetes Produkt; sie bauen ungeheure Wachsscheiben und hängen sie frei in die Luft an die Unterseite hoher Zweige der größten Bäume. Sie sind von halbkreisförmiger Gestalt und oft drei bis vier Fuß im Durchmesser. Ich sah einmal die Eingeborenen ein Bienennest ausnehmen; es war höchst interessant zu beobachten. In dem Tale, in welchem ich Insekten zu sammeln pflegte, sah ich eines Tages drei oder vier timoresische Männer und Knaben unter einem hohen Baum, und beim Hinaufschauen bemerkte ich auf einem sehr hohen horizontalen Aste drei große Honigscheiben. Der Baum war gerade und glattrindig und ohne einen Ast bis zu siebzig oder achtzig Fuß von der Erde, wo er einen Zweig ausschickte, den die Bienen für ihr Haus gewählt hatten. Da die Männer augenscheinlich nach den Bienen sahen, so wartete ich, um ihr Verfahren zu beobachten. Einer von ihnen holte zuerst ein langes Holzstück hervor, anscheinend der Stamm eines kleinen Baumes oder einer Schlingpflanze, den er mitgebracht hatte, und begann ihn nach verschiedenen Richtungen hin zu zersplittern; er zeigte sich sehr zäh und faserig, dann wurde er in Palmblätter gewickelt und diese durch Herumbinden eines biegsamen Schlinggewächses befestigt. Der Mann band sich nun sein Gewand fest um die Lenden, nahm noch ein anderes Tuch hervor, schlang es sich um Kopf, Nacken und Körper und heftete es fest um seinen Nacken; Gesicht, Arme und Beine blieben vollkommen unbedeckt. An seinen Gürtel geschlungen trug er ein langes dünnes rundgelegtes Tau; während er diese Vorbereitungen traf, hatte einer seiner Begleiter ein starkes acht bis zehn Ellen langes Schlinggewächs oder Buschtau abgeschnitten, an dessen oberes Ende die Holzfackel befestigt und am untern Ende angezündet wurde; sie schickte eine starke Rauchsäule empor. Gerade über der Fackel war an einem kurzen Seil ein Hackmesser befestigt.

Der Bienenjäger erfaßte nun das Buschtau gerade über der Fackel und legte das andere Ende um den Stamm des Baumes, *ein* Ende in jeder Hand haltend. Indem er es dann ein wenig über seinen Kopf den Baum hinaufschnellte, setzte er seinen Fuß gegen den Stamm und fing zurückgelehnt an hinaufzusteigen. Es war wunderbar, das Geschick zu sehen, mit welchem er von der leisesten Unregelmäßigkeit der Rinde oder Schiefheit des Stammes Vorteil zog, um sich im Hinaufsteigen zu unterstützen, indem er die steife Ranke ein paar Fuß höher hinaufschnellte, wenn er für seinen nackten Fuß einen festen Halt gefunden hatte. Es machte mich fast schwindelig zu sehen, wie schnell er hinaufklomm – dreißig, vierzig, fünfzig Fuß über dem Boden, und ich war gespannt auf die Art, wie er über die nächsten paar Fuß des geraden glatten Stammes kommen würde. Aber er ging noch weiter mit so viel Kaltblütigkeit und anscheinender Sicherheit, als ob er eine Leiter hinaufstiege, bis er auf zehn oder fünfzehn Fuß den Bienen nahe war. Dann hielt er einen Augenblick inne und ließ die Fackel (welche gerade an seinen Füßen hing) ein wenig gegen diese gefährlichen Insekten schwingen, so daß der Rauch zwischen ihm und ihnen aufstieg. Er ging immer vorwärts, nach einer Minute befand er sich unter dem Ast und gelangte auf diesen in einer mir ganz unverständlichen Weise, da ich doch sah, daß beide Hände durch das Stützen auf die Ranke in Anspruch genommen waren, die er handhabte um hinaufzukommen.

Jetzt fingen die Bienen an, unruhig zu werden und bildeten einen dichten summenden Schwarm gerade über ihm, aber er brachte die Fackel sich näher und bürstete kaltblütig die, welche sich auf seine Arme und Beine gesetzt hatten, weg; dann streckte er sich den Ast entlang, kroch bis an die nächste Honigscheibe und schwang die Fackel gerade darunter. Im Moment als der Rauch sie berührte, veränderte sich ihre Farbe in einer sehr sonderbaren Weise von schwarz in weiß, daß die Myriaden von Bienen, welche sie bedeckten, fortflogen und eine dichte Wolke darüber und rund herum bildeten. Der Mann lag nun in voller Länge auf dem Ast und streifte die zurückbleibenden Bienen mit der Hand fort, zog sein Messer, schnitt die Honigscheibe dicht an dem Baume ab, befestigte das dünne Seil daran und ließ es seinem Begleiter unten herab. Er war die ganze Zeit in einen Haufen wütender Bienen eingehüllt, und es überschritt meine Fassungskraft, wie er ihre Stiche so kaltblütig ertragen und so umsichtig in dieser schwindelnden Höhe seine Arbeit verfolgen konnte. Die Bienen waren augenscheinlich von dem Rauche nicht betäubt und wurden auch nicht weit davon weggetrieben; es war auch unmöglich, daß die kleine Rauchsäule von der Fackel seinen ganzen Körper bei der Arbeit schützen konnte. Es hingen noch drei andere Scheiben an demselben Baum und alle wurden nacheinander heruntergenommen und versorgten die ganze Gesellschaft mit einem köstlichen Mahle von Honig und jungen Bienen und mit einer wertvollen Partie Wachs.

Nachdem zwei der Scheiben heruntergelassen waren, wurden die Bienen unten etwas zahlreich; sie flogen wild umher und stachen sehr unangenehm. Mehrere kamen in meine Nähe, und ich war bald gestochen und lief fort, indem ich sie mit meinem Netze wehrte und sie als Exemplare für meine Sammlung fing. Mehrere folgten mir mindestens eine halbe Meile weit, krochen in mein Haar und verfolgten mich höchst hartnäckig, so daß ich über die Immunität der Eingeborenen noch mehr erstaunen mußte. Ich bin geneigt anzunehmen, daß ruhige und umsichtige Bewegungen und kein Versuch zu entfliehen, vielleicht das beste Schutzmittel sind. Eine Biene, die sich auf einen ruhigen Eingeborenen setzt, behagt sich dort wahrscheinlich ebenso wie auf einem Baume oder auf einer andern unbelebten Substanz, welche sie nicht zu stechen versucht. Und doch müssen sie oft leiden; allein sie sind an den Schmerz gewöhnt und lernen es, ihn empfindungslos zu ertragen, denn ohnedem könnte niemand Bienenjäger sein.

Die Naturgeschichte der Timor-Gruppe

Wenn wir einen Blick auf die Karte des Archipels werfen, so scheint Nichts unwahrscheinlicher, als daß die eng verbundene Inselkette von Java bis Timor in ihren Naturprodukten wesentliche Verschiedenheiten zeigen sollte. Allerdings sind gewisse Unterschiede im Klima und in der physischen Geographie zu konstatieren, aber diese entsprechen nicht der Teilung, welche der Naturforscher zu machen sich genötigt sieht. Zwischen den beiden Endpunkten der Kette besteht ein großer klimatischer Kontrast; der Westen ist außerordentlich feucht und hat nur eine kurze und unregelmäßige trockene Jahreszeit, und der Osten ist ebenso trocken und ausgedörrt und hat nur eine kurze nasse Jahreszeit. Diese Verschiedenheit jedoch macht sich erst ungefähr in der Mitte Javas geltend, indem der östliche Teil dieser Insel ebenso scharf markierte Jahreszeiten besitzt wie Lombok und Timor. Es existiert auch eine Verschiedenheit in der physischen Geographie; aber diese ist erst an dem östlichen Endpunkte der Kette zu konstatieren, wo die Vulkane, welche die ausgesprochenen Charakteristika von Java, Bali, Lombok, Sumbawa und Floris sind, sich nach Norden durch Gunong Api nach Banda wenden, abseits von Timor mit seiner *einen* vulkanischen Spitze im Innern, während der Hauptteil dieser Insel aus alten Sedimentgesteinen besteht. Keiner dieser physischen Unterschiede aber entspricht der bemerkenswerten Veränderung in den Naturprodukten, welche an der Lombok Straße, welche die Insel dieses Namens von Bali trennt, statt hat und welche sogleich von so bedeutendem Belang und von so fundamentalem Charakter ist, daß sie ein gewichtiges Charakteristikum der zoologischen Geographie des Erdballes ausmacht.

Der holländische Naturforscher Zollinger, welcher lange Zeit auf der Insel Bali wohnte, unterrichtet uns, daß seine Produkte vollständig denen Javas gleichen und daß ihm dort nicht ein einziges Tier bekannt ist, welches nicht zugleich die größere Insel bewohnte. Während der wenigen Tage, welche ich an der Nordküste von Bali auf meinem Wege nach Lombok zubrachte, sah ich verschiedene für die javanische Ornithologie höchst charakteristische Vögel. Auf der Insel Lombok, die durch eine Meeresenge von weniger als zwanzig Meilen Breite von Bali getrennt ist, erwartete ich natürlich, einige dieser Vögel wieder zu treffen; aber während eines dreimonatlichen Aufenthaltes daselbst sah ich niemals einen derselben, sondern fand eine total verschiedene Reihe von Arten, von denen die meisten nicht nur auf Java äußerst unbekannt waren, sondern auch auf Borneo, Sumatra und der Halbinsel Malaka. Beispielsweise waren auf Lombok unter den gemeinsten Vögeln die weißen Kakadus und drei Arten von Meliphagidae oder Honigsauger, die zu Familiengruppen gehören, welche gänzlich auf der westlichen oder indo-malayischen Region des Archipels fehlen. Geht man hinüber nach Floris und Timor, so steigern sich die Unterschiede von den javanischen Produkten, und wir finden, daß diese Inseln eine natürliche Gruppe bilden, deren Vögel mit denen Javas und Australiens verwandt, aber von beiden ganz verschieden sind. Außer meinen eigenen Sammlungen auf Lombok und Timor, legte mein Assistent, Herr Allen, eine gute Sammlung auf Floris an; und diese zusammen mit einigen Arten, welche von holländischen Naturforschern geliefert wurden, setzen uns in den Stand, eine sehr gute Vorstellung von der Naturgeschichte dieser Inselgruppe zu gewinnen und aus derselben einige sehr interessante Resultate abzuleiten.

Die Zahl von Vögeln, welche man bis jetzt von diesen Inseln kennt, beläuft sich auf 63 von Lombok, 86 von Floris, 118 von Timor und auf 188 Arten von der ganzen Gruppe. Mit Ausnahme von zwei oder drei Arten, welche von den Molukken zu stammen scheinen, können alle diese Vögel entweder direkt oder durch nahe Verwandtschaft auf Java einerseits und auf Australien andererseits zurückgeführt werden, obgleich nicht weniger als 82 nirgend anders als auf dieser kleinen Inselgruppe vorkommen. Jedoch gehört der Gruppe nicht eine einzige Gattung eigentümlich an, oder selbst nur eine, welche durch eigentümliche Arten in hervorragendem Maße repräsentiert wird; diese Tatsache beweist, daß die Fauna durchaus eine eingewanderte ist, d. h. daß ihr Ursprung nicht jenseits einer der neuesten geologischen Epochen zurückdatiert werden kann.

Ich halte die wirkliche Zahl der jeder Insel eigentümlichen Arten durchaus nicht für genau bestimmt, da die rapid wachsenden Zahlen augenscheinlich eine Folge der auf Timor in ausgedehnterem Maßstabe als auf Floris, und auf Floris in ausgedehnterem als auf Lombok angelegten Sammlungen sind; aber worauf wir mehr geben können und was von speziellerem Interesse ist, das ist das bedeutend wachsende Verhältnis australischer und das abnehmende Verhältnis indischer Formen beim Fortschreiten von Westen nach Osten. Das ergibt sich in einer noch schlagenderen Weise, wenn wir die Zahl der Arten aufzählen, welche mit denen von Java und Australien auf jeder Insel identisch sind; folgendermaßen:

	Auf Lombok	Auf Floris	Auf Timor
Javanische Vögel	33	23	11
Australische Vögel	4	5	10

Hier sehen wir klar den Gang der Wanderungen, welche seit Hunderten und Tausenden von Jahren stattgefunden haben und welche noch bis auf den heutigen Tag währen. Die Vögel, welche aus Java stammen, sind am zahlreichsten auf der Java nächsten Insel; jede Meeresenge, die passiert werden muß, um eine andere Insel zu erreichen, bietet ein Hindernis, und so gelangt nur eine kleinere Anzahl auf die nächste Insel. Man sieht, daß die Zahl der Vögel, welche von Australien eingewandert zu sein scheinen, weit geringer ist als die, welche von Java kamen, und man könnte auf den ersten Blick vermuten, daß die breite See, welche Australien von Timor trennt, daran Schuld sei. Allein das wäre eine voreilige und, wie wir gleich sehen werden, eine ungerechtfertigte Vermutung. Neben diesen Vögeln, welche mit Java und Australien bewohnenden identisch sind, gibt es eine beträchtliche Anzahl anderer, diesen Ländern eigentümlichen Arten sehr nahe verwandte, und wir müssen auch diese in Rechnung ziehen, ehe wir uns irgendeinen Schluß über diese Tatsachen erlauben. Es wird gut sein, diese mit der obigen Tabelle in folgender Weise zusammenzustellen:

	Auf Lombok	Auf Floris	Auf Timor
Javanische Vögel	33	23	11
Javanischen Vögeln nahe verwandt	1	5	6
Total	34	28	17
Australische Vögel	4	5	10
Australischen Vögeln nahe verwandt	3	9	26
Total	7	14	36

Wir sehen nun, daß die Gesamtzahl der Vögel, welche von Java und Australien herzustammen scheinen, sehr nahe gleich ist; aber folgende bemerkenswerte Differenz besteht zwischen den beiden Reihen; während bei weitem der größere Teil der javanischen Reihe identisch ist mit denen, welche noch jetzt dieses Land bewohnen, gehört ein fast gleich großer Teil der australischen Reihe verschiedenen, wenn auch oft sehr nahe verwandten Arten an. Man muß ferner beachten, daß diese stellvertretenden oder verwandten Arten mit der Entfernung von Australien an Zahl abnehmen. Dafür gibt es zwei Gründe; der eine ist der, daß die Inseln an Umfang von Timor nach Lombok hin schnell sich vermindern und daher immer eine kleinere Zahl von Arten nur bergen können; der andere und gewichtigere ist der, daß die Entfernung von Australien nach Timor die Unterstützung frischer Einwanderung hintanhält und daher der Abänderung freier Spielraum gelassen wurde; während die Nachbarschaft Lomboks mit Bali und Java einen beständigen Zufluß frischer Individuen gestattete, welche, indem sie sich mit den früheren Einwanderern mischten, der Abänderung Einhalt taten.

Um unsern Einblick in die Herkunft der Vögel dieser Inseln noch mehr zu verdeutlichen, wollen wir sie noch als Ganzes betrachten, um auf diese Weise ihre respektiven Beziehungen zu Java und Australien vielleicht ersichtlicher zu machen.

Die Timor-Inselgruppe enthält:

Javanische Vögel	36	Australische Vögel	13
Nahe verwandte Arten	11	Nahe verwandte Arten	35
Von Java herstammend	47	Von Australien herstammend	48

Wir finden hier eine wunderbare Übereinstimmung in der Zahl der zu der australischen und javanischen Gruppe gehörigen Vögel, aber sie verhalten sich genau in umgekehrtem Verhältnis: drei Viertel javanischer Vögel sind

identische Arten und ein Viertel stellvertretende, während
nur ein Viertel der australischen Formen identisch sind und
drei Viertel stellvertretende. Dieses ist die wichtigste Tatsache, welche wir aus dem Studium der Vögel dieser Inseln zu Tage fördern können, da sie uns einen sehr vollständigen Schlüssel zu vielen Momenten ihrer vergangenen
Geschichte bietet.

Abänderung der Art ist ein langsamer Prozeß. Darüber
sind wir alle *einer* Meinung, wenn wir auch hinsichtlich
der Art des Prozesses auseinandergehen können. Die Tatsache, daß die australischen Arten auf diesen Inseln sich
am meisten verändert haben, während die javanischen fast
alle unverändert geblieben sind, würde daher darauf hinweisen, daß der Distrikt zuerst von Australien aus bevölkert worden sei. Aber wenn das der Fall gewesen sein
könnte, so müssen die physischen Bedingungen sehr verschieden von den jetzigen gewesen sein. Jetzt trennen fast
dreihundert Meilen offene See Australien von Timor, und
diese Insel ist mit Java durch eine Kette zerrissenen Landes verbunden, dessen Stücke durch Meeresengen voneinander getrennt werden, die nirgends eine größere Breite
als etwa zwanzig Meilen besitzen. Augenscheinlich also
liegt jetzt für die Naturprodukte Javas eine größere Leichtigkeit vor, sich zu verbreiten und alle diese Inseln zu über-
ziehen, während die australischen beim Überschreiten sehr
großen Schwierigkeiten begegnen. Um den gegenwärtigen
Stand der Dinge zu erklären, müßten wir natürlich annehm-
men, daß Australien einst viel enger mit Timor verbunden
gewesen ist als heutzutage, und daß dieses der Fall gewesen, wird im höchsten Grade durch die Tatsache wahrscheinlich gemacht, daß eine untermeerische Bank sich der
ganzen Nord- und Westküste Australiens entlang erstreckt
und an einer Stelle bis auf zwanzig Meilen Timors Küste
nahe kommt. Dieses weist auf ein neuerliches Sinken von
Nord-Australien, welches sich einst wahrscheinlich so weit

wie die Grenze dieser Bank erstreckte, zwischen welcher und Timor der Ozean eine noch unergründete Tiefe besitzt.

Ich habe mich des Längeren über den Ursprung der timoresischen Fauna verbreitet, weil es mir ein höchst interessantes und lehrreiches Problem zu sein scheint. Es kommt selten vor, daß wir die Tiere eines Distriktes so klar wie in diesem Fall aus zwei bestimmten Quellen herleiten können; und noch seltener, daß sie so entschiedene Beweise von der Zeit, der Art und den Verhältniszahlen ihrer Einführung liefern. Wir haben hier eine Gruppe ozeanischer Inseln im kleinen – Inseln, welche nie Teile der anliegenden Länder waren, obgleich sie ihnen so sehr nahe liegen, und ihre Produkte zeigen die Charakteristika wahrer ozeanischer Inseln, leicht modifiziert.

Man hat gegen Herrn Darwins Theorie – daß die ozeanischen Inseln nie mit dem Hauptlande in Verbindung gestanden hätten – eingeworfen, daß dieses ihre Tierbevölkerung einem Zufalle Preis geben würde; man hat sie die »*Strandgut*- und *Wrackgut*-Theorie« (flotsam and jetsam theory) genannt, und man hat behauptet, daß die Natur nicht in dem »Kapitel der Zufälligkeiten« arbeite. Aber in dem hier beschriebenen Falle haben wir den positivsten Beweis, daß das wirklich die Art der Bevölkerung der Inseln gewesen ist. Ihre Produkte *sind* von einem so gemischten Charakter, wie wir sie bei einem solchen Ursprung erwarten sollten, und die Annahme, daß sie Teile von Australien und Java gebildet haben, führt durchaus nicht zu hebende Schwierigkeiten ein und macht es ganz unmöglich, jene seltsamen Beziehungen zu erklären, welche die bestbekannte Gruppe von Tieren (die Vögel), wie gezeigt wurde, darbietet. Auf der andern Seite weist alles – die Tiefe der umgebenden See, die Form der versunkenen Bänke und der vulkanische Charakter der meisten der Inseln – auf einen unabhängigen Ursprung.

Ehe ich schließe, muß ich noch eine Bemerkung machen, um Mißverständnissen vorzubeugen. Wenn ich sage, daß Timor nie einen Teil von Australien gebildet hat, so habe ich dabei nur neuere geologische Epochen im Auge. In der Sekundär-Periode oder selbst zur Zeit des Eozän oder Miozän mögen Timor und Australien verbunden gewesen sein; aber wenn dem so war, so sind alle Zeichen eines solchen Zusammenhanges durch das folgende Versinken verloren gegangen, und in Bezug auf die gegenwärtigen Landbewohner einer Gegend haben wir allein jene Veränderungen in Betracht zu ziehen, welche seit der letzten Erhebung über Wasser Platz gegriffen haben. Seit einer solchen letzten Erhebung, davon bin ich überzeugt, hat Timor mit Australien nicht in Zusammenhang gestanden.

Dorfleben in Mangkassar

Ich verließ Lombok am 30. August und erreichte Mangkassar in drei Tagen. Mit großer Befriedigung betrat ich ein Ufer, welches ich seit Februar vergeblich zu erreichen versucht hatte, und wo ich mit so vielem Neuen und Interessanten bekannt zu werden erwartete.

Die Küste dieses Teiles von Celebes ist niedrig und flach, mit Bäumen und Dörfern besetzt, so daß das Innere verdeckt wird, außer an den Stellen, an welchen der Wald gelichtet ist und die einen Blick auf weit ausgedehnte kahle und sumpfige Reisfelder gestatten. Einige Hügel von nicht bedeutender Höhe kamen im Hintergrunde zum Vorschein; aber infolge des beständigen dicken Nebels, der zu dieser Jahreszeit über dem Lande liegt, konnte ich nirgends die hohe Zentralkette der Halbinsel oder das berühmte Pic von Bonthein am Südende unterscheiden. Auf der Reede von Mangkassar lagen eine schöne Fregatte von zweiundvierzig

Kanonen, das Wachtschiff des Ortes und ein kleines Kriegs-
dampfschiff; ferner drei oder vier kleine Kutter, welche
zum Kreuzen gegen die Piraten, welche diese Meere unsicher machen, gebraucht werden, einige Handelsschiffe mit
Raasegeln und zwanzig bis dreißig malayische Prauen von
verschiedenen Größen. Ich hatte Einführungsschreiben an
einen Holländer, Herrn Mesman, und auch an einen dänischen Ladeninhaber; beide Herren konnten englisch und
versprachen mir, mich beim Suchen nach einem Platze, der
meinen Zwecken entspräche, zu unterstützen. Inzwischen
ging ich in eine Art von Klubhaus in Ermangelung eines
Hotels am Platze.

Mangkassar war die erste holländische Stadt, welche ich
besuchte, und ich fand sie hübscher und reinlicher als irgendeine Stadt, welche ich bis dahin im Osten gesehen
hatte. Die Holländer halten einige vortreffliche Lokalvor-
schriften aufrecht. Alle europäischen Häuser müssen schön
geweißt sein und jedermann muß um vier Uhr nachmittags
vor seinem Hause sprengen. Die Straßen werden von Unrat freigehalten und verdeckte Abzugskanäle befördern
allen Schmutz in große offene Gruben, in welche bei Hochwasser die Flut eintritt; die Ebbe schwemmt dann alles
schmutzige Wasser mit sich fort in die See. Die Stadt besteht hauptsächlich aus einer langen engen Straße, die sich
dem Meere entlang zieht, für die Geschäfte bestimmt ist
und größtenteils von den Geschäftsräumen der holländischen und chinesischen Kaufleute, von Warenhäusern und
von Läden und Basaren der Eingeborenen eingenommen
wird. Diese erstreckt sich weiter als eine Meile nordwärts,
wo fast nur Häuser der Eingeborenen liegen, die sich oft in
einem sehr miserabeln Zustande befinden; aber sie sehen
doch nicht so übel aus, da sie alle genau in der geraden
Flucht der Straße gebaut und im allgemeinen von Fruchtbäumen beschattet sind. Diese Straße ist gewöhnlich gedrängt voll von eingebornen Bugis und Mangkassaren; sie

tragen etwa zwölf Zoll lange baumwollene Hosen, welche von der Hüfte herab nur etwa die Hälfte des Schenkels bedecken, und den gewöhnlichen malayischen Sarong von hellen buntscheckigen Farben um den Leib oder in der verschiedensten Weise quer über die Schultern geschlungen. Parallel mit dieser Straße laufen zwei kurze, welche die alte holländische Stadt bezeichnen und durch Tore abgeschlossen sind. Hier stehen Privathäuser, und am Südende derselben befinden sich das Fort, die Kirche und im rechten Winkel dazu eine Straße, die an den Strand führt, mit den Häusern des Gouverneurs und der obersten Beamten. Jenseits des Forts wiederum, dem Strande entlang, zieht sich eine andere lange Straße von inländischen Hütten und vielen Landhäusern der Handels- und Kaufleute. Ringsherum dehnen sich die flachen Reisfelder aus, jetzt kahl und trocken und häßlich mit schmutzigen Stoppeln und Unkraut bedeckt. Vor wenigen Monaten standen sie im schönsten Grün, und ihr trauriges Aussehen zu dieser Jahreszeit bot einen schlagenden Kontrast mit den beständig schön stehenden Feldern in einer Gegend derselben Art auf Lombok und Bali, wo die Jahreszeiten genauso fallen, aber wo ein mühsames Bewässerungssystem die Wirkung eines beständigen Frühlings hervorruft.

Den Tag nach meiner Ankunft machte ich einen Anstandsbesuch beim Gouverneur, von meinem Freunde, dem dänischen Kaufmanne, begleitet, der vortrefflich englisch sprach. Se. Exzellenz waren sehr höflich und boten mir jede Erleichterung bei meinen Reisen im Lande und bei meinen Untersuchungen in der Naturgeschichte an. Wir unterhielten uns französisch, welches alle holländischen Beamten vortrefflich sprechen.

Da ich es wenig bequem und sehr teuer fand, in der Stadt zu bleiben, so bezog ich nach einer Woche ein kleines Bambushaus, welches Herr Mesman mir freundlichst angeboten hatte. Es lag etwa zwei Meilen von der Stadt auf einer kleinen Kaffeeplantage und Farm und etwa eine Meile jenseits Herrn M.'s eigenem Landhause.

Nachdem ich einige Tage in meinem neuen Hause zugebracht hatte, fand ich, daß man keine Sammlungen machen könne, wenn man nicht viel weiter landeinwärts ginge. Die Reisfelder im Umkreise von einigen Meilen glichen englischen Stoppelfeldern im Spätherbst und bargen ebensowenig wie diese Vögel oder Insekten. Es lagen mehrere inländische Dörfer zerstreut umher und so von Fruchtbäumen eingehüllt, daß sie von ferne wie Gebüsche oder kleine Wälder aussahen. Das waren meine einzigen Sammelplätze, aber sie boten mir nur eine sehr begrenzte Zahl von Arten und waren bald abgesucht. Ehe ich einen mehr versprechenderen Distrikt aufsuchen konnte, mußte ich die Erlaubnis vom Rajah von Goa einholen, dessen Territorium bis etwa zwei Meilen von der Stadt Mangkassar reicht. Ich begab mich daher in das Büro des Gouverneurs und erbat mir einen Brief an den Rajah, um seinen Schutz anzurufen und die Erlaubnis zu erlangen, in seinen Ländereien zu jeder Zeit reisen zu dürfen. Man stellte ihn mir sofort aus und gab mir einen eigenen Boten als Überbringer des Briefes mit.

Obgleich jetzt der Höhepunkt der trockenen Jahreszeit herrschte und fortwährend ein hübscher Wind wehte, so war es doch durchaus kein gesunder Monat. Mein Knabe Ali war kaum einen Tag am Lande, als er vom Fieber ergriffen wurde; es versetzte mich in große Ungelegenheiten, da in dem Hause, in welchem ich wohnte, außer zu den Eßstunden nichts zu bekommen war. Nachdem ich Ali geheilt und mit vieler Mühe einen anderen Diener zum Kochen für mich erhalten hatte, war ich kaum in meinem Landaufenthalte eingerichtet, als letzterer von derselben Krankheit ergriffen wurde und, da er eine Frau in der Stadt hatte, mich verließ. Eben war er fort, als ich selbst an einem heftigen, jeden zweiten Tag intermittierenden Fieber erkrankte. Nach einer Woche war ich infolge tüchtiger Dosen Chinin davon frei, und kaum war ich wieder auf den Beinen, als Ali wieder krank wurde und schlimmer als je. Das Fieber befiel ihn täglich; morgens früh aber befand er sich sehr wohl und kochte mir dann genügend für den Tag. In einer Woche stellte ich ihn her, und es gelang mir auch, einen andern Knaben zu bekommen, der kochen und schießen konnte und sich nicht sträubte, ins Innere mitzugehen. Er hieß Baderoon, war unverheiratet und an ein Vagabundenleben gewöhnt, da er mehrere Reisen nach Nord-Australien gemacht hatte, um Trepang oder »bêche de mer« zu holen und so durfte ich hoffen, ihn bei mir behalten zu können.

Ich machte Exkursionen ins Land, um eine gute Station zum Vögel- und Insektensammeln zu suchen. Einige der Dörfer, mehrere Meilen landeinwärts, liegen auf baumreichem Boden, auf welchem einst Urwald gestanden hat, dessen Bäume aber größtenteils durch Fruchtbäume ersetzt worden sind und hauptsächlich durch die große Palme Arenga saccharifera, aus welcher Wein und Zucker bereitet werden und die auch eine grobe schwarze Faser als Tauwerk liefert. Der zum Leben notwendige Bambus ist auch reichlich angepflanzt. Auf solchen Plätzen fand ich eine hübsche Anzahl von Vögeln; darunter die schöne rahmfarbige Taube, Carpophaga luctuosa, und die seltene blauköpfige Rake, Coracias temmincki, die eine sehr mißtönende Stimme hat und gewöhnlich paarweise geht, von Baum zu Baum fliegt, beim Ausruhen sich ganz zusammenduckt und mit Kopf und Schwanz wippende Bewegungen vollführt, welche für die große Gruppe der Fissirostres, zu der sie gehört, so charakteristisch sind.

An den schattigeren Orten waren Schmetterlinge ziemlich häufig; die gewöhnlichsten sind Arten von Euplaea und Danais, welche Gärten und Gebüsche besuchen und auf ihrem langsamen Fluge leicht zu fangen sind. Ein schöner blaßblauer und schwarzer Schmetterling, der nahe dem Boden zwischen dem Dickicht umherflattert und sich gelegentlich auf Blumen niederläßt, war einer der auffallendsten; und kaum weniger war es einer mit einem schön orangenen Band auf schwärzlichem Grunde: diese beiden gehören zu den Pieridae, der Gruppe, welche unsere gewöhnlichen weißen Schmetterlinge enthält, wenn sie äußerlich auch sehr von diesen differieren. Beide waren den europäischen Naturforschern ganz neu. Manchmal dehnte ich meine Spaziergänge einige Meilen weiter aus, hin zu der einzigen Strecke wirklichen Waldes, welchen ich finden konnte, von meinen beiden Knaben mit Gewehren und Insektennetzen begleitet. Wir pflegten früh aufzubrechen, nahmen unser Frühstück mit und verzehrten es irgendwo im Schatten an einer Quelle. Bei solchen Gelegenheiten legten meine mangkassarischen Knaben ein klein wenig Reis und Fleisch oder Fisch auf ein Blatt und boten es auf einem Steine oder Baumstumpfe der Lokal-Gottheit dar; denn obgleich nominell Mohammedaner, bewahren die Mangkassaren viel von ihrem heidnischen Aberglauben und sind in ihren religiösen Verrichtungen nur lax. Schweinefleisch allerdings verabscheuen sie, aber wenn man ihnen Wein anbietet, so weisen sie ihn nicht zurück und konsumieren große Mengen Palmwein, welcher ebenso verderblich wirkt, wie etwa unser Bier oder wie Apfelwein. Gut zubereitet ist es ein sehr erfrischendes Getränk, und wir nahmen oft einen Schluck in einem der kleinen Schuppen, welche man mit dem Namen Basars beehrt und welche über das Land zerstreut liegen, wo überall etwas Handel getrieben wird.

Eines Tages erzählte mir Herr Mesman von einem großen Walde, in welchem er manchmal Wild schösse, aber er versicherte mir, daß es sehr weit sei und daß es keine Vögel dort gäbe. Trotzdem entschloß ich mich, ihn zu durchforschen, und am folgenden Morgen fünf Uhr brachen wir auf, nahmen unser Frühstück und etwas andern Proviant mit uns und beabsichtigten, die Nacht in einem Hause am Rande des Gehölzes zu bleiben.

Nachdem wir ein paar Stunden umhergeschlendert hatten, erreichten wir einen kleinen Fluß, der so tief war, daß Pferde ihn nur schwimmend kreuzen konnten; wir mußten also umkehren, aber da wir hungrig wurden und das Wasser des fast stagnierenden Flusses zu schlammig zum Trinken war, so gingen wir auf ein Haus zu, das einige hundert Schritt entfernt lag. In der Pflanzung sahen wir eine kleine hochstehende Hütte, welche uns sehr passend zum Frühstücken schien; ich trat also ein und fand drinnen ein junges Weib mit einem Kinde. Sie gab mir einen Krug mit Wasser, aber schaute sehr angstvoll drein. Ich setzte mich jedoch auf die Haustreppe nieder und forderte den mitgenommenen Proviant. Als Baderoon ihn mir herreichte, sah er das Kind und schreckte zurück, als hätte er eine Schlange gesehen. Es kam mir dann sofort in den Sinn, daß wir uns in einer Hütte befänden, in welcher, wie bei den Dajaks auf Borneo und bei vielen andern wilden Stämmen, die Frauen einige Zeit nach der Geburt ihres Kindes abgesondert leben und daß wir sehr unrecht getan hatten einzutreten; wir gingen daher fort und baten um die Erlaubnis, unser Frühstück in der Familienwohnung dicht dabei verzehren zu dürfen, was natürlich auch gestattet wurde. Während ich aß, beobachteten drei Männer, zwei Frauen und vier Kinder jede meiner Bewegungen und wendeten den Blick nicht eher von mir, als bis ich fertig war.

Bei meiner Rückkehr nach Mamájam (so hieß mein Haus) hatte ich wieder einen leichten Anfall von intermittierendem Fieber, welches mich einige Tage ans Zimmer fesselte. Sobald ich wiederhergestellt war, ging ich, von Herrn Mesman begleitet, nach Goa, um mir die Hilfe des Rajahs bei dem Bau eines kleinen Hauses in der Nähe des Waldes zu erbitten. Wir fanden ihn nahe seinem Palaste bei einem Hahnenkampfe, welchen er jedoch sofort ver-

ließ, um uns zu empfangen; er ging eine geneigte Ebene
von Brettern mit uns hinauf, welche als Haustreppe diente.
Dieses Haus war groß, gut gebaut und hoch, mit Bambus-
fußböden und Glasfenstern. Der größere Teil desselben
schien eine große Halle zu sein, welche durch die sie tragenden Pfeiler abgeteilt war. Nahe einem Fenster saß die
Königin auf einem rohen hölzernen Lehnstuhle hockend,
den ewigen Sirih und die Betelnuß kauend, während ein
metallener Spucknapf an ihrer Seite und eine Sirih-Büchse
vor ihr bereit standen, ihren Bedürfnissen Genüge zu tun.
Der Rajah setzte sich ihr gegenüber in einen gleichen Stuhl,
und eine gleiche Sirih-Büchse wurde von einem kleinen
Knaben, der an seiner Seite kauerte, gehalten. Zwei andere
Stühle wurden für uns gebracht. Mehrere junge Weiber,
einige des Rajahs Töchter, andere Sklavinnen, standen umher; ein paar arbeiteten an einem Gestell an Sarongs, aber
die meisten faulenzten.

Hier müßte ich eigentlich (wenn ich dem Beispiele der
meisten Reisenden folgte) zu einer glühenden Beschreibung
der Reize dieser Dämchen, der eleganten Kostüme, welche
sie trugen, und der Gold- und Silberverzierungen, mit
denen sie geschmückt waren, abschweifen. Die Jacke oder
der Überwurf aus Purpurgaze würde in einer solchen Beschreibung vortrefflich figurieren, indem der wogende Bu-
sen darunter zum Vorschein kommt, und »funkelnde Augen« und »pechschwarzes Haargeflechte« und »zierliche
Füßchen« müßten freigiebig dazwischen gestreut werden.
Aber, ach! die Rücksicht auf die Wahrheit erlaubt mir nicht,
zu bewundernd auf solchen Gemeinplätzen mir freien Lauf
zu lassen, da ich mich entschlossen habe, so weit ich kann,
ein treues Gemälde der Völker und der Orte, die ich besuche, zu geben. Die Prinzessinnen sahen allerdings ganz
gut aus, allein weder ihre Persönlichkeiten noch ihre Gewänder hatten jenen Anschein von Frische und Reinlichkeit,
ohne den keine anderen Reize mit Vergnügen betrachtet

werden können. Alles hatte ein schmutziges und fades Aussehen, für ein europäisches Auge sehr wenig gefällig und unköniglich. Das einzige, was etwas Bewunderung abnötigte, war die ruhige und würdige Art des Rajah und der große Respekt, der ihm stets gezollt wurde. Niemand darf in seiner Gegenwart gerade stehen, und wenn er auf einem Stuhle sitzt, kauern alle Anwesenden (Europäer natürlich ausgenommen) auf dem Boden nieder. Der höchste Sitz ist bei diesem Volke buchstäblich der Ehrenplatz und das Rangzeichen. Die Regeln für diesen Respekt sind so unbeugsam, daß, als ein englischer Wagen ankam, den sich der Rajah von Lombok bestellt hatte, er zum Gebrauch unmöglich befunden wurde, weil der Sitz des Kutschers der höchste war, und er blieb daher in der Wagenremise aus Schaustück. Als der Rajah den Grund meines Besuches erfahren hatte, sagte er sofort, daß er anbefehlen würde, mir ein Haus einräumen zu lassen, was viel besser wäre als eins zu bauen, da das sehr viel Zeit in Anspruch nähme.

Zwei Tage darauf sprach ich bei dem Rajah ein, um ihn zu bitten, mir einen Führer zu schicken, der mir das Haus, welches ich beziehen sollte, zeigen könnte. Er ließ sogleich einen Mann kommen, gab ihm Instruktionen, und nach wenigen Minuten waren wir unterwegs. Mein Führer konnte nicht Malayisch sprechen; so gingen wir eine Stunde schweigend fort, bis wir in einem sehr hübschen Hause einkehrten und man mich bat, niederzusitzen. Hier wohnte der Häuptling des Distriktes; nach einer halben Stunde etwa machten wir uns wieder auf, und eine weitere Stunde Marschierens brachte uns in das Dorf, in welchem ich logiert werden sollte. Wir gingen in die Wohnung des Dorfhäuptlings, der sich mit meinem Begleiter eine Zeitlang unterhielt. Da ich müde wurde, bat ich, mir das Haus zu zeigen, das für mich gerüstet sei, aber die einzige Antwort, die ich erlangen konnte, war die: »Warte ein wenig«, und die

Leute fuhren fort, sich zu unterhalten. So sagte ich ihnen denn, ich könne nicht warten, da ich das Haus zu sehen und dann in den Wald schießen zu gehen wünschte. Das schien sie in Verlegenheit zu setzen, und zuletzt kam es in Antwort auf die Fragen, welche sehr schlecht von einem oder zwei Anwesenden, die ein wenig Malayisch verstanden, erklärt wurden, heraus, daß keine Wohnung bereit und daß niemand die geringste Ahnung davon zu haben schien, woher eine zu nehmen sei. Da ich den Rajah nicht mehr belästigen wollte, so hielt ich es für das Beste, sie ein wenig zu erschrecken; ich sagte, wenn sie mir nicht sofort ein Haus, wie es der Rajah angeordnet habe, anschafften, ich zurückgehen und mich bei ihm beklagen würde, aber daß ich, wenn man mir ein Haus fände, für den Gebrauch desselben bezahlen wolle. Das hatte die gewünschte Wirkung, und einer der Häuptlinge des Dorfes bat mich, mit ihm zu gehen und nach einem Hause zu suchen. Er zeigte mir ein oder zwei im miserabelsten, ruinenhaften Zustande, welche ich ein für allemal zurückwies; ich sagte: »Ich muß ein gutes und nahe bei dem Walde stehendes haben.« Das nächste, welches er mir zeigte, paßte sehr gut, und so hieß ich ihn dafür sorgen, daß es am folgenden Tage leer sei, da ich es morgen beziehen wolle.

Den Tag war ich nicht ganz fertig zur Abreise und sandte meine beiden mangkassarischen Knaben mit Besen hin, um das Haus von Grund aus zu reinigen. Sie kehrten am Abend heim und erzählten, daß, als sie hingekommen wären, das Haus noch bewohnt gewesen und nicht ein einziger Gegenstand weggebracht worden sei. Als jedoch die Einwohner hörten, daß sie es reinigen und davon Besitz ergreifen wollten, machten sie Anstalten, wenn auch etwas unwillig, was mich nicht ganz behaglich darüber denken ließ, wie die Leute im allgemeinen mein Eindringen in ihr Dorf aufnehmen würden. Am nächsten Morgen packten wir unsere Sachen auf drei Pferde und gelangten nach einigem

Mißgeschick ungefähr um Mittag an unserem Bestimmungsort an.

Nachdem ich alles in Ordnung gebracht und ein hastiges
Mahl eingenommen hatte, beschloß ich, wenn möglich, mit
den Leuten gut Freund zu werden. Ich ließ daher den Eigentümer des Hauses und so viele seiner Bekanntschaft
kommen als da wollten, um eine »Bitchara« oder Unterredung abzuhalten. Als sie alle Platz genommen hatten,
gab ich ihnen etwas Tabak herum und versuchte mit meinem Knaben Baderoon als Dolmetscher, ihnen den Grund
meines Kommens auseinanderzusetzen; daß es mich sehr
betrübte, sie aus dem Hause herauszutreiben, aber daß der
Rajah es anbefohlen habe, um nicht ein neues bauen zu lassen, um das ich gebeten, und legte schließlich fünf Silber-
rupien als Miete für einen Monat in des Eigentümers
Hand. Ich versicherte dann, daß meine Anwesenheit ihnen
zum Vorteil gereiche, da ich ihre Eier, ihr Geflügel und
Obst kaufen würde; und daß sie, wenn ihre Kinder mir
Muscheln und Insekten brächten, von denen ich ihnen
Exemplare zeigte, auch eine hübsche Menge Kupfergeld
einnehmen könnten. Nachdem ihnen dieses alles genau erklärt worden war mit langer Rederei und vielem Geschwätz zwischen jedem Satze, konnte ich bemerken, daß
ich auf sie einen vorteilhaften Eindruck gemacht hatte; und
noch denselben Nachmittag, um mein Versprechen, selbst
miserable kleine Schneckenhäuser zu kaufen, zu erproben,
kamen ein Dutzend Kinder, eines nach dem andern, und
brachten mir einige Exemplare einer kleinen Helix, für
welche sie schuldigermaßen »Kupfer« erhielten und erstaunt, aber erfreut fortgingen.

Einige Tage Umherstreifens machten mich mit der Umgebung gut bekannt. Ich befand mich weit von der Straße
entfernt in dem Walde, den ich zuerst besucht hatte, und
eine Strecke weit um mein Haus waren alte Lichtungen und
Hütten. Ich entdeckte einige gute Schmetterlinge, aber Kä-

fer waren sehr spärlich vorhanden und selbst faulendes Bauholz und neu gefällte Bäume (die gewöhnlich so produktiv sind) bargen hier fast nichts. Das überzeugte mich, daß eine nicht genügende Menge Waldes in der Nachbarschaft war, um einen längeren Aufenthalt an dem Orte zu lohnen, aber es war nun zu spät, um daran denken zu können weiterzugehen, da etwa in einem Monate die nasse Jahreszeit einsetzen sollte, und so beschloß ich, hier zu bleiben und mir so viel wie möglich zu verschaffen. Unglücklicherweise wurde ich nach wenigen Tagen etwas fieberkrank und dabei außerordentlich träge und zu keiner Arbeit aufgelegt. Vergebens versuchte ich es abzuschütteln; alles, was ich tun konnte, war, jeden Tag eine Stunde in den Gärten der Nachbarschaft umherzugehen und an den Brunnen, wo manchmal einige gute Insekten zu finden waren; den Rest des Tages mußte ich ruhig zu Hause bleiben und das annehmen, was mein kleines Corps von Sammlern mir jeden Tag an Käfern und Muscheln brachte. Ich schrieb meine Krankheit hauptsächlich dem Wasser zu, welches aus seichten Quellen genommen wurde, um welche fast immer ein stehender Sumpf sich befand, in dem sich die Büffel wälzten. Dicht bei meinem Hause war ein umzäuntes Schmutzloch, in das drei Büffel jede Nacht gesperrt wurden, deren Ausdünstungen frei durch den offenen Bambusflur eindrangen. Mein malayischer Knabe Ali wurde von derselben Krankheit befallen, und da er mein Hauptvogelabbalger war, so kam ich mit meinen Sammlungen nur langsam vorwärts.

Die Beschäftigungen und die Lebensweise der Dorfeinwohner waren nur wenig von der anderer malayischer Rassen verschieden. Die Zeit der Frauen war fast ganz mit Reis stampfen und reinigen für den täglichen Gebrauch in Anspruch genommen, mit Feuerungsholz und Wasser holen, mit waschen, färben, spinnen und weben. Sie verweben die inländische Baumwolle zu Sarongs, und es geschieht in der einfachsten Weise in einem Rahmen, der auf dem Boden liegt; allein es ist ein sehr langsames und mühseliges Arbeiten. Um das gewöhnlich gebrauchte gewürfelte Muster zu erhalten, muß jedes Stück gefärbter Fäden getrennt mit der Hand aufgelegt und das Weberschiff zwischendurch geworfen werden, so daß etwa ein Zoll per Tag der gewöhnliche Fortschritt an einem ein und eine halbe Elle breiten Stoff ist. Die Männer bauen ein wenig Sirih (das scharfe Pfefferblatt, das man zum Kauen mit der Betelnuß braucht) und etwas Gemüse; und einmal im Jahre bepflügen sie grob ein kleines Stück Erde mit ihren Büffeln und pflanzen Reis, der dann bis zur Ernte wenig Aufmerksamkeit erfordert. Dann und wann müssen sie Reparaturen an ihren Häusern machen und verfertigen Matten, Körbe oder andere Gegenstände zum Hausgebrauch, aber der größte Teil ihrer Zeit wird mit Nichtstun verbracht.

Keine einzige Person im Dorfe konnte mehr als ein paar Worte Malayisch sprechen und kaum einer der Leute schien vorher einen Europäer gesehen zu haben. Eine höchst unangenehme Folge davon war, daß ich sowohl Menschen als Tieren zum Schrecken diente. Wo ich ging, bellten die Hunde und schrien die Kinder, die Frauen liefen fort und die Männer starrten mich an, als wäre ich ein fremdartiges und furchtbares Kannibalenmonstrum. Selbst die Packpferde an den Straßen und Wegen schreckten zur Seite, wenn ich mich näherte, und liefen in den Dschungel.

Täglich um Mittag wurden die Büffel ins Dorf gebracht und im Schatten der Häuser angebunden; dann mußte ich wie ein Dieb auf Hinterwegen umherkriechen, denn niemand konnte voraussagen, welches Unheil sie Kindern und Häusern zugefügt hätten, wenn ich zwischen ihnen spazieren ginge. Kam ich plötzlich an eine Quelle, an der Frauen Wasser schöpften oder Kinder badeten, so war eine schnelle Flucht die sichere Folge; und da das Tag auf Tag geschah, so war es nicht gerade sehr angenehm für jemanden, der es nicht liebt, gehaßt zu werden und der es nicht gewöhnt war, sich wie ein Ungeheuer behandelt zu sehen.

Als ich Mitte November mich nicht besser befand und Insekten, Vögel und Muscheln alle sehr spärlich waren, beschloß ich, nach Mamájam zurückzukehren und meine Sammlungen zu verpacken, ehe der heftige Regen einsetzte. Der Wind hatte schon angefangen, von Westen zu wehen, und viele Zeichen deuteten an, daß die Regenzeit diesesmal früher als gewöhnlich beginnen würde. Dann aber wird alles sehr feucht, und es ist fast unmöglich, Sammlungen gut zu trocknen. Mein gefälliger Freund, Herr Mesman, lieh mir wieder seine Packpferde, und mit Hilfe einiger Leute, die meine Vögel und Insekten trugen, welche ich nicht Pferderücken anzuvertrauen liebte, kam alles gut zu Hause an. Wenige meiner Leser werden es sich vorstellen können, welche Wohltat es mir war, mich auf ein Sofa ausstrecken und mein Abendbrot bequem am Tische sitzend in meinem leichten Bambussessel einnehmen zu können, nachdem ich fünf Wochen lang all meine Mahlzeiten unbequem auf dem Fußboden verzehrt hatte. Solche Dinge sind, wenn man sich wohl befindet, Kleinigkeiten, aber wenn der Körper durch Krankheit geschwächt ist, können die Gewohnheiten einer ganzen Lebenszeit nicht so leicht gelassen werden.

Mein Haus stand, wie alle Bambusgebäude des Landes, schief, indem die Westwinde der nassen Jahreszeit alle seine Pfähle so stark aus der senkrechten Lage gebracht hatten, daß ich dachte, es könnte eines Tages möglicherweise ganz und gar überfallen. Es ist eine bemerkenswerte Tatsache, daß die Eingeborenen von Celebes den Gebrauch von diagonalen Streben zur Festigung von Gebäuden nicht entdeckt haben. Ich zweifle daran, ob in dem Lande ein inländisches Haus aufrecht steht, das zwei Jahre alt und dem Winde ganz ausgesetzt ist; und es ist auch kein Wunder, da sie nur aus Pfosten und Querbalken bestehen, welche alle aufrecht oder horizontal gestellt und roh durch Rotang miteinander verbunden sind. Man kann sie in jedem Stadium des Umfallens sehen, von der ersten leichten Neigung an bis zu einem so gefährlichen Überhängen, daß die Einwohner sie verlassen müssen. Anfang Dezember setzte die regelmäßige nasse Jahreszeit ein. Westwinde und strömender Regen hielten manchmal ganze Tage an; die Felder meilenweit in der Runde standen unter Wasser, und die Enten und Büffel befanden sich äußerst wohl. Die ganze Straße nach Mangkassar entlang wurde täglich weiter gepflügt in Schlamm und Wasser, durch welche der hölzerne Pflug leicht dringt; der Pflüger hält die Handhabe des Pfluges mit einer Hand, während er mit einem langen Bambus in der andern den Büffel lenkt. Diese Tiere müssen sehr angetrieben werden, um überhaupt vorwärts zu gehen; fortwährend wird ihnen zugerufen und: »Oh! ah! gee! ugh!« hört man in verschiedenen Tonarten und in ununterbrochener Folge den ganzen Tag hindurch. Nachts beglückte uns eine andere Art von Konzert. Der trockene Boden rund um mein Haus hatte sich in einen Sumpf verwandelt, den die Frösche bewohnten, und diese unterhielten vom Abend bis zum Morgen einen unglaublichen Lärm. Sie waren noch dazu etwas musikalisch, indem sie eine tiefe vibrierende Note hervorbrachten, welche zu Zeiten genau dem Stimmen von zwei oder drei Bratschen in einem Orchester glichen. In Malaka und Borneo hatte ich nie solche Töne wie diese gehört, was darauf deutet, daß die Frösche, wie die meisten Tiere von Celebes, einer dieser Insel eigentümlichen Art angehören.

Mein Haus war von einer Art wuchernder Hecke von Rosen, Jasmin und andern Blumen umgeben, und jeden Morgen pflückte eine der Frauen einen Korb voll Blüten für Herrn Mesmans Familie. Ich nahm gewöhnlich auch einige für meinen eigenen Frühstückstisch; der Vorrat ging während meines Aufenthaltes nie aus, und ich glaube, er tut es überhaupt nicht. Fast jeden Sonntag machte Herr M. mit seinem ältesten Sohne, einem jungen Manne von fünfzehn Jahren, einen Jagdausflug, und ich begleitete ihn gewöhnlich, denn wenn auch die Holländer Protestanten sind, so beobachten sie doch keine strenge Sonntagsfeier, wie solche in England und den englischen Kolonien gehalten wird. Der Gouverneur des Platzes hat jeden Sonntag seinen öffentlichen Empfangsabend, an dem man regelmäßig Karten spielt.

Am 13. Dezember ging ich an Bord einer Prau, die nach den Aru-Inseln bestimmt war, eine Reise, die ich im letzten Teile dieses Werkes beschreiben werde.

Bei meiner Rückkehr, nach einer Abwesenheit von sieben Monaten, besuchte ich einen andern Distrikt nördlich von Mangkassar, der im nächsten Kapitel geschildert werden soll.

INSEKTENJAGD AUF CELEBES

Ich erreichte Mangkassar wieder am 11. Juli und richtete mich in meinem alten Quartier in Mamájam ein, um meine Aru-Sammlungen zu sortieren, zu ordnen, zu reinigen und zu verpacken. Das beschäftigte mich einen Monat lang; und nachdem ich sie nach Singapur abgeschickt, meine Gewehre repariert und ein neues von England zusammen mit einem Vorrat von Nadeln, Arsenik und anderen Sammelrequisiten erhalten hatte, fühlte ich mich wieder stark zur Arbeit und hatte zu überlegen, wo ich meine Zeit bis zum Ende des Jahres zubringen sollte. Ich hatte Mangkassar vor sieben Monaten als einen überfluteten Sumpf, der zum Reissäen aufgepflügt war, verlassen. Die Regen hatten fünf Monate gedauert, und doch war jetzt schon aller Reis geschnitten und trockene und schmutzige Stoppeln bedeckten das Land gerade so wie zur Zeit meines ersten Besuches.

Nach vielem Umherfragen beschloß ich, den Distrikt von Máros, etwa dreißig Meilen nördlich von Mangkassar, zu besuchen, wo Herr Jacob Mesman, ein Bruder meines Freundes, wohnte, der sich liebenswürdigerweise angeboten hatte, mir eine Wohnung zu finden und mich zu unterstützen, falls ich mich geneigt fühlte, ihn zu besuchen. Ich erhielt demgemäß einen Paß vom Residenten und, nachdem ich ein Boot gemietet, fuhr ich eines Abends nach Máros ab. Mein Knabe Ali war so fieberkrank, daß ich ihn im Hospital unter der Aufsicht meines Freundes, des deutschen Arztes, zurücklassen mußte, und ich hatte mich mit zwei neuen Dienern, die in allen Dingen äußerst unwissend waren, zu behelfen. Wir fuhren während der Nacht die Küste entlang, liefen mit Tagesanbruch in den Máros-Fluß ein und erreichten um drei Uhr nachmittags das Dorf. Ich besuchte sofort den Assistent-Residenten und bat um zehn Mann für mein Gepäck und um ein Pferd für mich selbst. Diese wurden mir für die Nacht bereit versprochen, so daß ich so früh Morgens, als mir lieb war, aufbrechen konnte. Nach einer Tasse Tee verabschiedete ich mich und schlief in dem Schiffe. Einige der Leute kamen wie versprochen in der Nacht, aber andere kamen erst am folgenden Morgen. Es nahm etwas Zeit in Anspruch, mein Gepäck gerecht unter sie zu verteilen, da sie alle sich um die schweren Kasten herumzuschleichen suchten, irgendeinen leichten Gegenstand ergriffen und damit fortgingen, bis ich sie nötigte, zurückzukommen und zu warten, bis alles gut verteilt war. Endlich um acht Uhr etwa war alles arrangiert, und wir brachen nach Herrn Mesmans Gut auf.

Die Gegend bestand zuerst aus einer gleichmäßigen Ebene verbrannten Reisbodens, aber nach einigen Meilen kamen steile Hügel zum Vorschein, mit der hohen Zentralbergkette der Halbinsel im Hintergrunde. Gegen diese hin lag unser Weg, und nachdem wir sechs bis acht Meilen marschiert waren, fingen die Hügel an rechts und links gegen die Ebene hin vorzurücken, der Boden war hier und da von Blöcken und Säulen eines Kalksteinfelsens durchbrochen und einige steile konische Hügel und Spitzen stiegen wie Inseln empor. Als wir einen Höhenzug überschritten hatten, bot sich uns ein malerischer Anblick dar. Wir sahen in ein kleines Tal hinab, das fast gänzlich von Bergen umgeben war, die plötzlich steil anstiegen und eine Aufeinanderfolge von Hügeln und Spitzen und Kuppen in den verschiedensten und fantastischsten Formen bildeten. Gerade in der Mitte des Tales stand ein großes Bambushaus, während rund herum etwa ein Dutzend Hütten aus demselben Materiale zerstreut lagen.

Ich wurde von Herrn Jacob Mesman freundlich empfangen in einem luftigen vom Hause abgesonderten Saale, der ganz aus Bambus gebaut und mit Gras gedeckt war. Nach dem Frühstück führte er mich in das Haus seines Aufsehers, das einige hundert Fuß abseits lag; die Hälfte dieses Hauses wurde mir überlassen, bis ich mich entscheiden würde, wo ich eine Hütte zum eigenen Gebrauche gebaut haben wollte.

Der Wald in meiner Nähe war offen und frei von Unterholz und aus hohen weit auseinanderstehenden Bäumen gebildet, darunter eine große Menge von Palmbäumen (Arenga saccharifera), aus denen Palmwein und Zucker bereitet werden. Auch waren sehr viele wilde Jack-Fruchtbäume (Artocarpus) vorhanden, welche Mengen großer netziger Früchte trugen, ein vortreffliches Gemüse. Der Boden war so dick mit trocknen Blättern bedeckt wie in einem englischen Gehölz im November; die kleinen felsigen Bäche waren alle trocken, und kaum konnte man irgendwo einen Tropfen Wasser oder selbst nur eine feuchte Stelle sehen. Etwa fünfzig Ellen unterhalb meines Hauses, am Fuße des Hügels, befand sich ein tiefes Loch in einem Wasserlaufe, wo gutes Wasser zu haben war und wohin ich täglich zum

Baden ging, d. h. wo ich Eimer mit Wasser schöpfen und mir über den Körper gießen ließ.

Jedes Stückchen flachen Landes war gelichtet und als Reisfeld benutzt, und an den niedrigeren Abhängen vieler Hügel standen Tabak und Gemüse. Die meisten der Abhänge sind mit großen Felsblöcken bedeckt, die das Begehen derselben sehr erschweren, und eine Anzahl von Hügeln sind wegen ihrer Abschüssigkeit ganz unzugänglich. Diese Umstände zusammen mit der außerordentlichen Trockenheit waren für meine Zwecke sehr ungünstig. Vögel waren spärlich vorhanden, und ich erhielt nur wenige mir neue Insekten in ziemlicher Anzahl, aber ungleich vertreten. Käfer, gewöhnlich so zahlreich und interessant, waren äußerst selten, einige Familien ganz fehlend, andere nur durch sehr kleine Arten vertreten. Die Fliegen und Bienen dagegen in großen Mengen, und von diesen erhielt ich täglich neue und interessante Arten. Die seltenen und schönen Schmetterlinge von Celebes waren der Hauptgegenstand meines Suchens, und ich fand viele mir durchaus neue Arten, aber sie waren im allgemeinen so schnell und scheu, daß ihr Fang eine sehr schwierige Sache war. Fast der einzige gute Aufenthaltsort für sie war in den trockenen Betten der Waldströme, wo an feuchten Orten, sumpfigen Pfühlen oder selbst auf trockenen Felsen alle Sorten Insekten gefunden werden konnten. In diesen felsigen Wäldern hausen einige der schönsten Schmetterlinge der Erde. Drei Arten von Ornithoptera, die sieben bis acht Zoll quer über den Flügeln messen und mit Flecken oder Massen von atlasartigem Gelb auf schwarzem Grunde gezeichnet sind, winden sich durch das Dikkicht in schnellem, segelndem Fluge. An den sumpfigen Plätzen tummeln sich Schwärme schöner, blaugebänderter Papilios, miletus und telephus, der prächtige goldgrüne P. macedon und der seltene kleine Schwalbenschwanz (Papilio rhesus), von welchen allen es mir gelang, trotz ihrer Schnelligkeit schöne Reihen von Exemplaren zu erlangen.

Ich habe nicht häufig angeregtere Stunden verbracht als während meines Aufenthaltes an diesem Orte. Wenn ich meinen Kaffee um sechs Uhr des Morgens nahm, kamen oft seltene Vögel auf die nahen Bäume geflogen, und wenn ich in meinen Pantoffeln schnell einen Ausfall machte, so erwischte ich manchmal eine Beute, nach der ich wochenlang gesucht hatte. Die großen Hornvögel von Celebes (Buceros cassidix) kamen oft mit lautem Flügelschlag und setzten sich auf einen hohen Baum gerade vor mir; und die schwarzen Paviane (Cynopithecus nigrescens) starrten herab, erstaunt über den Einfall in ihre Domänen; nachts streiften Herden wilder Schweine um das Haus, verschlangen die Abfälle und nötigten uns, alles Eßbare und Zerbrechliche aus unserer kleinen Küche zu entfernen. In ein paar Minuten konnte ich von den gefällten Bäumen in der Nähe meines Hauses bei Sonnenauf- und -untergang oft mehr Käfer absuchen, als ich sonst an einem ganzen Sammeltage fand, und so konnten freie Augenblicke verwertet werden, welche, wenn man in einem Dorfe oder vom Walde entfernt wohnt, unvermeidlich verloren gehen. Wo die Zuckerpalmen von Saft tropften, kamen die Fliegen in ungeheurer Anzahl zusammen, und in einer halben Stunde, die ich dabei zubrachte, erhielt ich die schönste und beachtenswerteste Sammlung dieser Gruppe von Insekten, die ich je gemacht habe.

Und dann, welch herrliche Stunden waren es, wenn ich die trockenen Flußbette hinauf und hinunter ging, die, voll von Tümpeln, Felsen und gestürzten Bäumen, ein prachtvoller Pflanzenwuchs beschattete! Ich kannte bald jedes Loch, jeden Felsen und jeden Baumstumpf, näherte mich stets mit vorsichtigen Schritten und hielt den Atem an, wenn ich neue Schätze entdecken zu können hoffte. An einem Orte fand ich manchmal eine kleine Anzahl des seltenen Schmetterlings Tachyris zarinda, welche sich bei meinem Nahen erhoben und ihre lebhaft orangenen und zinnoberroten Flügel entfalteten, während zwischen ihnen einige der schönen blaugebänderten Papilios flatterten. Wo blattreiche Zweige über Vertiefungen hingen, konnte ich eine große ruhende Ornithoptera erwarten, die mir leicht zur Beute ward. Auf gewissen faulenden Baumstümpfen fand ich mit Sicherheit den seltenen kleinen Tigerkäfer (Therates flavilabris). In den dichteren Gebüschen fing ich manchmal einen kleinen metallischblauen Schmetterling (Amblypodia), der auf den Blättern saß, und einige seltene und schöne Blattkäfer der Familien Hispidae und Chrysomelidae.

Ich fand, daß die faulende Jack-Frucht für viele Käfer große Anziehungskraft besaß, und pflegte sie deshalb halb aufgeschlitzt nahe meinem Hause im Walde zum Faulen umherzustreuen. Ein Morgenbesuch an diesen Stellen brachte mir oft an zwanzig Arten.

Ungefähr in der zweiten Hälfte des September fielen heftige Regenschauer, die uns daran erinnerten, daß wir bald nasses Wetter erwarten müßten, sehr zum Vorteil des verbrannten Landes. Ich beschloß daher, den Fällen des Máros-Flusses einen Besuch abzustatten; sie sind an dem Punkte gelegen, wo der Fluß aus den Bergen tritt; Reisende besuchen diesen Ort oft, und er wird für sehr schön gehalten. Der Fall selbst kann nur auf einem Pfad erreicht werden, welcher hinter einem ungeheuren Felsenstück ansteigt, das zum Teil vom Berg abgefallen ist und einen Raum von zwei bis drei Fuß läßt, aber den Blick in eine dunkle Kluft freigibt, welche in die Tiefen des Berges hinabsteigt und deren Erforschung meine Neugier nicht reizte, da ich schon mehrere solche besucht hatte.

Jenseits des Stromes, ein wenig unter dem oberen Falle, steigt der Pfad einen steilen Abhang, etwa fünfhundert Fuß hoch, hinan und tritt durch ein Felsentor in ein enges

Tal ein, das von absolut senkrechten Felsenwällen von bedeutender Höhe eingeschlossen ist. Eine halbe Meile weiter wendet sich dieses Tal plötzlich nach rechts und wird schließlich zu einer bloßen Bergspalte. Diese erstreckt sich noch eine halbe Meile weiter, die Wände nähern sich allmählich bis auf nur zwei Fuß voneinander und der Boden steigt steil zu einem Passe hinauf, der wahrscheinlich in ein anderes Tal führt, aber den zu erforschen ich nicht Zeit hatte. Ich kehrte zurück bis an den Beginn dieser Felsenspalte; der Hauptpfad windet sich zur Linken hinauf bis zu einer Art von Vertiefung und erreicht einen Höhepunkt, über welchen sich ein schöner natürlicher, etwa fünfzig Fuß hoher Felsenbogen wölbt. Von da fiel er durch dichten Dschungel steil ab, in welchem man nur dann und wann die Abhänge und fernen Felsenberge sieht, und führt dem Anscheine nach wieder in das Hauptflußtal. Es reizte mich sehr, diese Gegend zu durchforschen, allein ich konnte aus mehreren Gründen nicht weitergehen. Ich hatte keinen Führer und keine Erlaubnis, die Bugis-Territorien zu betreten, und da der Regen zu jeder Stunde einsetzen konnte, so hätte ich durch Überschwemmungen des Flusses an der Rückkehr verhindert werden können. Ich befleißigte mich daher, während der kurzen Zeit meines Aufenthaltes so viel Kenntnisse als möglich von den Naturprodukten des Platzes zu gewinnen.

Die engen Klüfte bargen mehrere schöne Insekten, die mir ganz neu waren, und einen neuen Vogel, den seltsamen Phlaegenas tristigmata, eine große Erdtaube mit gelber Brust und Krone und purpurnem Nacken. Dieser holperige Weg bildet die Landstraße von Máros in das Bugis-Land jenseits der Berge. Während der Regenzeit ist sie ganz unpassierbar, der Fluß füllt das Bett aus und rauscht zwischen senkrechten, viele Hundert Fuß hohen Klippen. Selbst zur Zeit meines Besuches war sie sehr steil und ermüdend, und doch kamen Weiber und Kinder täglich herüber und Männer trugen schwere Lasten von Palmzucker von sehr geringem Werte. Auf dem Wege zwischen den unteren und oberen Fällen und am Rande der oberen Ausbuchtung fand ich die meisten Insekten. Der große, halb durchsichtige Schmetterling Idea tondana flog langsam dutzendweise umher, und hier war es, wo ich endlich ein Insekt erhielt, das ich lange erwünscht, aber kaum zu treffen erwartet hatte – den prächtigen Papilio androcles, einen der größten und wenigst bekannten schwalbenschwänzigen Schmetterlinge. Während meines viertägigen Aufenthaltes an den Fällen war ich so glücklich, sechs gute Exemplare zu erhalten. Wenn dieses schöne Geschöpf fliegt, flattern die langen weißen Schwänze wie Fahnen, und wenn es sich an dem Ufer niederläßt, trägt es dieselben hoch erhoben, als wollte es sie vor Beschädigung bewahren. Dieser Schmetterling ist selbst hier selten, denn ich sah nicht mehr als ein Dutzend Exemplare im ganzen und mußte vielen davon das Flußufer wiederholt auf und nieder folgen, ehe es mir gelang, sie zu fangen. Wenn die Sonne um Mittag am heißesten schien, bot das feuchte Ufer des kleinen Sees unter dem oberen Fall einen hübschen Anblick dar, indem es mit Gruppen hellfarbiger Schmetterlinge gesprenkelt war – orangener, gelber, weißer, blauer und grüner –, welche aufgestört sich zu Hunderten in buntfarbigen Wolken in die Lüfte erhoben.

Solche Schlünde, Klüfte und Abgründe, wie hier überall sind, habe ich nirgend sonst im Archipel gesehen. Man findet fast stets schräg abfallende Oberflächen, und ungeheure Wälle und rauhe Felsmassen schließen alle Berge und Täler ein. Vielerorten trifft man auch senkrechte oder selbst überhängende Felsen von fünf- bis sechshundert Fuß Höhe, und doch sind sie vollständig mit einem Pflanzenteppiche belegt. Farne, Pandanaceen, Sträucher, Schlinggewächse und selbst Waldbäume sind in ein immergrünes Netzwerk verschlungen, durch dessen Lücken der weiße Kalksteinfelsen oder die dunkeln Höhlungen und Klüfte, die überall zu finden sind, hindurch scheinen. Diese Abgründe können wegen ihrer besonderen Struktur eine solche Fülle von Pflanzen bergen. Ihre Oberfläche ist sehr unregelmäßig, in Löcher und Spalten zerrissen und mit Riffen, welche die Mündungen düsterer Höhlen überragen, bedeckt; aber von jeder vorspringenden Partie herab haben sich Stalaktiten gebildet, oft in wilden gotischen Schnörkeln über Gruben und zurücktretenden Vertiefungen; diese bieten den Wurzeln der Büsche, Bäume und Schlingpflanzen einen vortrefflichen Halt, sie gedeihen üppig in der warmen reinen Atmosphäre und in der wohltuenden Feuchtigkeit, welche beständig aus den Felsen ausschwitzt. An Orten, wo der Abhang eine ebene und feste felsige Oberfläche bietet, bleibt er ganz nackt oder nur spärlich mit Flechten und mit Farnbüschen besetzt, welche auf den kleinen Riffen und in den unbedeutendsten Lücken wachsen.

Der Leser, welcher die Tropennatur lediglich durch das Studium der Bücher und der botanischen Gärten kennt, wird sich selbst für diese Orte andere Naturschönheiten ausmalen. Er wird denken, daß ich unverantwortlicherweise die glänzenden Blumen vergessen habe, welche in schimmernden Massen von Rot, Gold oder Azur an diesen grünen Abhängen flimmern, über den Kaskaden hängen, und welche die Ränder des Bergstromes schmücken müssen. Aber wie ist es in Wirklichkeit? Vergebens ließ ich den Blick über diese großen Mauern von Grün schweifen, vergebens suchte ich zwischen den hängenden Schlingpflanzen und den buschigen Sträuchern rings um den Wasserfall, an den Ufern des Flusses oder in den tiefen Höhlen und düsteren Spalten – nicht ein einziger Fleck glänzender Farbe war zu entdecken, nicht ein einziger Baum oder Busch oder eine einzige Schlingpflanze trug eine Blume, die hinlänglich auffiel, um in der Landschaft eine Rolle zu spielen. Nach jeder Richtung hin fiel das Auge auf grünes Laubwerk und gesprenkelten Felsen. Es gab unendliche Abstufungen in der Farbe und in der Form des Laubwerkes, es lag Erhabenheit in den felsigen Massen und in der überschwenglichen Üppigkeit des Pflanzenwuchses, aber es gab keine prächtigen Farben, es waren keine jener glänzenden Blumen und schimmernden Blütenmassen vorhanden, von denen man so allgemein glaubt, daß sie überall in den Tropen vorhanden sind. Ich habe hier eine genaue Skizze einer üppigen tropischen Szene gegeben, wie ich sie an Ort und Stelle niederschrieb, und ihre allgemeinen charakteristischen Züge hinsichtlich der Farben sind so oft wiederholt worden, sowohl für Südamerika als auch für viele tausend Meilen in den östlichen Tropen, daß ich zu dem Schlusse gedrängt werde, daß alle diese Schilderungen den allgemeinen Ansichten der Natur in den äquatorialen (d. h. den tropischsten) Teilen der tropischen Regionen entsprechen. Wie kommt es nun, daß die Beschreibungen von Reisenden allgemein eine andere Vorstellung davon geben? Und wo *sind*, könnte man fragen, die prächtigen Blumen, von denen wir doch wissen, daß sie in den Tropen existieren? Diese Fragen können leicht beantwortet werden. Die schönen tropischen blühenden Pflanzen, die in unseren Treibhäusern gezogen werden, sind aus den verschiedensten Gegenden zusammengesucht worden und geben daher eine höchst irrtümliche Vorstellung von der Häufigkeit ihres Vorkommens in irgendeiner Gegend. Viele derselben sind sehr selten, andere außerordentlich lokalisiert, während eine beträchtliche Anzahl die dürreren Gegenden Afrikas und Indiens bewohnen, in welchen tropischer Pflanzenwuchs sich nicht in seiner gewöhnlichen Üppigkeit entfaltet. Schönes und verschiedenartiges Laubwerk ist mehr als freundliche Blumen charakteristisch für jene Teile, in denen die tropische Vegetation ihre höchste Entwicklung erlangt, und in solchen Distrikten ist die Blütezeit aller Arten von Pflanzen selten länger als wenige Wochen, ja manchmal nicht länger als einige Tage. An jedem Orte wird man nach einem längeren Aufenthalt eine Anzahl von prächtigen und glänzend blühenden Pflanzen auffinden, aber man muß sie suchen, und sie sind selten zu irgendeiner Zeit oder an irgendeinem Orte so zahlreich, daß sie einen bemerkenswerten Zug der Landschaft ausmachen. Jedoch ist es eine Sitte der Reisenden, alle schönen Pflanzen, welche sie während einer langen Wanderung angetroffen haben, zu beschreiben und zusammenzustellen, und so zaubern sie eine freundliche und blumengeschmückte Landschaft hervor. Selten haben sie einzelne landschaftliche Ansichten studiert und beschrieben, wo die Vegetation sehr üppig und schön war und einfach konstatiert, welche Wirkung durch Blumen auf sie hervorgebracht worden ist. Ich habe es öfter getan, und das Resultat dieser Untersuchungen hat mich gelehrt, daß die glänzenden Farben der Blumen einen viel größeren Einfluß auf das allgemeine Aussehen der Natur in gemäßigten Klimaten haben, als in tropischen. Während eines zwölfjährigen Aufenthaltes in der großartigsten tropischen Vegetation habe ich nichts gesehen, was sich mit der Wirkung vergleichen ließe, welche in unsern Landschaften durch Ginster, Färbe- und Heidekraut, wilde Hyazinthen, Weißdorn, Knabenkraut und Butterblumen hervorgerufen wird.

In meine Waldhütte zurückgekehrt, setzte ich mein tägliches Suchen nach Vögeln und Insekten fort. Aber das Wetter war furchtbar heiß und trocken, jeder Tropfen Wasser verschwand aus den Tümpeln und Felsenhöhlungen, und mit ihm die Insekten, welche sie zu besuchen pflegten. Nur *eine* Gruppe blieb von der intensiven Dürre unangefochten; die Diptera oder Zweiflügler kamen so zahlreich wie immer herbei, und auf diese war ich fast gezwungen, meine Aufmerksamkeit eine bis zwei Wochen lang zu konzentrieren, wodurch ich meine Sammlung dieser Ordnung auf etwa zweihundert Arten vermehrte.

Endlich, ungefähr Mitte Oktober, nach mehreren düsteren Tagen, kam eine Sintflut herab, welche fast jeden Nachmittag wieder einsetzte, und den Beginn des ersten Teiles der Regenzeit anzeigte. Nun hoffte ich, eine gute Insektenernte halten zu können, und nach einigen Richtungen hin wurde ich auch nicht enttäuscht. Käfer wurden viel zahlreicher, und unter der dichten Blattdecke, die sich auf einigen Felsen an der Seite des Waldstromes angesammelt hatte, fand ich Mengen von Carabidae, eine Familie, die im allgemeinen in den Tropen selten ist. Schmetterlinge jedoch verschwanden.

Vom Beginne des Regens an krochen Mengen von ungeheueren Tausendfüßlern, so dick wie mein Finger und acht bis zehn Zoll lang, überall herum, auf den Wegen, den Bäumen, um das Haus – und eines Morgens, als ich aufstand, fand ich einen in meinem Bette! Sie waren gewöhnlich von einer matten Bleifarbe oder einem tiefen Ziegelrot, und diese häßlichen Dinger kamen mir stets in die Quere; sie sind jedoch ganz harmlos. Auch Schlangen zeigten sich jetzt. Ich tötete zwei von einer sehr verbreiteten Art, dickköpfig und von schöner grüner Farbe, welche auf Blättern und Stauden aufgerollt liegen und kaum zu bemerken sind, bis man dicht vor ihnen steht. Braune Schlangen gerieten in mein Netz, während ich unter den toten Blättern nach Insekten herumschlug, und machten mich etwas vorsichtiger; ich griff nicht hinein, ehe ich nicht wußte, welche Art von Wild ich gefangen hatte. Die Felder und Wiesen, welche ausgetrocknet und nackt gewesen waren, bedeckten sich jetzt plötzlich mit schönem langen Grase; das Flußbett, in dem ich so oft über heiße Felsen gewandelt war, wurde nun ein tiefer und reißender Strom; und Mengen von Kräutern und Stauden kamen überall auf und blühten. Ich fand viele neue Insekten, und wenn ich ein gutes, geräumiges, wasser- und winddichtes Haus gehabt hätte, wäre ich vielleicht während der nassen Jahreszeit

dort geblieben, da ich sicher bin, daß dann viele Dinge vorkommen, welche in einer andern Zeit gar nicht vorhanden
sind. Mit meiner Sommerhütte jedoch war das unmöglich.
Während der heftigen Regen drang ein feiner Staubnebel
überall ein, und ich hatte die größten Schwierigkeiten,
meine Exemplare trocken zu erhalten.

Anfang November kehrte ich nach Mangkassar zurück,
und nachdem ich meine Sammlungen verpackt hatte, ging
ich mit dem holländischen Postdampfer nach Amboina und
Ternate. Diesen Teil meiner Reise lasse ich fürs erste beiseite und beschließe vorher im nächsten Kapitel meinen Bericht über Celebes mit der Beschreibung des äußersten nördlichen Teiles der Insel, den ich zwei Jahre später besuchte.

ERDBEBEN IN MINAHASSA

Es war nach meinem Aufenthalt auf Timor-Kupang, als
ich das nordöstliche Ende von Celebes besuchte und auf
meinem Wege Banda, Amboina und Ternate berührte. Ich
erreichte Menado am 10. Juni 1859 und wurde von Herrn
Tower, einem Engländer, der sehr lange schon in Menado
wohnt, wo er ein großes Geschäft betreibt, sehr gütig aufgenommen.

Ich verbrachte eine Woche sehr angenehm in der Stadt,
erkundigte mich genau nach einer guten Sammelstation,
welche ich sehr schwer fand infolge des ausgebreiteten An-
baues von Kaffee und Kakao, durch welchen der Wald viele
Meilen um die Stadt und auch viele Strecken mehr ins Innere hinein gelichtet ist.

Die kleine Stadt Menado ist eine der hübschesten des
Ostens. Sie hat das Aussehen eines großen Gartens mit
Hecken und ländlichen Villen mit breiten Wegen dazwi-
schen, die gewöhnlich miteinander rechtwinkelige Straßen

bilden. Gute Landwege zweigen sich in verschiedenen Richtungen gegen das Innere hin ab; sie sind von niedlichen Hütten mit reinlichen Gärten und von gut gedeihenden Pflanzungen besetzt, denen überall üppig stehende Fruchtbäume beigemischt sind. Gegen Westen und Süden ist das Land bergig, mit Gruppen schöner vulkanischer Spitzen von sechstausend bis siebentausend Fuß Höhe, die der Landschaft einen bedeutenden und malerischen Hintergrund verleihen.

Die Einwohner der Minahassa (wie dieser Teil von Celebes genannt wird) sind sehr von denen der ganzen übrigen Insel verschieden, und in der Tat auch von jedem anderen Volke des Archipels. Sie sind von lichtbrauner oder gelber Färbung und nähern sich oft der europäischen Blässe; sie sind von kleiner Statur, kräftig und wohlgeformt, besitzen offene und gefällige Gesichtszüge, die allerdings mit zunehmendem Alter durch das Hervortreten der Backenknochen mehr oder weniger entstellt werden, und das gewöhnliche lange, straffe, kohlschwarze Haar der malayischen Rassen. In einigen der Inseldörfer, in denen man annehmen kann, daß sie sich in der Rasse sehr rein erhalten haben, sind sowohl Männer als auch Frauen außerordentlich hübsch; während sie sich zur Küste hin, wo die Reinheit ihres Blutes durch die Vermischung mit anderen Rassen getrübt ist, mehr den gemeineren Typen der wilden Einwohner der Umgebung nähern.

In intellektueller und moralischer Hinsicht sind sie ebenfalls höchst eigentümlich. Sie sind außerordentlich ruhig und sanften Gemütes, sie fügen sich der Autorität, welche sie als über sich stehend anerkannt haben, werden leicht zum Lernen angeregt und nehmen die Sitten zivilisierter Völker an. Sie sind geschickte Mechaniker, und es scheint, daß sie einer tüchtigen geistigen Entwicklung fähig sind.

Bis auf die neueste Zeit waren diese Völkerschaften durchaus Wilde, und es gibt noch jetzt Leute in Menado, welche sich eines Tatbestandes erinnern, der mit dem von Schriftstellern des sechzehnten und siebzehnten Jahrhunderts gegebenen identisch ist. Die Bewohner der verschiedenen Dörfer waren voneinander getrennte Stämme, ein jeder unter seinem eigenen Häuptling; sie redeten in Sprachen, die sie gegenseitig nicht verstanden, und waren fast beständig im Kriege. Sie bauten ihre Häuser hoch auf Pfählen, um sich vor den Angriffen ihrer Feinde zu verteidigen. Sie waren Kopfjäger, wie die Dajaks auf Borneo, und sollen sogar manchmal Menschenfresser gewesen sein. Wenn ein Häuptling starb, so wurde sein Grab mit zwei frischen Menschenköpfen geschmückt; und wenn diese von Feinden nicht zu erhalten waren, so wurden zu diesem Zwecke Sklaven getötet. Menschliche Schädel waren die größten Zierden in dem Hause eines Häuptlings. Aus Streifen von Rinde bestand ihre einzige Kleidung. Das Land war eine pfadlose Wildnis und nur kleine Strecken mit Reis und Gemüse bebaut, oder hier und da unterbrachen Haine von Fruchtbäumen den sonst unwegsamen Wald. Ihre Religion war eine solche, wie sie sich bei dem unentwickelten Zustande des menschlichen Geistes naturgemäß herausbildet bei der Betrachtung der großen Naturereignisse und der Üppigkeit einer tropischen Zone. Der feuerspeiende Berg, der Gebirgsstrom und der See waren die Wohnungen ihrer Gottheiten; und von gewissen Bäumen und Vögeln meinte man, daß sie einen besondern Einfluß auf die Taten und das Geschick des Menschen ausübten. Sie feierten wilde und erregte Feste, um ihre Gottheiten und Dämonen zu versöhnen, und glaubten, daß die Menschen von ihnen in Tiere verwandelt werden könnten, sowohl bei Lebzeiten als auch nach dem Tode.

Das ist in der Tat das Lebensbild einer wilden Völkerschaft: kleine isolierte Gemeinwesen, die mit allen rund um sich herum im Kriege stehen, den Bedürfnissen und dem Elend einer solchen Lage ausgesetzt, trotz der Üppigkeit des Bodens nur eine unsichere Existenz fristend und von Generation zu Generation ohne den Wunsch nach physischer Verbesserung und ohne die Aussicht auf einen moralischen Fortschritt weiterlebend.

So war ihre Lage bis zum Jahre 1822, als die Kaffeepflanze zuerst eingeführt und Versuche sie zu kultivieren gemacht wurden. Man fand, daß sie ganz vortrefflich gedieh von fünfzehnhundert Fuß an bis viertausend Fuß hoch über dem Meere. Die Dorfhäuptlinge wurden dazu veranlaßt, den Anbau zu unternehmen. Samen und inländische Sachverständige als Lehrer wurden von Java geschickt; die Arbeiter, welche engagiert waren, um Lichtungen und Pflanzungen anzulegen, wurden mit Nahrungsmitteln versehen; ein Preis wurde festgesetzt, den man für allen Kaffee zahlte, welcher den Regierungs-Angestellten eingeliefert ward, und die Dorfhäuptlinge, welche jetzt den Titel »Major« führten, erhielten fünf Prozent von dem Ertrag. Nach einiger Zeit wurden Straßen von der Hafenstadt Menado nach der Hochebene hingeführt und kleinere Wege von Dorf zu Dorf angelegt; Missionare wurden in den bevölkerteren Distrikten ansässig und eröffneten Schulen, und chinesische Händler drangen ins Innere und boten Kleider und andere Luxusartikel an gegen Geld, das der Verkauf von Kaffee eingebracht hatte. Zu gleicher Zeit wurde das Land in Distrikte geteilt und das System der »Kontrolleure«, das in Java so gute Wirkungen erzielt hatte, eingeführt. Der »Kontrolleur« war ein Europäer oder ein Eingeborener von europäischem Blute; er war der oberste Aufseher der Anpflanzungen des Distriktes, der Ratgeber für die Häuptlinge, der Beschützer des Volkes, und er vermittelte zwischen diesen beiden und der europäischen Regierung. Es war seine Pflicht, jedes Dorf einmal im Monate zu besuchen und dem Residenten einen Bericht über die Lage einzuschicken. Da Streitigkeiten zwischen benachbarten Dörfern jetzt durch Anrufung einer höheren Autorität geschlichtet wurden, so kamen die alten und unbequemen halbbefestigten Wohnungen ab und unter der Leitung des Kontrolleurs wurden die meisten der Häuser nach einem hübschen und gleichmäßigen Plan aufgebaut. Dieser interessante Distrikt also war es, den ich jetzt im Begriffe stand zu besuchen.

Unsere Straße führte über einen Bergrücken etwa viertausend Fuß über dem Meere und stieg dann etwa fünfhundert Fuß bis zum Dorfe Rurúkan herab, das höchste in dem Distrikte Minahassa und wahrscheinlich auch in ganz Celebes. Hier hatte ich beschlossen, einige Zeit zu bleiben, um zu erforschen, ob diese Höhe ein Variieren der Tierwelt herbeigeführt hätte. Das Dorf war erst vor etwa zehn Jahren gegründet worden und ganz so nett wie diejenigen, durch welche ich schon gekommen war, aber noch viel malerischer. Es steht auf einer kleinen Erhöhung, von welcher ein steiler, bewaldeter Abhang hinunter an den schönen See von Tondáno mit seinen jenseitigen vulkanischen Bergen führt. An einer Seite ist ein Bergstrom und darüber hinaus ein schön bergiges und bewaldetes Land.

Nahe dem Dorfe stehen Kaffee-Plantagen. Die Bäume sind in Reihen gepflanzt und man kappt sie, so daß sie stets nur etwa sieben Fuß hoch sind. Dadurch wachsen die Seitenzweige sehr stark, so daß einige der Bäume vollkommen halbkugelig werden und von oben bis unten mit Früchten beladen sind; jeder trägt zehn bis zwanzig Pfund gereinigten Kaffees jährlich. Diese Plantagen sind alle von der Regierung angelegt worden und werden von den Dorfbewohnern unter Leitung ihres Häuptlings bestellt. Bestimmte Tage sind für das Einsammeln festgesetzt, und die ganze Arbeiterbevölkerung wird durch Gongtöne zusammenberufen. Man führt über die von jeder Familie geleisteten Arbeitsstunden Buch, und am Jahresschluß wird der Überschuß vom Verkaufe proportional unter sie verteilt. Der Kaffee wird in die Regierungs-Vorratshäuser gebracht, welche an Zentralplätzen über das ganze Land zerstreut sind, und ein niedriger festgesetzter Preis dafür gezahlt. Von diesem erhalten die Häuptlinge und Majore bestimmte Prozente und der Rest wird unter die Einwohner verteilt. Dieses System schafft sehr gut, und ich glaube, es ist für jetzt viel besser für das Volk, als der Freihandel es sein würde. Auch große Reisfelder sind da, und man sagte mir, daß in diesem kleinen Dorfe von siebzig Häusern für den Wert von hundert Lstrl. Reis verkauft wird.

Ich hatte ein kleines Haus am äußersten Ende des Dorfes inne, das fast über dem steilen Abhange hing, der an den Fluß hinabführt, und von dessen Veranda aus sich eine herrliche Aussicht darbot. Das Thermometer morgens stand oft auf 62° und stieg nie bis auf 80°, so daß es uns in der in den tropischen Ebenen gebräuchlichen Kleidung stets kühl und manchmal positiv kalt war, und das Wasser, an das ich täglich zum Baden ging, sich ganz eisig anfühlte. Obgleich es mir in diesen schönen Bergen und Wäldern sehr behagte, so war ich doch in betreff meiner Sammlungen etwas enttäuscht. Es bestand kaum ein merkbarer Unterschied zwischen dem animalischen Leben dieser gemäßigten Region und dem der dörrenden Ebenen unten, und der Unterschied, welcher zu konstatieren war, gereichte mir in den meisten Fällen nicht zum Vorteil. Dieser Höhe schien nichts absolut Eigentümliches anzugehören. Vögel und Vierfüßer waren weniger zahlreich, und die vorhandenen von denselben Arten.

Auch der Pflanzenwuchs zeigt nur in geringem Grade die Erhebung an. Die Bäume sind mehr mit Flechten und Moosen bedeckt, und die Farnkräuter und Baumfarne sind schöner und üppiger, als ich sie in den niedrigeren Gründen zu sehen gewohnt war, beides wahrscheinlich eine Folge der fast beständig hier vorherrschenden Feuchtigkeit. Mengen einer wenig schmackhaften Himbeere und blaue und gelbe Kompositen verleihen der Gegend das Ansehen einer etwas gemäßigten; und ganz kleine Farne und Orchideen zusammen mit Zwergbegonien auf den Felsen nähern die Vegetation mehr einer subalpinen. Der Wald jedoch ist im höchsten Grade üppig. Edle Palmen, Pandanen und Baumfarne sind zahlreich in demselben vertreten, und die Bäume des Waldes sind über und über mit Orchideen, Bromelien, Araceen, Lycopodien und Moosen behangen. Es überwiegen die gewöhnlichen stammlosen Farne; einige mit riesigen, zehn bis zwölf Fuß langen Wedeln, andere nur einen Zoll hoch; einige mit ganzrandigen und schweren Blättern, andere gefällig sich wiegend mit ihrem zierlich gezackten Laubwerk und den Waldpfaden endlose Abwechselung und Reize verleihend. Die Kakaonußpalme trägt noch viele Früchte, aber hinsichtlich des Öles soll sie zu wünschen übrig lassen. Orangen gedeihen besser als unten und herrliche Früchte reifen in Menge; aber die Pampelmuse (Citrus decumana) erfordert die ganze Kraft einer tropischen Sonne, denn sie kommt selbst in Tondano, tausend Fuß tiefer, nicht fort. An den Hügelabhängen wird Reis in großem Maßstabe gebaut und reift sehr gut, obgleich die Temperatur selten oder nie bis zu 80° ansteigt, so daß man meinen sollte, er würde in schönen Sommern selbst in England gedeihen, besonders wenn man die jungen Pflanzen unter Glas hielte.

Auf den Bergen liegt eine ungewöhnliche Menge Erde oder vegetabilischer Materie. Selbst an den steilsten Abhängen findet sich überall eine Decke von Lehm und Sand und gewöhnlich eine tüchtige Lage vegetabilischen Bodens. Das ist es vielleicht, was dem Walde diese gleichmäßige Üppigkeit verleiht und dem Erscheinen jener subalpinen Flora hinderlich ist, welche fast ebensosehr von dem vielfachen Vorhandensein felsiger und bloßliegender Oberflächen, als von dem Unterschiede des Klimas abhängt. In einer viel geringeren Höhe auf dem Berge Ophir in Malaka traten Dacrydien, Rhododendren und eine Menge von Kannenpflanzen, Farne und Erdorchideen plötzlich an die Stelle der hohen Waldbäume; aber das war lediglich die Folge des Vorkommens eines ausgedehnten Abhanges von nacktem Granitfelsen in einer Höhe von weniger als dreitausend Fuß. Die Menge vegetabilischen Bodens und auch von losem Sand und Lehm, die an den steilen Abhängen, an den Gipfeln von Hügeln und an den Seiten der Bergschluchten haftet, ist eine seltsame und wichtige Erscheinung. Vielleicht liegt die Ursache zum Teil in beständigen leichten Erderschütterungen, welche den Zerfall der Felsen begünstigen; aber es zeigt auch wohl an, daß das Land lange Zeit leicht wirkenden atmosphärischen Einflüssen ausgesetzt gewesen ist, und daß seine Hebung außerordentlich langsam und andauernd stattgefunden hat.

Während meines Aufenthaltes in Rurúkan wurde meine Neugierde durch die Erfahrung einer ziemlich starken Erderschütterung zufriedengestellt. Am Abend des 29. Juni, ein Viertel nach acht Uhr, als ich gerade lesend dasaß, begann das Haus mit einer sehr sanften, aber rapide wachsenden Bewegung zu schwanken. Ich saß noch, mich der neuen Empfindung einige Sekunden lang erfreuend, aber in weniger als einer halben Minute wurde sie stark genug, um mich in meinem Stuhle zu schütteln, und das Haus sichtbar hin- und herschaukeln, schwirren und knarren zu machen, als ob es in Stücke zerfallen wollte. Sofort hörte man im Dorfe: »Tana goyang! tana goyang!« (Erdbeben! Erdbeben!) schreien. Jedermann stürzte aus seinem Hause – Weiber kreischten und Kinder schrien – und auch ich hielt es für geraten, hinauszugehen. Beim Aufstehen schwindelte mir den Kopf, meine Schritte waren unsicher, und ich konnte kaum ohne zu fallen hinauskommen. Der Stoß hielt etwa eine Minute an, und während dieser Zeit hatte ich das Gefühl, als ob ich um und um gedreht worden wäre und war beinahe seekrank. Als ich wieder ins Haus trat, fand ich eine Lampe und eine Flasche mit Arrak umgestürzt. Das

Glas der Lampe war aus dem Gestell, in welchem es stand, herausgeschleudert. Der Stoß schien fast senkrecht, plötzlich, vibrierend und wippend gewesen zu sein. Er wäre stark genug gewesen, wie ich nicht bezweifele, Schornsteine, Mauern und Kirchtürme aus Backsteinen niederzuwerfen; aber da die Häuser hier alle niedrig und stark aus Holz gebaut sind, so ist es nicht möglich, daß sie bedeutend beschädigt werden können, es sei denn durch einen Erdstoß, der eine europäische Stadt von Grund aus zerstören würde. Die Leute sagten mir, daß vor zehn Jahren eine stärkere Erschütterung als diese stattgehabt habe, bei welcher viele Häuser niedergeworfen und einige Menschen getötet wurden.

In Zwischenräumen von zehn Minuten bis zu einer halben Stunde wurden leichte Stöße und Erzitterungen verspürt, die manchmal stark genug waren, um uns alle wieder vor die Türen zu jagen. Das Grausige und Komische unserer Lage mischte sich in sonderbarer Weise. Wir hätten in jedem Augenblick einen viel stärkeren Stoß erhalten können, der die Häuser über uns zusammenstürzen machte, oder – was ich mehr fürchtete – einen Erdrutsch verursachen konnte, der uns in die tiefe Bergschlucht, an deren äußerstem Rande das Dorf gebaut ist, hinabexpedierte; und doch konnte ich das Lachen nicht unterdrücken, wenn wir jedesmal bei einem leichten Stoße hinaus und dann nach einigen Augenblicken wieder hereinstürzten. Es war hier buchstäblich vom Erhabenen zum Lächerlichen nur ein Schritt. Auf der einen Seite das fürchterlichste und zerstörendste Naturphänomen um uns in Tätigkeit – die Felsen, die Berge, der feste Boden unter uns wankend und in Zukkungen und wir selbst im äußersten Maße unfähig, uns gegen die Gefahr zu schützen, die uns in einem Augenblicke vernichten konnte. Auf der andern das Schauspiel, daß eine Anzahl Männer, Weiber und Kinder ein- und ausliefen aus ihren Häusern, was jedesmal einen unnötigen Lärm verursachte, da jeder Stoß gerade aufhörte, wenn er stark genug geworden war, uns zu schrecken. Es schien gerade so, als ob man »Erdbeben spielte«, und es machte viele Leute mit mir lachen, während man sich gegenseitig daran erinnerte, daß es dabei in der Tat nichts zu lachen gäbe.

Zuletzt wurde der Abend sehr kalt, ich war sehr schläfrig und beschloß drinnen zu bleiben. Allein, ich hatte mich in meinem Gleichmute verrechnet, denn ich konnte nicht viel schlafen. Die Stöße wiederholten sich in Zwischenräumen von einer halben Stunde bis zu einer Stunde die ganze Nacht durch und waren gerade stark genug, um mich jedesmal vollständig aus dem Schlafe zu rütteln und mich bereit sein zu lassen, im Falle der Gefahr aufzuspringen. Ich war daher sehr froh, als der Morgen hereinbrach. Die meisten der Einwohner waren überhaupt nicht zu Bette gewesen, und einige hatten die ganze Nacht vor den Türen zugebracht. Die nächsten zwei Tage und Nächte hielten die Erdstöße noch in kurzen Zwischenräumen an und selbst noch mehrere Male am Tage, eine Woche lang; sie bewiesen, daß eine sehr bedeutende Störung unter unserem Teile der Erdkruste Platz gegriffen haben mußte. Wie ungeheuer die Arbeitskräfte in Wirklichkeit dabei sind, das können wir streng genommen nur dann annähernd schätzen, wenn wir, nachdem wir ihre Wirkungen verspüren, umherschauen über den weiten Umkreis von Hügel und Tal, Ebene und Berg, und so in einem geringen Grade die ungeheuere Masse von Stoff vor Augen haben, die gehoben und erschüttert wird. Die durch ein Erdbeben hervorgerufene Empfindung vergißt man nie. Man fühlt sich in der Gewalt von Mächten, gegen welche die wildeste Wut der Stürme und der Wellen nichts ist, und die Wirkung ist mehr die eines Schauers der Ehrfurcht, als dem Schrecken gleich, den der tobendere Krieg der Elemente hervorruft. Es herrscht dabei eine mysteriöse Ungewißheit in betreff der Größe der Gefahr, welche man läuft, eine Ungewißheit, welche der Einbildungskraft und den Einflüssen von Hoffnung und Furcht mehr Spielraum läßt. Diese Bemerkungen beziehen sich nur auf ein mildes Erdbeben. Ein heftiges ist die vernichtendste und furchtbarste Katastrophe, welcher menschliche Wesen ausgesetzt sein können.

Gerade meiner Wohnung in Rurúkan gegenüber lag das Schulhaus. Der Schullehrer war ein Eingeborner, von dem Missionar in Tomosón erzogen. Jeden Morgen war Schule ungefähr drei Stunden lang und zweimal in der Woche abends Katechismusübungen und Predigt. Gottesdienst war auch am Sonntagmorgen. Die Kinder wurden alle Malayisch unterrichtet, und ich hörte sie oft die Multiplikationstabelle bis hinauf zu 20 mal 20 sehr zungenfertig hersagen. Sie schlossen immer mit einem Gesang, und es war sehr wohltuend, viele unserer alten Psalmweisen in diesen fernen Gebirgen mit malayischen Worten singen zu hören. Die Einführung des Gesanges ist eine der wirklichen Wohltaten, welche die Missionare den wilden Nationen erweisen, deren eigene Gesänge fast immer monoton und melancholisch sind.

Kinder müssen bis zu einem bestimmten Grade der Autorität und der Führung unterworfen werden; und wenn man diese der Sache gemäß handhabt, so werden sie sich mit frohem Mute unterordnen, weil sie ihre eigene Inferiorität kennen und es glauben, daß ihre Eltern lediglich zu ihrem eigenen Besten handeln. Sie lernen vieles, dessen Nutzen sie nicht einsehen, und was sie nie lernen würden, ohne etwas moralischen und gesellschaftlichen, wenn nicht physischen Druck. Die Gewohnheit der Ordnung, des Fleißes, der Reinlichkeit, der Achtung und des Gehorsams werden auf ähnliche Weise eingeprägt. Kinder würden nie zu wohlgesitteten und wohlerzogenen Männern aufwachsen, wenn dieselbe absolute Freiheit zu handeln, wie sie Männern gestattet ist, ihnen gestattet wäre. Die beste Erziehung unterwirft die Kinder einem milden Despotismus zu ihrem eigenen Besten und zu dem der Gesellschaft; und ihr Zutrauen in die Weisheit und Güte derjenigen, welche diesen Despotismus anordnen und anwenden, gibt den schlechten Leidenschaften und den sie herabwürdigenden Empfindungen, welche unter weniger günstigen Bedingungen seine gewöhnliche Folgen sind, ein Gegengewicht.

Nun herrscht hier nicht etwa nur eine Analogie, sondern nach vielen Seiten hin eine Identität von Beziehungen zwischen Lehrer und Schüler oder Eltern und Kindern auf der einen Seite und einer unzivilisierten Rasse und ihren zivilisierten Herrschern auf der andern. Wir wissen (oder glauben es zu wissen), daß die Erziehung und der Gewerbefleiß und die allgemeinen Sitten der zivilisierten Menschen denen des wilden Lebens vorzuziehen sind; und wenn der Wilde mit ihnen bekannt wird, so gibt er es selbst zu. Er bewundert die überlegenen Errungenschaften des zivilisierten Menschen, und mit Stolz nimmt er solche Gebräuche an, welche nicht zu sehr mit seiner Trägheit, seinen Leidenschaften oder seinen Vorurteilen im Widerspruche stehen. Aber wie das eigensinnige Kind oder der faule Schulknabe, dem nie Gehorsam gelehrt und der nicht angehalten wurde etwas zu tun, was er, wenn es nach seinem eigenen freien Willen ginge, nicht geneigt war zu tun, in den meisten Fällen weder Erziehung noch Manieren sich aneignen würde, so ist es noch viel unwahrscheinlicher, daß der Wilde mit all seiner festen Mannhaftigkeit und mit all jenen traditionellen Vorurteilen seiner Rasse jemals mehr als einige der wenigst wohltätigen Gebräuche der Zivilisation lediglich kopieren würde, ohne einen nachhaltigeren Anreiz als den der Lehre, welche durch das Beispiel nur sehr unvollkommen unterstützt wird.

Wenn wir ein Recht zu haben glauben, die Herrschaft über eine wilde Rasse an uns zu reißen und ihr Land in Besitz zu nehmen; und wenn wir es weiter für unsere Pflicht halten, alles Mögliche zu tun, um unsere rohen Untertanen zu veredeln und sie auf gleiche Stufe mit uns selbst zu heben, so dürfen wir nicht zu ängstlich sein in betreff eines Rufes über »Despotismus« und »Sklaverei«, sondern wir müssen die Autorität, welche wir besitzen, benutzen, um sie zur Arbeit anzuhalten, welche sie vielleicht überhaupt nicht lieben, aber von welcher wir wissen, daß sie ein unumgänglich notwendiger Schritt ist zu moralischem und physischem Fortschritt. Die Holländer haben viel gute Politik bewiesen in der Art, wie sie dieses zuwege brachten. Sie haben in den meisten Fällen die Autorität der eingeborenen Häuptlinge, denen das Volk gewohnt war einen willenlosen Gehorsam entgegenzutragen, aufrecht erhalten und gekräftigt; und indem sie auf die Intelligenz und das Eigeninteresse dieser Häuptlinge wirkten, haben sie Veränderungen in den Sitten und Gebräuchen des Volkes zuwege gebracht, welche Mißstimmung und vielleicht Aufstand erregt haben würden, wären sie direkt von Fremden erzwungen worden.

Wenn man ein solches System anwendet, so hängt viel von dem Charakter des Volkes ab; und das System, welches vortrefflich an *einem* Orte einschlägt, kann vielleicht nur in einem sehr beschränkten Grad an einem andern angewandt werden. In der Minahassa haben die natürliche Gelehrigkeit und die Intelligenz der Rasse ihren Fortschritt rapide herbeigeführt; und wie wichtig dieser Faktor ist, das illustriert vortrefflich die Tatsache, daß in der unmittelbaren Nachbarschaft der Stadt Menado ein Stamm existiert (die Banteks), von einer viel weniger zu beeinflussenden Naturanlage, welcher bis jetzt allen Anstrengungen der holländischen Regierung, irgendeine systematische Kultur dort einzuführen, Trotz bot. Diese Menschen verharren in ihren roheren Verhältnissen, aber dienen willig bei Gelegenheit als Träger und Arbeiter, wozu ihre größere Kraft und Rührigkeit sie auch gut geeignet macht.

Es unterliegt wohl keinem Zweifel, daß das hier skizzierte System ernsten Einwürfen zugänglich erscheint. Es ist bis zu einem gewissen Belange despotisch und steht im Widerspruche mit dem Freihandel, der freien Arbeit und dem freien Verkehr. Ein Eingeborener darf sein Dorf nicht ohne Paß verlassen und darf sich nicht von irgendeinem Kaufmann oder Kapitän ohne Erlaubnis der Regierung anstellen lassen. Aller Kaffee muß an die Regierung verkauft werden zu einem Preise, der weniger als die Hälfte von dem beträgt, den der Kaufmann des Ortes dafür geben würde, und dieser schreit daher laut gegen »Monopol« und »Bedrückung«. Allein er übersieht, daß die Kaffeeplantagen von der Regierung mit einer großen Kapitalauslage und mit vielem Geschick eingerichtet worden sind; daß sie das Volk unentgeltlich unterrichtet und daß das Monopol an die Stelle der Steuern tritt. Er übersieht, daß die Produkte, die er kaufen und durch die er verdienen will, von der Regierung geschaffen wurden, ohne welche das Volk noch ein wildes geblieben wäre. Er weiß sehr wohl, daß der Freihandel in erster Linie die Einfuhr ganzer Ladungen von Arrak zur Folge hätte, der über Land gebracht und für Kaffee eingetauscht würde, daß Trunksucht und Armut Platz griffen; daß die öffentlichen Kaffeeplantagen nicht besorgt werden würden; daß die Qualität und Quantität des Kaffees bald sich verringern würde; daß Händler und Kaufleute reich würden, aber daß das Volk in Armut und Barbarei zurückfiele. Daß das unabänderlich die Folge des Freihandels bei irgendwelchen wilden Stämmen ist, welche ein wertvolles Produkt besitzen, sei es natürlich gezogen oder künstlich eingeführt, das ist allen denen wohlbekannt, welche solche Völkerschaften besucht haben; aber wir könnten es selbst aus allgemeinen Prinzipien vorhersagen, daß üble Resultate daraus entstehen müssen. Wenn man sagen könnte, daß bei *einer* Sache mehr als bei einer andern das große Gesetz der Kontinuität oder der Entwicklung seine Anwendung findet, so wäre es bei dem menschlichen Fortschritt. Es gibt gewisse Stadien, welche die Gesellschaft durchlaufen muß auf ihrem vordringenden Marsche von der Barbarei zur Zivilisation. Nun ist eines dieser Stadien stets irgendeine Form des Despotismus gewesen, wie z. B. der Feudalismus oder die Dienstbarkeit oder ein despotisch väterliches Regiment; und wir haben allen Grund zu glauben, daß es der Menschheit nicht möglich ist, über diese Übergangsepoche hinwegzuspringen und sofort von reiner Wildheit in einen Zustand freier Zivilisation zu gelangen. Das holländische System versucht es, dieses fehlende Glied darzubieten und das Volk über regelmäßige Stufen zu jener höheren Zivilisation vorwärts zu bringen, welche wir (die Engländer) auf einmal ihnen aufzudrängen trachten. Unser System hat immer Mißerfolge gehabt. Wir demoralisieren und wir vernichten, aber wir zivilisieren nie in Wahrheit. Ob das holländische System auf die Dauer von Erfolgen begleitet sein wird, das ist sehr fraglich, da es vielleicht nicht möglich ist, die Arbeit von zehn Jahrhunderten in eines zusammenzudrängen; aber auf alle Fälle nimmt es die Natur als Führer und kann daher mehr Anspruch auf Erfolge machen und wird auch wahrscheinlich mehr Erfolg haben als das unsrige.

Nach einem Aufenthalte von vierzehn Tagen in Rurúkan verließ ich dieses hübsche und interessante Dorf, um einen Ort und ein Klima zu suchen, das für Vögel und Insekten günstiger ist. Ich verbrachte den Abend mit dem Kontrolleur von Tondáno und verließ ihn am nächsten Morgen um neun Uhr in einem kleinen Boot, um mich nach dem andern Ende des Sees etwa zehn Meilen von da zu begeben. Das untere Ende des Sees ist von Sümpfen und Niederungen von beträchtlicher Ausdehnung begrenzt, welche ein wenig weiter von den Hügeln bis an den Rand des Wassers reichen und ihm das Aussehen eines großen Flusses verleihen, dessen Breite etwa zwei Meilen ist. Am oberen Ende liegt das Dorf Kákas, wo ich mit dem Häuptling in einem guten Hause, ähnlich jenen, welche ich schon beschrieben habe, zu Mittag speiste, und dann nach Langówan ging, vier Meilen weiter über ebenes Land. An diesem Orte hatte man mir geraten zu bleiben; ich packte daher meine Sachen aus und machte es mir in dem großen für Besucher bestimmten Hause bequem. Ich erhielt einen Jäger und einen andern Mann als Begleiter für den nächsten Tag in den Wald, in welchem ich einen guten Sammelboden zu finden hoffte.

Am nächsten Morgen besuchte ich die heißen Quellen und Schlammvulkane, wegen welcher dieser Ort berühmt ist. Ein malerischer Weg zwischen Plantagen und Bergwässern brachte uns an ein hübsches rundes Bassin von etwa vierzig Fuß Durchmesser, von einem kalkartigen Gestein eingefaßt und so gleichmäßig rund geformt, daß es wie künstlich angelegt aussah. Es war mit klarem Wasser fast auf dem Siedepunkte gefüllt und sandte Rauchwolken und einen starken Schwefelgeruch aus. Es fließt an einer Stelle über und bildet einen kleinen Strom heißen Wassers, welches in einer Entfernung von mehren hundert Fuß noch zu heiß ist, um die Hand hineinhalten zu können. Ein wenig weiter waren zwei andere nicht so regelmäßig geformte, aber anscheinend viel heißere, da sie fortwährend lebhaft aufwallten. In Zwischenräumen von wenigen Minuten stieg eine Menge Dampf oder Gas auf und warf eine Wassersäule drei bis vier Fuß hoch.

Wir gingen dann an die Schlammquellen, welche etwa eine Meile von da entfernt und noch merkwürdiger sind. Auf einem etwas abfallenden Terrain befindet sich in einer leichten Vertiefung ein kleiner See flüssigen Schlammes, blau, rot und weiß gefleckt und an vielen Stellen heftig kochend und Blasen aufwerfend. Rund herum auf dem gehärteten Ton sind kleine Quellen und Krater voll von kochendem Schlamm. Diese scheinen sich fortwährend neu zu bilden, indem zuerst ein kleines Loch zum Vorschein kommt, aus welchem Strahlen von Schaum und kochendem Schlamm aufsteigen, der im Erhärten kleine Kegel mit einem Krater in der Mitte bildet. Der Boden ist eine Strecke weit sehr unsicher, augenscheinlich in einer geringen Tiefe flüssig und auf Druck nachgiebig wie dünnes Eis. An einen der kleineren Strahlen am Rande, dem ich mich genähert hatte, hielt ich die Hand, um zu prüfen, ob er wirklich so heiß sei, wie er aussah, als ein kleiner Schlammtropfen mir auf die Finger spritzte und mich wie kochendes Wasser verbrühte. Etwas davon entfernt war eine flache nackte Felsenoberfläche, so glatt und heiß wie eine Ofenwand, offenbar ein alter aufgetrockneter und gehärteter Schlammpfuhl. Hunderte von Fuß im Umkreise, wo sich Dämme von rötlichem und weißem Ton befanden, der zum Weißen gebraucht wird, war es nahe der Oberfläche noch so heiß, daß die Hand kaum in wenige Zoll tiefe Spalten gehalten werden konnte, Spalten, aus denen ein starker Schwefelgeruch aufstieg. Man erzählte mir, daß vor einigen Jahren ein Franzose, der diese Quellen besuchte, sich zu nahe an den flüssigen Schlamm wagte, und, als die Kruste nachgab, in diesen furchtbaren Kochkessel stürzte.

Dieses Vorhandensein einer so intensiven Hitze nahe der Oberfläche über einen großen Strich Landes war sehr eindrucksvoll, und ich konnte mich kaum des Gedankens entschlagen, daß plötzlich einmal eine furchtbare Katastrophe das Land verwüsten würde. Doch ist es möglich, daß alle diese Öffnungen wahre Sicherheitsventile sind, und daß der ungleiche Widerstand der verschiedenen Teile der Erdrinde eine Ansammlung der Kräfte, wie sie notwendig wäre, um ein ausgedehntes Areal zu heben und zu verschütten, stets verhindert. Etwa sieben Meilen westlich davon ist ein Vulkan, der ungefähr dreißig Jahre vor meinem Besuch in Tätigkeit war und damals, als er die Umgegend mit Aschenregen überschüttete, einen großartigen Anblick dargeboten haben soll. Der Boden um den See, der aus dem Gemische der vulkanischen Auswurfstoffe und aus deren Zersetzungsprodukten besteht, ist von erstaunlicher Fruchtbarkeit und könnte bei einer angemessenen Fruchtfolge beständig Erzeugnisse liefern. Jetzt wird drei bis vier Jahre hintereinander Reis darauf gebaut, dann liegt er eine Zeitlang brach, bis wieder Reis und Mais darauf gedeihen. Guter Reis gibt dreißigfachen Ertrag und Kaffeebäume tragen zehn bis fünfzehn Jahre lang üppig ohne Dünger und fast ohne irgendwelche Pflege.

Während der drei Wochen, welche ich in Panghu war, regnete es fast täglich, entweder nur am Nachmittage oder den ganzen Tag hindurch: aber gewöhnlich waren am Morgen einige Stunden Sonnenschein, und ich nahm diese wahr, um die Straßen und Wege, die Felsen und Schluchten nach Insekten zu durchsuchen. Diese waren nicht sehr zahlreich vertreten; ich sah jedoch genug, um die Überzeugung zu gewinnen, daß die Lokalität eine gute war; wenn ich nur am Beginne statt am Ende der trockenen Jahreszeit dort gewesen wäre! Die Eingeborenen brachten mir täglich einige Insekten, die sie bei den Sagneir-Palmen erhielten, darunter einige schöne Hirschkäfer. Zwei kleine Knaben waren sehr geschickt mit dem Blasrohr und brachten mir viele kleine Vögel, welche sie mit Lehmkügelchen schossen. Darunter war ein hübscher kleiner Blumenpicker, eine neue Art (Prionochilus aureolimbatus), und mehrere der lieblichsten Honigsauger, die ich je gesehen habe. Meine Hauptsammlung von Vögeln aber vermehrte sich fast nicht; denn wenn ich auch schließlich einen Jäger bekam, so taugte er doch nicht viel und brachte mir selten mehr als einen Vogel per Tag. Das beste, was er schoß, war eine große und seltene Fruchttaube, die dem nördlichen Celebes eigentümlich ist (Carpophaga forsteni) und nach der ich schon lange gesucht hatte.

Ich selbst hatte vielen Erfolg in einer schönen Gruppe von Insekten, den Tigerkäfern, welche hier zahlreicher und verschiedenartiger zu sein scheinen als an irgendeinem anderen Ort im Archipel.

Unter dem Volke hier beobachtete ich Individuen verschiedenartiger Typen, welche, zusammen mit den Eigentümlichkeiten ihrer Sprachen, mir einen Fingerzeig in betreff ihrer wahrscheinlichen Abstammung gaben. Eine auffallende Illustration der niedrigen Zivilisationsstufe dieses Volkes, bis vor ganz kurzer Zeit, liegt in den großen Differenzen ihrer Sprachen. Drei bis vier Meilen voneinander entfernte Dörfer haben verschiedenartige Dialekte, und jede Gruppe von drei bis vier solcher Dörfer hat eine eigene, allen andern ganz unverständliche Sprache, so daß bis auf die neuerliche Einführung des Malayischen durch die Missionare, dem freien Verkehre dadurch eine Schranke gesetzt gewesen sein muß. Diese Sprachen bieten viele Eigentümlichkeiten. Sie enthalten ein celebensisch-malayisches und ein papuanisches Element, damit parallel einige Wurzeleigentümlichkeiten, die auch in den Sprachen der Sjao- und Sangir-Insulaner mehr nach Norden gefunden werden und daher wahrscheinlich von den Philippinen herstammen. Einige der weniger zivilisierten Stämme haben halb papuanische Gesichtszüge und Haare, während in einigen Dörfern die echte Celebes- und Bugis-Physiognomie vorherrscht. Die Hochebene von Tondáno ist hauptsächlich von einem Volke bewohnt, das so weiß ist wie die Chinesen, mit sehr gefälligen halb europäischen Gesichtszügen. Das Volk von Sjao und Sangir gleicht diesen sehr, und ich glaube, daß sie vielleicht von einigen der Inseln Nord-Polynesiens eingewandert sind. Der Papua-Typus würde den Rest der Ureinwohner repräsentieren, während die Bugis-Charaktere die Verbreitung der höheren malayischen Rassen nach Norden andeuten.

Da ich wegen des schlechten Wetters und der Krankheit meiner Jäger eine wertvolle Zeit in Panghu verlor, so kehrte ich nach einem Aufenthalte von drei Wochen nach

Menado zurück. Hier befiel mich ein kleines Fieber und daher und bis ich meine Sammlungen getrocknet und verpackt und neue Diener engagiert hatte, vergingen vierzehn Tage, ehe ich wieder zur Abreise gerüstet war. Ich ging nun nach Osten über ein welliges Land, das den großen Vulkan von Klábat umgibt, bis an ein Dorf Namens Lempías, dicht neben dem ausgedehnten Walde gelegen, welcher die niedrigen Abhänge jenes Berges bedeckt. Mein Gepäck wurde von Dorf zu Dorf durch sich ablösende Männer getragen, und da jeder Wechsel etwas Aufenthalt erforderte, so erreichte ich meinen Bestimmungsort (eine Entfernung von achtzehn Meilen) erst nach Sonnenuntergang. Ich war durch und durch naß und mußte eine Stunde in einem unbehaglichen Zustande warten, bis der erste Teil meines Gepäckes ankam, der glücklicherweise meine Kleider enthielt, während der Rest nicht vor Mitternacht eintraf.

Da dieses der Distrikt war, welchen jenes sonderbare Tier, der Babirussa (Hirscheber) bewohnt, so suchte ich nach Schädeln und erhielt bald einige ziemlich gut erhaltene und auch einen von dem seltenen und bemerkenswerten »Sapi-utan« (Anoa drepressicornis). Von diesem Tiere hatte ich zwei lebende Exemplare in Menado gesehen und war von ihrer großen Ähnlichkeit mit kleineren Rindern oder noch mehr mit der südafrikanischen Elenantilope überrascht. Ihr malayischer Name bedeutet »Waldochse«, und sie unterscheiden sich von sehr kleinen gut gezüchteten Ochsen hauptsächlich durch die tief herabhängende Wampe und durch die geraden spitzen Hörner, welche sich über den Nacken herab neigen. Ich fand hier den Wald nicht so reich an Insekten, wie ich erwartet hatte, und meine Jäger brachten nur sehr wenig Vögel, aber was sie erhielten, war sehr interessant.

Als ich mich aber zehn Tage vergebens um weitere bemüht hatte, ging ich nach Licoupang, am äußersten Ende der Halbinsel, ein Platz, der für diese Vögel sowohl, als auch für den Babirussa und den Sapi-utan berühmt ist. Ich fand hier Herrn Goldmann, den ältesten Sohn des Gouverneurs der Molukken, der die Errichtung einiger Regierungs-Salzwerke beaufsichtigte. Es war dies eine günstigere Lokalität, und ich erhielt einige schöne Schmetterlinge und sehr gute Vögel, darunter noch ein Exemplar der seltenen Erdtaube (Phlegaenas tristigmata), die ich zuerst nahe dem Máros-Wasserfall in Süd-Celebes gefunden hatte.

Als Herr Goldmann erfuhr, wonach ich hauptsächlich suchte, bot er mir freundlicherweise eine Jagdpartie nach dem Platze an, an welchem die »Maleos« am zahlreichsten vorkommen, ein entferntes und unbewohntes Seegestade, etwa zwanzig Meilen von da. Das Klima war hier ganz von dem in den Bergen verschieden, nicht ein Tropfen Regen war seit vier Monaten gefallen; ich traf daher Veranstaltungen, eine Woche an der Küste zu bleiben, um mir eine gute Anzahl Exemplare zu sichern. Wir fuhren teils per Schiff, teils gingen wir durch den Wald, von dem Major oder Häuptling von Licoupang begleitet, mit einem Dutzend Eingeborener und etwa zwanzig Hunden. Unterwegs fingen sie einen jungen Sapi-utan und fünf wilde Schweine. Von ersterem bewahrte ich den Kopf auf. Dieses Tier ist gänzlich auf die fernen Bergwälder von Celebes und eine oder zwei der anliegenden Inseln, welche zu derselben Gruppe gehören, begrenzt; bei den ausgewachsenen ist der Kopf schwarz, mit einem weißen Punkt über jedem Auge, einem auf jeder Backe und einem andern an der Kehle. Die Hörner sind sehr glatt und scharf in der Jugend, und werden mit dem Alter dicker und unten gerifft. Die meisten Naturforscher betrachten dieses seltsame Tier als einen kleinen Ochsen, aber nach dem Charakter der Hörner, nach dem schönen Haarkleide und der herabhängenden Wampe scheint es sich sehr den Antilopen zu nähern.

An unserm Bestimmungsort angelangt, bauten wir eine Hütte und rüsteten uns zu einem Aufenthalte von einigen

Tagen, ich um »Maleos« zu schießen und abzubalgen, Herr Goldmann und der Major um wilde Schweine, Babirussas und Sapi-utans zu jagen. Der Ort liegt in einer großen Bucht zwischen den Inseln Limbé und Banca und besteht aus einem steilen Küstensaume von mehr als einer Meile Länge, von tiefem losen und groben vulkanischen Sand oder besser Kies, in dem es sich schlecht geht. Er wird jederseits von einem kleinen Flusse mit hügeligem Boden jenseits begrenzt; der Wald hinter dem Ufer ist ziemlich eben und in seinem Wachstume verkümmert. Wir haben hier wahrscheinlich einen alten Lavastrom von dem Klabat-Vulkan, welcher ein Tal hinab in die See geflossen ist und dessen Zersetzungsprodukte den losen schwarzen Sand gebildet haben. Um diese Ansicht zu stützen, mag noch erwähnt sein, daß die Ufer jenseits der kleinen Flüsse nach beiden Richtungen hin von weißem Sande sind.

In diesen losen heißen Sand legen jene merkwürdigen Vögel, die »Maleos«, ihre Eier nieder. In den Monaten August und September, wenn wenig oder kein Regen fällt, kommen sie paarweise vom Innern an diesen oder an einen oder zwei andere Lieblingsplätze und kratzen drei bis vier Fuß tiefe Löcher, gerade über der Hochwasserlinie, wohinein das Weibchen ein einziges großes Ei legt, welches sie etwa einen Fuß hoch mit Sand bedeckt und dann in den Wald zurückkehrt. Nach zehn bis zwölf Tagen kommt sie wieder an denselben Ort und legt ein zweites Ei, und jedes Weibchen soll sechs bis acht Eier während einer Saison legen. Das Männchen unterstützt das Weibchen bei der Herstellung des Loches, kommt mit demselben ans Ufer und kehrt mit ihm zurück. Das Aussehen des Vogels, wenn er am Strande geht, ist sehr hübsch. Das glänzende Schwarz und das rosige Weiß des Gefieders, der behelmte Kopf und der, wie beim gewöhnlichen Huhn in die Höhe gerichtete Schwanz verleihen ihm ein auffallendes Aussehen, welches der langsame und etwas bedächtige Gang noch bemerkbarer macht.

Sie laufen schnell, aber wenn man nach ihnen schießt oder sie plötzlich stört, so fliegen sie mit schwerem, geräuschvollem Flügelschlage auf irgendeinen benachbarten Baum, wo sie sich auf einen niedrigen Zweig setzen. Sie schlafen wahrscheinlich des Nachts in einer ähnlichen sitzenden Stellung. Viele Vögel legen in dasselbe Loch, denn oft werden ein Dutzend Eier zusammen gefunden; diese sind so groß, daß es für den Körper des Vogels nicht möglich ist, mehr als *ein* vollständig entwickeltes Ei zur gleichen Zeit zu tragen. In allen Weibchen, welche ich schoß, überstieg keines der Eier, außer dem *einen* großen, die Größe von Erbsen, und es waren nur acht oder neun darin, welches wahrscheinlich die äußerste Anzahl ist, die ein Vogel in einer Saison legen kann.

Jedes Jahr kommen die Eingeborenen fünfzig Meilen weit aus der Runde hierher, um diese Eier zu sammeln, welche für eine große Delikatesse gehalten werden und ganz frisch in der Tat delikat sind. Sie sind fettiger als Hühnereier und von einem schöneren Geschmacke, jedes füllt eine gewöhnliche Teetasse vollständig und gibt mit Brot und Reis eine sehr gute Mahlzeit ab. Die Farbe der Schale ist blaß Ziegelrot oder sehr selten rein Weiß. Sie sind länglich und an einem Ende ein klein wenig schmäler, vier bis vier und einen halben Zoll lang und zwei und ein viertel bis zwei und einen halben breit.

Wenn die Eier in den Sand gelegt sind, kümmert sich die Mutter nicht weiter um sie. Die jungen Vögel durchbrechen die Schale, arbeiten sich durch den Sand durch und eilen sofort in den Wald; Herr Duivenboden von Ternate versicherte mich, daß sie an demselben Tage, an welchem sie auskriechen, schon fliegen können. Er hatte einige Eier an Bord seines Schoners mitgenommen, welche während der Nacht auskamen, und am Morgen flogen die kleinen Vögel sofort durch die Kajüte. Wenn man die große Entfernung in Betracht zieht, welche die Vögel zurücklegen, um ihre Eier in passende Verhältnisse zu bringen (oft zehn bis fünfzehn Meilen), so scheint es doch sehr bemerkenswert, daß sie keine weitere Sorge um sie tragen. Allein es ist ganz sichergestellt, daß sie dieselben nicht bewachen, und sie können es auch gar nicht. Die Eier werden von einer Anzahl Hennen nacheinander in dasselbe Loch gelegt, und es wäre unmöglich für eine jede, die eigenen herauszuerkennen; und die für so große Vögel notwendige Nahrung (sie besteht lediglich aus gefallenen Früchten) kann nur dadurch beschafft werden, daß sie über weite Distrikte herumstreifen; es würden also viele vor Hunger sterben müssen, wenn alle, welche an dieses einzige Seegestade zur Brutzeit herabkommen – es sind viele Hunderte –, genötigt wären, in der Nachbarschaft zu bleiben.

In dem Bau der Füße dieses Vogels können wir einen Grund dafür suchen, daß er von den Gewohnheiten seiner nächsten Verwandten, der Megapodii und Talegalli, abgeht, welche Erde, Blätter, Steine und Stöcke zu ungeheuren Bergen auftürmen, in welchen sie ihre Eier vergraben. Die Füße des Maleo sind verhältnismäßig lange nicht so groß und stark wie bei jenen Vögeln, und die Krallen sind kurz und gerade, statt lang und sehr gebogen. Die Zehen sind aber durch eine starke Haut an der Basis miteinander verbunden und bilden einen breiten, mächtigen Fuß, welcher zusammen mit dem ziemlich langen Bein sich sehr wohl dazu eignet, den losen Sand wegzuscharren (der in Wolken auffliegt, wenn die Vögel bei der Arbeit sind), aber welcher nicht ohne viele Mühe die Haufen vermischten Unrates auftürmen könnte, welche die großen Greiffüße des Megapodius mit Leichtigkeit zusammenbringen.

Wir können auch, wie mir scheint, in der besonderen Organisation der ganzen Familie der Megapodidae oder Buschtruthühner einen Grund finden, weshalb sie sich so weit von den üblichen Gewohnheiten der Klasse der Vögel entfernen. Jedes Ei ist so groß, daß es die Abdominalhöhle des Vogels ganz ausfüllt und mit Schwierigkeit durch das Becken tritt, so daß ein beträchtlicher Zeitraum erforderlich ist, um die aufeinander folgenden Eier zur Reife zu bringen (die Eingeborenen sagen etwa dreizehn Tage). Jeder Vogel legt sechs bis acht Eier oder selbst noch mehr in jeder Saison, so daß zwischen dem ersten und letzten ein Zwischenraum von zwei bis drei Monaten sein mag. Wenn nun diese Eier auf dem gewöhnlichen Wege ausgebrütet würden, so müßten entweder die Eltern während dieser langen Zeit beständig sitzen bleiben, oder, wenn sie erst zu sitzen anfingen, wenn das letzte Ei gelegt ist, so würde das erste dem schädlichen Einflusse des Klimas oder der Zerstörung durch große Eidechsen, Schlangen oder andere Tiere, welche in dem Distrikte verbreitet sind, ausgesetzt sein; denn so große Vögel müssen über weite Strecken schweifen, um sich Nahrung zu suchen. Hier also, scheint es, haben wir einen Fall, in welchem die Gewohnheiten eines Vogels direkt seiner exzeptionellen Organisation angepaßt sind; denn man wird doch schwerlich behaupten wollen, daß diese abnorme Struktur und die besondere Nahrung den Megapodidae deshalb verliehen worden seien, damit sie nicht jene Elternliebe zur Schau tragen oder jene häuslichen Instinkte besitzen sollten, welche in der Klasse der Vögel so allgemein sind und so sehr unsere Bewunderung erregen.

Es ist im allgemeinen bei den Schriftstellern über Naturgeschichte üblich geworden, die Gewohnheiten und Instinkte der Tiere als feste Punkte hinzustellen und ihre Bauart und Organisation als speziell mit diesen in Harmonie zu betrachten. Diese Annahme ist jedoch eine willkürliche und hat die üble Wirkung, daß sie das Forschen nach der Natur und den Ursachen der »Instinkte und Gewohnheiten« hemmt, da sie dieselben als direkt von einer »ersten

Ursache« abhängig behandelt und daher für uns unbegreiflich sein läßt. Ich glaube, daß eine sorgsame Betrachtung der Struktur einer Art und der besonderen physischen und organischen Bedingungen, von denen sie umgeben ist oder in früherer Zeit umgeben war, oft, wie in diesem Falle, viel Licht auf den Ursprung ihrer Gewohnheiten und Instinkte werfen wird. Diese wiederum, kombiniert mit den Veränderungen in den äußern Verhältnissen reagieren auf die Struktur, und vermittelst der »Variation« und der »natürlichen Zuchtwahl« werden beide miteinander in Harmonie gehalten.

Meine Freunde blieben drei Tage und schossen viele wilde Schweine und zwei Anóas, aber die letzteren waren von den Hunden sehr beschädigt, so daß ich nur die Köpfe aufbewahren konnte.

Der Major sandte ein Boot, wie er versprochen hatte, um mein Gepäck nach Hause zu schicken, während ich mit meinen zwei Knaben und einem Führer durch den Wald marschierte, etwa vierzehn Meilen weit. Auf der ersten Hälfte dieses Marsches gab es keinen Pfad, und wir mußten unsern Weg oft durch verwickelte Rotangs und Bambusdickichte schneiden. Bei einigen unserer Wendungen, um den leichtest zu begehenden Weg zu finden, gab ich meiner Furcht Ausdruck, daß wir die Richtung verlieren würden, da die senkrecht stehende Sonne keinen Anhaltspunkt für dieselbe abgab. Meine Führer jedoch lachten bei dem Gedanken, welcher ihnen überhaupt ganz komisch vorzukommen schien; und etwa halbwegs stießen wir plötzlich gerade auf eine Hütte, wohin Volk aus Licoupang zum Jagen und Auftreiben von wilden Schweinen gekommen war. Mein Führer sagte mir, er habe nie vorher den Wald zwischen diesen zwei Punkten durchschritten; und das ist es, was von einigen Reisenden als ein »Instinkt« der Wilden angesehen wird, während es lediglich das Resultat bedeutender allgemeiner Kenntnisse ist. Der Mann kannte die Topographie des ganzen Distriktes, den Fall des Landes, die Richtung der Flüsse, die Strecken von Bambus oder Rotang und viele andere Eigenschaften der Lokalität und Richtung; und er war daher imstande, gerade auf die Hütte zu treffen, in deren Nachbarschaft er oft gejagt hatte. In einem Walde, in welchem er nichts gekannt hätte, wäre er gerade so verloren gewesen, wie ein Europäer. So ist es nach meiner Überzeugung mit all den wunderbaren Geschichten von Indianern, welche ihren Weg durch pfadlose Wälder nach bestimmten Punkten hin finden. Sie mögen vielleicht nie vorher gerade zwischen den zwei bestimmten Punkten gegangen sein, aber sie sind mit der Nachbarschaft beider gut bekannt und haben eine so allgemeine Kenntnis des ganzen Landes, seines Wassersystems, seines Bodens und seiner Vegetation, daß, wenn sie sich dem Punkte, den sie erreichen wollen, nähern, viele leicht erkennbare Zeichen sie in den Stand setzen, mit Sicherheit gerade darauf zu treffen.

Das Hauptcharakteristikum dieses Waldes war die Masse von Rotang-Palmen, welche von den Bäumen herabhingen, sich am Boden herumwanden und oft in unentwirrbaren Knäueln verschlungen waren. Man wundert sich zuerst darüber, wie sie so seltsame Formen annehmen können; aber es ist augenscheinlich eine Folge des Zerfalles und des Sturzes der Bäume, auf denen sie zuerst hinaufklimmen, worauf sie den Boden entlang wachsen, bis sie einen andern Stamm treffen, den sie ansteigen. Eine verschlungene Masse von lebendem Rotang ist daher ein Zeichen, daß vor einer bestimmten Zeit ein großer Baum dort gestürzt ist, wenn auch nicht die geringste Spur mehr von ihm auffindbar sein sollte. Der Rotang scheint ein unbegrenztes Wachstumsvermögen zu besitzen, und eine einzige Pflanze kann nacheinander mehrere Bäume erklimmen und auf diese Weise die enorme Länge erreichen, welche man ihnen manchmal zuschreibt. Sie verleihen der Vegetation das Aussehen eines Waldes, den man von der Küste aus sieht, denn sie geben den sonst gleichförmigen Baumspitzen Abwechslung durch die Blätter-Federkronen, welche frei über sie hinausragen und jede in einer geraden blätterigen Spitze wie Blitzableiter enden.

Ein anderes höchst interessantes Objekt im Walde war eine schöne Palme, deren vollkommen glatter und zylindrischer Stamm mehr als hundert Fuß hoch aufschießt in einer Dicke von acht bis zehn Zoll; die fächerartigen Blätter, welche seine Krone bilden, stehen in fast vollständigen Kreisen von sechs bis acht Fuß Durchmesser, auf langen und schlanken Blattstielen hoch getragen und um die Ränder durch die Enden der Blättchen, welche nur ein paar Zoll von der Peripherie abstehen, hübsch gezähnt. Es ist wahrscheinlich die Livistonia rotundifolia der Botaniker, und es ist dies das vollständigste und schönste Fächerblatt, das ich je gesehen habe, das vortrefflich zu Wassereimern und improvisierten Körben gestaltet werden kann und auch zum Dachdecken und für andere Zwecke gebraucht wird.

Einige Tage später kehrte ich zu Pferde nach Menado zurück; mein Gepäck sandte ich zur See. Ich hatte gerade Zeit, alle meine Sammlungen zu verpacken, um noch mit dem nächsten Postdampfschiffe nach Amboina zu gehen. Ehe ich in meiner Reisebeschreibung fortfahre, will ich einige Seiten einem Bericht über die Haupteigentümlichkeiten der Zoologie von Celebes und ihre Beziehungen zu der der umliegenden Länder widmen.

Naturgeschichte von Celebes

Die Insel Celebes liegt im Zentrum des Archipels. Unmittelbar nach Norden sind die Philippinen; im Westen Borneo; im Osten die Molukken; im Süden die Timor-Gruppe: und sie ist von allen Seiten mit diesen Inseln durch ihre

Bewohner der Insel Timor

*Eine chinesische Dschunke
in den Gewässern vor Singapur*

*Ein Bambusrohr
als Trinkwasserleitung
neben hohen Baumfarnen
in Nord-Borneo*

*Die Innenstadt von Singapur
mit Fluß und Hafen*

In einem Dorf auf der Insel Buru   *Dayak-Dorf*

Die erste Residenz
Wehrdorf der Dayak   *des Rajah Brooke*
in Nord-Borneo   *in Sarawak*

Tropischer Regenwald
im Innern der Insel Singapur

Dorfszenen
auf der Insel Timor

Sarawak:
Ein großes
Männchen
des Orang Utan
verteidigt sich
gegen den
menschlichen
Angreifer

Ein Orang Utan
in den Baumkronen

Insel Amboina:
Eine Pythonschlange
wird aus der
Forschungsstation
gezogen

Strandläufer

Rackettschwänziger
Königsvogel

Arguspfau

Der »zwölfstrahlige«
und der Königs-Paradiesvogel

Aru-Inseln: Jagd auf den
Großen Paradiesvogel

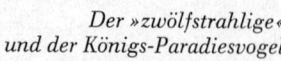

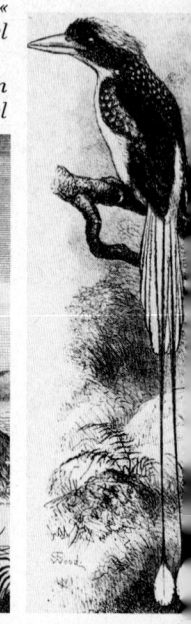

*Käferarten
von den
Molukken*

*Der Babirussa
oder Hirscheber
von Celebes*

*Fische aus den
indonesischen
Korallenriffen*

Flugfrosch aus Malaya

*Verschiedene
Kannenpflanzenarten
aus den Bergwäldern
von Nord-Borneo*

Bambusbrücke der Dayak

Pfahlbauten und
Grab eines Häuptlings
an der Küste von
Nordwest-Neuguinea

Frauen der Dayak in Nord-Borneo

eigenen Satelliten, durch kleine Eilande und Korallenriffe, so eng verbunden, daß man weder durch Betrachtung der Karte, noch durch tätige Beobachtung an der Küste imstande ist, genau zu bestimmen, welche mit ihr, oder welche mit den umliegenden Distrikten zusammen gruppiert werden müssen. Bei dieser Sachlage ließe sich natürlich erwarten, daß die Produkte dieser Zentralinsel bis zu einem gewissen Grade den Reichtum und die Mannigfaltigkeit des ganzen Archipels darbieten würden, während wir nicht viel individuelle Züge in einem Lande vermuten werden, welches so gelegen ist, daß es vorwiegend dazu geeignet scheint, Einwanderung von allen Seiten rund herum aufzunehmen.

Aber wie es so oft in der Natur der Fall ist, der Tatbestand erweist sich als das gerade Gegenteil von dem, was man erwarten sollte; und eine Betrachtung der Tierwelt von Celebes zeigt, daß es sowohl die ärmste Insel ist in betreff der Anzahl ihrer Arten, als auch die isolierteste unter allen großen Inseln des Archipels in betreff des Charakters ihrer Produkte. Mit den dazu gehörigen Inselchen breitet sie sich über eine Meeresfläche aus, die an Länge und Breite kaum der von Borneo eingenommenen nachsteht, und ihr tatsächliches Landareal ist beinahe das doppelte von dem von Java; und doch beläuft sich die Zahl der dort gefundenen Säugetiere und Landvögel kaum auf mehr als die Hälfte der Arten der letztgenannten Insel. Die Lage von Celebes ist eine solche, daß sie mit größerer Leichtigkeit Einwanderung von allen Seiten erhalten könnte als Java, und doch scheinen von den sie bewohnenden Arten im Verhältnis viel weniger von anderen Inseln hergekommen, als ihr selbst durchaus eigentümlich zu sein; eine beträchtliche Anzahl ihrer Tierformen ist deshalb so bemerkenswert, weil man keine nahe Verwandten in irgendeinem anderen Teile der Erde findet. Ich will nun die bestbekannten Gruppen celebensischer Tiere etwas im Detail vorführen, um ihre Beziehungen zu denen anderer Inseln klarzulegen und die Aufmerksamkeit auf viele interessante Punkte, welche sie darbieten, zu lenken.

Wir wissen viel mehr von den celebensischen Vögeln, als von irgendeiner andern Tiergruppe. Nicht weniger als 191 Arten sind entdeckt worden. Ich selbst sammelte fast zehn Monate lang emsig Vögel auf Celebes, und mein Assistent, Herr Allen, verbrachte zwei Monate auf den Sula-Inseln. Der holländische Naturforscher Forsten lebte zwei Jahre in Nord-Celebes (zwanzig Jahre vor meinem Besuch), und Vogelsammlungen sind auch von Mangkassar nach Holland gesandt worden. Das französische Schiff L'Astrolabe berührte auf seiner Entdeckungsreise Menado und legte Sammlungen an. Seit meiner Rückkehr nach Hause haben die Naturforscher Rosenberg und Bernstein ausgedehnte Sammlungen gemacht, sowohl in Nord-Celebes, als auch auf den Sula-Inseln; jedoch haben alle ihre Forschungen zusammen nur acht Arten von Landvögeln denen, welche meine eigene Sammlung ausmachen, hinzugefügt – eine Tatsache, welche es fast sicherstellt, daß es nur noch sehr wenige dort zu entdecken geben wird.

Die Anzahl der Landvögel auf der Insel Celebes ist 128, und von diesen können wir, wie vorher, eine kleine Anzahl von Arten streichen, welche über den ganzen Archipel (oft von Indien bis in den Stillen Ozean) verbreitet sind und welche daher nur dazu dienen, die Eigentümlichkeiten der einzelnen Inseln zu verwischen. Diese sind 20 an Zahl, und es bleiben also 108 Arten, welche wir als mehr charakteristisch für die Insel betrachten können. Wenn wir nun diese genau mit den Vögeln aller umliegenden Länder vergleichen, so finden wir, daß nur neun sich über die Inseln nach Westen ausdehnen und neunzehn über die Inseln nach Osten, während nicht weniger als 80 lediglich der celebensischen Fauna angehören – ein Grad von Individualität, welcher, in Hinblick auf die Lage der Insel, kaum von irgendeinem anderen Teile der Erde erreicht wird. Wenn wir diese 80 Arten noch genauer betrachten, so überraschen uns die vielen Eigentümlichkeiten, welche sie in ihrer Struktur darbieten und auch die seltsamen Verwandtschaftsbeziehungen zu entfernten Teilen der Erde, welche viele derselben zu besitzen scheinen. Diese Punkte sind von so großem Interesse und von so großer Wichtigkeit, daß es notwendig ist, alle jene Arten, welche der Insel eigentümlich sind, Revue passieren zu lassen und die Aufmerksamkeit auf alles, was in dieser Hinsicht der Betrachtung wert ist, zu lenken.

Von den zehn auf Celebes gefundenen Papageien sind acht dieser Insel eigentümlich. Darunter sind zwei Arten der sonderbaren rackettschwänzigen Papageien, welche die Gattung Prioniturus bilden, und welche dadurch charakterisiert sind, daß sie zwei lange löffelförmige Federn im Schwanze besitzen. Zwei verwandte Arten werden auf der benachbarten Insel Mindanao, eine der Philippinen, gefunden, und diese Form des Schwanzes kommt bei keinen anderen Papageien auf der ganzen Erde vor. Eine kleine Loriket-Art (Trichoglossus flavoviridis) scheint die nächsten Verwandten in Australien zu besitzen.

Der Celebes-Roller (Coracias temmincki) ist ein interessantes Beispiel, wie *eine* Art einer Gattung von den andern Arten derselben Gattung abgeschieden ist. Es gibt Arten von Coracias in Europa, Asien und Afrika, aber keine auf der Halbinsel Malaka, auf Sumatra, Java oder Borneo. Die vorliegende Art scheint also ganz außerhalb zu liegen; und noch seltsamer ist die Tatsache, daß sie durchaus nicht irgendeiner asiatischen Art ähnlich ist, sondern mehr den afrikanischen zu gleichen scheint.

In der nächsten Familie, den Bienenfressern, befindet sich ein anderer gleich alleinstehender Vogel, Meropogon forsteni, welcher die Charaktere der afrikanischen und indischen Bienenfresser in sich vereint und dessen einziger

227

naher Verwandter, Meropogon breweri, von Herrn Du Chaillu in Westafrika entdeckt wurde!

Endlich unter den hühnerartigen Vögeln ist der seltsame, behelmte Maleo (Megacephalon rubripes) ganz alleinstehend; er hat seine nächsten (aber doch fernstehenden) Verwandten in den Großfußhühnern von Australien und Neuguinea.

Urteilen wir daher nach den Meinungen der hervorragenden Naturforscher, welche die Vögel von Celebes beschrieben und klassifiziert haben, so finden wir, daß viele der Arten durchaus keine nahen Verwandten in den Ländern, welche dieser Insel naheliegen, besitzen, sondern entweder ganz alleinstehend sind oder Verwandtschaften mit so entfernten Gegenden wie Neuguinea, Australien, Indien oder Afrika aufweisen. Andere Fälle gleich entfernter Verwandtschaften zwischen den Produkten weit auseinanderliegender Länder existieren zweifellos; aber auf keinem mir bis jetzt bekannten Fleck der Erde kommen so viele zusammen vor oder bilden einen so entschiedenen Charakterzug in der Naturgeschichte des Landes.

Die Säugetiere von Celebes sind an Zahl gering; vierzehn Landarten und sieben Fledermäuse. Von ersteren sind nicht weniger als elf eigentümlich.

Anoa depressicornis, Sapi-utan, oder wilde Kuh der Malayen, ist ein Tier, über welches man viel gestritten hat, ob es als Ochse, Büffel oder Antilope klassifiziert werden sollte. Es ist kleiner als irgendein anderes wildes Rind und scheint sich nach vielen Richtungen hin einigen der ochsenähnlichen Antilopen Afrikas zu nähern. Es wird nur in den Bergen gefunden, und man sagt, es halte sich nie an Plätzen auf, an denen es Wild gibt. Es ist etwas kleiner als eine kleine Hochlandkuh und hat lange gerade Hörner, welche an der Basis geringelt sind und nach hinten über den Nacken liegen.

Das wilde Schwein scheint von einer der Insel eigentümlichen Art zu sein; aber ein viel seltsameres Tier dieser Familie ist der Babirussa oder Hirscheber, von den Malayen so genannt wegen seiner langen und schlanken Beine und seiner wie Geweihe gebogenen Fangzähne. Dieses außergewöhnliche Geschöpf gleicht im allgemeinen Aussehen einem Schweine, aber es wühlt nicht mit der Schnauze, da es sich von gefallenen Früchten nährt. Die Fangzähne des Unterkiefers sind sehr lang und scharf, aber die oberen wachsen, statt nach unten wie gewöhnlich, gerade umgekehrt nach oben, aus einer knochigen Zahnhöhle heraus durch die Haut jederseits von der Schnauze, biegen sich nach hinten bis nahe an die Augen und erreichen bei alten Tieren oft eine Länge von acht bis zehn Zoll.

Hier haben wir wiederum eine Ähnlichkeit mit den Warzenschweinen von Afrika, deren obere Eckzähne nach außen wachsen und sich nach oben umbiegen, so daß sie einen Übergang von der gewöhnlichen Art des Wachstums zu der des Babirussa bilden. In anderen Beziehungen scheint zwischen diesen Tieren keine Verwandtschaft zu herrschen, der Babirussa steht vollkommen allein und hat keine Ähnlichkeit mit den Schweinen irgendeines andern Teiles der Erde. Er wird über ganz Celebes verbreitet gefunden und auf den Sula-Inseln, aber auch auf Borneo, der einzigen Insel, auf der er außer auf Celebes vorkommt, eine Insel, die auch hinsichtlich der Vögel einige Verwandtschaften mit den Sula-Inseln aufweist, was vielleicht auf eine engere Verbindung zwischen ihnen in einer früheren Erdperiode hinweist.

Viele Insektengruppen scheinen speziell lokalen Einflüssen unterworfen zu sein, da ihre Formen und Farben mit jeder Änderung in den Verhältnissen abändern oder sogar bei einem Wechsel in der Lokalität, an welcher die Verhältnisse fast identisch zu sein scheinen. Wir sollten deshalb vermuten, daß das Individuelle, was sich bei den höheren Tieren manifestiert, bei diesen Geschöpfen mit ihrem weniger stabilen Organismus noch hervorspringender ist. Auf der andern Seite jedoch müssen wir bedenken, daß die Verbreitung und Wanderung der Insekten weit leichter bewerkstelligt wird, als die der Säugetiere oder selbst der Vögel. Es ist viel wahrscheinlicher, daß sie von heftigen Winden fortgeführt werden; ihre Eier können auf Blättern durch den Sturmwind oder durch schwimmende Bäume transportiert werden und ihre Larven und Puppen, die oft in Baumstämmen vergraben liegen oder in wasserdichte Kokons eingeschlossen sind, können wohl Tage und Wochen lang unbeschädigt über den Ozean treiben. Diese Erleichterungen für die Verbreitung wirken darauf dahin, die Produkte der naheliegenden Länder auf zweierlei Art einander ähnlich zu machen: erstlich durch direkten gegenseitigen Austausch der Arten; und zweitens durch wiederholte Einwanderungen frischer Individuen einer Art, welche auf anderen Inseln gemein ist, und welche durch Kreuzung die Abänderungen in Form und Farbe, welche Unterschiede in den Verhältnissen sonst hervorbringen würden, zu verwischen streben. Mit Berücksichtigung dieser Tatsachen werden wir finden, daß die Eigenartigkeit der Insekten von Celebes noch größer ist, als wir irgend Grund haben zu erwarten.

Um in den Vergleichungen mit andern Inseln Genauigkeit zu verbürgen, will ich mich auf die Gruppen beschränken, welche am besten bekannt sind oder welche ich selbst sorgsam untersucht habe. Um mit den Papilionidae oder schwalbenschwänzigen Schmetterlingen zu beginnen, so besitzt Celebes 24 Arten, von denen die große Zahl von 18 nicht auf irgendeiner andern Insel gefunden wird. Wenn wir dieses mit Borneo vergleichen, welche Insel von 29 Arten nur zwei ihr eigentümliche besitzt, die sonst nirgend vorkommen, so ist der Unterschied so auffallend, wie er nur sein kann.

Ein anderer seltsamer Zug in der Zoologie von Celebes

ist auch der Aufmerksamkeit wert. Ich habe das Fehlen verschiedener Gruppen im Auge, welche an beiden Seiten der Insel gefunden werden, sowohl auf den indo-malayischen Inseln, als auch auf den Molukken, und welche also aus irgendeinem unbekannten Grunde unfähig erscheinen, auf der dazwischen liegenden Insel Fuß zu fassen. Unter den Vögeln haben wir die zwei Familien der Podargidae und Laniadae, welche über den ganzen Archipel und über Australien verbreitet sind und welche doch keine Repräsentanten auf Celebes haben.

Unter den Insekten ist die große Gattung der Rosenkäfer, Lomaptera, in jedem Lande und auf jeder Insel zwischen Indien und Neuguinea zu Hause, nur auf Celebes nicht. Dieses unerwartete Fehlen vieler Gruppen in einem begrenzten Distrikte gerade im Mittelpunkte ihres Verbreitungsareals ist zwar kein durchaus einzig dastehendes Phänomen, allein, ich glaube, es ist nirgends so ausgesprochen wie in diesem Falle und es macht sicherlich den sonderbaren Charakter dieser bemerkenswerten Insel noch auffälliger.

Die Anomalien und Besonderheiten in der Naturgeschichte von Celebes, welche ich mich bestrebt habe, in diesem Kapitel zu schildern, weisen alle auf einen Ursprung in einem fernen Zeitalter. Die Geschichte der ausgestorbenen Tiere lehrt uns, daß ihre Verbreitung nach Zeit und Raum auffallend gleichförmig ist. Die Regel ist, daß, gerade wie die Produkte nebeneinander liegender Distrikte sich gewöhnlich einander genau ähnlich sind, so auch die Produkte aufeinander folgender Perioden in demselben Distrikten; und wie die Produkte weit auseinanderliegender Distrikte im allgemeinen weit voneinander differieren, so auch die Produkte derselben Distrikte in weit auseinanderliegenden Zeiträumen. Wir werden daher unwiderstehlich zu dem Schlusse getrieben, daß die Abänderung der Arten und noch mehr die der Gattungs- und Familienformen eine Sache der Zeit ist. Aber die Zeit kann zu einer

Abänderung der Art in *einem* Lande geführt haben, während die Formen in einem anderen mehr stabil geblieben sind, oder die Abänderung mag in beiden in gleichem Schritte vor sich gegangen sein, aber in verschiedener Weise. In beiden Fällen aber wird die Höhe der individuellen Entwicklung in den Produkten eines Distriktes bis zu einem gewissen Grade ein Maß der Zeit sein, welche dieser Distrikt von denjenigen, welche ihn umgeben, isoliert gewesen ist. Nach diesem Gesichtspunkte beurteilt, muß Celebes einer der ältesten Teile des Archipels sein. Die Insel datiert wahrscheinlich aus einer Periode, welche nicht nur der vorherging, in welcher Borneo, Java und Sumatra vom Festlande getrennt wurden, sondern aus jener noch weiter zurückliegender Zeit, in der das Land, welches jetzt diese Inseln bildet, sich noch nicht über den Ozean erhoben hatte. Ein solches Alter ist notwendig, um jener Zahl von animalischen Formen Rechnung zu tragen, welche die Insel besitzt und welche keine Beziehung zu jenen von Indien und Australien, sondern eher zu denen von Afrika zeigen; und wir werden dahin geführt, über die Möglichkeit nachzudenken, ob nicht einstmals ein Festland im Indischen Ozean existiert haben könnte, welches als Brücke diente, um diese voneinander entfernten Länder zu verbinden. Es ist nun eine auffallende Tatsache, daß die Existenz eines solchen Landes schon als notwendig erdacht worden ist, um die Verbreitung der merkwürdigen Vierhänder, welche die Familie der Lemuren bilden, zu erklären. Diese haben ihren Hauptsitz auf Madagaskar, aber werden auch in Afrika gefunden, auf Ceylon, auf der Halbinsel Malaka, und im malayischen Archipel bis Celebes, welches die äußerste östliche Grenze bildet. Dr. Sclater hat für dieses hypothetische Festland, welches diese weit auseinander liegenden Punkte verbindet und dessen frühere Existenz durch die maskarenischen Inseln und die maledivische Korallengruppe angedeutet wird, den Namen Lemuria vorgeschlagen. Ob man nun an die Existenz eines solchen in der gerade hier angedeuteten Form glaubt oder nicht, so muß doch derjenige, welcher die geographische Verbreitung studiert, in den außergewöhnlichen und isolierten Produkten von Celebes Beweise der früheren Existenz irgendeines Kontinentes, von dem die Vorfahren dieser Geschöpfe und vieler anderer intermediärer Formen hergeleitet werden könnten, erblicken.

Gerade in der Mitte des Archipels und von allen Seiten von Inseln eng eingeschlossen, welche mit verschiedenartigen Lebensformen angefüllt sind, haben die Produkte der Insel doch eine überraschend individuelle Färbung. Während sie arm ist an der tatsächlichen Zahl ihrer Arten, ist sie doch wundervoll reich an eigentümlichen Formen; viele davon sind sonderbar oder schön und in einigen Fällen absolut einzig auf dem Erdenrund. Wir erblicken hier das auffällige Phänomen von Insektengruppen, welche ihre äußeren Umrisse in übereinstimmender Weise abgeändert haben, verglichen mit jenen der Insekten auf den umliegenden Inseln; es weist das auf eine gemeinsame Ursache, welche nie anderswo in genau derselben Weise gewirkt zu haben scheint, hin. Celebes gibt daher ein Beispiel, das in hervorragender Weise zeigt, wie interessant das Studium der geographischen Verbreitung der Tiere ist.

BANDA – DIE MUSKATNUSS-INSEL

Der holländische Postdampfer, in welchem ich von Mangkassar nach Banda und Amboina reiste, war ein geräumiges und bequemes Schiff, obgleich es nur sechs Meilen die Stunde bei dem schönsten Wetter zurücklegte. Da nur drei Passagiere außer mir darauf waren, so hatten wir eine Menge Platz, und ich war imstande, eine solche Reise mehr, als ich je vorher getan hatte, zu genießen. Die Einrichtungen sind etwas verschieden von jenen an Bord englischer oder indischer Dampfschiffe. Es gibt keine Kabinenwärter, da jeder Kabinenpassagier ohne Ausnahme seinen eigenen mitbringt und der Schiffsteward bedient nur im Salon und im Eßzimmer. Um sechs Uhr morgens wird eine Tasse Tee oder Kaffee für den gereicht, der es mag. Zwischen sieben und acht Uhr nimmt man ein leichtes Frühstück von Tee, Eiern, Sardinen etc. Um zehn werden Madeira, Branntwein und Bittere als Appetit anregende Mittel zu dem soliden Elf-Uhr-Frühstück, welches sich von einem Diner nur durch die Abwesenheit einer Suppe unterscheidet, an Deck gebracht. Um drei Uhr Nachmittag werden Tee und Kaffee herumgereicht; bittere Schnäpse etc. wieder um fünf Uhr, ein gutes Diner mit Bier und Claret um halb sieben und zum Schluß Tee und Kaffee um acht. Dazwischen Bier und Sodawasser, wenn man es wünscht, so daß man keinen Mangel an kleinen gastronomischen Anregungen leidet und sich die Langeweile einer Seereise vertreiben kann.

Unser erster Halteplatz war Kupang am Westende der großen Insel Timor. Wir fuhren dann mehrere hundert Meilen der Küste dieser Insel entlang und hatten immerwährend eine Aussicht auf mit spärlicher Vegetation bedeckte Hügelreihen, Höhenzug hinter Höhenzug bis zu sechs- oder siebentausend Fuß ansteigend. Indem wir uns nun gegen Banda hin wandten, passierten wir Pulo-Kambing, Wetta und Roma, alles verlassene und nackte vulkanische Inseln, fast ebenso uneinladend wie Aden und zu dem gewöhnlichen Grün und der Üppigkeit des Archipels einen sonderbaren Kontrast bildend. Nach zwei weiteren Tagen erreichten wir die vulkanische Gruppe von Banda, die mit einer ungewöhnlich dichten und brillanten grünen Vegetation bedeckt ist, was uns bewies, daß wir den Strich der heißen trockenen Winde, die von den Ebenen Zentral-

Australiens herwehen, überschritten hatten. Banda ist ein lieblicher kleiner Fleck Erde; die drei Inseln schließen einen sicheren Hafen ein, von dem aus kein Ausgang sichtbar ist und der so durchsichtiges Wasser besitzt, daß lebende Korallen und selbst die kleinsten Gegenstände deutlich auf dem vulkanischen Sand und in einer Tiefe von sieben bis acht Faden zu sehen sind. Der immer rauchende Vulkan türmt seine nackte Spitze an einer Seite auf, während die zwei größeren Inseln mit Pflanzenwuchs bis an den Gipfel der Hügel bedeckt sind.

Ans Land gekommen, wandelte ich einen hübschen Pfad hinan, welcher auf den höchsten Punkt der Insel führt, auf dem die Stadt gebaut ist, mit einer Telegraphenstation, von der aus man eine herrliche Aussicht genießt. Unten liegt die kleine Stadt mit ihren reinlichen, weißen Häusern mit roten Ziegeldächern und den strohgedeckten Hütten der Eingeborenen, an der einen Seite von dem alten portugiesischen Fort begrenzt. Jenseits, etwa eine halbe Meile entfernt, sieht man die größere Insel in der Form eines Hufeisens in einer Reihe steiler Hügel, die mit schönem Wald und mit Mußkatnußgärten bedeckt sind; und gerade der Stadt gegenüber liegt der Vulkan, ein fast vollkommener Kegel, dessen unterer Teil nur mit hellgrünem, buschigem Pflanzenwuchse bekleidet ist.

Nur wenn man in Wirklichkeit auf einen tätigen Vulkan schaut, kann man sich die Ehrwürdigkeit und Erhabenheit eines solchen vorstellen. Woher kommt jenes unauslöschbare Feuer, dessen dichter und schwerfälliger Rauch stets aus dieser nackten und verlassenen Spitze aufsteigt? Woher stammen die mächtigen Kräfte, welche diese Spitze aufwarfen und sich noch von Zeit zu Zeit in Erdbeben kund tun, die stets in der Nachbarschaft vulkanischer Luftlöcher vorkommen? Die seit der Kindheit gewonnene Kenntnis davon, daß Vulkane und Erdbeben existieren, hat ihnen etwas von dem seltsamen und Ausnahmecharakter genommen, der ihnen in Wirklichkeit gebührt. Der Bewohner der meisten Teile von Nord-Europa erblickt in der Erde das Zeichen der Stetigkeit und Ruhe. Seine ganze Lebenserfahrung und die seines ganzen Zeitalters und seiner Generation lehrt ihn, daß die Erde solide und fest sei, daß ihre massiven Felsen wohl Wasser in Menge enthalten können, aber nie Feuer; und diese wesentlichen Charakteristika der Erde manifestieren sich an jedem Berge, den sein Land besitzt. Ein Vulkan ist eine Tatsache, die sich in Widerspruch setzt mit dieser ganzen Masse von Erfahrung, eine Tatsache von so sehr Ehrfurcht gebietendem Charakter, daß, wenn es die Regel statt der Ausnahme wäre, es die Erde unbewohnbar machen würde; eine so seltsame und unberechenbare Tatsache, daß wir sicher sein können, sie würde auf menschliches Zeugnis hin nicht geglaubt werden, wenn sie uns jetzt zum ersten Male als ein Naturphänomen geboten würde, das in einem entfernten Lande sich ereignet hätte.

Der Gipfel der kleinen Insel ist aus schön kristallinischem Basalt zusammengesetzt; tiefer herab fand ich einen harten geschichteten schieferigen Sandstein, während am Seegestade ungeheuere Lavablöcke liegen und Massen von weißem korallinischem Kalkstein umhergestreut sind. Die größere Insel hat Korallenfelsen bis zu einer Höhe von drei- bis vierhundert Fuß, während darüber Lava und Basalt liegt. Es scheint daher wahrscheinlich, daß diese kleine Gruppe von vier Inseln das Bruchstück eines größeren Distriktes ist, welcher vielleicht einstmals mit Ceram in Verbindung gestanden hat, aber welcher durch dieselben Kräfte getrennt und abgerissen wurde, welche den vulkanischen Kegel auftürmten. Als ich die größere Insel bei einer anderen Gelegenheit besuchte, sah ich einen beträchtlichen Strich mit großen toten, aber noch aufrecht stehenden Waldbäumen bedeckt. Das war noch ein Zeichen von dem letzten großen Erdbeben vor nur zwei Jahren, als die See sich über diesen Teil der Insel ergoß und ihn so überflutete, daß sie die Vegetation auf allen niedrigeren Landstrecken zerstörte. Fast jedes Jahr kommt hier ein Erdbeben vor und in Zwischenräumen von wenigen Jahren ein sehr heftiges, welches Häuser niederwirft und ganze Schiffe aus dem Hafen in die Straßen trägt.

Ungeachtet der Verluste, welche durch diese Erdheimsuchungen entstehen, und ungeachtet des geringen Umfanges und der isolierten Lage dieser kleinen Inseln sind sie der holländischen Regierung von beträchtlichem Werte gewesen und sind es noch als Hauptmuskatnußgärten der Erde. Fast die ganze Oberfläche ist mit Muskatnüssen bepflanzt, welche unter dem Schatten der hohen Kanarienbäume (Kanarium commune) wachsen. Der vulkanische Boden, der Schatten und die außerordentliche Feuchtigkeit dieser Inseln, wo es mehr oder weniger jeden Monat im Jahre regnet, scheinen dem Muskatnußbaum gerade zuzusagen, welcher keinen Dünger und kaum der Pflege bedarf. Das ganze Jahr hindurch findet man Blumen und reife Früchte, und es kommen keine jener Krankheiten vor, welche unter einem gezwungenen und unnatürlichen Kultursystem die Muskatnußpflanzen auf Singapur und Pinang zugrunde gerichtet haben.

Wenige kultivierte Pflanzen sind schöner als Muskatnußbäume. Sie sind hübsch geformt und glattblättrig, zwanzig bis dreißig Fuß hoch, und tragen kleine gelbliche Blumen. Die Frucht ist von der Größe und der Farbe eines Pfirsich, aber etwas oval. Sie ist von einer zäh fleischigen Konsistenz, springt in der Reife auf und zeigt die dunkelbraune Nuß inwendig von der carmesinroten Muskatblüte bedeckt; sie bietet so einen sehr reizvollen Anblick dar. Innerhalb der dünnen harten Schale der Nuß liegt der Samen, welcher die Muskatnuß des Handels ist. Die Nüsse werden von den großen Tauben Bandas gegessen, welche die Blüte verdauen, aber die Nuß mit dem Samen unbeschädigt auswerfen.

Der Muskatnußhandel ist bis jetzt ein strenges Monopol der holländischen Regierung gewesen; aber seitdem ich das Land verlassen habe, glaube ich, hat es teilweise oder ganz aufgehört, eine Maßnahme, die außerordentlich unüberlegt und ganz unnötig erscheint. Es gibt Fälle, in denen Monopole vollkommen gerechtfertigt sind, und ich glaube, daß der vorliegende ein solcher ist. Ein kleines Land wie Holland kann nicht entfernte und kostspielige Kolonien mit Verlust erhalten; und wenn es eine sehr kleine Insel besitzt, auf der ein wertvolles Produkt, nicht *ein Lebensbedürfnis*, mit geringen Kosten gezogen werden kann, so ist es fast die Pflicht des Staates, es zu monopolisieren. Es wird dadurch Niemandem ein Unrecht zugefügt, aber es wird der ganzen Bevölkerung von Holland und seinen Kolonien eine große Wohltat erwiesen, da der Ertrag der Staatsmonopole sie vor der Last einer schweren Besteuerung rettet. Hätte die Regierung den Muskatnußhandel von Banda nicht in die Hand genommen, so wären wahrscheinlich all die Inseln schon längst das Eigentum eines oder mehrerer großer Kapitalisten geworden. Das Monopol wäre dann fast dasselbe gewesen, denn kein bekannter Ort der Erde kann Muskatnüsse so billig produzieren wie Banda, aber die Vorteile des Monopols wären dann einigen wenigen Individuen statt der ganzen Nation zugute gekommen.

Selbst die Zerstörung der Muskatnuß- und der Gewürznelkenbäume auf vielen Inseln, um ihren Anbau auf eine oder zwei zu beschränken, auf denen das Monopol leicht aufrecht erhalten werden könnte – ein gewöhnliches Thema großer tugendhafter Entrüstung gegen die Holländer –, kann mit ähnlichen Prinzipien verteidigt werden und ist sicherlich lange nicht so schlecht wie viele Monopole, welche wir selbst bis sehr vor kurzem aufrecht erhalten haben. Muskatnüsse und Gewürznelken gehören nicht zu den Lebensbedürfnissen; sie werden selbst von den Eingeborenen der Molukken nicht als Gewürze gebraucht und nicht einer war materiell oder auf die Dauer durch die Zerstörung der Bäume geschädigt, da es hundert andere Produkte gibt, die auf denselben Inseln gedeihen und die ebenso wertvoll und in sozialer Hinsicht viel wohltätiger sind. Es ist ein Fall, der durchaus unserem Verbote des Tabakbauens in England parallel geht und er ist moralisch und ökonomisch weder besser noch schlechter. Das Salzmonopol, welches wir in Indien so lange beibehalten haben, ist weit schlechter.

EIN UNGEBETENER GAST. RIESENSCHLANGEN AUF AMBOINA

Zwanzig Stunden Fahrt von Banda aus brachten uns nach Amboina, dem Hauptpunkte der Molukken und einer der ältesten europäischen Ansiedelungen des Ostens. Die Insel besteht aus zwei Halbinseln, die durch Seebuchten fast gänzlich voneinander getrennt sind, so daß nur ein sandiger Isthmus von etwa einer Meile Breite nahe ihrem östlichen Ende übrig bleibt. Die westliche Bucht ist mehrere Meilen lang und bildet einen schönen Hafen, an dessen südlicher Seite die Stadt Amboina liegt. Ich hatte ein Einführungsschreiben an Dr. Mohnike, den ersten Medizinalbeamten der Molukken, einen Deutschen und Naturforscher. Ich fand, daß er Englisch schreiben und lesen, aber nicht sprechen konnte; er war wie ich selbst ein schlechter Linguist und wir mußten Französisch als Mittel zur Unterhaltung nehmen. Er bot mir freundlichst während meines Aufenthaltes auf Amboina ein Zimmer an und machte mich mit seinem jüngeren Kollegen, Dr. Doleschall, einem Ungarn und ebenfalls Entomologen, bekannt. Dieser war ein intelligenter und höchst liebenswürdiger junger Mann, aber ich erschrak als ich sah, wie er an der Auszehrung zugrunde ging, obgleich er noch imstande war, seine Pflichten als Beamter zu erfüllen.

Die Stadt Amboina besteht aus einigen wenigen Geschäftstraßen und einer Anzahl Landstraßen, welche rechtwinklich zueinander stehen, von Hecken blühender Sträucher eingefaßt sind und Landhäuser und Hütten einschließen, die in Palmen und Fruchtbäumen vergraben liegen. Hügel und Berge bilden fast nach allen Richtungen hin den Hintergrund, und es gibt wenige Plätze, die angenehmer zu einem Morgen- oder Abendspaziergange sind, als diese sandigen Straßen und schattigen Wege zwischen den Hecken in den Vorgärten der alten Stadt Amboina.

Während der wenigen Tage, welche verflossen, bis ich Vorbereitungen treffen konnte, um das Innere zu besuchen, unterhielt ich mich vortrefflich in der Gesellschaft der beiden Doktoren, beide enthusiastische Entomologen, obgleich sie genötigt waren, ihre Sammlungen fast gänzlich vermittelst eingeborener Sammler zu vergrößern. Dr. Doleschall studierte hauptsächlich Fliegen und Spinnen, aber sammelte auch Tag- und Nachtfalter, und in seinem Kasten sah ich große Exemplare des smaragdenen Ornithoptera priamus und des azurnen Papilio ulysses und viele andere der herrlichen Schmetterlinge dieser reichen Insel. Dr. Mohnike beschränkte sich hauptsächlich auf Käfer und hatte während eines vieljährigen Aufenthaltes in Java, Sumatra, Borneo, Japan und Amboina eine prachtvolle Sammlung angelegt. Er besitzt auch eine große Sammlung von kolorierten Skizzen der Pflanzen Japans, die von einer japanischen Dame angefertigt sind und zu dem Meisterhaftesten gehören, was ich je gesehen habe. Jeder Stamm, jeder Zweig und jedes Blatt ist durch einmalige Pinselstriche gemalt, der Charakter und die Perspektive sehr komplizierter Pflanzen sind bewunderungswürdig wiedergegeben und die Artikulation von Stamm und Blättern in einer sehr wissenschaftlichen Manier dargelegt.

Als ich nun Vorbereitungen getroffen hatte, drei Wochen in einer kleinen Hütte auf einer erst neuerlich gelichteten

Plantage im Innern der nördlichen Hälfte der Insel zu bleiben, erhielt ich mit einiger Schwierigkeit ein Boot und Leute, um mich über das Wasser zu bringen; denn die Amboinesen sind furchtbar träge. Als ich den Hafen hinauffuhr, der wie ein schöner Fluß aussieht, bot mir die Durchsichtigkeit des Wassers einen der überraschendsten und schönsten Anblicke, die ich je gesehen. Der Grund war absolut verdeckt unter einer ununterbrochenen Reihe von Korallen, Schwämmen, Aktinien und anderen Meeresprodukten von prachtvoller Größe, von verschiedenen Formen und brillanten Farben. Die Tiefe variierte zwischen etwa zwanzig und fünfzig Fuß und der Grund war sehr uneben; Felsen und Klüfte und kleine Hügel und Täler boten mannigfaltige Standorte für das Gedeihen dieser Tierwälder. Darin und darüber und zwischen denselben bewegten sich Mengen blauer, roter und gelber Fische, in der auffallendsten Weise gefleckt, gebändert und gezeichnet, und nahe der Oberfläche schwammen große, orange oder rosig gefärbte, durchsichtige Medusen entlang. Man konnte es stundenlang betrachten, und keine Beschreibung kann der ausnehmenden Schönheit und dem Interesse, das es hervorruft, gerecht werden. Mit einem Worte: Die Wirklichkeit übertraf die glühendsten Schilderungen, die ich je von den Wundern einer Korallensee gelesen hatte. Es ist vielleicht kein Platz der Erde reicher an Meeresprodukten, Korallen, Muscheln und Fischen, als der Hafen von Amboina.

Von der Nordseite des Hafens führt ein guter breiter Weg durch sumpfige Lichtungen und durch Wald, über Hügel und Tal auf die andere Seite der Insel; der Korallenfelsen durchbricht beständig die tiefe rote Erde, welche alle Senkungen ausfüllt und mehr oder weniger auf den Ebenen und Hügelabhängen abgelagert ist. Die Waldvegetation ist hier von dem üppigsten Charakter; Farne und Palmen sind in Fülle vorhanden; der kletternde Rotang war häufiger, als ich ihn je irgendwo gesehen hatte, und bildete verschlungene Girlanden über fast jeden großen Waldbaum. Die Hütte, welche ich bewohnen sollte, lag in einer großen Lichtung von etwa hundert Acker, von denen man schon einen Teil mit jungen Kakaopflanzen und Pisang-Bäumen, welche ihnen Schatten geben sollten, bepflanzt hatte, während der Rest mit toten und halb verbrannten Waldbäumen bedeckt lag; und an einer Seite befand sich ein Strich, wo die Bäume erst vor kurzem gefällt und noch nicht verbrannt waren. Der Weg, auf dem ich gekommen, ging an der einen Seite der Lichtung entlang, trat dann wieder in den Urwald ein und zog über Hügel und Tal an die Nordseite der Insel.

Meine Wohnung war nur eine kleine strohgedeckte Hütte mit einer offenen Veranda vorn und einem kleinen dunklen Schlafzimmer hinten. Sie stand etwa fünf Fuß über dem Boden, und man kam auf rohen Stufen in die Mitte der Veranda. Die Mauer und der Fußboden waren von Bambus, und sie enthielt einen Tisch, zwei Bambusstühle und eine Lagerstätte. Ich machte es mir hier bald behaglich und begann meine Arbeit, indem ich unter den hier vor kurzem gefällten Bäume nach Insekten suchte. Nur ein Entomologe kann das Vergnügen abschätzen, mit dem ich stundenlang in dem heißen Sonnenscheine, zwischen den Ästen und Zweigen und der abgefallenen Rinde der gestürzten Bäume umherjagte und alle paar Minuten Insekten in Sicherheit brachte, welche zu jener Zeit fast alle selten oder neu für europäische Sammlungen waren.

Auf den schattigen Waldwegen finden sich viel schöne Schmetterlinge, unter denen der blaue Papilio ulysses, einer der Fürsten des Geschlechtes, sehr auffällig war. Obgleich zu jener Zeit in Europa selten, fand ich ihn auf Amboina durchaus gewöhnlich, wenn auch in schönem Zustande nicht leicht zu bekommen; eine große Zahl der gefangenen Exemplare hatte zerrissene oder abgebrochene Flügel. Er fliegt mit einer etwas schwachen, wellenförmigen Bewegung und ist wegen seiner bedeutenden Größe, wegen der Verlängerung an den Flügeln und wegen seiner brillanten Farbe eines der am meisten tropisch aussehenden Insekten, welche ein Naturforscher betrachten kann.

Zwischen den Käfern von Amboina und denen von Mangkassar besteht ein bemerkenswerter Kontrast, indem die letzteren gewöhnlich klein und dunkel, die ersteren groß und brillant gefärbt sind. Im ganzen gleichen die Insekten hier sehr denen der Aru-Inseln, aber sie sind fast immer von andern Arten, und wenn sie einander sehr nahe verwandt sind, so haben die Arten von Amboina einen größeren Umfang und brillantere Farben, so daß man geneigt sein könnte zu schließen, daß sie, als sie nach Osten und Westen auf einen weniger günstigen Boden und in weniger günstiges Klima übergingen, zu weniger auffallenden Formen degenerierten.

Abends saß ich gewöhnlich lesend in der Veranda, bereit, die Insekten zu fangen, welche von dem Lichte angezogen wurden. Eines Abends, etwa um neun Uhr, hörte ich ein seltsames Geräusch und ein Rascheln über mir, als ob ein schweres Tier langsam über das Dach kröche. Das Geräusch hörte bald auf, ich dachte nicht mehr daran und ging bald darauf zu Bett. Am nächsten Nachmittage gerade vor dem Essen, als ich etwas müde von meinem Tagewerk auf der Lagerstätte mit einem Buch in der Hand lag, sah ich, als ich nach oben blickte, eine große Masse von irgend etwas über mir, welche ich vorher nicht bemerkt hatte. Als ich genauer hinschaute, konnte ich gelbe und schwarze Flecken unterscheiden und hielt es für eine Schildkrötenschale, die dorthin, zwischen Giebelrücken und Dach, aus dem Weg gelegt sei. Als ich fortfuhr zu beobachten, entpuppte es sich plötzlich als eine große, vollständig in einen Knäuel aufgerollte Schlange, und ich konnte ihren Kopf und ihre glänzenden Augen gerade in der Mitte der Falten entdecken. Das Geräusch am Abend vorher war nun erklärt. Eine

Python hatte einen der Pfosten des Hauses erklommen und hatte ihren Weg eine Elle über meinem Kopfe unter dem Dache gefunden und sich dort behaglich hingestreckt; ich hatte die ganze Nacht gesund direkt unter ihr geschlafen. Ich rief meine beiden Knaben, welche unten Vögel abbalgten, und sagte: »Es ist eine dicke Schlange in dem Dach«; aber sowie ich sie ihnen gezeigt hatte, stürzten sie aus dem Hause und baten mich, auch gleich hinaus zu gehen. Als ich sah, daß sie zu furchtsam waren, um irgend etwas zu tun, rief ich einige der Arbeiter aus der Plantage und hatte bald ein halbes Dutzend Männer zusammengebracht, die Beratung hielten. Einer derselben, ein Eingeborner von Buru, wo es sehr viele Schlangen gibt, sagte, er wolle sie schon herausholen, und ging in ganz geschäftsmäßiger Weise dabei zu Werke. Er machte eine starke Schlinge aus Rotang und stieß mit einem langen Pfahl in der andern Hand nach der Schlange, die sich darauf langsam abzuwickeln begann. Er operierte dann so lange, bis die Schlinge über ihren Kopf kam, zog sie sorgsam über den Körper herab und dann zusammen und zerrte das Tier herunter. Es gab ein großes Getümmel, als die Schlange sich um die Stühle und Pfosten wand, um ihrem Feinde Widerstand zu leisten, aber zuletzt packte der Mann ihren Schwanz, stürzte aus dem Hause (er rannte so schnell, daß das Tier ganz überrascht zu sein schien) und versuchte ihren Kopf gegen einen Baum zu schlagen. Er verfehlte ihn jedoch und ließ sie fahren, worauf sie unter einen abgestorbenen Stamm dicht daneben kroch. Sie wurde wieder herausgestoßen, wieder packte der Mann aus Buru ihren Schwanz, und schleuderte, indem er schnell damit fortlief, ihren Kopf mit einem Schwung gegen einen Baum, worauf sie leicht mit einem Beile getötet werden konnte. Sie war etwa zwölf Fuß lang, sehr dick und wäre imstande gewesen, viel Unheil anzurichten, da sie einen Hund oder ein Kind verschlingen konnte.

Ich bekam hier nicht sehr viel Vögel. Der bemerkenswerteste war der schöne karmesinrote Lori, Eos rubra – ein pinselzüngiger Papagei von lebhaft karmesinroter Farbe, der sehr viel vorkam. Große Flüge zogen über die Plantage und boten einen prachtvollen Anblick, wenn sie sich auf einen blühenden Baum niederließen, um den Blumensaft aufzusaugen. Ich erhielt auch ein oder zwei Exemplare des schönen rackettschwänzigen Königsfischers von Amboina, Tanysiptera nais, einen der sonderbarsten und schönsten Vögel jener schönen Familie. Diese Vögel unterscheiden sich von allen anderen Königfischern (welche gewöhnlich kurze Schwänze haben) dadurch, daß die beiden mittleren Schwanzfedern bedeutend verlängert und sehr verschmälert sind, aber am Ende eine löffelartige Verbreiterung tragen wie bei den Motmots (Prionites momota) und bei einigen Kolibris. Sie gehören zu jener Abteilung der Familie, welche Königjäger benannt wird und hauptsächlich von Insekten und kleinen Landmollusken leben, auf welche sie herabstürzen und sie vom Boden aufpicken, gerade wie ein Königfischer einen Fisch aus dem Wasser zieht. Sie sind auf einen sehr begrenzten Distrikt beschränkt, auf die Mollukken, Neu-Guinea und Nord-Australien. Etwa zehn Arten dieser Vögel sind jetzt bekannt, die sich alle sehr ähneln, aber doch an allen Orten genügend unterscheidbar sind. Die amboinesische Art, von der hier eine sehr genaue Abbildung gegeben ist, ist eine der größten und schönsten. Sie mißt voll siebzehn Zoll bis zu den Enden der Schwanzfedern; der Schnabel ist korallenrot, die Unterseite rein weiß, der Rücken und die Flügel tief purpur, dagegen die Schultern, der Kopf und Nacken und einige Flecken an dem oberen Teile des Rückens und der Flügel rein azurblau. Der Schwanz weiß, die Federn desselben etwas blau gerändert, aber der schmale Teil der langen Federn schön blau. Es war eine ganz neue Art, und sie ist von Herrn G. R. Gray passend nach einer ozeanischen Gottheit benannt worden.

Am Weihnachtsabend kehrte ich nach Amboina zurück, wo ich etwa zehn Tage bei meinem liebenswürdigen Freunde Dr. Mohnike blieb. In Anbetracht davon, daß ich nur zwanzig Tage fortgewesen war und daß ich an fünf oder sechs davon durch nasses Wetter und leichte Fieberanfälle verhindert wurde, etwas zu tun, hatte ich eine sehr hübsche Sammlung von Insekten zusammengebracht, die eine viel bedeutendere Zahl großer und brillanter Arten enthielt, als ich je vorher in so kurzer Zeit bekommen hatte.

Während meines Aufenthaltes hier hatte ich eine gute Gelegenheit zu sehen, wie Europäer in den holländischen Kolonien leben, wo sie Sitten angenommen haben, die weit mehr in Übereinstimmung stehen mit dem Klima, als wir es in unseren tropischen Besitzungen getan haben. Fast alle Geschäfte werden des Morgens zwischen sieben und zwölf Uhr abgemacht, den Nachmittag über ruht man und der Abend ist für Besuche. Im Hause tragen die Leute während der Hitze des Tages und selbst beim Essen eine lose baumwollene Bekleidung, und nur draußen und des Abends legen sie einen Anzug von dünnen europäisch gemachten Kleidern an. Sie spazieren nach Sonnenuntergang oft barhaupt und benutzen den schwarzen Hut nur für zeremonielle Besuche. Man macht sich das Leben auf diese Weise viel angenehmer, und die Ermüdung und Unbehaglichkeit, welche das Klima hervorruft, wird dadurch sehr gemindert. Um Weihnachten kümmert man sich nicht viel, aber am Neujahrstage werden offizielle und Höflichkeitsbesuche abgestattet, und mit Sonnenuntergang gingen wir zum Gouverneur, bei dem eine große Gesellschaft Damen und Herren versammelt waren. Tee und Kaffee wurden herumgereicht, wie es fast allgemein bei Besuchen Sitte ist, auch Zigarren, denn bei keiner Gelegenheit in den holländischen Kolonien ist das Rauchen verboten; die Zigarren werden nach der Mahlzeit, ehe abgedeckt ist, angezündet, selbst wenn die halbe Gesellschaft aus Damen besteht.

Die eingeborenen Amboinesen, welche in der Stadt wohnen, sind ein seltsames, halb zivilisiertes, halb barbarisches,
faules Volk, und scheinen ein Gemisch von mindestens drei
Rassen, Portugiesen, Malayen und Papuas oder Ceramesen, zu sein, mit gelegentlicher Kreuzung durch Chinesen
oder Holländer. Das portugiesische Element herrscht entschieden in der alten christlichen Bevölkerung vor, wie es
die Gesichtszüge, die Sitten und die Überbleibsel vieler portugiesischer Worte im Malayischen, welches jetzt ihre
Sprache ist, beweisen. Sie haben eine besondere Art, sich zu
kleiden, wenn sie unter sich sind: ein eng anschließendes
weißes Hemd mit schwarzen Hosen und ein schwarzer Kittel wie ein Oberhemd. Die Frauen scheinen ganz schwarze
Kleidung zu lieben. Obgleich jetzt Protestanten, behalten
die Amboinesen bei Festen und Hochzeiten die Prozessionen und die Musik der katholischen Kirche bei, die seltsam mit den Gongs und Tänzen der Ureinwohner des Landes vermischt werden. Ihre Sprache hat noch viel mehr
Portugiesisches als Holländisches an sich, obgleich sie mit
der letzteren Nation länger als 250 Jahre in naher Verbindung gestanden haben; selbst viele Namen von Vögeln,
Bäumen und anderen Naturgegenständen, wie auch viele
häusliche Ausdrücke sind ganz portugiesisch. Dieses Volk
scheint eine merkwürdige Kraft zur Kolonisation und eine
Fähigkeit gehabt zu haben, ihre nationalen Eigentümlichkeiten jedem Lande, das sie eroberten oder in welchem sie
nur eine zeitweilige Besitzung anlegten, aufzuprägen. In
einer Vorstadt von Amboina gibt es ein Dorf von malayischen Ureinwohnern, welche Mohammedaner sind und
eine besondere Sprache sprechen, die der von Ceram verwandt ist, ebenso wie dem Malayischen. Sie sind meist
Fischer und sollen fleißiger und ehrlicher sein als die eingeborenen Christen.

Zum Sonntag war ich bei einem Herrn von Amboina ein-
geladen, um seine Muschel- und Fischsammlung anzu-

sehen. Die Fische stehen in betreff ihrer Mannigfaltigkeit und Schönheit vielleicht einzig da. Der bekannte holländische Ichthyologe Dr. Bleeker hat einen Katalog von 780 bei Amboina gefundenen Arten veröffentlicht, eine Zahl, die fast gleich ist der von allen Meeren und Flüssen Europas zusammengenommen. Ein großer Teil derselben ist von den brillantesten Farben und mit Bändern und Flekken von den reinsten gelben, roten und blauen Nuancen gezeichnet, und ihre Gestalten bieten alle jene seltsamen und endlosen Mannigfaltigkeiten, welche für die Bewohner des Ozeans so charakteristisch sind. Muscheln (und Schnekken) finden sich auch sehr zahlreich vor und enthalten eine Anzahl der schönsten Arten der Erde. Besonders die Mactras und Ostreas überraschten mich durch die Mannigfaltigkeit und Schönheit ihrer Farben. Muscheln sind seit langem ein Handelsartikel in Amboina gewesen; viele der Eingeborenen erwerben sich ihren Lebensunterhalt durch Sammeln und Reinigen derselben, und fast jeder Besucher nimmt eine kleine Kollektion mit. Die Folge davon ist, daß viele der gewöhnlicheren Sorten allen Wert in den Augen der Liebhaber verloren haben, eine Menge der hübschen aber, die sehr gewöhnlichen Tuten-, Porzellan- und Olivenschnecken, werden in den Straßen Londons für einen Pfennig das Stück verkauft und kommen von der fernen Insel Amboina, wo sie nicht so billig zu haben sind. Die Fische in der Sammlung waren alle gut in klarem Spiritus aufbewahrt, in Hunderten von Glasgefäßen, und die Muscheln waren in großen flachen, mit Papier ausgelegten Kästen aus Baummark angeordnet und jedes Exemplar mit Zwirnsfäden befestigt. Ich schätzte es auf fast 1000 verschiedene Arten von Muscheln und auf vielleicht 10 000 Exemplare, während die Sammlung amboinesischer Fische fast vollständig war.

Am 4. Januar verließ ich Amboina und ging nach Ternate; aber zwei Jahre später, im Oktober 1859, kehrte ich wieder dorthin zurück, nach meinem Aufenthalt in Menado, und blieb einen Monat lang in der Stadt in einem kleinen Hause, welches ich gemietet hatte, um eine große und mannigfaltige Sammlung, die ich von Nord-Celebes, Ternate und Dschilolo mitgebracht hatte, zu ordnen und zu verpacken. Ich war genötigt dies zu tun, weil der Postdampfer im folgenden Monat über Amboina nach Ternate kommen sollte, und es wären zwei Monate vergangen, bis ich den erstgenannten Ort wieder erreicht hätte. Ich stattete dann meinen ersten Besuch auf Ceram ab, und nach der Rückkehr blieb ich, um mich für meine zweite vollständigere Durchforschung dieser Insel zu rüsten, sehr gegen meinen Willen zwei Monate in Paso, auf der Landenge, welche die zwei Teile der Insel Amboina miteinander verbindet. Dieses Dorf liegt an der Ostseite der Landenge, auf sandigem Grunde, mit einer sehr hübschen Aussicht über die See nach der Insel Harúka hin. An der Seite des Isthmus, die nach Amboina zu liegt, ist ein kleiner Fluß, welcher durch einen seichten Kanal bis auf dreißig Ellen zur Hochwasserlinie der anderen Seite verlängert worden ist. Über diese kleine Strecke, welche sandig und nicht sehr hoch ist, können alle kleinen Boote und Prauen leicht gezogen werden, und aller kleiner Handel von Ceram und den Inseln Saparúa und Harúka passiert durch Paso. Der Kanal ist nur deshalb nicht ganz durchgelegt, weil jede Springflut gerade solche Sandbank, wie sie jetzt da ist, wieder aufwerfen würde.

Ich wurde in Paso durch einen entzündlichen Ausschlag aufgehalten, der hervorgerufen worden war durch die beständigen Angriffe kleiner Milben, wegen welcher die Wälder vom Ceram berüchtigt sind, und auch durch den Mangel an genügender Nahrung während meines Aufenthaltes auf dieser Insel. Eine Zeitlang war ich mit schlimmen Geschwüren bedeckt. Ich hatte sie am Auge, auf der Backe, unter den Achselgruben, am Ellbogen, auf dem Rücken, an den

Schenkeln, Knien und Knöcheln, so daß ich weder imstande war zu sitzen, noch zu gehen und es mir schwer wurde, eine Stelle zu finden, auf der ich ohne Schmerzen liegen konnte. Es hielt einige Wochen an, und es brachen frische auf, wenn die alten heilten; allein vernünftiges Leben und Seebäder machten mich zuletzt gesund.

Während der Zeit meines Aufenthaltes an diesem Platze erfreute ich mich eines Luxus', den ich weder vor noch nachher jemals genossen habe – der echten Brotfrucht. Es stehen viele Bäume in der Umgegend des Platzes, und in den umliegenden Dörfern und fast täglich hatten wir Gelegenheit, einige zu kaufen, da alle Schiffe, welche nach Amboina bestimmt waren, gerade meiner Tür gegenüber ausgeladen wurden, um über die Landenge gezogen zu werden. Obgleich die Frucht in mehreren anderen Teilen des Archipels gedeiht, so kommt sie doch nirgendwo in Überfluß vor und ihre Zeit ist nur eine kurze. Sie wird ganz in heißer Asche gebacken und das Innere mit einem Löffel ausgegessen. Ich verglich sie mit Yorkshire-Pudding; Charles Allen fand sie wie Kartoffelbrei in Milch. Sie ist gewöhnlich von der Größe einer Melone, gegen die Mitte etwas faserig, aber sonst ganz weich und puddingartig, etwa von der Konsistenz einer Mehlspeise oder eines Pudding von geschlagenem Teig. Wir aßen sie manchmal mit Curry, oder damit gedämpftem Fleisch, oder geröstet in Scheiben; aber auf keine Weise zubereitet schmeckt sie so gut, wie einfach gebacken. Sie kann süß oder pikant gegessen werden. Mit Fleisch und der natürlichen Soße zusammen gibt sie ein Gemüse ab, das ich allen anderen in der gemäßigten Zone und in den Tropen vorziehe. Mit Zucker, Milch, Butter oder eingekochtem Zuckersaft wird sie zu einem vortrefflichen Pudding und hat dann einen sehr zarten und delikaten, aber charakteristischen Geschmack, welcher ähnlich wie der von gutem Brot und Kartoffeln, einem nie zuwider wird. Der Grund ihres verhältnismäßig seltenen Vorkommens liegt darin, daß die Frucht in der Kultur durchaus keinen Samen gibt und der Baum daher nur durch Ableger vermehrt werden kann. Die samentragende Varietät ist überall in den Tropen gemein, und obgleich die Samen sehr gut zu essen sind, etwa wie Kastanien, so ist doch die Frucht als Gemüse ganz unbrauchbar. Jetzt, wo der Dampf und die gelöteten Blechbüchsen den Transport junger Pflanzen so erleichtern, wäre es sehr zu wünschen, daß die besten Varietäten dieser Pflanzenspeise, die ihresgleichen nicht hat, auf unseren westindischen Inseln eingeführt und dort in großem Maßstabe verbreitet würden. Da die Frucht sich einige Zeit, nachdem sie gepflückt ist, hält, so würden wir dann in der Lage sein, diese tropische Delikatesse auf dem Covent-Garden-Markt zu finden.

Wenn auch die wenigen Monate, die ich zu verschiedenen Zeiten in Amboina verbrachte, in betreff der Sammlungen nicht sehr ergiebig für mich waren, so wird dieser Aufenthalt doch stets ein lichter Punkt in den Erlebnissen meiner östlichen Reisen sein, da ich dort zuerst mit jenen herrlichen Vögeln und Insekten bekannt wurde, welche die Molukken in den Augen des Naturforschers zu einem klassischen Boden machen und ihre Fauna als eine der bemerkenswertesten und schönsten auf dem Erdenrund charakterisieren. Am 20. Februar verließ ich Amboina endgültig, ging nach Ceram und Wageu.

DIE VULKANINSEL TERNATE

Am Morgen des 8. Januar 1858 kam ich auf Ternate an, der vierten einer Reihe schöner kegelförmiger vulkanischer Inseln, welche die Westküste der großen und fast unbekannten Insel Dschilolo umgeben. Der größte und am vollkommensten konische ist der Berg Tidor in einer Höhe

251

von über viertausend Fuß – der Berg Ternate ist fast ebenso hoch, aber mit einer gerundeteren und unregelmäßigeren
Spitze. Die Stadt Ternate liegt den Blicken verborgen, bis
man zwischen den beiden Inseln einfährt; dann erst sieht
man sie sich gerade am Fuße des Berges dem Ufer entlang
erstrecken. Ihre Lage ist schön, und jederseits bietet sie
großartige Aussichten. Nahe gegenüber ist das schroffe
Vorgebirge und der schöne vulkanische Kegel von Tidor;
östlich liegt die lange bergige Küste von Dschilolo, gegen
Norden von einer Gruppe dreier hoher vulkanischer Spitzen abgeschlossen, und unmittelbar hinter der Stadt erhebt
sich der riesige Berg, anfangs langsam ansteigend und mit
dichten Hainen von Fruchtbäumen bedeckt, aber bald steiler werdend und mit tiefen Furchen durchzogen. Fast bis
zum Gipfel, dessen Öffnung stets schwache Rauchwolken
entsteigen, ist er mit Pflanzenwuchs bekleidet und sieht ruhig und schön aus, obgleich er ein Feuer birgt, das gelegentlich in Lavaströmen ausbricht, aber sich häufiger durch
Erdbeben bemerkbar macht, welche oftmals die Stadt verwüstet haben.

Ich hatte ein Einführungsschreiben an Herrn Duivenboden, einen Eingeborenen von Ternate, der von einer alten
holländischen Familie abstammte, aber in England erzogen
war und unsere Sprache vortrefflich sprach, mitgebracht.
Er war ein sehr reicher Mann, ihm gehörte die halbe Stadt,
er besaß viele Schiffe und an hundert Sklaven. Er war über-
dies gut unterrichtet und Liebhaber von Literatur und Wissenschaft – in diesen Gegenden ein Phänomen. Er war allgemein als der König von Ternate bekannt wegen seines
bedeutenden Vermögens und seines großen Einflusses auf
die eingeborenen Rajahs und ihre Untertanen. Durch seinen Beistand bekam ich ein Haus, ein zwar etwas verfallenes, aber doch für meine Zwecke gut passend, da es nahe
der Stadt lag und dabei einen freien Ausblick auf das Land
und den Berg bot. Einige notwendige Reparaturen waren

bald gemacht, ein paar Bambusmöbel und anderes Unentbehrliche angeschafft, und nach einem Besuche beim Residenten und Polizeimagistrate fühlte ich mich auf der von Erdbeben heimgesuchten Insel Ternate zu Hause und in der Lage, um mich zu schauen und dann meinen Feldzugsplan für das bevorstehende Jahr auszuarbeiten. Ich behielt dieses Haus drei Jahre lang, da ich es sehr angemessen fand als Ort, an den ich zwischen meinen Touren nach den verschiedenen Inseln der Molukken-Gruppe und nach Neu-Guinea zurückkehren konnte, um meine Sammlungen zu verpacken, mich wieder zu erholen und die Vorbereitungen zu weiteren Reisen zu treffen. Um Wiederholungen zu vermeiden, will ich in diesem Kapitel zusammenstellen, was ich über Ternate zu sagen habe.

Eine Beschreibung meines Hauses (dessen Plan hier aufgezeichnet ist) wird den Leser in den Stand setzen, die ge-

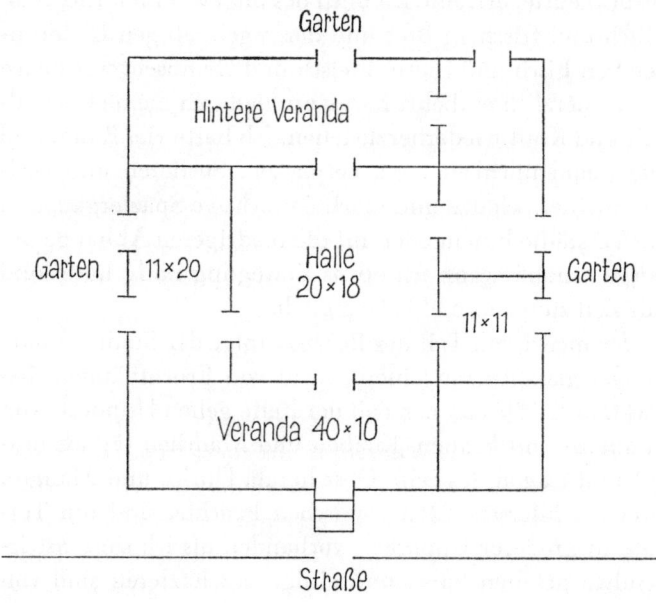

wöhnliche Bauart auf diesen Inseln zu verstehen. Natürlich ist nur *ein* Stockwerk vorhanden. Die Mauern sind von Stein und drei Fuß hoch, darauf stehen starke viereckige Pfosten, welche das Dach tragen, überall bis auf die Veranda mit den Blattstielen der Sago-Palme ausgefüllt und hübsch in Holzrahmen eingepaßt. Der Fußboden ist von Stuck und die Decken sind wie die Wände. Das Haus ist vierzig Fuß im Quadrat, besteht aus vier Zimmern, einer Halle und zwei Verandas und ist von Fruchtbäumen umstanden. Ein tiefer Brunnen versorgte mich mit reinem kaltem Wasser, ein großer Luxus in diesem Klima. Fünf Minuten Weges die Straße entlang brachten mich an den Markt und das Ufer, und nach der anderen Seite hin standen weiter keine europäischen Häuser zwischen mir und dem Berge. In diesem Hause verbrachte ich viele glückliche Tage. Wenn ich dorthin nach einem Aufenthalte von drei oder vier Monaten in irgendeiner unzivilisierten Gegend zurückkehrte, erfreute ich mich des ungewohnten Luxus an Milch und frischem Brot und der regelmäßigen Lieferungen von Fisch und Eiern, Fleisch und Gemüsen, welche ich oft schmerzlich entbehrt hatte, um dadurch meine Gesundheit und Kraft wiederherzustellen. Ich hatte viel Raum und alle Bequemlichkeit zum Verpacken, Sortieren und Ordnen meiner Schätze und machte prächtige Spaziergänge in die Vorstädte hinein oder auf die niedrigeren Abhänge der Berge hinauf, wenn ich etwas Bewegung nötig hatte und mir Zeit zum Sammeln übrig blieb.

Der niedrigere Teil des Berges hinter der Stadt Ternate ist fast gänzlich mit einem Wald von Fruchtbäumen bedeckt, und während der Zeit der Reife gehen Hunderte von Männern und Frauen, Knaben und Mädchen täglich hinauf und tragen das reife Obst herab. Durios und Mangos, zwei der allerschönsten tropischen Früchte, sind um Ternate in größerer Üppigkeit vorhanden als ich sie sonst irgendwo gesehen habe, und einige der letzteren sind von einer Qualität, die keiner auf der ganzen Erde nachstehen. Lansats und Mangustans sind auch sehr viel vorhanden, aber diese werden erst etwas später reif. Über den Fruchtbäumen erstreckt sich ein Gürtel von Lichtungen und bebautem Boden, welcher sich den Berg hinauf bis zu einer Höhe von zwei- bis dreitausend Fuß zieht, worauf Urwald folgt, der fast bis zum Gipfel reicht, welcher an der Seite, die der Stadt zusieht, mit hohem schilfigem Grase bedeckt ist. An der anderen Seite steigt er höher an und bietet einen nackten und traurigen Anblick dar; eine leichte Vertiefung zeigt die Grenzen des Kraters an. Von dieser Partie steigt ein schwarzer schlackiger Grat herab, sehr zerissen und dürftig mit einer Vegetation von zerstreut stehenden Büschen bis zur See hinunter bedeckt. Dieses ist die Lava von dem großen Ausbruche vor fast hundert Jahren und wird von den Eingeborenen »batu angas« (verbrannter Felsen) genannt.

Gerade unter meinem Hause liegt das Fort, das von den Portugiesen erbaut ist, jenseits welchem sich bis zum Strande ein offenes Gelände erstreckt, über den hinaus die Stadt der Eingeborenen sich etwa eine Meile weit nach Nordosten hinzieht. Ungefähr in der Mitte derselben steht der Palast des Sultans, jetzt ein großes unsauberes, halb verfallenes Gebäude von Stein. Der Häuptling ist von der holländischen Regierung pensioniert, aber hat noch die Souveränität über die eingeborene Bevölkerung der Insel und des nördlichen Teiles von Dschilolo inne. Die Sultane von Ternate und Tidor waren einst durch den ganzen Osten wegen ihrer Macht und ihrer königlichen Prachtentfaltung berühmt. Als Drake Ternate im Jahre 1579 besuchte, waren die Portugiesen von der Insel vertrieben worden, wenn sie auch noch eine Besitzung in Tidor hatten. Er gibt eine enthusiastische Schilderung des Sultans: »Über dem König wurde ein sehr reicher Baldachin mit getriebener Goldarbeit getragen, und er wurde von zwölf Lanzenträgern behütet. Von dem Gürtel bis auf den Boden waren alle Kleider von Gold und sehr reich verziert; in seinen Kopfputz waren verschiedene Ringe geflochtenen Goldes eingewoben, einen Zoll und mehr breit, was schön und fürstlich anzusehen war und in der Form etwa einer Krone glich; um den Hals trug er eine Kette von gediegenem Golde mit sehr großen Gliedern, zweimal herumgelegt; an seiner Linken steckten ein Diamant, ein Smaragd, ein Rubin und ein Türkis; an seiner Rechten in einem Ring ein dicker, tadelloser Türkis und in einem anderen viele Diamanten von geringerer Größe.«

All dieser Glanz ausländischen Goldes war der Ertrag des Gewürzhandels; die Sultane hatten es monopolisiert und wurden reich dadurch. Ternate mit den kleinen Inseln südlich davon bis Batchian bilden die alten Molukken, das Vaterland der Gewürznelke, der einzige Erdstrich, auf welchem sie gebaut wurde. Muskatnuß und -blüte erhielt man von den Eingeborenen von Neuguinea und den anliegenden Inseln, wo sie wild wuchsen, und die Gewinne auf die Gewürzladungen waren so enorm, daß die europäischen Händler gern Gold und Juwelen und die feinsten Manufakturen Europas dafür hergaben. Als die Holländer ihren Einfluß in diesen Seen gewannen und die eingeborenen Fürsten von ihren portugiesischen Bedrückern befreiten, sahen sie, daß sie sich auf die leichteste Art bezahlt machen würden, wenn dieser Gewürzhandel in ihre eigenen Hände gelangte. Zu dem Zwecke führten sie das kluge Prinzip ein, den Anbau dieses wertvollen Produktes nur auf die Orte zu konzentrieren, welche sie vollkommen kontrollieren konnten. Um dieses wirksam durchzuführen, war es notwendig, die Zucht und den Handel an allen anderen Plätzen zu vernichten, und es gelang ihnen durch Verträge mit den eingeborenen Herrschern. Diese gingen darauf ein, daß alle Gewürzbäume in ihren Besitzungen zerstört würden. Sie gaben große, aber schwankende Einnahmen auf und tauschten dafür ein fixes Einkommen ein, ferner Befreiung von den fortwährenden Angriffen und harten Bedrückungen der Portugiesen und eine Beständigkeit der königlichen Macht und ausschließlichen Autorität über ihre eigenen Untertanen, welche auf allen Inseln, Ternate ausgenommen, bis auf den heutigen Tag aufrechtgehalten wird.

Es wird zweifellos von den meisten Engländern, welche gewohnt sind, auf diese Tat der Holländer mit großem Abscheu als auf etwas äußerst Prinziploses und Barbarisches zu blicken, angenommen, daß die eingeborene Bevölkerung tief durch diese Zerstörung so wertvollen Eigentumes gelitten habe. Aber es ist sicher, daß das nicht der Fall war. Die Sultane hielten diesen Gewinn bringenden Handel als strenges Monopol ausschließlich in ihren Händen, und sie trugen Sorge, daß ihre Untertanen nicht mehr erhielten als ihre gewöhnlichen Löhne, während sie selbst natürlich eine so große Menge Gewürz, als sie nur irgend konnten, herauszogen. Drake und andere alte Reisende scheinen stets ihre Gewürzladungen von den Sultanen und Rajahs und nicht von den Bauern gekauft zu haben. Nun muß die Inanspruchnahme so vieler Arbeitskräfte für die Kultur dieses einen Produktes notwendigerweise den Preis der Nahrungsmittel und anderer zum Leben notwendiger Dinge in die Höhe getrieben haben; und als dieselbe zerstört wurde, konnte man mehr Reis bauen, mehr Sago bereiten, mehr Fische fangen und mehr Schildpatt, Rotang, Dammarharz und andere wertvolle Produkte der Meere und der Wälder erhalten. Ich glaube daher, daß diese Zerstörung des Gewürzhandels auf den Molukken für die Bewohner tatsächlich eine Wohltat gewesen ist und daß die Tat sowohl an sich weise als auch moralisch und politisch zu rechtfertigen war.

In der Wahl der Orte, an denen sie die Kultur weiter betreiben wollten, waren die Holländer nicht durchweg

glücklich und klug. Banda wurde für die Muskatnuß aus-
ersehen und es war eminent produktiv, denn es liefert bis
auf den heutigen Tag eine große Menge dieses Gewürzes
und gibt einen beträchtlichen Überschuß. Auf Amboina
sollte die Gewürznelke gebaut werden; aber der Boden und
das Klima ist, wenn auch anscheinend dem ihres Heimat-
landes sehr ähnlich, doch nicht günstig, und einige Jahre
lang hat das Gouvernement infolge eines bedeutenden Sin-
kens des Preises tatsächlich den Pflanzern mehr gezahlt als
es irgendwo für Gewürznelken einnahm, da die Höhe der
Bezahlung für eine Reihe von Jahren durch die holländische Regierung selbst fixiert worden war und sie diesen
stets sehr ehrlich bezahlt.

Wenn man in den Vorstädten von Ternate umherwan-
delt, findet man überall die Trümmer von massiven Stein-
und Backsteinhäusern, Torwegen und Läden, die ebenso-
wohl von dem großen Reichtume der alten Stadt als auch
von den zerstörenden Wirkungen der Erdbeben Zeugnis
geben. Während meines zweiten Aufenthaltes in der Stadt
nach meiner Rückkehr von Neu-Guinea spürte ich zuerst
ein Erdbeben. Es war ein sehr leichtes, aber da es an einem
Orte stattfand, der oftmals zerstört worden war, so beun-
ruhigte es doch. Ich war gerade beim Kanonenschuß um
fünf Uhr morgens erwacht, als plötzlich das Dach zu rauschen und schwanken anfing, als ob eine Armee von Katzen darüber hingaloppierte, und sofort wurde auch mein
Bett erschüttert, so daß ich mich für einen Augenblick in
meinem gebrechlichen Hause auf Neu-Guinea glaubte, welches schwankte, wenn ein alter Hahn sich auf der Dach-
traufe niederließ; aber als ich mich erinnerte, daß ich mich
jetzt auf einem soliden Fußboden aus Erde befand, sagte
ich mir, »Ah, ein Erdbeben« und lag in der angenehmen
Erwartung eines weiteren Stoßes still; aber es kam keiner,
und es blieb dieses das einzige Erdbeben, das ich in Ternate
mitmachte.

Das letzte große war im Februar 1840, welches fast jedes Haus des Ortes zerstörte. Es begann um Mitternacht an dem chinesischen Neujahrsfeste, an welchem jedermann fast die ganze Nacht durch bei den Festen der Chinesen und um die Prozessionen zu sehen, aufbleibt. Aus diesem Grunde waren keine Menschenleben zu beklagen, da jedermann beim ersten Stoße, der nicht sehr heftig war, aus dem Hause rannte. Der zweite, ein paar Minuten darauf, warf sehr viele Häuser um, und andere, welche die ganze Nacht hindurch und während eines Teiles des folgenden Tages stattfanden, machten die Zerstörung vollständig. Die betroffene Strecke war sehr schmal, so daß die Stadt der Eingeborenen, welche eine Meile nach Osten hin liegt, kaum überhaupt litt. Die Welle ging von Norden nach Süden durch die Inseln Timor und Makian und endete in Batchian, wo sie nicht vor vier Uhr am folgenden Nachmittage verspürt wurde, so daß sie nicht weniger als sechzehn Stunden brauchte, um einhundert Meilen fortzuschreiten, also etwa sechs Meilen in der Stunde. Es ist bemerkenswert, daß bei dieser Gelegenheit kein Steigen der Flut oder andere Bewegungen des Meeres beobachtet wurden, wie es gewöhnlich während großer Erdbeben der Fall ist.

Die Bevölkerung von Ternate besteht aus drei wohl voneinander unterschiedenen Rassen: den Ternate-Malayen, den Orang Sirani und den Holländern. Erstere sind eine eingedrungene malayische Rasse, den Mangkassaren etwas verwandt, und setzten sich zu einer sehr frühen Zeit in dem Lande fest, vertrieben die Ureinwohner, welche zweifellos dieselben waren wie auf dem anliegenden Hauptlande Dschilolo, und errichteten eine Monarchie. Sie nahmen vielleicht viele ihrer Weiber von den Eingeborenen, eine Ansicht, welche der außergewöhnlichen Sprache, welche sie sprechen, Rechnung tragen würde – sie ist in einiger Hinsicht nahe der Sprache verwandt, welche die Eingeborenen von Dschilolo sprechen, während sie zu gleicher Zeit vieles enthält, was auf einen malayischen Ursprung hinweist. Den meisten dieser Menschen ist die malayische Sprache ganz unverständlich, obgleich die Handeltreibenden genötigt sind, sie sich anzueignen. »Orang Sirani« oder Nazarener ist der Name, welchen die Malayen den christlichen Abkömmlingen der Portugiesen gegeben haben, die denen Amboinas gleichen und, wie sie, nur Malayisch sprechen. Es gibt dort auch eine Anzahl chinesischer Kaufleute, von denen viele Eingeborene des Ortes sind, ferner einige Araber und eine Anzahl Mischlinge zwischen allen diesen Rassen und eingebornen Frauen. Neben diesen findet man noch einige papuanische Sklaven und einige wenige Eingeborene anderer Inseln hier ansässig, eine buntscheckige und rätselhafte Bevölkerung, bis Nachforschung und Beobachtung die verschiedenen Ursprünge ihrer Komponenten aufgedeckt haben.

Bald nach meiner ersten Ankunft in Ternate ging ich nach Dschilolo, von zwei Söhnen des Herrn Duivenboden und von einem jungen Chinesen, einem Bruder meines Wirtes, der uns ein Boot und Bemannung lieh, begleitet. Diese bestand aus Sklaven, meist Papuas, und beim Abfahren sah ich etwas von den Beziehungen zwischen Herr und Sklave in diesem Teile der Erde. Das Schiffsvolk war beordert worden, um drei Uhr morgens bereit zu sein; aber bis fünf Uhr erschien niemand, so daß wir alle im Dunkeln und in der Kälte zwei Stunden lang warten mußten. Als sie endlich kamen, wurden sie von ihrem Herrn ausgescholten, aber nur in neckischer Weise, und sie lachten und scherzten mit ihm, als sie antworteten. Dann, gerade als wir abfahren wollten, weigerte sich einer der stärksten Männer, überhaupt mitzugehen, sein Herr mußte ihn erst bitten und überreden, und es gelang ihm nur dadurch, daß er ihn versicherte, ich würde ihm etwas geben; mit diesem Versprechen daher und da er wußte, daß es viel zu essen und trinken und wenig zu tun dabei geben würde, fand sich der schwarze Herr bewogen, uns mit seiner Gesellschaft und seinem Beistande zu beehren. Nach drei Stunden Rudern und Segeln erreichten wir unser Ziel, Sedingole, wo ein Haus des Sultans von Tidor steht, der dort manchmal auf die Jagd geht. Es war eine schmutzige zerfallene Hütte mit nur ein paar Bambusbettstellen darin. Bei einem Spaziergang über Land sah ich sofort, daß es kein Platz für mich sei. Meilenweit erstreckt sich eine mit grobem und hohem Grase bedeckte Ebene, die von Zeit zu Zeit dick mit Bäumen bestanden ist; das Waldland fing erst ein gutes Stück weiter ins Innere an den Hügeln an. Ein solcher Ort konnte wenig Vögel und keine Insekten bergen, und wir beschlossen daher, nur zwei Tage dazubleiben und dann nach Dodinga zu gehen, an der schmalen Zentrallandenge von Dschilolo, von wo aus meine Freunde nach Ternate zurückkehren wollten. Wir unterhielten uns damit, Papageien, Loris und Tauben zu schießen, und versuchten uns auch auf Wild, von dem wir eine Menge sahen, aber wir konnten keines bekommen; unser Schiffsvolk ging mit einem Netz zum Fischen, so daß wir an Proviant keinen Mangel litten. Als es Zeit wurde, unsere Reise fortzusetzen, erhob sich eine neue Schwierigkeit, indem unsere Herren Sklaven sich einstimmig weigerten, mit uns zu gehen und sehr entschieden erklärten, daß sie nach Ternate zurückkehren wollten. So mußte sich ihr Herr ihnen fügen und ich, so gut ich konnte, allein nach Dodinga gehen. Glücklicherweise gelang es mir, ein kleines Boot zu mieten, welches mich an demselben Abend mit zwei meiner Leute und meinem Gepäcke dorthin brachte.

Nach Ternate von Sahoe zurückgekehrt, traf ich sofort Anstalten für eine Reise nach Batchian, einer Insel, welche
man mir beständig zum Besuch anempfohlen hatte, seit ich
in diesem Teile der Molukken angekommen. Nachdem alles bereit war, sah ich, daß ich ein Boot mieten müßte, da
sich keine Gelegenheit zur Überfahrt bot. Ich ging also in
die Stadt der Eingeborenen und konnte nur zwei Boote zur
Miete finden, das eine größer, als ich es bedurfte, und das
andere viel kleiner, als mir angenehm war. Ich wählte das
kleinere, hauptsächlich weil es nicht ein Drittel so viel wie
das größere kostete und auch, weil bei einer Küstenfahrt
ein kleines Schiff leichter gehandhabt und bei heftigen Winden schneller in Sicherheit gebracht werden kann als ein
großes. Ich nahm meinen borneonischen Burschen Ali mit,
der mir jetzt sehr dienlich war; ferner Lahagi, einen Eingeborenen von Ternate, einen sehr kräftigen Mann und guten Schützen, der mit mir Neu-Guinea besucht hatte; dann
Lahi, einen Eingeborenen von Dschilolo, der Malayisch
sprach, als Holzhauer und überhaupt zur Stütze; und endlich Garo, einen Burschen, der als Koch wirtschaften sollte.
Da das Boot so klein war, daß wir kaum Raum für uns
hatten, als alle meine Sachen an Bord waren, so nahm ich
nur *einen* andern Mann namens Latchi als Steuermann.
Er war ein Papua-Sklave, ein großer starker schwarzer
Bursche, aber sehr höflich und sorgsam. Das Boot hatte ich
von einem Chinesen namens Lau Keng Tong für fünf Gulden den Monat gemietet.

Wir fuhren am Morgen des 9. Oktober ab, aber waren
noch nicht hundert Ellen vom Land entfernt, als ein heftiger widriger Wind aufkam, gegen den wir nicht anrudern
konnten, und so krochen wir das Ufer entlang bis unterhalb der Stadt und warteten, bis das Wasser uns quer über
an die Küste bringen würde. Etwa um drei Uhr nachmit-

tags machten wir uns auf den Weg und fanden, daß unser
Boot gut segelte und mit dem Winde schnell vorwärts kam.
Als der Wind, nachdem wir schon ein gutes Stück zurückgelegt hatten, nachließ, mußten wir wieder zu den Rudern
greifen. Wir landeten an einem hübsch sandigen Ufer, um
unser Abendessen zu kochen, gerade als die Sonne hinter
den zerrissenen vulkanischen Hügeln untertauchte, südlich
von dem großen Kegel von Tidor, und sahen bald den Pla-
neten Venus in der Dämmerung mit der Helligkeit eines
Neumondes scheinen und einen sehr deutlichen Schatten
werfen. Wir fuhren etwas vor sieben Uhr wieder ab, und
als wir aus dem Schatten des Berges kamen, beobachtete ich
ein helles Licht über einem Teile des Bergrückens und bald
darauf etwas, was wie ein besonders weißes Feuer gerade
auf dem Gipfel des Hügels erschien. Ich richtete die Aufmerksamkeit meiner Leute darauf und auch sie hielten es
lediglich für ein Feuer; aber einige Minuten später, als wir
weiter vom Ufer abkamen, stieg das Licht klar über den
Rand des Hügels, und als einige schwache Wolken sich ver-
zogen, entdeckten wir den prachtvollen Kometen, der zu
derselben Zeit ganz Europa in Erstaunen versetzte. Der
Kern zeigte dem unbewaffneten Auge eine deutliche Scheibe
von brillantem weißem Licht, von welcher der Schwanz
in einem Winkel von etwa 30° bis 35° zum Horizonte ausging, leicht nach abwärts gebogen und in einem breiten Pin-
sel schwachen Lichtes endigend, dessen Krümmung sich ver-
minderte, bis er an dem Ende fast gerade war. Der Teil des
Schwanzes, der dem Komet am nächsten lag, erschien drei-
oder viermal so hell wie der lichtreichste Teil der Milch-
straße und, was mir besonders auffiel, der obere Rand, von
dem Kern bis sehr nahe dem Ende, war klar und fast
scharf begrenzt, während die untere Seite allmählich sich
im Dunkel verlor. Gerade als er über den Rand des Hügels
aufstieg, sagte ich zu meinen Leuten: »Seht, es ist kein
Feuer, es ist ein »bintang ber-ekor« (»geschwänzter Stern«,

der malayische Ausdruck für einen Kometen). »So ist es«, sagten sie; und erklärten alle, daß sie oft von solchem hätten reden hören, aber bis jetzt nie einem begegnet wären. Ich hatte kein Teleskop bei mir und auch kein anderes Instrument zur Hand, allein ich schätzte die Länge des Schwanzes etwa auf 20° und die Breite gegen das Ende etwa auf 4° bis 5°.

Den ganzen folgenden Tag mußten wir in der Nähe des Dorfes Tidor bleiben wegen eines starken Windes, der uns gerade entgegen blies. Das Land war ganz bebaut, und ich suchte vergebens nach Insekten, die das Fangen lohnten. Einer meiner Leute ging zum Schießen aus, aber kehrte ohne einen einzigen Vogel heim. Als bei Sonnenuntergang der Wind sich gelegt hatte, verließen wir Tidor und kamen bis zur nächsten Insel, Mareh, wo wir bis zum Morgen blieben. Der Komet war wieder sichtbar, aber nicht annähernd so hell leuchtend, da er teilweise durch Wolken verdeckt war und das Licht des Neumondes ihn abschwächte. Wir ruderten dann hinüber zu der Insel Motir, welche so von Korallenriffen umgeben ist, daß man sich ihr nur mit Gefahr nähern kann. Diese sind vollkommen flach, nur bei Hochwasser verdeckt und enden in schroffen vertikalen Wällen von Korallen in sehr tiefem Wasser. Bei leichtem Winde schon ist es gefährlich, sich diesen Felsen zu nähern; aber es war glücklicherweise ganz ruhig, so daß wir an dem Rand anlegen konnten; die Leute krochen über das Riff ans Land, um Feuer zu machen und unser Mittagessen zu kochen – denn das Boot gestattete mir weiter keine Bequemlichkeiten, als morgens und abends heißes Wasser zum Kaffee zu bereiten. Wir ruderten dann dem Rande des Riffes entlang bis zum Ende der Insel und waren froh, als eine hübsche westliche Brise aufkam, welche uns über die Meerenge nach Makian brachte, wo wir um acht Uhr abends eintrafen. Der Himmel war ganz klar, und obgleich der Mond hell schien, so kam doch der Komet ganz so prächtig zum Vorschein wie damals, als wir ihn zuerst gesehen.

Die Küsten dieser kleinen Inseln sind, ihrer geologischen Formation gemäß, sehr voneinander verschieden. Die vulkanischen, seien sie noch tätig oder schon erloschen, haben steile schwarze Gestade aus vulkanischem Sande oder sind mit zerrissenen Massen von Lava und Basalt belegt. Korallen kommen da gewöhnlich nicht vor, sondern nur an kleinen Stellen in ruhigen Buchten und bilden selten oder nie Riffe. Ternate, Tidor und Makian gehören zu dieser Klasse. Inseln vulkanischen Ursprunges, wenn auch nicht selbst Vulkane, aber wahrscheinlich erst in neuerer Zeit gehoben, sind gewöhnlich mehr oder weniger vollständig von einem Besatze von Korallenriffen umgeben und haben Gestade von hellem weißem Korallensand. Ihre Küsten weisen vulkanische Konglomerate auf, Basalt und an einigen Orten ein Fundament von geschichteten Felsen, stellenweise gehobene Korallen. Mareh und Motir bieten diesen Charakter dar; der Umriß der letzteren Insel gibt ihr den Anschein eines gewesenen echten Vulkans, und Forrest erzählt, daß er im Jahre 1778 Steine ausgeworfen habe. Am folgenden Tage (12. Oktober) fuhren wir längs der Küste von Makian entlang, welche Insel aus einem einzigen großen Vulkane besteht. Er war jetzt ruhig, aber vor etwa zwei Jahrhunderten (im Jahre 1646) fand eine furchtbare Eruption statt, welche die ganze Spitze des Berges aufriß und den abgestumpften, ausgezackten Gipfel und das ungeheuere düstere Kratertal zurückließ, durch welche er sich jetzt auszeichnet. Man sagt, daß er vor dieser Katastrophe so hoch wie Tidor gewesen sei.

Ich blieb eine Zeitlang an einem Orte, an dem ich eine neue Lichtung auf einem sehr steilen Teile des Berges gesehen hatte, und erhielt auch einige interessante Insekten. Abends gingen wir an den äußersten südlichen Punkt, um bereit zu sein, über die fünfzehn Meilen breite Meerenge nach der Insel Kaióa überzufahren. Um fünf Uhr den andern Morgen brachen wir auf, allein der Wind, der bis dahin westlich gewesen war, schlug nun nach Süden und Südwesten um, und wir mußten fast den ganzen Weg mit der brennenden Sonne über uns rudern. Als wir uns dem Lande näherten, kam eine frische Brise auf, und wir gingen eine lange Zeit mit ihr; doch nach einer Stunde waren wir der Küste noch nicht näher gekommen und fanden, daß wir in einer heftigen Strömung trieben, die uns in die See hinausführte. Endlich kamen wir aus derselben heraus und landeten gerade bei Sonnenuntergang, hatten also genau dreizehn Stunden für fünfzehn Meilen gebraucht. Wir landeten an einem Gestade harten Korallenfelsens mit zerrissenen Klippen desselben Gesteines, die denen der Kei-Inseln glichen. Dabei fand sich eine Üppigkeit und Pracht des Pflanzenwuchses, der sehr dem auf jenen Inseln beobachteten glich, und der mir derartig gefiel, daß ich beschloß, einige Tage in dem Hauptdorfe zu bleiben, um zu sehen, ob das Tierleben in entsprechender Weise interessant sei. Als wir nach einem sicheren Ankerplatze für die Nacht suchten, sahen wir den Kometen wieder, anscheinend noch immer so hell wie anfangs, aber der Schweif war nun höher gestiegen.

14. Okt. – Den ganzen Tag fuhren wir längs den Küsten der Kaióa-Inseln, welche in ihrem Aussehen und ihren Umrissen sehr den Kei-Inseln in verkleinertem Maßstabe glichen, nur mit der Beigabe von flachen sumpfigen Strichen längs des Ufers und von außenliegenden Korallenriffen. Konträre Winde und Strömungen hinderten uns, den geraden Weg nach Westen zu nehmen; wir mußten auf einem großen Umweg um das südliche Ende einer Insel schiffen und oft weit in die See hinaus, um den Korallenriffen zu entgehen. Als wir einen Kanal durch eines dieser Riffe zu passieren suchten, kamen wir auf Grund und mußten alle ins Wasser steigen, welches in dieser seichten Meerenge von

der Sonne so erhitzt war, daß es sich unangenehm warm anfühlte, und mußten unser Schiff ein beträchtliches Stück zwischen Unkraut und Schwämmen, Korallen und stacheligen Korallinen hindurchziehen. Es war spät in der Nacht, als wir den kleinen Dorfhafen erreichten, und wir waren alle gänzlich erschöpft von der harten Arbeit und von dem Mangel an trinkbarem Wasser, da wir den ganzen Tag nur etwas brackiges von unserem letzten Halteplatz gehabt hatten. Nahe am Ufer stand ein Haus, das für den Gebrauch des Residenten von Ternate erbaut worden war, für die Zeiten, wenn er seine offiziellen Besuche abstattete, aber nun von einigen eingeborenen reisenden Kaufleuten besetzt war, unter denen ich einen Schlafplatz fand.

Am nächsten Morgen in der Frühe ging ich in das Dorf, um den »Kapala« oder Häuptling aufzusuchen. Ich benachrichtigte ihn, daß ich einige Tage in dem Hause an dem Landungsplatze bleiben wolle, und bat ihn, es für mich bereit machen zu lassen. Er war sehr höflich und kam sofort mit hinunter, um es für mich frei zu machen, aber die Händler hatten es schon verlassen, als sie hörten, daß ich es requirierte. Es waren keine Türen darin, und so lieh man mir ein paar Hürden, um Hunde und andere Tiere abzuhalten. Das Land sank hier augenscheinlich sehr schnell, wie die Menge von Bäumen bewies, welche tot und absterbend im Salzwasser standen. Nach dem Frühstück unternahm ich einen Gang zu dem waldbedeckten Hügel über dem Dorfe mit ein paar Knaben als Führer. Es war außerordentlich heiß und trocken, da seit zwei Monaten kein Regen gefallen war. Als wir eine Höhe von etwa zweihundert Fuß erreicht hatten, folgte auf den Korallenfelsen, welcher das Ufer einzäunt, ein harter kristalliner, eine Art von metamorphosiertem Sandstein. Dieses zeigt eine neuerliche Erhebung von mehr als zweihundert Fuß an, welche in noch späterer Zeit sich in eine Senkung verwandelt hat. Der Hügel war sehr schroff, aber unter trockenen

Stöcken und gestürzten Bäumen kamen einige gute Insekten vor, von denen ich die meisten Formen und Arten schon aus Ternate und Dschilolo kannte. Als ich keine guten Wege fand, kehrte ich zurück und durchforschte die niedrigere Gegend östlich von dem Dorf; ich gelangte durch eine große Strecke Pisang- und Tabakpflanzungen, voll von gestürzten und verbrannten Stämmen, auf denen ich Mengen von Käfern aus der Familie der Buprestidae von sechs verschiedenen Arten fand, von denen mir eine neu war. Ich erreichte dann einen Weg in dem sumpfigen Walde, wo ich einige Schmetterlinge zu finden hoffte, aber ich wurde enttäuscht. Da ich nun von der intensiven Hitze sehr erschöpft war, hielt ich es für vernünftig, zurückzukehren und meine Forschung auf den folgenden Tag zu verschieben.

Als ich mich am Nachmittage daran machte, meine Insekten zu ordnen, war das Haus von Männern, Frauen und Kindern umgeben, die über mein ihnen unverständliches Gebaren in Erstaunen verloren standen; und als ich, nachdem ich die Exemplare aufgenadelt hatte, daranging, die Ortsnamen auf kleine runde Zettel zu schreiben und an jedes einen zu befestigen, konnten selbst der alte Kapala, der mohammedanische Priester und einige malayische Händler Zeichen des Erstaunens nicht unterdrücken. Hätten sie etwas mehr von der Art und Weise der Weißen gewußt, so würden sie wahrscheinlich auf mich als auf einen Narren oder Verrückten gesehen haben, aber in ihrer Unwissenheit hielten sie mein Tun allen Respektes wert, wenn sie es auch durchaus nicht verstanden.

Am folgenden Tage (16. Okt.) ging ich über den Sumpf und fand einen Platz, an welchem eine neue Lichtung im Urwalde angelegt worden war. Ich hatte einen langen und heißen Marsch gemacht, und das Suchen unter den gestürzten Stämmen und Zweigen war sehr ermüdend, allein ich wurde dadurch belohnt, daß ich etwa siebzig verschiedene

Käferarten erhielt, von denen wenigstens ein Dutzend mir neu und viele andere selten und interessant waren. Ich habe nie im Leben Käfer so zahlreich gefunden als an diesem Orte. Einige Dutzend Arten von hübsch großen goldenen Buprestidae, grüne Rosenkäfer (Lomaptera) und langhornige Kornwürmer (Anthribidae) waren so zahlreich vertreten, daß sie in Schwärmen aufkamen, wenn ich ging, und die Luft mit lautem Gesumm erfüllten. Neben diesen waren mehrere schöne Bockkäfer fast ebenso gewöhnlich und in solchen Mengen vorhanden, daß man einmal die Idee von der tropischen Üppigkeit verwirklicht fand, die man erhält, wenn man über die Fächer eines gutgefüllten Kabinetts seinen Blick schweifen läßt. An der Unterseite der Stämme hingen Mengen von kleineren oder schwerfälligeren Bockkäfern, und auf den Ästen an dem Rande der Lichtung saßen andere mit ausgestreckten Fühlhörnern, bereit, beim leisesten Geräusch die Flucht zu ergreifen. Es war ein prächtiger Platz, und er wird stets in meiner Erinnerung leben, da er tropisches Insektenleben in beispielloser Üppigkeit darbot. An den drei folgenden Tagen besuchte ich diese Lokalität wieder und vermehrte jedesmal meine Sammlung um neue Arten – die folgenden Bemerkungen werden den Entomologen von Interesse sein. 15. Okt. 33 Käferarten; 16. Okt. 70 Arten; 17. Okt. 47 Arten; 18. Okt. 40 Arten; 19. Okt. 56 Arten – alles in allem etwa 100 Arten, von denen mir 40 neu waren. Es waren 44 Arten Bockkäfer darunter, und am letzten Tage fand ich noch 28 Arten Bockkäfer, von denen mir fünf neu waren.

Meine Burschen waren beim Schießen weniger glücklich. Die einzigen Vögel, welche überhaupt gewöhnlich vorkamen, waren der rote Papagei (Eclectus grandis), der fast auf allen Molukken gefunden wird, eine Krähe und ein Megapodius oder Hügelaufwerfer. Einige der schönen rackettschwänzigen Königfischer erhielt ich auch, aber mit sehr schlechtem Gefieder. Sie erwiesen sich jedoch als von

einer anderen Art als die, welche auf den übrigen Inseln gefunden werden, und kommen den Vögeln am nächsten,
welche ursprünglich von Linné unter dem Namen Alcedo
dea beschrieben worden sind und welche von Ternate stammen. Es würde dies beweisen, daß die kleine Inselkette,
welche Dschilolo parallel geht, einige wenige ihr eigentümliche Arten als gewöhnlich vorkommend besitzt, eine Tatsache, welche sicherlich auch bei den Insekten Platz gegriffen hat.

Das Volk von Kaióa interessierte mich sehr. Es ist augenscheinlich eine gemischte Rasse, indem sie malayische und
papuanische Verwandtschaften zeigt, und sie steht auch den
Völkerschaften von Ternate und Dschilolo nahe. Sie besitzen eine besondere Sprache, die zwar etwas denjenigen der
umliegenden Inseln gleicht, aber doch ganz von ihnen verschieden ist. Sie sind jetzt Mohammedaner und Ternate untertan. Die einzigen Früchte, welche ich hier sah, waren
Melonen und Ananas, infolge des nicht vorteilhaften steinigen Bodens und des trockenen Klimas. Reis, Mais und
Pisang gedeihen gut, nur daß sie manchmal durch die trok-
kene Jahreszeit leiden, wie z. B. zur Zeit meines Besuches.
Es wächst etwas Baumwolle dort, von welcher die Frauen
Sarongs (malayische Unterröcke) weben. Auf den Inseln
gibt es nur *einen* Brunnen mit gutem Wasser in der Nähe
des Landungsplatzes, und alle Einwohner gehen zum Trinken dorthin. Die Männer bauen gute Boote, betreiben einen
regelmäßigen Handel damit und scheinen sehr gut damit
versehen zu sein.

Nach einem fünftägigen Aufenthalte auf Kaióa setzten
wir unsere Reise fort und kamen bald zwischen die schmalen Meerengen und Inseln, welche bis an die Stadt Batchian
gehen. Abends blieben wir in einer Ansiedelung von Ga-
léla-Leuten. Es sind das Eingeborene eines Distriktes im
äußersten Norden von Dschilolo, und sie wandern viel über
diesen Teil des Archipels. Sie bauen große und geräumige

Prauen mit Außengestellen und setzen sich an irgendeiner Küste oder auf irgendeiner Insel, die ihnen gerade gefällt, fest. Sie jagen Hirsche und wilde Schweine und trocknen das Fleisch; sie fangen Schildkröten und Tripang; sie schlagen den Wald nieder und pflanzen Reis oder Mais und sind alle zusammen besonders energisch und unternehmend. Es sind sehr hübsche Menschen von heller Gesichtsfarbe, groß und mit papuanischen Zügen und sie nähern sich mehr als alle anderen, die ich gesehen habe, den Zeichnungen und Beschreibungen der echten Polynesier von Tahiti und Hawaii.

Auf dieser Reise hatte ich mehrere Male Gelegenheit zu sehen, wie meine Leute durch Reibung Feuer anmachten. Ein scharfrandiges Stück Bambus wird kreuzweis über die konvexe Oberfläche eines anderen Stückes gerieben, in welches zuerst eine kleine Kerbe eingeschnitten wurde. Anfangs reibt man langsam, allmählich rascher und zuletzt sehr schnell, bis das feine abgeriebene Pulver sich entzündet und durch das Loch, welches durch das Reiben in dem Bambus gemacht wird, hinunterfällt. Es geschieht mit großer Schnelligkeit und Sicherheit. Das Volk von Ternate wendet den Bambus noch auf eine andere Weise zu demselben Zwecke an. Sie schlagen die kieselige Oberfläche mit einem Stückchen zerbrochenen Porzellans und bringen einen Funken hervor, den sie in einer Art Zunder fangen.

Am 21. Oktober abends erreichten wir unseren Bestimmungsort, nachdem wir zwölf Tage auf der Reise gewesen waren. Es hatte die ganze Zeit über schönes Wetter geherrscht und wenn es auch sehr heiß gewesen, so hatte ich mich doch außerordentlich unterhalten und nebenbei etwas Erfahrung im Bootfahren zwischen Inseln und Korallenriffen gewonnen, welche mich später in den Stand setzte, viel längere Reisen derselben Art zu unternehmen. Das Dorf oder die Stadt Batchian liegt an der Spitze einer weiten und tiefen Bucht, wo eine niedrige Landenge die nördlichen und südlichen bergigen Teile der Insel verbindet. Südwärts erstreckt sich eine schöne Bergkette, und ich bemerkte an mehreren unserer Landungsplätze, daß die geologische Formation der Insel sehr verschieden von der der umliegenden war. Wo Felsen anstand, war es entweder Sandstein in dünnen Schichten, die nach Süden strichen, oder ein kieseliges Konglomerat. Manchmal fand sich ein wenig Korallenkalkstein, aber keine vulkanischen Felsen. Der Wald war dicht, üppig und hoch, wie es selten auf der trockenen und porösen Lava und den gehobenen Korallenriffen von Ternate und Dschilolo vorkommt, und da ich auf einen entsprechenden Reichtum an Vögeln und Insekten hoffte, so begann ich mit vieler Befriedigung und mit großen Erwartungen meine Erforschung der bis dahin unbekannten Insel Batchian.

Tropische Pflanzenwelt auf Batchian

Ich landete dem Hause gegenüber, das für den Residenten von Ternate bereitgehalten wurde, und traf dort einen respektablen Malayen mittleren Alters, der mir erzählte, daß er Sekretär beim Sultan sei und den offiziellen Brief, mit dem ich versehen worden war, in Empfang nehmen würde. Als ich ihm denselben gab, teilte er mir sogleich mit, daß ich die offizielle Wohnung in Beschlag nehmen könnte, da sie leer stände. Ich brachte bald meine Sachen ans Land, aber als ich mich umschaute, sah ich, daß das Haus nicht dazu geeignet sei, lange darin zu bleiben. Wasser gab es nur in einer beträchtlichen Entfernung, einer meiner Leute wäre gänzlich mit Wasser- und Feuerholztragen in Anspruch genommen worden und ich selbst hätte täglich durch das ganze Dorf in den Wald gehen und vor aller Welt offen leben müssen, was ich nicht gerade sehr liebe. Die Zimmer waren alle gedielt und hatten Decken, was sehr lästig ist, da man nur etwas aufhängen kann, wenn man Nägel einschlägt, und was nicht halb die Bequemlichkeit bietet wie eine inländische Bambushütte mit einem Strohdach. Ich erbat mir deshalb ein Haus außerhalb des Dorfes an der Straße nach den Kohlenminen, und der Sekretär teilte mir mit, daß dort ein kleines, dem Sultan gehöriges läge und daß er am folgenden Morgen in der Frühe mit mir hingehen wolle, um es anzusehen.

Wir mußten *einen* großen Fluß über eine rohe, aber feste Brücke überschreiten und durch ein anderes schönes kiesiges Wasser von großer Klarheit waten, jenseits welchem gerade die kleine Hütte lag. Sie war sehr unbedeutend und nicht hoch auf Pfosten, sondern der Fußboden von der Erde gebildet und fast gänzlich von den Blattstengeln der Sagopalme, die hier »Gaba-Gaba« genannt wird, gebaut. Dahinter erhob sich ein waldbedecktes Ufer, und gerade vor dem Hause führte eine gute Straße durch kultiviertes Land in den Wald etwa eine halbe Meile weit und von da zu den Kohlenminen noch vier Meilen weiter. Diese Vorteile gaben sofort den Ausschlag bei mir, und ich sagte dem Sekretär, daß ich sehr erfreut sein würde, wenn ich das Haus bekommen könne. Ich sandte daher meine zwei Leute sofort aus, um »Ataps« (Palmblätter zum Dachdecken) zur Ausbesserung des Daches zu kaufen, ließ am folgenden Tage mit Hilfe von acht Leuten des Sultans alle meine Vorräte und Gerätschaften hinauftragen und war bald sehr hübsch eingerichtet. Eine rohe Bambus-Bettstelle war schnell konstruiert und ein Tisch von Brettern, die ich mir mitgebracht hatte, am Fenster aufgestellt. Zwei Bambusstühle, ein leichter Rohrstuhl und hängende Gestelle, die durch Ölschalen isoliert aufgehangen waren, um sie vor den Insekten zu sichern, vervollständigten mein Hausgerät.

Als ich an einem der folgenden Tage nach Hause kam,

überholte ich Ali, der von der Jagd mit einigen ihm um den Gürtel hängenden Vögeln zurückkehrte. Er schien sehr erfreut, sagte: »Sieh, Herr, welch ein seltsamer Vogel«, und hielt dabei etwas in die Höhe, was ich zuerst gar nicht unterzubringen wußte. Ich sah einen Vogel mit einer Masse prächtiger grüner Federn auf der Brust, die in zwei glitzernde Büschel ausliefen; aber unverständlich waren mir ein Paar langer weißer Federn, welche aus jeder Schulter gerade heraussteckten. Ali versicherte mir, daß der Vogel sie selbst so herausstrecke, wenn er mit seinen Flügeln flattere, und daß sie so geblieben, ohne daß er sie berührt hätte. Ich merkte nun, daß ich eine schöne Beute gemacht hatte, und daß es eine vollkommen neue Form des Paradiesvogels war, die höchst auffallend von jedem andern bekannten Vogel abwich. Das Gefieder ist im allgemeinen sehr dunkel; es ist rein aschgrau-oliv mit einer purpurnen Schattierung auf dem Rücken; die Krone auf dem Kopfe glänzt schön in blassem metallischem Violett und die Federn der Stirn erstrecken sich so weit über den Schnabel wie bei den meisten der Familie. Nacken und Brust sind mit schönen metallisch grünen Schuppen bedeckt, und die Federn an dem unteren Teile sind jederseits verlängert, so daß sie einen zweispitzigen Halskragen bilden, welcher unter die Flügel gefaltet oder teilweise aufgerichtet und ausgebreitet werden kann, in derselben Weise wie die Seitenfedern der meisten Paradiesvögel. Die vier langen weißen Federn, welche dem Vogel seinen durchaus besonderen Charakter geben, gehen von kleinen Tuberkeln dicht an dem oberen Rande der Schulter oder der Biegung des Flügels aus; sie sind schmal, zierlich gebogen, an beiden Seiten gleichmäßig und von reiner rahmweißer Farbe. Sie sind etwa sechs Zoll lang, ebenso lang wie die Flügel, und können willkürlich in rechten Winkeln zu diesen aufgerichtet oder an den Körper angelegt werden. Der Schnabel hat eine Hornfarbe, die Beine sind gelb und die Iris blaß oliv.

Dieser überraschend neue Vogel ist von Herrn G. R. Gray am britischen Museum Semioptera Wallacei oder »Wallaces Standartenflügler« genannt worden.

Gegen Ende November setzte die nasse Jahreszeit ein, und wir hatten täglich und fast ununterbrochenen Regen mit nur etwa einer oder zwei Stunden Sonnenschein am Morgen. Die niedriggelegenen Teile des Waldes wurden überschwemmt, die Straßen füllten sich mit Schmutz und Insekten und Vögel waren spärlicher als je vorhanden. Am 13. Dezember nachmittags hatten wir einen heftigen Erdstoß; das Haus und die Gerätschaften klirrten fünf Minuten lang und die Bäume und Sträucher wogten, als ob ein Windstoß über sie hinwegginge. Ungefähr Mitte Dezember verzog ich in das Dorf, um den Distrikt im Westen leichter durchforschen zu können und um der See nahe zu sein, wenn ich nach Ternate zurückzukehren wünschte. Ich erhielt ein hübsch großes Haus in dem Campong Sirani (oder Christen-Dorf) und hatte um Weihnachten und Neujahr das beständige Schießen, Trompeten und Fiedeln der Einwohner zu ertragen.

Dieses Volk liebt Musik und Tanz sehr, und ein Europäer würde bei einem Besuch ihrer Zusammenkünfte erstaunen. Wir treten in eine düstere Palmblatthütte ein, in welcher zwei oder drei sehr trübe Lampen kaum die Dunkelheit durchbrechen. Der Fußboden ist von schwarzer sandiger Erde, das Dach in rauchiger undurchdringlicher Schwärze verborgen; zwei oder drei Bänke stehen an der Wand und eine Geige, eine Querpfeife, eine Trommel und Triangel machen das Orchester aus. Eine große Gesellschaft ist beisammen, junge Männer und Weiber, alle sehr hübsch in Weiß und Schwarz – ein echtes portugiesisches Gewand – angetan. Quadrillen, Walzer, Polkas und Mazurkas werden mit Feuer und Geschick getanzt. Die Erfrischungen bestehen in trübem Kaffee und etwas Zuckerwerk. Man tanzt stundenlang und alles geschieht in Sitte und Anstand. Eine solche Gesellschaft kommt ungefähr wöchentlich einmal zusammen. Die Ersten des Ortes wechseln untereinander ab und alle, denen es Vergnügen macht, kommen ohne viel Förmlichkeit.

Es ist erstaunlich, wie wenig dieses Volk sich in dreihundert Jahren verändert hat, obgleich es in dieser Zeit seine Sprache gewechselt und alle Kenntnis der eigenen Nationalität verloren hat. Sie sind in Sitten und Ansehen fast reine Portugiesen geblieben, sehr ähnlich denen, welche ich an den Ufern des Amazonenstromes kennengelernt hatte. Hinsichtlich ihrer Häuser und Einrichtungen leben sie sehr ärmlich, aber haben sich ein halb europäisches Gewand bewahrt und besitzen fast alle für sonntags einen vollständigen schwarzen Anzug. Dem Namen nach sind sie Protestanten, aber sonntags abends ist ihr Haupttag für Musik und Tanz. Die Männer sind oft gute Jäger, und zwei- bis dreimal in der Woche werden Hirsche und wilde Schweine ins Dorf gebracht, welche ihnen neben Fisch und Geflügel gute Kost liefern. Sie sind fast die einzigen Menschen im Archipel, welche die großen früchtefressenden Fledermäuse, die wir »fliegende Füchse« nennen, essen. Diese häßlichen Geschöpfe werden für eine große Delikatesse gehalten, und man stellt ihnen sehr nach. Anfangs des Jahres kommen sie in großen Flügen, um Früchte zu fressen, halten sich tagsüber auf irgendeiner kleinen Insel in der Bucht auf und hängen dort zu Tausenden an den Bäumen, hauptsächlich an abgestorbenen. Sie können dann leicht gefangen oder mit Stöcken heruntergeschlagen werden, und man trägt sie korbweise nach Hause. Man muß sie sorgfältig zubereiten, da die Haut und das Fell einen ranzigen, stark fuchsigen Geruch haben; aber man kocht sie meist mit viel Gewürz und Zutaten und, in der Tat, sie schmecken vortrefflich, ähnlich wie Hasenbraten. Die Orang Sirani sind gute Köche und verfügen über eine viel größere Auswahl von schmackhaften Gerichten als die Malayen. Hier nähren sie sich hauptsächlich von Sago als Brot, gelegentlich von etwas Reis, von vielem Gemüse und Obst.

Es ist eine seltsame Tatsache, daß die Portugiesen überall im Osten, wo sie sich mit den eingeborenen Rassen vermischt haben, in der Farbe dunkler als die Erzeuger geworden sind. Das ist fast stets der Fall bei diesen »Orang Sirani« in den Molukken und bei den Portugiesen von Malaka. Das Gegenstück davon kommt in Südamerika vor, wo die Vermischung der Portugiesen oder Brasilianer mit den Indianern den »Mameluco« hervorgebracht hat, welcher nicht selten lichter ist als Vater oder Mutter und stets lichter als der Indianer. Die Frauen auf Batchian haben, wenn sie auch im allgemeinen hübscher als die Männer sind, grobe Gesichtszüge und stehen den Mädchen, welche aus der holländisch-malayischen Mischung entstanden sind und selbst vielen reinen Malayen weit nach.

Der Teil des Dorfes, in welchem ich wohnte, war ein Hain von Kokosnußbäumen, und nachts, wenn die toten Blätter manchmal gesammelt und verbrannt wurden, gab es einen höchst prächtigen Effekt – die hohen Stämme, die schönen Blätterkronen und die ungeheueren Fruchtbüschel brillant gegen den dunklen Himmel beleuchtet, boten den Anblick eines Feenschlosses, das von Hunderten von Säulen getragen und von Blätterbögen überwölbt ist. Der Kokosnußbaum ist, wenn gut gewachsen, sicherlich der Fürst unter den Palmen, sowohl was Schönheit als auch was Nutzbarkeit anlangt.

Nach vieler Verzögerung infolge von schlechtem Wetter und der Krankheit eines meiner Leute, beschloß ich, Kasserota (früher das Hauptdorf) zu besuchen, das einen kleinen Fluß hinauf auf einer Insel nahe der Meeresküste von Batchian liegt; es sollten dort viele seltene Vögel vorkommen.

Den nächsten Morgen brachen wir früh auf und erreichten die Mündung des kleinen Flusses in etwa einer Stunde.

Derselbe fließt durch eine vollkommen flache Alluvial-Ebene, aber nahe seiner Mündung treten Hügel an ihn heran. Gegen den niedrigeren Teil hin in einem Sumpfe, in welchen das Salzwasser bei hohen Fluten eintreten muß, standen Mengen eleganter Baumfarne von acht bis fünfzehn Fuß Höhe. Man hält diese gewöhnlich für Bergpflanzen und meint, daß sie selten am Äquator in einer geringeren Höhe als ein- bis zweitausend Fuß vorkommen. Auf Borneo, auf den Aru-Inseln, an den Ufern des Amazonenstromes habe ich sie in der Höhe des Meeresspiegels gesehen, und ich halte es für wahrscheinlich, daß die für sie als notwendig erachtete Höhe aus Tatsachen abstrahiert ist, welche man in Gegenden beobachtet hat, in welchen die Ebenen und Flachländer sehr bebaut und daher die meisten einheimischen Pflanzen vernichtet sind. So ist es der Fall in den meisten Teilen von Java, Indien, Jamaika und Brasilien, an welchen Orten die Vegetation der Tropen am vollständigsten erforscht worden ist.

Als wir auf See kamen, wendeten wir uns nach Norden und erreichten nach etwa zwei Stunden Segelns ein paar Hütten, Langundi genannt, wo einige Galela-Leute sich etabliert hatten, um Dammarharz zu sammeln, aus welchem sie Fackeln für den Bedarf des Marktes von Ternate machen. Etwa hundert Ellen dahinter erhebt sich ein ziemlich steiler Hügel, und da ein kurzer Gang mir gezeigt hatte, daß ein erträglicher Weg hinaufführte, so beschloß ich, dort einige Tage zu bleiben. Uns gegenüber, und diese ganze Küste von Batchian entlang, erstreckt sich eine Reihe schöner, vollständig unbewohnter Inseln. Wenn immer ich nach dem Grunde fragte, weshalb niemand dort wohne, erhielt ich stets zur Antwort: »Aus Furcht vor den Magindano-Piraten.« Jährlich wandern diese Geißeln des Archipels nach irgendeiner Richtung hin, geben sich Rendezvous auf einer unbewohnten Insel und verwüsten alle kleinen Ansiedlungen rundherum; sie rauben, zerstören, töten oder nehmen alles, was sie treffen, gefangen. Ihre langen, gut bemannten Prauen entkommen der Verfolgung irgendeines Segelschiffes, indem sie gerade dem Wind entgegenrudern, und der warnende Rauch eines Dampfschiffes setzt sie gewöhnlich in den Stand, sich rechtzeitig in einer seichten Bucht oder auf einem schmalen Fluß oder auf einer waldbedeckten Insel zu verbergen, bis die Gefahr vorbei ist. Der einzig wirksame Weg, um ihren Plünderungen ein Ende zu bereiten, würde der sein, daß man sie in ihren festen Plätzen und Dörfern angreift, sie zwingt, die Seeräuberei aufzugeben und sich einer strengen Überwachung zu unterziehen. Sir James Brooke machte es so mit den Piraten der Nordwestküste von Borneo und verdient den Dank der ganzen Bevölkerung des Archipels, daß er sie von der Hälfte ihrer Feinde befreit hat.

Das ganze Ufer entlang und auf dem angrenzenden Strich sandigen Tieflandes gedeihen Pandanaceen oder Schraubenbäume vortrefflich. Einige sind wie ungeheure ästige Armleuchter, vierzig bis fünfzig Fuß hoch und tragen an dem Ende jeden Zweiges ein Büschel ungeheurer schwertförmiger Blätter, die sechs bis acht Zoll breit und ebenso viele Fuß lang sind. Andere haben einen einzigen unverzweigten sechs bis sieben Fuß hohen Stamm, dessen oberer Teil mit den spiralig angeordneten Blättern bekleidet ist und eine einzige endständige Frucht, so groß wie ein Schwanenei, trägt. Andere von mittlerer Größe besitzen unregelmäßige Büschel rauher roter Früchte und alle haben mehr oder weniger stachelrandige Blätter und geringelte Stämme. Die jungen Pflanzen der größeren Arten haben glatte, glänzende, dicke Blätter, die manchmal zehn Fuß lang und acht Zoll breit sind, und welche auf allen Molukken und Neuguinea dazu verwandt werden, »Cocoyas« oder Schlafmatten zu verfertigen, die oft sehr hübsch mit gefärbten Mustern geschmückt sind. Höher hinauf an dem Hügel steht ein Wald ungeheurer Bäume, und darunter sind jene, welche das Dammarharz (Dammara sp.) hervorbringen, sehr zahlreich. Die Bewohner mehrerer kleiner Dörfer auf Batchian sind lediglich damit beschäftigt, dieses Produkt zu suchen und es zu Fackeln zu verarbeiten, was so geschieht, daß sie das Harz stampfen und in Röhren von Palmblättern, die etwa eine Elle lang sind, füllen – die einzigen Lichter, welche von vielen der Eingebornen gebraucht werden. Manchmal häuft sich das Dammar in großen Massen von zehn bis zwanzig Pfund an, entweder an dem Stamme oder am Fuße der Bäume im Boden vergraben. Der außergewöhnlichste Baum des Waldes ist jedoch eine Art von Feige, deren Luftwurzeln eine Pyramide von fast hundert Fuß Höhe bilden, die gerade dort endet, wo der Baum sich nach oben verästelt, so daß kein wirklicher Stamm vorhanden ist. Diese Pyramide oder dieser Kegel wird von Wurzeln jeder Größe gebildet, die meist in geraden Linien, aber mehr oder weniger schief herabsteigen und sich daher einander kreuzen und durch Queräste verbunden sind, welche von einem zum anderen wachsen; so wird ein dichtes und vollständiges Netzwerk gebildet, welchem allein eine Photographie Gerechtigkeit angedeihen lassen kann. Der Kanarienbaum ist auch in diesem Walde sehr verbreitet; seine Nüsse besitzen einen sehr angenehmen Geruch und bergen ein vortreffliches Öl. Die fleischige Hülle der Nuß ist die Lieblingsspeise der großen grünen Tauben dieser Inseln (Carpophaga perspicillata), und man hört fast beständig ihr rauhes Girren und ihr lautes Geflatter zwischen den Ästen.

Später fand ich einen Pfad, welcher eine Meile und weiter durch einen sehr schönen Wald führte, und reicher an Palmen war als irgendeiner, den ich auf den Molukken gesehen hatte. Eine derselben zog besonders wegen ihrer Zierlichkeit meine Aufmerksamkeit auf sich. Der Stamm war nicht dicker als mein Handgelenk, und doch war er sehr hoch und trug Büschel schimmernder roter Früchte. Es war allem Anscheine nach eine Art Areca-Palme. Eine andere von ungeheurer Höhe glich genau im äußeren Aussehen der Euterpes von Südamerika. Hier stand auch die fächerblättrige Palme, deren kleine, fast ganzrandige Blätter dazu gebraucht werden, um die Dammarfackeln und die Wassereimer, die allgemein im Gebrauche sind, zu verfertigen. Auf diesem Spaziergange sah ich fast ein Dutzend Palmenarten, auch zwei oder drei Pandanen, die von denen in Langundi verschieden waren. Ferner einige sehr schöne Kletterfarne und echte wilde Pisangs (Musa), die eßbare Früchte trugen von nicht mal der Größe eines Daumens und aus einer Samenmasse, die eben mit Fleisch und Haut bedeckt war, bestanden. Die Leute versicherten mir, daß sie es versucht hätten, diese Art zu säen und zu kultivieren, aber daß sie nicht anschlüge. Sie pflanzten sie wahrscheinlich nicht in genügender Menge und waren nicht ausdauernd genug dabei.

Batchian ist eine Insel, welche vielleicht die Durchforschung von seiten eines Botanikers besser lohnen würde als irgendeine andere im ganzen Archipel. Ihre Oberfläche und ihr Boden zeigen große Mannigfaltigkeit, eine Fülle großer und kleiner Flüsse, von denen viele eine Strecke weit schiffbar sind, und da es dort keine wilden Einwohner gibt, so kann jeder Teil derselben vollkommen sicher besucht werden. Sie besitzt Gold, Kupfer und Kohlen, heiße Quellen und Geysire, Sediment- und vulkanische Gesteine und Korallen-Kalkstein, Alluvial-Ebenen, steile Hügel und hohe Berge, ein feuchtes Klima und eine großartige und üppige Waldvegetation.

Eines Nachmittags, als ich meine Insekten ordnete und von einer Menge sich wundernder Zuschauer umgeben war, zeigte ich einem derselben ein kleines Insekt durch eine Lupe, was eine so große Verwunderung erregte, daß alle es zu sehen wünschten. Ich befestigte daher das Glas gut an einem Stück weichen Holzes, legte gerade in den Brennpunkt einen kleinen stacheligen Käfer von der Gattung Hispa darunter und ließ es dann zum Betrachten herumgehen. Die Aufregung war großartig. Einige sagten, es sei eine Elle lang, andere fürchteten sich und ließen es sofort fallen.

Am letzten Tage meines hiesigen Aufenthaltes gelang es einem meiner Jäger, die schöne Nikobar-Taube, die ich so lange schon gesucht hatte, zu finden und zu schießen. Keiner der Einwohner hatte sie je gesehen, was beweist, daß sie selten und scheu ist. Mein Exemplar war ein Weibchen in gutem Zustande und das glänzende Kupferfarbene und Grün ihres Gefieders, der schneeweiße Schwanz und die schönen hängenden Federn des Nackens wurden sehr bewundert. Ich erhielt später ein Exemplar auf Neuguinea und sah einmal eine auf den Kaióa Inseln. Sie wird auch auf einigen der kleinen Inseln in der Nähe von Mangkassar gefunden, außerdem bei Borneo und auf den nikobarischen Inseln, woher sie ihren Namen hat. Sie sucht sich ihre Nahrung auf dem Boden und geht nur zum Schlafen auf die Bäume; es ist ein sehr schwerer, fleischiger Vogel. Hierin mag der Grund liegen, daß sie hauptsächlich auf sehr kleinen Inseln gefunden wird, denn auf der westlichen Hälfte des Archipels, auf den größeren, scheint sie gänzlich zu fehlen. Da sie sich auf der Erde aufhält, so ist sie den Angriffen fleischfressender Vierfüßer ausgesetzt, die auf den sehr kleinen Inseln nicht vorkommen. Jedoch ist ihre weite Verbreitung über die ganze Länge des Archipels, vom äußersten Westen bis zum äußersten Osten etwas sehr Außerordentliches, da mit Ausnahme einiger Raubvögel nicht ein einziger Landvogel eine so weite Verbreitung hat. Die Vögel, welche ihre Nahrung auf dem Boden suchen, sind gewöhnlich nicht imstande, weite Flüge zu unternehmen, und diese Art ist so dick und schwer, daß sie auf den ersten Blick ganz unfähig zu sein scheint, auch nur eine Meile weit zu fliegen. Eine nähere Untersuchung jedoch zeigt, daß ihre Flügel besonders umfangreich sind, vielleicht im Verhältnis zu ihrer Größe mächtiger als bei irgendeiner anderen Taube, und ihre Brustmuskulatur ist in hohem Maße ausgebildet. Der Vogel wendet im allgemeinen keine großen Kräfte zum Fliegen auf, da er im Walde lebt, gefallene Früchte frißt und auf niedrigen Bäumen wie andere Erdtauben schläft. Die Mehrzahl der Individuen kann daher nie einen vollen Gebrauch von ihren enorm mächtigen Flügeln machen, bis der seltene Fall sich ereignet, daß eine auf die See hinaus geweht oder durch das Eindringen eines fleischfressenden Tieres oder durch die Spärlichkeit des Futters zur Auswanderung gezwungen wird. Eine Modifikation, die jener gerade entgegengesetzt ist, welche die flügellosen Vögel ausbildete (den Apteryx, Kasuar und Dodo), scheint hier Platz gegriffen zu haben, und es ist seltsam, daß in beiden Fällen ein insularer Aufenthaltsort die treibende Ursache gewesen sein soll. Die Erklärung ist wahrscheinlich dieselbe wie jene, welche Herr Darwin auf den Fall der Käfer von Madeira angewendet hat, von denen viele flügellos sind, während einige der geflügelten besser entwickelte Flügel besitzen als dieselben Arten auf dem Festlande. Es war für diese Insekten vorteilhaft, entweder überhaupt nicht zu fliegen und auf diese Weise nicht Gefahr zu laufen, in die See geweht zu werden oder so gut zu fliegen, daß sie imstande wären, ans Land zurückzukehren oder sicher bis zum Festlande zu wandern. Schlechtes Fliegen war verderblicher als überhaupt nicht fliegen. Während es nun auf der einen Seite auf solchen Inseln wie Neu-Seeland und Mauritius, die fern von allem Land liegen, für einen Vogel, der seine Nahrung auf der Erde sucht, sicherer war, überhaupt nicht zu fliegen und sich daher, indem die kurzbeschwingten Individuen stets die gutbeschwingten überlebten, allmählich eine flügellose Gruppe von Vögeln herausbildete, war auf der anderen Seite in einem ausgedehnten Archipel, welcher dicht mit Inseln und Eilanden übersäet ist, die Fähigkeit, gelegentlich wandern zu können, von Vorteil und so erhielten sich die lang- und starkbeschwingten Varietäten am besten, ersetzten schließlich alle anderen und verbreiteten sich als Rasse über den ganzen Archipel.

CERAM, GORAM UND DIE MATTABELLO INSELN

Ich verließ Amboina, um meinen ersten Besuch auf Ceram zu machen, am 29. Oktober um drei Uhr morgens, nachdem ich mehrere Tage lang durch das Schiffsvolk, welches nicht zusammengebracht werden konnte, aufgehalten worden war. Kapitän van der Beck, der mir einen Platz auf seinem Boote überließ, war den ganzen Tag hinter ihnen hergelaufen, und um Mitternacht mußten wir nach zweien meiner Leute suchen, welche im letzten Moment verschwunden waren. Den einen fanden wir beim Abendbrot in seinem eigenen Hause und etwas angetrunken bei seinen Abschiedstrankopfern aus Arrak, aber der andere war über die Bai gefahren, und wir mußten daher ohne ihn aufbrechen. Wir blieben einige Stunden in zwei Dörfern nahe dem Ostende von Amboina; in einem derselben hatten wir etwas Holz für das Haus des Missionars auszuladen, und am 3. nachmittags erreichten wir die Plantage des Kapitäns van der Beck, bei Hatosúa, auf jenem Teile von Ceram, welcher der Insel Amboina gegenüberliegt. Es war dies eine Lichtung in flachem und ziemlich sumpfigem Walde, etwa zwanzig Acker groß und meist mit Kakao und Tabak bepflanzt. Neben einer kleinen von den Arbeitern bewohnten Hütte stand ein großer Schuppen zum Tabaktrocknen, in welchem mir ein Winkel angeboten wurde; da ein Blick auf die Örtlichkeit mich meinen ließ, daß ich hier schönen Sammelgrund finden würde, so stellte ich meine ambulanten Tische, Bänke und Betten auf und traf alle Vorbereitungen, um einige Wochen zu bleiben. Nach einigen Tagen aber schon fand ich mich enttäuscht. Käfer waren zwar ziemlich zahlreich vorhanden und ich erhielt viele der schönen langhornigen Anthribidae und der hübschen Bockkäfer, allein es waren meist dieselben Arten, wie ich sie bei meinem ersten kurzen Besuche auf Amboina gefunden hatte. Es gab nur sehr wenige Pfade durch den Wald und diese schienen an Vögeln und Schmetterlingen arm zu sein, denn Tag auf Tag brachten mir meine Leute nichts der Mühe Wertes. Ich mußte daher bald daran denken, die Lokalität zu wechseln, da ich augenscheinlich keine eigentliche Kenntnisnahme von den Produkten der fast gänzlich unerforschten Insel Ceram erlangen konnte, wenn ich hier blieb.

Ich bedauerte sehr, fortgehen zu müssen, weil mein Wirt einer der bedeutendsten Männer und einer der unterhaltendsten Gesellschafter war, die ich je getroffen. Er war von Geburt eine Flame und hatte wie so viele seiner Landsleute ein wunderbares Sprachtalent. Als er noch ganz jung war, hatte er einen Regierungsbeamten begleitet, welcher ausgeschickt worden war, um einen Bericht über den Handel und das Geschäft des Mittelländischen Meeres zu geben, und er hatte es so weit gebracht, die Sprache eines jeden Ortes, an dem sie einige Wochen geblieben, zu sprechen. Später hatte er Reisen nach St. Petersburg und in andere Teile Europas gemacht, sich einige Wochen in London aufgehalten und war dann in den Osten gegangen, wo er seit einigen Jahren auf verschiedenen Inseln Handel trieb und spekulierte. Er sprach jetzt Holländisch, Französisch, Malayisch und Javanisch, alles gleich gut; Englisch mit einem ganz leichten Akzent, aber vollkommen fließend, und dabei hatte er eine höchst vollständige Kenntnis der Dialekte, mit welchen ich ihn oft vergebens in Verlegenheit zu setzen suchte. Deutsch und Italienisch waren ihm auch ganz bekannt, und seine Kenntnisse in den europäischen Sprachen bestanden noch in modernem Griechisch, in Türkisch, Russisch, dem Umgangs-Hebräisch und Lateinisch. Als Beweis für seine Fähigkeit kann ich folgendes erwähnen: Er hatte eine Reise zu der ganz aus dem Wege liegenden Insel Salibaboo gemacht und sich dort in Geschäften einige Wochen aufgehalten. Da ich Vokabeln sammelte, so sagte er mir, er glaube, er könne sich einiger Worte erinnern, und diktierte mir eine beträchtliche Anzahl. Später bekam ich eine kurze Liste von Worten, die auf jenen Inseln niedergeschrieben worden waren, und sie stimmten durchaus mit jenen, welche er mir gegeben hatte, überein. Er pflegte ein hebräisches Trinklied zu singen, welches er von einigen Juden gelernt, mit denen er einst gereist war und welche er dadurch in Erstaunen versetzt hatte, daß er sich an ihrer Unterhaltung beteiligte, und er besaß einen nie endenden Vorrat von Geschichten und Anekdoten über die Leute, mit denen er zusammengetroffen, und über die Orte, welche er besucht hatte.

In den meisten der Dörfer in diesem Teile von Ceram sind Schulen und inländische Schullehrer, und die Einwohner sind seit langem zum Christentum bekehrt. In den größeren Dörfern sind europäische Missionare; aber zwischen den Christen- und Alfuren-Dörfern besteht nur ein kleiner oder gar kein äußerer Unterschied und auch nicht, so weit ich gesehen habe, zwischen ihren Einwohnern. Die Leute scheinen entschiedener papuanisch zu sein als die von Dschilolo. Sie sind von dunklerer Farbe, und viele von ihnen haben das krause Papua-Haar; auch ihre Gesichtszüge sind hart und ausgeprägt und die Frauen besonders sind weit weniger einnehmend als jene der malayischen Rasse. Kapitän van der Beck wurde nie müde, die Einwohner dieser christlichen Dörfer als Diebe, Lügner und Trunkenbolde und ihrer unverbesserlichen Faulheit wegen anzuklagen. In der Stadt Amboina führten meine Freunde, die

Doktoren Mehnike und Doleschall, ebenso wie die meisten europäischen Einwohner und Händler, genau dieselbe Klage und wollten lieber Mohammedaner zu Dienern haben und selbst lieber Sträflinge als irgendeinen eingeborenen Christen. *Eine* gewichtige Ursache liegt darin, daß bei den Mohammedanern die Mäßigkeit ein Teil ihrer Religion und so zur Gewohnheit geworden ist, daß in der Tat die Regel nie verletzt wird. *Eine* furchtbare Quelle des Mangels und *ein* großer Anreiz zur Faulheit und zum Verbrechen ist daher bei der *einen* Klasse vorhanden, und bei der anderen nicht; aber außerdem sehen die Christen sich selbst den Europäern, welche dieselbe Religion bekennen, als fast gleich an und den Anhängern des Islams als weit überlegen; sie sind daher geneigt, Arbeit zu mißachten und versuchen vom Handel oder durch den Anbau ihres eigenen Landes zu leben. Man braucht es kaum auszusprechen, daß bei einem Volke von so niedrigem Zivilisationsgrade die Religion fast nur eine Zeremonie ist und daß die Lehren des Christentums weder verstanden werden, noch daß man seinen moralischen Vorschriften gehorcht. Zu gleicher Zeit habe ich, so weit meine eigene Erfahrung reicht, die bessere Klasse des »Orang Sirani« ebenso höflich, verbindlich und fleißig wie die Malayen und ihnen nur in der Neigung, sich zu berauschen, nachstehend gefunden.

Da ich den Assistent-Residenten von Saparūa (welcher die Gerichtsbarkeit über den gegenüberliegenden Teil der Küste von Ceram hat) um ein Boot zur Fortsetzung meiner Reise geschrieben hatte, so erhielt ich eines, wenn auch ein etwas größeres als notwendig, mit zwanzig Mann Besatzung. Ich nahm daher von meinem liebenswürdigen Freund Kapitän van der Beck Abschied und fuhr am selben Abend nach Elpanuli, ein Dorf, welches wir in zwei Tagen erreichten. Ich hatte beabsichtigt hier zu bleiben, aber da mir das Aussehen des Ortes, welcher keinen Urwald in der Nähe zu besitzen schien, nicht gefiel, so be-

schloß ich, zwölf Meilen die Bai von Amahay weiter hin-
aufzugehen, hin zu einem Dorfe, welches erst kürzlich gebaut und von Eingeborenen des Innern bewohnt war und
wo einige Herren aus Amboina einige ausgedehnte Kakao-
anpflanzungen angelegt hatten. Ich erreichte den Ort (er
heißt Awaiya) denselben Nachmittag und erhielt durch den
Beistand des Herrn Peters (des Verwalters der Plantagen)
und des inländischen Häuptlings ein kleines Haus; ich ließ
alle meine Sachen ans Land bringen und zahlte und ent-
ließ meine zwanzig Bootsleute, von denen zwei mich durch
ihr Tom-tom-Schlagen während der ganzen Reise fast zur
Verzweiflung gebracht hatten.

Ich fand die Leute hier fast im Naturzustande; sie gingen beinahe nackt. Die Männer tragen ihr krauses Haar in
einen flachen runden Knoten über der linken Schläfe zusammengenommen, was ihnen ein sehr auffallendes Aussehen gibt, und haben an den Enden rot gefärbte Holz-
zylinder von der Dicke eines Fingers in den Ohren. Arm-
bänder und Fußknöchelringe von geflochtenem Grase oder
von Silber und Halsketten von Perlen oder kleinen Früchten vervollständigen ihren Schmuck. Die Frauen haben
ähnlichen Zierat, aber tragen das Haar lose. Sie sind alle
groß mit mittelbrauner Haut und haben sehr ausgeprägte
Papua-Physiognomien. Im Dorfe lehrt ein amboinesischer
Schulmeister, und eine Menge Kinder besuchen jeden Morgen die Schule. Die Einwohner, welche Christen geworden
sind, können daran erkannt werden, daß sie ihr Haar lose
tragen und bis zu einem gewissen Grade die dortige christ-
liche Kleidung – Hosen und ein weites Hemd – angenommen haben. Sehr wenige sprechen Malayisch, und alle diese
Küstendörfer sind erst neuerlich dadurch gebildet worden,
daß man die Eingeborenen bewogen hat, ihr unzugäng-
liches Innere zu verlassen. Im ganzen Inneren von Ceram
gibt es jetzt nur *ein* bevölkertes Dorf in den Bergen; gegen
Osten und den äußersten Westen liegen noch einige andere,

aber mit Ausnahme dieser befinden sich alle Einwohner von Ceram an der Küste. In den nördlichen und östlichen Distrikten sind sie meist Mohammedaner, aber an der Südwest-Küste, nahe Amboina, dem Namen nach Christen. In allen diesen Teilen des Archipels machen die Holländer lobenswerte Anstrengungen, um die Lage der Ureinwohner zu verbessern; sie setzen Schullehrer in jedes Dorf (welche meist Eingeborene von Amboina und Saparua sind und von den dort wohnenden Missionaren unterrichtet werden) und schicken Impfärzte aus, um die Verheerungen durch die Pocken zu verhindern. Sie ermutigen auch die Ansiedlung von Europäern und den Anbau neuer Kakao- und Kaffee-Plantagen, eines der besten Mittel, um die Lage der Eingeborenen zu heben, welche auf diese Weise Arbeit für angemessenen Lohn erhalten und Gelegenheit finden, sich etwas europäischen Geschmack und Gewohnheiten anzueignen.

Meine Sammlungen machten hier nicht viel bessere Fortschritte als an meiner vorherigen Station, nur daß die Schmetterlinge etwas zahlreicher vertreten waren, von denen einige sehr schöne Arten des Morgens am Seegestade ruhig auf dem nassen Sande sitzend gefunden wurden, so daß man sie mit den Fingern greifen konnte. Auf diesem Wege erhielt ich viele schöne Exemplare von Schwanzfaltern (Papilio), die mir durch Kinder gebracht wurden. Käfer aber waren wenig da und Vögel noch weniger, und ich begann zu glauben, daß die hübschen Arten, von denen ich so oft gehört hatte, daß sie auf Ceram gefunden würden, gänzlich auf das östliche Ende der Insel beschränkt seien.

Einige Meilen weiter nördlich, an der Spitze der Bai von Amahay, liegt das Dorf Makariki, von dem aus ein Weg der Eingeborenen quer durch die Insel an die Nordküste führt. Mein Freund, Herr Rosenberg, dessen Bekanntschaft ich auf Neuguinea gemacht hatte und welcher jetzt der Regierungs-Superintendant über diesen ganzen Teil von Ceram war, kam von Wahai, an der Nordküste, zurück, nachdem ich drei Wochen in Awaiya gewesen war, und zeigte mir einige schöne Schmetterlinge, welche er auf den Gebirgswässern im Inneren erhalten hatte. Er bezeichnete mir einen Ort in der Mitte der Insel, an welchem ich, wie er meinte, mit Erfolg einige Tage bleiben könne. Demgemäß besuchte ich mit ihm am folgenden Tage Makariki, und er wies den Dorfhäuptling an, mich mit Leuten zum Gepäcktragen und mit Begleitung auf meinem Ausfluge zu versorgen. Da die Leute aus dem Dorfe am Weihnachtstage wieder zu Hause sein wollten, so mußte ich so schnell als möglich aufbrechen; wir kamen daher überein, daß sie in zwei Tagen bereit sein sollten, und ich kehrte zurück, um meine Vorbereitungen zu treffen.

Ich packte so wenig Gegenstände wie möglich für einen sechstägigen Ausflug zusammen, und wir verließen Makariki am Morgen des 18. Dezembers mit sechs Männern, welche mein Gepäck und ihren eigenen Proviant trugen, und mit einem Burschen von Awaiya, der für mich schon oft Schmetterlinge gefangen hatte. Meine beiden amboinesischen Jäger ließ ich mit der Order zurück, so viel Vögel als möglich während meiner Abwesenheit zu schießen und abzubalgen. Nachdem wir das Dorf verlassen hatten, gingen wir zuerst eine Stunde lang tapfer durch ein dichtes verwickeltes Unterholz, das von einem Gewitter in der vergangenen Nacht naß und voll von Schmutzlöchern war. Über verschiedene kleine Bäche weg kamen wir an den größten Fluß Cerams, den Ruatan, den wir kreuzen mußten. Er war tief und reißend. Zuerst wurde das Gepäck, Stück für Stück, auf den Köpfen der Männer hinübergebracht – das Wasser reichte ihnen fast bis an die Achsel –, und dann kehrten zwei zu meiner Unterstützung zurück. Das Wasser ging mir bis über den Leib und war so mächtig, daß ich sicherlich fortgerissen worden wäre, wenn ich es versucht hätte, allein hinüberzugehen; ich mußte darüber erstaunen, wie die Leute mich noch stützen konnten, da es mir die größten Schwierigkeiten machte, meinen Fuß wieder hinunterzubringen, wenn ich ihn einmal gehoben hatte. Die größere Kraft ihrer Füße und die Fähigkeit, welche sie besitzen, mit denselben zu fassen, da sie stets barfuß gehen, verlieh ihnen zweifellos einen sichereren Gang in dem reißenden Wasser.

Nachdem wir unsere nassen Kleider gut ausgerungen und wieder angezogen hatten, schritten wir vorwärts auf einer ebenso schmalen Waldspur wie vorher, die durch verfaulte Blätter und tote Bäume versperrt und an den offeneren Teilen mit dichtem Pflanzenwuchse bestanden war. Eine weitere Stunde brachte uns an einen kleinen Fluß, welcher in einem breiten kiesigen Bette floß, dem entlang unser Weg führte. Hier blieben wir eine halbe Stunde zum Frühstücken und gingen dann weiter, indem wir den Fluß beständig kreuzten oder auf seinen steinigen und kiesigen Ufern gingen, bis etwa um Mittag, als er felsig wurde und niedrige Hügel ihn umschlossen. Etwas weiter kamen wir in eine regelrechte Bergkluft; wir mußten über Felsen klettern und jeden Augenblick über das Wasser hin und zurück oder kurze Strecken durch den Wald marschieren. Das war sehr ermüdend, und etwa um drei Uhr nachmittags überzog sich der Himmel und Donner in den Bergen kündete ein nahendes Wetter an, so daß wir uns nach einem Lagerplatz umsehen mußten; wir erreichten auch bald darauf einen alten Rastort des Herrn Rosenberg. Das Gerüst seines kleinen Schlafschuppens war stehen geblieben, meine Leute schnitten Blätter und hatten schnell eben ein Dach angefertigt, als der Regen begann. Das Gepäck wurde mit Blättern bedeckt und die Leute schützten sich so gut sie konnten, bis das Unwetter vorüber war, das sofort eine Flut den Bergstrom hinunterschickte, welche unseren Weitermarsch wirksam gehemmt haben würde, selbst wenn wir es gewünscht hätten weiter zu gehen. Wir machten dann

Feuer an; ich bereitete etwas Kaffee, meine Leute rösteten sich ihren Fisch und Pisang, und sobald es dunkelte, machten wir es uns für die Nacht bequem.

Um sechs Uhr am anderen Morgen brachen wir auf und mußten noch drei Stunden in derselben Weise wandern; in dieser Zeit kreuzten wir den Fluß, dessen Wasser gewöhnlich knietief war, wenigstens dreißig bis vierzig Mal. Dann kamen wir an einen Ort, an welchem die Straße den Fluß verließ, und hier hielten wir zum Frühstück. Nach demselben machten wir einen langen Marsch über den Berg auf einem erträglichen Wege, welcher bis zu fünfzehnhundert Fuß über dem Meere anstieg. Hier bemerkte ich einen der kleinsten und zierlichsten Baumfarne, welchen ich jemals gesehen habe; der Stamm war kaum dicker als mein Daumen und erreichte doch eine Höhe von fünfzehn bis zwanzig Fuß. Ich fing auch einen neuen Schmetterling der Gattung Pieris und ein prächtiges weibliches Exemplar von Papilio gambrisius, von welchem ich bis dahin nur die Männchen gefunden hatte, die kleiner und in Farbe sehr verschieden sind. Als wir die andere Seite des Grates auf einem sehr steilen Wege hinabstiegen, erreichten wir einen anderen Fluß an einem Orte, der ungefähr in der Mitte der Insel liegt und an dem wir zwei oder drei Tage rasten wollten. In ein paar Stunden hatten meine Leute mir eine kleine Schlafstätte gebaut, etwa acht Fuß lang und vier Fuß breit mit einer Bank aus gespaltenen Pfählen, während sie selbst zwei oder drei kleinere benutzten, welche von früheren Reisenden aufgerichtet worden waren.

Der Fluß war hier etwa zwanzig Ellen breit und ging über ein kiesiges und manchmal felsiges Bett, das von steilen Hügeln und dann und wann von sumpfigen Strichen zwischen ihrer Basis und dem Wasser besetzt war. Das ganze Land bestand aus *einem* dichten, undurchbrochenen, sehr sumpfigen und düsteren Urwald. Gerade an unserem Rastplatze lag eine kleine mit Büschen bedeckte Insel in der Mitte des Wassers, so daß die Öffnung, welche der Fluß in dem Walde gemacht hatte, größer als gewöhnlich war und einigen Sonnenstrahlen hindurchzudringen erlaubte. Hier flogen mehrere hübsche Schmetterlinge umher; allein der schönste entkam mir, und ich sah ihn während meines Aufenthaltes nie wieder. In den dreieinhalb Tagen, welche wir hier blieben, wanderte ich fast den ganzen Tag den Strom hinauf und hinunter und suchte nach Schmetterlingen, von denen ich im ganzen fünfzig bis sechzig Exemplare mit mehreren mir ganz neuen Arten darunter bekam. Es gab noch viele andere dort, welche ich nur einmal sah und nicht fing und welche mich bedauern ließen, daß es in diesen inneren Tälern kein Dorf gab, in dem ich einen Monat hätte bleiben können. Ganz früh an jedem Morgen ging ich mit meiner Flinte fort, um Vögel zu suchen, und zwei meiner Leute waren fast den ganzen Tag auf Wild aus; aber wir hatten alle gleichmäßig keine Erfolge aufzuweisen und erhielten absolut nichts in der ganzen Zeit, die wir im Walde zubrachten. Der einzige brauchbare Vogel, den ich sah, war der amboinesische Lori, aber er hielt sich stets zu hoch zum Schuß; außer diesem war der große molukkische Hornvogel, den ich nicht brauchen konnte, fast der einzige Vogel, den man traf. Ich sah nicht eine einzige Erddrossel, keinen Königfischer, keine Taube; und ich bin in der Tat nie in einem Walde gewesen, der so außerordentlich arm an tierischem Leben ist, wie dieser es zu sein schien. Selbst in allen Insektengruppen, mit Ausnahme der Schmetterlinge, herrschte dieselbe Armut. Ich hatte gehofft, einige seltene Tigerkäfer zu finden, wie an ähnlichen Örtlichkeiten auf Celebes; aber obgleich ich genau im Walde, im Flußbette und an den Gebirgsbächen danach suchte, konnte ich doch nichts als die zwei gewöhnlichen amboinesischen Arten finden. Andere Käfer gab es absolut nicht.

Das beständige Gehen im Wasser und über Felsen und Kies machte die zwei Paar Stiefel, welche ich bei mir hatte, vollständig unbrauchbar, so daß sie bei meiner Rückkehr buchstäblich in Stücke fielen und ich am letzten Tage mit großen Schmerzen auf Strümpfen gehen mußte und ganz lahm zu Hause ankam. Auf unserem Wege von Makariki zurück hatten wir ebenso wie auf unserem Hinwege Sturm und Regen auf See und kamen in Awaiya spät Abends mit ganz durchnäßtem Gepäck und selbst in höchst unbehaglichem Zustande an. Die ganze Zeit, die ich auf Ceram gewesen, hatte ich viel von den reizenden Bissen einer unsichtbaren Milbe gelitten, die übler ist als Moskitos, Ameisen und jede andere Insekten-Plage, weil man sich gegen sie nicht zu schützen vermag. Nach diesem letzten Ausflug in den Wald war ich von Kopf bis Fuß mit entzündeten Stellen bedeckt, welche nach meiner Rückkehr in Amboina eine ernste Krankheit hervorriefen, die mich fast zwei Monate lang an das Haus fesselte – eine nicht gerade sehr angenehme Erinnerung an meinen ersten Besuch auf Ceram, welcher mit dem Jahre 1859 endete.

Nicht vor dem 24. Februar 1860 machte ich mich wieder auf den Weg, dann aber in der Absicht, längs der Küste von Dorf zu Dorf zu gehen und wo ich eine passende Lokalität fände, zu bleiben. Ich hatte einen Brief vom Gouverneur der Molukken, in welchem alle Häuptlinge aufgefordert wurden, mich mit Booten und Leuten zur Förderung meiner Reise zu versehen. Das erste Boot brachte mich in zwei Tagen nach Amahay, an der Awaiya gegenüberliegenden Seite der Bai. Hier machte der Häuptling wunderbarerweise gar keine Entschuldigungen wegen einer Verzögerung, sondern beorderte sofort das Boot, welches mich weiterfahren sollte, ließ mein Gepäck an Bord schaffen, Mast und Segel nach Dunkelwerden aufrichten und hatte tatsächlich die Leute in der Nacht bereit, so daß wir um fünf Uhr am anderen Morgen schon auf dem Wege waren – eine Entfaltung von Energie und Lebhaftigkeit, wie ich sie kaum je vorher bei einem inländischen Häuptling unter gleichen Umständen gesehen hatte. Wir berührten Cepa und blieben die Nacht in Tamilan, den ersten zwei mohammedanischen Dörfern an der Nordküste von Ceram. Am nächsten Tage um Mittag erreichten wir Hoya, und so weit sollten mich dieses Boot und die Leute bringen. Der Ankerplatz ist etwa eine Meile östlich von dem Dorfe, vor welchem Korallenriffe liegen, und wir mußten bis zur Abendflut warten, um hinaufkommen und das Gepäck in den seltsamen verfallenen hölzernen Pavillon, der für Besucher bereit gehalten wird, ausladen lassen zu können.

Hier gab es kein Boot, das groß genug war, um mein Gepäck zu bergen; und obgleich zwei ganz genügend gewesen wären, so bestand der Rajah doch darauf, vier zu schicken. Der Grund davon lag, wie ich herausfand, darin, daß vier kleine Dörfer unter seiner Regierung standen, und er vermied, indem er *ein* Boot von jedem schickte, die schwere Aufgabe, zwei auszuwählen und die anderen frei zu lassen. Man sagte mir, daß in dem nächsten Dorfe Teluti viele Alfuren wären und daß ich dort Mengen von Loris und anderen Vögeln erhalten würde. Der Rajah erklärte, daß schwarze und gelbe Loris und schwarze Kakadus dort vorkämen; aber ich bin geneigt zu glauben, daß er sehr wohl wußte, daß er mich anlog und daß es nur eine Vorspiegelung war, welche mich mit seinem Plane, mich zu jenem Dorfe, statt eine Tagereise weiter, wie ich es wünschte, zu bringen, einverstanden machen sollte. Hier, wie in den meisten Dörfern, bat man mich um Spirituosen; die Leute waren nur dem Namen nach Mohammedaner und beschränkten ihre Religion fast gänzlich auf einen Widerwillen gegen Schweinefleisch und gegen einige andere verbotene Nahrungsmittel. Am nächsten Morgen wurden die Schiffe nach vieler Mühe geladen, und wir hatten eine sehr angenehme Fahrt über die tiefe Bai von Teluti mit steter Aussicht auf die große Zentralbergkette von Ceram. Unsere vier Boote wurden von sechzig Mann gerudert mit

Fahnenschwenken, Tom-tom-Schlagen und mit vielem Schreien und Singen zur Aufrechterhaltung des Humors. Die See war glatt, der Morgen schön und die ganze Szene sehr erheiternd. Beim Landen warteten der Orang-kaya und mehrere der Hauptleute in prächtigen seidenen Jacken auf uns und führten mich in ein für meine Aufnahme gerüstetes Haus, in welchem ich mehrere Tage zu bleiben beschloß, um zu sehen, ob das Land in der Umgegend irgend etwas Neues darböte.

Meine ersten Nachfragen galten den Loris, allein ich konnte nur sehr wenig befriedigende Auskunft erhalten. Die einzigen bekannten Arten waren der ringnackige Lori und der gewöhnliche rot und grüne Loriket, die beide auf Amboina häufig sind. Schwarze Loris und Kakadus waren gänzlich unbekannt. Die Alfuren wohnten fünf bis sechs Tagereisen weit in den Bergen, und im Dorfe fand ich nur ein oder zwei lebende Vögel und diese waren wertlos. Meine Jäger konnten nichts als ein paar gewöhnliche Vögel erhalten, und ungeachtet der schönen Berge, der üppigen Wälder und der hundert Meilen weiter nach Osten liegenden Lokalität, konnte ich keine neuen Insekten finden und selbst äußerst wenige von den auf Amboina und West-Ceram verbreiteten Arten. Es war augenscheinlich zwecklos für mich, an einem solchen Orte Rast zu machen, und ich beschloß daher, sobald als möglich weiterzugehen.

Das Dorf Teluti ist bevölkert, aber unregelmäßig gebaut und sehr schmutzig. Die Bergabhänge sind hier mit Sagobäumen bedeckt, statt daß diese wie gewöhnlich in niedriggelegenen Sümpfen wachsen; aber eine genauere Besichtigung zeigt, daß sie auf sumpfigen Stellen stehen, welche sich zwischen den lockeren, den Boden bedeckenden Felsen gebildet haben und welche durch die Regen und durch die Menge von kleinen Wassern, welche zwischen ihnen durchträufeln, sich beständig voll von Feuchtigkeit halten. Dieses ist fast das einzige Subsistenzmittel der Einwohner, welche nichts als ein wenig Mais und süße Kartoffeln zu bauen scheinen. Daher, wie früher schon erläutert, die Spärlichkeit der Insekten. Der Orang-kaya hat schöne Kleider, hübsche Lampen und andere teure europäische Waren, aber er lebt Tag für Tag von Sago und Fischen, ebenso erbärmlich wie die anderen.

Nach einem dreitägigen Aufenthalt an diesem unfruchtbaren Orte verließ ich ihn am Morgen des 6. März in zwei Booten von derselben Größe wie jene, welche mich nach Teluti gebracht hatten. Nach einigen Schwierigkeiten erhielt ich die Erlaubnis, diese Boote bis nach Tobo zu benutzen, wo ich eine Zeitlang zu bleiben gedachte; ich ging daher sehr schnell vorwärts, wechselte die Ruderer in dem Dorfe Laiemu und kam in heftigem Regen in Ahtiago an. Da die Brandung hier sehr bedeutend war und sich wohl noch verstärken konnte, wenn der Wind während der Nacht heftig wurde, so zog man unsere Boote auf das Ufer, und nachdem ich in dem Hause des Orang-kaya zu Abend gespeist und ein Vokabularium der Sprache der Ulfuren, welche in den Gebirgen des Inneren wohnen, niedergeschrieben hatte, kehrte ich zu den Booten zurück, um die Nacht in einem derselben zuzubringen. Am nächsten Morgen gingen wir weiter, wechselten die Leute in Warenama und dann wieder in Hatometen, an welchen beiden Orten viel Brandung und kein Hafen war, so daß die Eingeborenen an Land und wieder ans Schiff schwimmen mußten. Als wir am Abend des 7. März in Batuassa ankamen, dem ersten Dorfe, welches dem Rajah von Tobo gehört und unter dem Gouvernement von Banda steht, war die Brandung infolge eines starken Westwindes sehr heftig. Wir umfuhren daher die Felsspitze, auf welcher das Dorf liegt, aber fanden es auf der anderen Seite kaum besser. Allein wir mußten hier ans Ufer, und nachdem wir gewartet, bis die Leute am Gestade ihre Vorbereitungen dahin getroffen hatten, daß sie eine Reihe von Klötzen an den Rand des

Wassers brachten, an denen sie unsere Boote hinaufziehen konnten, ruderten wir so schnell wie möglich in einem Augenblicke, in welchem die größten Wellen vorüber waren, gerade darauf los. In dem Momente, als wir auf Grund stießen, sprangen alle heraus und versuchten, von denen am Ufer unterstützt, das Boot hoch und ins Trockene hinaufzuziehen, aber da nicht genug Leute bei der Hand waren, so brach sich die Brandung verschiedene Male über dem Spiegel des Schiffes. Die Abschüssigkeit des Ufers jedoch verhinderte, daß es Schaden litt und da das zweite Boot die Mannschaften beider zur Verfügung hatte, so kamen wir ohne Schwierigkeit hinüber.

Am folgenden Morgen war das Wasser niedrig und daher die Brandung etwas vom Ufer entfernt; wir warteten einen ruhigen Augenblick ab, nachdem wir das Schiff bis an den Rand des Wassers gebracht hatten, und kamen so sicher in See. In den beiden nächsten Dörfern, Tobo und Ossong, nahmen wir wieder frische Männer, welche durch die Brandung an Bord schwammen, und an dem letztgenannten Orte kam der Rajah ans Schiff und begleitete mich nach Kissa-laut, wo er ein Haus besaß, das er mir während meines Aufenthaltes zur Verfügung stellte. Auch hier war eine starke Brandung, und nur mit vielen Schwierigkeiten brachten wir das Boot sicher hinüber. In Amboina hatte man mir für diese Jahreszeit eine ruhige See und günstigen Wind prophezeit, aber in diesem Falle, wie in jedem anderen, bin ich nicht imstande gewesen, irgendwelche zuverlässige Auskünfte in betreff der Winde und des Klimas von Orten, welche nur zwei oder drei Tagereisen entfernt lagen, zu erhalten. Es scheint jedoch, daß, infolge der vorherrschenden Richtung der Insel Ceram (O.S.O. zu W.N. W.), zur Zeit des Westmonsuns, mit dem allein man eine Reise nach Osten sicher machen kann, dort eine starke Brandung ist und man kaum Schutz an der Südküste findet; und während des Ostmonsuns, mit dem ich vorhatte, längs der Nordküste nach Wahai zurückzukehren, würde diese wahrscheinlich ebenso ausgesetzt und gefährlich sein. Aber wenn auch die allgemeine Richtung des Westmonsuns in der Banda-See eine starke Anschwellung mit gefährlichen Brandungen an der Küste hervorruft, so zogen wir doch wenig Vorteil aus dem Winde; denn wie ich vermute, infolge der zahlreichen Buchten und Vorgebirge hatten wir den ganzen Weg über konträre Südost- und selbst reine Ostwinde und mußten fast die ganze Entfernung von Amboina aus rudern. Wir hatten daher alle Nachteile und keine der Vorteile dieses Westmonsuns, von welchem man mir gesagt hatte, daß er mir eine schnelle und angenehme Reise verschaffen würde.

Ich wurde auf Kissa-laut gerade vier Wochen aufgehalten, obgleich ich schon nach den ersten drei Tagen sah, daß es ganz nutzlos für mich sei, dazubleiben und obgleich ich sofort den Rajah bat, mir eine Prau und Leute nach Goram zu geben. Aber anstatt eine aus der Nähe zu beordern, bestand er darauf, mehrere Meilen darum fortzuschicken; und als sie endlich ankam, war sie durchaus nicht zweckentsprechend und zu klein, um mein Gepäck zu bergen. Sofort beorderte er eine andere; sie wurde in drei Tagen zugesagt, aber es verfloß die doppelte Zeit und keine erschien, und wir mußten zuletzt eine aus dem benachbarten Dorfe nehmen, von wo man sie von Anfang an so viel leichter hätte erhalten können. Dann mußte sie kalfatert und überdeckt werden und es entstanden Streitigkeiten zwischen dem Eigentümer und den Leuten des Rajah, was wieder mehr als zehn Tage in Anspruch nahm, während welcher ganzen Zeit ich absolut nichts sammelte, indem sich dieser Teil Cerams als eine vollständige Wüste in zoologischer Hinsicht erwies, wenn es auch ein äußerst schönes Land ist und eine sehr üppige Vegetation besitzt. Es war mir das durchaus unverständlich, und ich habe bis heutigen Tages den Grund davon nicht eingesehen; das einzig Erwähnenswerte, was ich während meines einmonatigen Aufenthaltes hier bekam, waren einige gute Landmuscheln.

Endlich, am 4. April, gelang es uns, in unserem kleinen Boote von etwa vier Tonnenlast, in welchem meine zahlreichen Kästen nur mit Schwierigkeit zugeladen werden konnten, daß man noch Raum zum Schlafen und Kochen behielt, wegzukommen. Die Barke konnte weder ein Stück Eisen oder Tauwerk an irgendeinem Teile, noch ein bißchen Pech oder eine Farbe zur Verzierung aufweisen. Die Planken waren in der gebräuchlichen sinnreichen Art mit Pflökken und Rotang zusammengefügt. Der Mast war ein Bambusdreieck, bedurfte keiner Wanttaue und trug ein langes Mattensegel; zwei Steuerräder waren auf der Windvierung des Schiffes mit Rotang aufgehangen, der Anker war von Holz und ein langer und dicker Rotang diente als Ankertau. Unser Schiffsvolk bestand aus vier Leuten, deren einziger Ruheplatz auf dem Bug und Spiegel ungefähr drei Fuß breit und vier Fuß lang war, mit einem schrägen Strohdach, um sich zur Abwechselung darauf auszustrecken. Wir hatten fast hundert Meilen zurückzulegen und waren vollständig den Winden der Banda-See ausgesetzt, welche häufig sehr bedeutend sind; aber wir fanden das Meer glücklicherweise ruhig und glatt, so daß wir die Reise verhältnismäßig bequem machten.

Am zweiten Tage passierten wir das östliche Ende von Ceram, das aus einer Gruppe kegelförmiger Kalksteinhügel gebildet ist, und kamen bei den Inseln Kwammer und Keffing, die beide dicht bevölkert sind, vorbei, in Sicht der kleinen Stadt Kilwaru, welche aus der See wie ein ländliches Venedig aufzusteigen scheint. Dieser Ort hat wirklich ein höchst außergewöhnliches Aussehen, da man nicht ein Stückchen Land oder etwas Pflanzenwuchs erblickt, sondern ein großes Dorf eine weite Strecke in die See hinaus auf dem Wasser zu schwimmen scheint. Es sind allerdings mehrere Morgen Land vorhanden; aber die Häuser stehen auf Pfählen im Wasser so dicht darum herum, daß es vollständig verborgen liegt. Die Stadt ist ein großer Handelsplatz, das Emporium für viele Produkte dieser östlichen Seen, der Wohnort vieler Bugis- und Ceram-Händler, und die Örtlichkeit scheint deshalb gewählt worden zu sein, weil sie nahe dem einzigen tiefen Meeresarm zwischen den ausgedehnten Sandbänken von Ceram-laut und jenen, welche das Ostende von Ceram umgeben, liegt. Wir hatten jetzt konträre Ostwinde und mußten uns über die seichten Korallenriffe von Ceram-laut fast dreißig Meilen weit mit Stangen fortstoßen. Die einzige Gefahr auf unserer Reise war gerade an ihrem Endpunkte; dann, als wir gegen Manawoko hin ruderten, der größten Insel der Goram-Gruppe, wurden wir so schnell durch eine starke westliche Strömung hinausgeführt, daß ich einen Augenblick fast sicher meinte, wir würden die Insel außer Sicht verlieren; in diesem Falle wäre unsere Lage sowohl unangenehm als auch gefährlich gewesen, da wir mit dem Ostwinde, welcher gerade eingesetzt hatte, in vielen Tagen nicht hätten zurückkommen können und nicht für einen Tag Wasser an Bord hatten. In diesem kritischen Momente reichte ich meinen Leuten etwas starken Branntwein, welcher ihren Armen frische Kraft erteilte und uns aus dem Bereiche der Strömung brachte, ehe es zu spät war.

Als wir in Manawoko ankamen, war der Rajah gerade auf der gegenüberliegenden Insel Goram, aber wir sandten sofort nach ihm, und inzwischen wurde uns ein großer Schuppen überwiesen. Abends kam der Rajah, am nächsten Tage besuchte er mich, und ich sah, wie erwartet, daß ich schon vor drei Jahren in Aru seine Bekanntschaft gemacht hatte. Er war sehr freundlich, und wir hatten ein langes Gespräch miteinander; aber als ich ihn um ein Boot und Leute anging, um mich nach Kei zu bringen, machte er zahlreiche Einwände: Es gäbe keine Prauen, da sie alle nach Kei oder Aru gegangen wären, und selbst wenn man eine fände, gäbe es keine Leute, da sie in dieser Jahreszeit alle ihren Handelsgeschäften nachgingen; aber er versprach mir, sich danach umzusehen, und ich war genötigt zu warten. An den nächsten zwei oder drei Tagen gab es weiteres Geschwätz, noch mehr Schwierigkeiten wurden erhoben, und ich hatte Zeit, Land und Leute kennenzulernen.

Manawoko ist ungefähr fünfzehn Meilen lang und lediglich ein gehobenes Korallenriff. Zwei- bis dreihundert Ellen landeinwärts erheben sich an vielen Stellen senkrechte, ein- bis zweihundert Fuß hohe Klippen von Korallenfelsen, und dieses ist, wie man mir sagte, charakteristisch für die ganze Insel, auf welcher es keine andere Art von Felsen gibt und keinen Fluß. Einige Spalten und Klüfte dienen als Pfade zu den Gipfeln dieser Klippen hin, von wo aus man auf ein offenes, welliges Land sieht, in welchem die hauptsächlichsten Ackerfluren der Einwohner gelegen sind.

Die Leute hier – zum wenigsten die Häuptlinge – waren von einer reineren malayischen Rasse als die Mohammedaner des Hauptlandes Ceram, was vielleicht eine Folge davon ist, daß auf dieser kleinen Insel, als die ersten Ansiedler ankamen, sich keine Ureinwohner vorfanden. Auf Ceram bilden die Alfuren der Papua-Rasse den vorherrschenden Typus und die malayische Physiognomie ist selten gut ausgeprägt, wohingegen hier das Gegenteil der Fall ist, wo eine leichte Einwirkung papuanischen Blutes auf eine Mischung von Malayen und Bugis einen sehr gut aussehenden Menschenschlag hervorgerufen hat. Die untere Klasse der Bevölkerung besteht fast gänzlich aus Eingeborenen der umliegenden Inseln. Es ist eine hübsche Rasse mit stark ausgeprägten papuanischen Gesichtszügen, krausem Haar und brauner Hautfarbe. Die Goram-Sprache wird auch an dem Ostende von Ceram und auf den anliegenden Inseln gesprochen; sie hat im allgemeinen Ähnlichkeit mit den Sprachen von Ceram, enthält aber ein eigenartiges Element, welches ich bei anderen Sprachen des Archipels nicht angetroffen habe.

Nach langer Verzögerung, in Anbetracht der Wichtigkeit jeden Tages um diese Jahreszeit, fand man ein miserables Boot und fünf Leute; mit vieler Schwierigkeit staute ich so viel Gepäck, wie absolut für mich notwendig war, hinein, und doch blieb mir kaum genug Raum zum Sitzen und Schlafen. Die Segelfähigkeit des Bootes wurde in hohem Maße gerühmt, und man versicherte mir, daß zu dieser Jahreszeit ein kleines viel praktischer wäre, um eine Reise zu machen. Wir fuhren zuerst der Küste entlang, erreichten ihr östliches Ende am folgenden Morgen (11. April), und hatten einen starken W.S.W.-Wind, welcher uns gerade gestattete, querüber zu den Mattabello-Inseln zu segeln, eine Entfernung von kurzen zwanzig Meilen. Ich sah nicht mit Vergnügen auf den schwer herabhängenden Himmel und auf die ziemlich hohe See, und meine Leute waren nicht sehr geneigt, den Versuch zu wagen; aber da wir kaum auf eine bessere Chance hoffen konnten, so bestand ich darauf, es zu unternehmen. Das Schleudern und Schwanken unseres kleinen Bootes brachte mich bald in einen Zustand elendiglicher Hilflosigkeit und ich lag danieder, resigniert zu was immer sich ereignen könnte. Nach drei bis vier Stunden sagte man mir, daß wir fast hinüber wären; aber als ich zwei Stunden später aufkam, gerade als die Sonne unterging, fand ich, daß wir infolge eines starken Stromes, der uns seit einiger Zeit entgegenwirkte, noch ein gutes Stück von unserem Ziele entfernt seien. Die Nacht brach herein und es kam ein starker Wind auf, so daß wir die Segel reffen mußten. Dann wurde es ruhig und wir ruderten und segelten, wie die Gelegenheit sich darbot; es war vier Uhr morgens, als wir das Dorf Kissiwoi erreichten, nachdem wir nicht mehr als drei Meilen in den letzten zwölf Stunden zurückgelegt hatten.

Bei Tagesanbruch sah ich, daß wir uns in einem kleinen

hübschen Hafen befanden, der aus einem etwa zweihundert Ellen vom Ufer entfernt liegenden Korallenriff gebildet war und vollkommene Sicherheit gegen jeden Wind darbot. Da wir seit dem vorhergehenden Morgen nichts gegessen hatten, kochten wir uns unser Frühstück in aller Bequemlichkeit am Ufer und fuhren ungefähr um Mittag an den Küsten der zwei Inseln dieser Gruppe, welche in derselben Linie liegen und durch einen schmalen Meeresarm voneinander getrennt sind, entlang. Beide scheinen gänzlich von gehobenen Korallenfelsen gebildet zu sein, aber es hat eine darauffolgende Senkung stattgefunden, wie die Riff-Barriere, welche sich ihnen entlang in verschiedenen Entfernungen vom Ufer erstreckt, zeigt. Dieses Ufer ist manchmal nur von einer Brandungslinie, wenn die See etwas in Bewegung ist, bezeichnet. An anderen Orten befindet sich über dem Wasser ein Grat von toten Korallen, welcher hier und da hoch genug ist, um einige niedrige Büsche zu tragen. An diesem Orte traf ich auf das erste Beispiel einer Riff-Barriere, welche sich infolge einer Senkung gebildet hat, wie es von Herrn Darwin so klar bewiesen worden ist. In einem geschützten Archipel werden sie selten sehr bedeutend sein, weil hier jene ungeheuren rollenden Wellen und Brandungen fehlen, welche in dem weiten Ozean eine Barriere von zerbrochenen Korallen bis weit über die gewöhnliche Hochwasserlinie aufwerfen, während sie sich hier kaum über die Oberfläche erheben.

Als wir das Ende der südlichen Insel – sie heißt Uta – erreicht hatten, mußten wir zwei Tage auf einen Wind warten, der uns zu der nächsten Insel, Teor, hinüberbringen sollte; ich begann daran zu zweifeln, daß ich jemals Kei erreichen würde, und beschloß zurückzukehren. Wir fuhren mit einem Südwind ab, welcher sich plötzlich in einen Nordost verwandelte und mich veranlaßte, wieder nach Süden zu drehen, in der Hoffnung, daß dieses der Anfang von günstigem Wetter wäre. Wir segelten in der Richtung nach Teor ungefähr eine Stunde gut vorwärts, nach welcher der Wind in W.S.W. umschlug und uns sehr aus unserm Kurs trieb; bei einbrechender Nacht befanden wir uns auf offener See und volle zehn Meilen von unserem Bestimmungsorte leewärts. Meine Leute fürchteten sich jetzt alle sehr, denn wenn wir weiter gingen, hätten wir eine Woche in unserem kleinen offenen Boote, das fast bis an den Rand im Wasser lag, auf der See sein können, oder wir wären an die Küste von Neu-Guinea getrieben worden, in welchem Falle man uns alle höchst wahrscheinlich ermordet hätte. Ich konnte diese Möglichkeit nicht leugnen, und obgleich ich ihnen bewies, daß wir mit dem herrschenden Winde nicht an unseren Ausgangspunkt zurückkämen, bestanden sie doch darauf umzukehren. Wir kehrten deshalb um, fanden aber, daß wir uns Uta ebensowenig als Teor nähern könnten, trafen jedoch zu unserem großen Glück etwa um zehn Uhr auf eine kleine Koralleninsel und lagen bis zum Morgen unter ihrer Leeseite, als ein günstiger Windwechsel uns nach Uta zurückbrachte; am Abend (18. April) erreichten wir unseren ersten Ankerplatz auf Mattabello, wo ich beschloß, einige Tage zu bleiben und dann nach Goram zurückzukehren. Nur mit großem Bedauern gab ich meinen Ausflug nach Kei und den dazwischen liegenden Inseln auf, ein Ausflug, auf welchem ich gehofft hatte, mich für meine Enttäuschung auf Ceram zu entschädigen, da mein kurzer Besuch auf meiner Reise nach Aru mir so viel schöne und seltene Insekten geliefert hatte.

Die Eingeborenen von Mattabello beschäftigten sich fast nur mit dem Bereiten von Kokosnußöl, welches sie den Bugis- und Goram-Händlern verkaufen, die es nach Banda und Amboina bringen. Der zerrissene Korallenfelsen scheint für das Gedeihen der Kokosnußpalme, welche über die ganze Insel bis auf ihre höchste Spitze sehr verbreitet ist und das ganze Jahr hindurch Früchte trägt, sehr günstig zu sein. Zwischendurch stehen sehr viel Areca- oder Betelnuß-Palmen, deren Nüsse in Scheiben geschnitten, getrocknet und zu einem Teig zerrieben werden, welcher von den betelkauenden Malayen und Papuas viel konsumiert wird. Alle kleinen Kinder hier, selbst die, welche eben allein laufen können, trugen zwischen ihren Lippen eine Masse dieses häßlich aussehenden Teiges, was selbst noch unangenehmer anzusehen ist, als wenn sie in demselben Alter Zigarren rauchen, und das tun sie meist, selbst ehe sie entwöhnt sind. Kokosnüsse, süße Kartoffeln, dann und wann Sagokuchen und die Überbleibsel der Nuß, nachdem das Öl durch Kochen herausgezogen ist, bilden die Hauptnahrungsmittel dieses Volkes; und die Folge dieser ärmlichen und ungesunden Diät zeigt sich in der Häufigkeit von Ausschlägen, schorfigen Hautkrankheiten und zahlreichen wunden Stellen, welche die Gesichter der Kinder entstellen.

Die Dörfer liegen auf hohen und zerrissenen Korallenspitzen, nur auf steilen schmalen Pfaden, mit Leitern und Brücken, über gähnende Klüfte zugänglich. Sie sind schmutzig durch die faulenden Hülsen und den Ölabfall, und die Hütten sind dunkel, schmierig und unrein bis zum Exzeß. Die Leute sind armselige, häßliche, schmutzige Wilde, mit Lumpen bekleidet, welche sie nie wechseln; sie leben in der erbärmlichsten Art, und da jeder Tropfen frischen Wassers von dem Strande hinaufgebracht werden muß, denken sie nicht daran, sich zu waschen; dennoch sind sie wirklich wohlhabend und besitzen die Mittel, sich alles Notwendige und selbst alle Annehmlichkeiten des Lebens zu kaufen. Geflügel ist in Menge vorhanden und Eier wurden mir überall, wo ich die Dörfer besuchte, gegeben; aber man ißt sie nie, sondern bewahrt sie als Liebhaberei auf oder treibt damit Handel. Fast alle Weiber tragen massive goldene Ohrringe, und in jedem Dorfe finden sich Dutzende kleiner bronzener Kanonen, welche auf dem Boden herumliegen.

Die Hauptleute eines jeden Dorfes besuchten mich, in Gewänder von Seide und geblümtem Atlas gekleidet, obgleich
ihre Häuser und ihre tägliche Kost nicht besser ist, als die
der anderen Einwohner. Welch ein Gegensatz zwischen
diesem Volk und solchen Wilden, wie die besten Stämme
der Hügel-Dajaks auf Borneo oder die Uaupes-Indianer in
Südamerika, welche an den Ufern klarer Flüsse wohnen,
reinlich auf ihre Person und ihre Häuser sind und einen
Überfluß an ersprießlicher Nahrung haben, deren Wirkungen in den gesunden Häuten und in der Schönheit der
Formen und Gesichtszüge zur Geltung kommen! Es gibt
in der Tat fast ebenso große Unterschiede zwischen den
verschiedenen wilden Rassen als zwischen den zivilisierten
Völkern, und wir können mit Sicherheit sagen, daß die besseren Beispiele der ersteren den tieferstehenden der letzteren Klasse weit überlegen sind.

Einer der wenigen Luxusartikel von Mattabello ist der
Palmwein, der gegorene Saft von den Blumenstengeln der
Kokosnuß. Er trinkt sich wirklich sehr angenehm, mehr
wie Apfelwein als wie Bier, obgleich ebenso berauschend
wie das letztere. Junge Kokosnüsse sind gleichfalls sehr viel
vorhanden, so daß man überall auf der Insel nur wenige
Schritte zu gehen braucht, um ein köstliches Getränk zu
finden, wenn man einen Baum darum hinaufklettert. Es ist
das Wasser der jungen Frucht, welches man trinkt, ehe die
Pulpa sich erhärtet hat. Es ist dann in größerer Quantität
vorhanden, klar und erfrischend, und die dünne Decke der
gelatinösen Pulpa wird ebenfalls für eine Delikatesse gehalten. Das Wasser reifer Kokosnüsse wird stets als ungenießbar weggeschüttet, obgleich es köstlich ist im Vergleich
mit jenem der alten trockenen Nüsse, welche wir bei uns
allein bekommen. Das Kokosnußfleisch schmeckte mir zuerst nicht; aber die Früchte sind, ausgenommen zu bestimmten Jahreszeiten, so spärlich vorhanden, daß man
bald alles, was Frucht heißt, schätzen lernt.

Viele Menschen in Europa sind des Glaubens, daß Früchte von köstlichem Wohlgeschmack in den Tropen in Fülle vorhanden sind, und sie werden ohne Zweifel erstaunen, wenn sie erfahren, daß die echten, wilden Früchte dieses großartigen und üppigen Archipels, dessen Pflanzenwuchs es mit dem eines jeden anderen Teiles der Erde aufnehmen kann, fast auf jeder Insel an Menge und Qualität denen von England nachstehen. Wilde Erdbeeren und Himbeeren kommen an einigen Orten vor, allein es sind so armselige, unschmackhafte Dinger, daß es sich kaum lohnt, sie zu essen, und nichts läßt sich dort unseren Brombeeren und Heidelbeeren vergleichen. Die Kanariennuß kann unserer Haselnuß gleichgestellt werden, aber ich habe nichts gefunden, was unsere Holzäpfel, unsere Mehlbeeren, Bucheckern, wilde Pflaumen und Eicheln überträfe, Früchte, welche von den Eingeborenen dieser Inseln in hohem Maße geschätzt werden und einen wichtigen Teil ihrer Nahrungsmittel ausmachen würden. Alle schönen tropischen Früchte sind ganz ebenso kultivierte Produkte wie unsere Äpfel, Birnen und Pflaumen, und ihre wilden Prototypen sind, wenn man sie findet, gewöhnlich ohne Geschmack und ungenießbar.

Um diese Insel erstreckt sich mit wenigen Zwischenräumen ein rundes Korallenriff, etwa eine viertel Meile vom Ufer entfernt, als ein Streifen blaßgrünen Wassers sichtbar, aber nur zur niedrigsten Ebbezeit zeigen sich die Felsen über der Oberfläche. Es gibt mehrere tiefe Eingänge durch dieses Riff und innerhalb derselben findet man bei jedem Wetter einen guten Ankerplatz. Das Land steigt allmählich zu einer mäßigen Höhe an und zahlreiche kleine Flüsse kommen von allen Seiten herab. Das bloße Vorhandensein dieser Flüsse würde beweisen, daß die Insel nicht gänzlich aus Korallenkalk besteht, denn in diesem Falle würde das Wasser durch den porösen Felsen sickern, wie auf Manawoko und Mattabello; aber wir haben in den

Kieseln und Steinen der Flußbette, welche eine Mannigfaltigkeit von geschichteten, kristallinen Felsen aufzeigen, positivere Beweise. Ungefähr hundert Ellen vom Ufer entfernt steigt ein zehn bis zwanzig Fuß hoher Wall von Korallenfelsen auf, über welchem sich eine wellige Oberfläche zackiger Korallen hinzieht, die landeinwärts abfällt, und dann nach einer leichten Erhebung von einem zweiten Wall von Korallen begrenzt wird. Ähnliche Wälle kommen auch höher hinauf vor und Korallen werden auf dem höchsten Teile der Insel gefunden.

Diese eigentümliche Struktur lehrt uns, daß, bevor die Korallen gebildet wurden, an diesem Orte Land existierte; daß dieses Land allmählich unter den Wasserspiegel sank, aber mit Ruhezeiten dazwischen, während welcher im Kreise herum Riffe in verschiedenen Erhebungen gebildet wurden; daß es dann zu seiner jetzigen Erhebung aufstieg und gegenwärtig wieder sinkt. Wir schließen dieses, weil Kreisriffe ein Beweis von Senkungen sind, und wenn die Insel sich wieder etwa um hundert Fuß heben würde, so würde das, was jetzt das Riff und das seichte Meer innen ist, einen Wall von Korallenfelsen und eine wellenförmige Korallenkalk-Ebene bilden, genau gleich jenen, welche noch jetzt in verschiedenen Höhen bis zur höchsten Spitze diese Veränderungen in einer verhältnismäßig neuen Zeit stattgefunden haben, denn die Oberfläche der Korallen hat kaum unter dem Einflusse des Wetters gelitten und Hunderte von Seemuscheln, welche genau denen gleichen, die noch jetzt am Gestade gefunden werden, und von denen viele noch ihre Politur und die Farbe bewahrt haben, sind über die Oberfläche der Insel bis nahe ihren höchsten Punkten zerstreut.

Ob die Goram-Gruppe ursprünglich einen Teil von Neuguinea oder von Ceram ausmachte, ist kaum möglich zu entscheiden, und ihre Produkte werden wenig Licht auf diese Frage werfen, wenn, wie ich vermute, die Insel zur

Zeit, als schon Tierarten dort existierten, gänzlich versunken ist, da sie in diesem Falle ihre gegenwärtige Fauna und Flora neuen Einwanderungen von den umliegenden Ländern verdankt; mit dieser Ansicht stimmt auch ihre Armut an Arten sehr gut überein. Sie besitzt vieles gemeinsam mit Ost-Ceram, hat aber zu gleicher Zeit große Ähnlichkeit mit den Kei-Inseln und Banda.

Das Volk von Goram, unter dem ich mich einen Monat aufhielt, ist eine Rasse von Händlern. Sie besuchen jedes Jahr die Tenimber-, Kei- und Aru-Inseln, die ganze Nordwestküste von Neuguinea von Oetanata bis Salwatti und die Inseln Wageu und Misole. Sie dehnen ihre Reisen auch bis nach Tidor und Ternate aus, und auch bis nach Banda und Amboina. Ihre Prauen sind alle von jener wunderbaren Rasse von Schiffbauern verfertigt, den Kei-Insulanern, welche jährlich einige hundert Boote, große und kleine, hinausschicken, die, was Schönheit der Form und Güte der Arbeit anlangt, kaum übertroffen werden können. Sie handeln hauptsächlich mit Tripang, der medizinischen Mussoi-Rinde, wilden Muskatnüssen und Schildpatt, Artikel, welche sie den Bugis-Händlern auf Ceram-laut oder Aru verkaufen, indem wenige von ihnen sich damit abgeben, ihre Produkte auf andere Märkte zu bringen. Sonst sind sie eine faule Rasse, welche sehr ärmlich lebt und sich stark dem Opiumrauchen hingibt. Die einzigen inländischen Manufakturen sind Segelmatten, grobes Baumwollzeug und Kästen aus Pandanenblättern, welche hübsch gefärbt und mit Muschelarbeit verziert sind.

Auf der Insel Goram, welche nur acht bis zehn Meilen lang ist, gibt es etwa ein Dutzend Rajahs, denen es kaum besser geht als den anderen Einwohnern und welche nur eine nominelle Gewalt ausüben, außer wenn irgendeine Order von der holländischen Regierung vorliegt, wo sie, da eine höhere Macht hinter ihnen steht, eine etwas strengere Autorität ausüben. Mein Freund, der Rajah von Ammer (gewöhnlich Rajah von Goram genannt), sagte mir, daß vor einigen Jahren, ehe die Holländer sich in die Angelegenheiten der Insel gemischt hatten, der Handel nicht so friedfertig wie jetzt geführt worden wäre, indem die konkurrierenden Prauen oft miteinander kämpften, wenn sie sich auf dem Wege nach demselben Orte hin befanden oder in demselben Dorfe Geschäfte machen wollten. An so etwas denkt man nie – und es ist doch eine der guten Wirkungen der Oberaufsicht einer zivilisierten Regierung. Streitigkeiten zwischen Dörfern werden aber noch jetzt manchmal durch Kampf beigelegt, und ich sah einmal etwa fünfzig Männer, welche lange Flinten und schwere Patronentaschen trugen, durch das Dorf marschieren. Sie waren infolge gesetzwidriger Eingriffe oder Grenzstreitigkeiten von der andern Seite der Insel gekommen und auf Krieg gerüstet, wenn friedfertige Unterhandlungen fehlschlagen sollten.

Während ich auf Manawoko war, hatte ich für hundert Gulden (neun Lstr.) eine kleine Prau gekauft, welche am folgenden Tage herübergebracht wurde, da man mir sagte, daß die notwendigen Veränderungen leichter in Goram gemacht werden könnten, wo verschiedene Kei-Handwerker ansässig waren.

Als wir mit der Ausrüstung meiner Prau begannen, war ich genötigt, das Sammeln zu unterlassen, weil ich sah, daß, wenn ich nicht beständig selbst am Platze wäre, sehr wenig getan würde. Da ich einige lange Reisen in diesem Boote zu machen beabsichtigte, so beschloß ich, es bequem einzurichten und war genötigt, alle Arbeit im Innern selbst, nur von meinen zwei amboinesischen Burschen unterstützt, anzufertigen. Es kamen viele Besucher zu mir, die überrascht waren, als sie einen Weißen bei der Arbeit sahen, und über die neuen Einrichtungen, welche ich in einem ihrer inländischen Schiffe anbrachte, sehr erstaunt waren. Glücklicherweise besaß ich etwas Handwerkszeug, darunter eine kleine Säge und einige Meißel, und diese mußten jetzt viel herhalten, um schwere Eichenholzplanken für den Fußboden und Pfähle zu schneiden, welche den dreieckigen Mast stützen sollten. Da sie von dem besten Londoner Fabrikanten waren, so hielten sie ihre Arbeit gut aus, und ohne sie wäre es mir unmöglich gewesen, mein Boot so gut, es sei denn in der doppelten Zeit, fertig zu bringen. Ich hatte einen Kei-Handwerker, der mir neue Rippenhölzer einlegte, für welche ich von einem Bugis-Händler Nägel kaufte. Mein Bohrer war jedoch zu klein, und da wir keinen Schiffszimmerbohrer hatten, so waren wir genötigt, alle Löcher mit heißen Eisen zu machen, eine höchst zeitraubende und wenig befriedigende Operation.

Ich hatte fünf Leute engagiert, die mir die Prau ausrüsten helfen und mit nach Misole, Wageu und Ternate gehen sollten. Ihre Vorstellungen von Arbeit waren jedoch sehr von den meinigen verschieden, und ich hatte mit ihnen ungeheure Schwierigkeiten; selten kamen mehr als zwei oder drei zusammen und hundert Ausflüchte wurden gemacht, um nur einen halben Tag, *wenn* sie kamen, zu arbeiten. Dennoch baten sie beständig um Geldvorschüsse und sagten, sie hätten nichts zu essen. Wenn ich ihnen etwas gab, so kamen sie sicherlich den nächsten Tag nicht, und wenn ich ihnen weitere Vorschüsse verweigerte, so waren einige von ihnen geneigt, überhaupt nicht mehr zu arbeiten. Als das Schiff seiner Vollendung entgegen sah, wuchsen meine Schwierigkeiten mit den Leuten. Der Onkel des einen hatte einen Krieg oder Parteikampf begonnen und bedurfte seiner Unterstützung; die Frau eines anderen war krank und wollte ihn nicht von sich lassen, ein Dritter hatte Fieber und Schüttelfrost und Kopf- und Rückenschmerzen und ein Vierter wurde von einem unerbittlichen Gläubiger verfolgt, der ihn nicht außer Augen lassen wollte. Sie hatten alle den Lohn eines Monats im voraus bekommen, und wenn der Betrag auch nicht groß war, so mußten sie ihn doch zurückerstatten, sonst hätte ich überhaupt keine Leute wiederbekommen. Ich sandte deshalb den Dorfpolizisten zu ihnen und ließ sie einen Tag einsperren, worauf sie etwa drei Viertel von dem, was sie mir schuldeten, zurückbrachten. Auch der kranke Mann zahlte und der Steuermann fand einen Stellvertreter, welcher willig war, seine Schuld zu übernehmen und nur auf den Saldo seines Lohnes Anspruch zu machen.

Um diese Zeit erlebten wir ein schlagendes Beispiel von den Gefahren des Handels mit Neuguinea. Es kamen sechs fast verhungerte Männer in einem kleinen Boot im Dorfe an, welche allein aus zwei Prauen entkommen waren, deren übrige Bemannung (vierzehn Menschen) von den Eingeborenen Neuguineas ermordet worden waren. Die Prauen hatten dieses Dorf vor einigen Monaten verlassen; unter den Gemordeten befand sich auch der Sohn des Rajah und die Verwandten und Sklaven vieler Einwohner. Das Wehgeschrei, das entstand, als die Nachricht ankam, war höchst betrübend mit anzuhören. Eine Reihe von Weibern, welche ihre Gatten, Brüder, Söhne oder entferntere Verwandte verloren hatten, fingen zu gleicher Zeit das entsetzlichste Geschrei und Geächz und Wehklagen an, und das dauerte mit Unterbrechungen bis spät in die Nacht fort; da nun die Haupthäuser im Dorfe um das, welches ich inne hatte, zusammen lagen, so war meine Lage durchaus nicht angenehm.

Es scheint, daß das Dorf, in welchem der Angriff stattfand (der kleinen Insel Lakahia fast gegenüber) als gefährlich bekannt ist; die Schiffe waren erst vor einigen Tagen dorthin gegangen, um Tripang zu kaufen. Das Schiffsvolk wohnte am Ufer, die Prauen befanden sich auf einem kleinen Flusse nahebei, und die Leute wurden während des Tages, als sie mit den Papuas handelten, angegriffen und ermordet. Die sechs Männer, welche es überlebten, waren an Bord der Prauen gewesen und entkamen, indem sie sich sofort in das kleine Boot stürzten und in die See hinausruderten.

Dieser südwestliche Teil von Neuguinea, den einheimischen Händlern als »Papua Kowiyee« und »Papua Onen« bekannt, ist von den verräterischsten und blutdürstigsten Stämmen bewohnt. In diesen Distrikten waren die Befehlshaber und eine Reihe Matrosen vieler der früheren Entdeckungsschiffe ermordet worden, und kaum geht ein Jahr vorüber, ohne daß nicht einige Leben zu beklagen sind. Die Goram- und Ceram-Händler sind selbst im allgemeinen nicht angriffslustig; sie sind wohlvertraut mit dem Charakter dieser Eingeborenen und provozieren sie nicht leicht durch Beleidigungen, offene Raubüberfälle oder Betrügereien. Sie sind gewohnt, dieselben Plätze jedes Jahr zu besuchen, und die Eingeborenen können vor ihnen keine Furcht haben, wie man zur Entschuldigung für ihre Angriffe auf Europäer vielleicht einwenden möchte. In anderen ausgedehnten Distrikten, die von denselben Papua-Rassen bewohnt sind, wie Misole, Salwatti, Wageu und einige Teile der umliegenden Küsten, haben die Menschen schon die erste Stufe der Zivilisation erklommen, wahrscheinlich infolge der Ansiedlung von Händlern gemischter Abstammung unter ihnen, und seit vielen Jahren haben keine solchen Angriffe dort stattgefunden. An der Nordwestküste jedoch und auf der großen Insel Jobie befinden sich die Eingeborenen in einem sehr barbarischen Zustande und nehmen jede Gelegenheit zur Räuberei und zum Morde wahr – eine Gewohnheit, welche sich infolge der Straflosigkeit, die sie genießen, festgesetzt hat, und straflos bleiben sie, weil das ungeheuer ausgedehnte wilde Berg- und Waldland jede Verfolgung oder jeden Versuch zur Bestrafung unmöglich macht. In demselben Dorfe wurden vierzehn Jahre vorher mehr als fünfzig Goram-Leute ermordet; und da diese Wilden in den Prauen mit ihrem Zubehör eine ungeheure Beute machen, so muß man fürchten, daß solche Angriffe immer einmal wieder, solange Händler dieselben Plätze besuchen und keine Vergeltung üben, fortdauern werden. Strafe kann man diesen Völkern nur nach einem sehr willkürlichen Maßstabe auferlegen, indem man z. B. durch List einiger der Häuptlinge habhaft wird und sie für die Gefangennahme der Mörder auf Gefahr ihrer eigenen Köpfe verantwortlich macht. Aber dergleichen würde dem von der holländischen Regierung angenommenen System der Behandlung der Eingeborenen ganz entgegen sein.

Als mein Boot endlich vom Stapel gelassen und beladen war, brachte ich meine Leute zusammen und ging am folgenden Tage (am 27. Mai) sehr zum Erstaunen des Volkes von Goram, für das eine solche Pünktlichkeit etwas Neues war, unter Segel. Ich hatte ein Schiffsvolk von drei Männern und einem Knaben außer meinen zwei amboinesischen Burschen; das genügte fürs Segeln, wenn es auch zu wenige waren, falls wir genötigt sein würden, viel zu rudern. Den folgenden Tag hatten wir sehr nasses Wetter, mit Böen, Windstillen und konträren Winden, und nur mit Schwierigkeiten erreichten wir Kilwaru, die Hauptstadt der Bugis-Händler im fernen Osten. Da ich einige Einkäufe machen wollte, blieb ich zwei Tage hier, schickte zwei meiner Kästen voll Tiere mit einer mangkassarischen Prau nach Ternate und befreite mich auf diese Weise von einer beträchtlichen Last. Ich erstand Messer, Schalen und Tücher für den Tauschhandel, was zusammen mit den Hackmessern, den Kleiderstoffen und Perlen, welche ich bei mir führte, ein sehr gutes Sortiment abgab. Ich kaufte auch zwei große Musketen, um mein Schiffsvolk zufrieden zu stellen, das auf der Notwendigkeit, gegen die Angriffe von Seeräubern bewaffnet zu sein, bestand; endlich für Gewürze und einige Vorräte zur Reise gab ich fast meine letzte Barschaft aus.

Die kleine Insel Kilwaru ist nur eine Sandbank, gerade

groß genug, um ein kleines Dorf zu tragen, und liegt zwischen den Inseln Ceram-laut und Kissa – Meeresengen von ungefähr einer Meile Breite trennen sie von jeder derselben. Hierher bringen die Goram-Leute den Gewinn ihrer kleinen Reisen, welchen sie für Stoffe, Sago-Kuchen und Opium eintauschen, und die Eingeborenen aller umliegenden Länder besuchen sie zu demselben Zwecke. Es ist das Rendezvous der Prauen, welche nach verschiedenen Teilen Neuguineas hin Handel treiben und welche hier ihre Ladungen ordnen, trocknen und zur Heimreise in den Stand setzen. Tripang und Mussoi-Rinde sind die Artikel, welche in größter Menge hierher gebracht werden, ferner in kleineren Mengen Muskatnüsse, Schildpatt, Perlen und Paradiesvögel. Die Dorfbewohner des Hauptlandes von Ceram bringen ihren Sago, welcher auf diese Weise zu den weiter östlich gelegenen Inseln gelangt, und Reis von Bali und Mangkassar kann auch zu einem mäßigen Preise hier erstanden werden. Die Goram-Leute holen sich von Kilwaru ihren Bedarf an Opium sowohl zu ihrem eigenen Gebrauche als auch zum Tauschhandel auf Misole und Wageu, wo sie es eingeführt haben und wo die Häuptlinge und wohlhabenden Männer es leidenschaftlich lieben. Von Bali kommen Schoner, um Papua-Sklaven zu kaufen, und die seewandernden Bugis bringen vom fernen Singapur in ihren schwerfälligen Prauen die Produkte aus den Werkstätten der Chinesen und aus den Kling-Basaren ebenso wie aus den Webereien Lancashires und Massachusetts.

Nachdem wir Kilwaru früh am Morgen des 1. Juni verlassen hatten, umschifften wir die Spitze von Ceram etwa um Mittag; die hohe See warf die Prau hin und her und richtete unter unserem Steingut großen Schaden an. Da ein schlechtes Wetter aufzuziehen schien, so fuhren wir in die Riffe hinein und ankerten dem Dorfe Warus-warus gegenüber, um einen Witterungswechsel abzuwarten. Die Nacht war sehr stürmisch, und wir wurden, trotzdem wir in einem guten Hafen lagen, unsanft hin und her geworfen; aber am Morgen hatte ich noch mehr Ursache zur Unruhe, als ich entdeckte, daß unser ganzes Schiffsvolk aus Goram sich aus dem Staube gemacht, alles was es besaß und noch etwas mehr mitgenommen und uns ohne ein kleines Boot, in welchem wir landen konnten, zurückgelassen hatte. Ich ließ sofort meine Amboinesen die Musketen laden und als ein Notsignal abschießen, welches bald von dem Dorfhäuptling beantwortet wurde, indem er ein Boot absandte, um mich ans Ufer zu holen. Ich forderte, daß sogleich Boten in die benachbarten Dörfer zur Habhaftwerdung der Flüchtlinge geschickt würden, was man auch schleunigst ausführte. Meine Prau wurde in eine kleine Bucht gebracht, wo sie sicher in dem Schlamm bei niedrigem Wasser lag, und mir wurde ein Teil eines Hauses überwiesen, in welchem ich eine Zeit lang bleiben konnte. Ich fand nun meine Wirksamkeit wieder plötzlich gehemmt, gerade als ich meinte, die Hauptschwierigkeiten überwunden zu haben. Da ich meine Leute mit der größten Freundlichkeit behandelt und ihnen fast alles, was sie verlangten, gegeben hatte, so kann ich ihre Flucht nur dem Umstande zuschreiben, daß ihnen die Zucht eines europäischen Herrn gänzlich ungewohnt war und daß sie eine unbestimmte Furcht vor meinen Endabsichten in betreff ihrer Person hatten. Der älteste Mann war ein Opiumraucher und ein übelberüchtigter Dieb, allein ich war genötigt gewesen, ihn im letzten Augenblick als Stellvertreter für einen anderen zu nehmen. Ich glaube sicherlich, daß er die anderen zum Fortlaufen überredet hat, und da sie das Land gut kannten und mehrere Stunden im Vorsprung waren, so hatte ich wenig Aussicht, daß sie gefangen würden.

Wir befanden uns hier in dem großen Sago-Distrikt von Ost-Ceram, welcher die meisten der umliegenden Inseln mit ihrem täglichen Brot versorgt, und während meines einwöchigen Aufenthaltes hatte ich Gelegenheit, den ganzen Prozeß der Zubereitung zu sehen und einige interessante statistische Notizen darüber zu erhalten. Der Sagobaum ist eine Palme, dicker und größer als der Kokosbaum, obgleich selten so hoch, und besitzt ungeheuer große, gefiederte, stachelige Blätter, welche den Stamm vollkommen bedecken, bis er viele Jahre alt ist. Die Sago-Palme hat einen kriechenden Wurzelstamm wie die Nipa-Palme, und wenn sie ungefähr zehn bis fünfzehn Jahre alt ist, schickt sie einen ungeheuren endständigen Blumenkolben aus, worauf der Baum stirbt. Er wächst in Sümpfen oder sumpfigen Löchern, auf felsigen Hügelabhängen, wo er ebensogut zu gedeihen scheint, als wenn er dem Einflusse von salzigem oder brackischem Wasser ausgesetzt ist. Die Mittelrippen der ungeheueren Blätter gehören zu den nützlichsten Artikeln dieser Länder, indem sie anstatt des Bambus gebraucht werden, vor welchem sie viele Vorzüge haben. Sie sind zwölf bis fünfzehn Fuß lang und sehr schöne Exemplare in ihrem unteren Teil so dick wie das Bein eines Mannes. Sie sind sehr leicht und bestehen durch und durch aus einem festen Mark, das mit einer harten dünnen Rinde oder Borke bedeckt ist. Es werden ganze Häuser davon gebaut; sie geben wundervolle Sparrwerkpfosten für das Dach ab; gespalten und mit guter Unterlage dienen sie als Fußböden; und wenn man sie in gleicher Größe auswählt und dicht aneinander als Füllung des hölzernen Gebälkes eines Hauses festpflockt, so sehen sie sehr hübsch aus und geben bessere Wände und Verschläge ab als Bretter, da sie sich nicht ziehen und keine Farbe oder Firnis brauchen, auch nicht den vierten Teil kosten. Sorgfältig in Scheiben geschnitten und glatt geschabt, macht man leichte Kartons mit Nägeln aus der Rinde selbst daraus, und sie dienen so als Unterlage für die Kästen von Goram, mit den Deckeln aus Blättern. Alle Insektenkästen, welche ich auf den Molukken brauchte, waren auf diese Art in Amboina angefertigt, und wenn man sie von innen und außen mit starkem Papier beklebt, so sind sie stark, leicht und halten die Insektennadeln merkwürdig fest. Die Blättchen des Sago gefaltet und an den kleinen Mittelrippen aneinander befestigt, bilden das »Atap« oder Dach, das man allgemein braucht, und das Produkt des Stammes endlich ist das Hauptnahrungsmittel von einigen hunderttausend Menschen. Wenn man Sago bereiten will, so wählt man einen ausgewachsenen Baum aus, ehe er zu blühen anfängt. Dicht am Boden wird er umgehauen, die Blätter und Blattstiele werden weggenommen und ein breiter Streifen der Rinde an der oberen Seite des Stammes ausgeschnitten. Es liegt dann die markige Substanz offen zutage, welche nahe an der Wurzel des Baumes eine rostige Farbe hat, aber höher hinauf rein weiß ist, ungefähr so hart wie ein trockener Apfel, aber mit hölzernen Fasern dazwischen in Abständen von etwa ein viertel Zoll. Dieses Mark wird mit einem zu diesem Zwecke konstruierten Instrument – einer Keule von hartem und schwerem Holze, die einen scharfen, oben einen halben Zoll herausstehenden Quarzstein fest in ihr stumpfes Ende eingefügt hat – grob zerschnitten oder zerbrochen. Durch aufeinanderfolgende Schläge damit fallen schmale Streifen des Markes ab und in den durch die Rinde gebildeten Zylinder hinein. Man fährt so lange damit fort, bis der ganze Stamm ausgehöhlt ist, und es bleibt schließlich nicht mehr als eine, einen halben Zoll dicke Haut zurück. Diese Substanz wird (in Körben, die aus der Umhüllung der Blätterbasis verfertigt sind) zum nächsten Wasser hingetragen, wo eine, fast ganz aus dem Sagobaume selbst verfertigte Waschvorrichtung aufgestellt ist. Die großen Umhüllungen der Blätterbasen bilden die Tröge und die fibrösen Decken der Blattstengel der jungen Kokosnuß die Seiher. Es wird nun Wasser auf die Markmasse gegossen und diese so lange gegen den Seiher geknetet und gepreßt, bis alle Stärke gelöst und durchgegangen ist, worauf der fibröse Rückstand weggeworfen und ein frischer Korb mit Mark an seine Stelle gebracht wird. Das mit Sago-Stärke getränkte Wasser geht in einen Trog mit einer Vertiefung in der Mitte, wo sich der Niederschlag absetzt und das überflüssige Wasser durch eine kleine Öffnung abfließt. Wenn der Trog fast voll ist, wird die Stärkemasse, welche eine leicht rötliche Färbung zeigt, in Zylinder von etwa dreißig Pfund Gewicht geformt und gut mit Sago-Blättern bedeckt; in diesem Zustande kommt sie als roher Sago in den Handel.

Mit Wasser gekocht, gibt dieser Sago eine dicke gelatinöse Masse mit einem etwas adstringierenden Geschmack; man ißt sie mit Salz, Limonen und Pfefferschoten. Sago-Brot wird in großen Quantitäten bereitet, indem man es in kleinen Tonöfen, welche nebeneinander sechs bis acht Abteilungen haben, eine jede etwa dreiviertel Zoll breit und sechs bis acht Zoll lang, zu Kuchen bäckt. Der rohe Sago wird in Stücke gebrochen, an der Sonne getrocknet, gepulvert und fein gesiebt, der Ofen über einem hellen Feuer erhitzt und locker mit dem Sago-Pulver gefüllt. Die Öffnungen werden dann mit einem flachen Stück Sago-Rinde bedeckt, und etwa in vier Minuten nimmt man die hinreichend gebackenen Kuchen heraus. Heiß schmecken sie sehr gut mit Butter, und mit etwas Zucker und geriebener Kokosnuß sind sie eine wahre Delikatesse. Sie sind milde und Kuchen aus feinem Weizenmehl ähnlich, aber haben einen leichten charakteristischen Geschmack, welcher bei dem gereinigten Sago, den wir bei uns brauchen, verlorengegangen ist. Wenn man sie nicht sofort ißt, so trocknet man sie mehrere Tage in der Sonne und bindet sie in Bündel von zwanzig zusammen. So halten sie sich jahrelang; sie sind sehr hart und sehr rauh und trocken, aber die Leute sind von Kindheit an daran gewöhnt, und man sieht kleine Kinder ebenso zufrieden an ihnen nagen wie die unseren an ihrem Butterbrot. In Wasser getaucht und dann geröstet, werden sie fast wieder so gut wie frisch gebacken; auf diese Weise genossen, bildeten sie meinen täglichen Ersatz für Brot zum Kaffee. Eingeweicht und gekocht geben sie einen sehr guten Pudding oder ein Gemüse ab und dienten uns vortrefflich, wenn wir mit Reis, der manchmal so weit im Osten schwierig zu bekommen ist, sparen mußten.

Es ist wahrlich etwas Außerordentliches, einen ganzen, vielleicht zwanzig Fuß langen und vier bis fünf Fuß an Umfang messenden Baumstamm in ein Nahrungsmittel umsetzen zu sehen, und das mit so wenig Arbeit und Vorbereitungen.

Da meine Reise von hier nach Wageu zwischen Inseln durchging, die von der Papua-Rasse bewohnt sind, und eine ereignisreiche und unheilvolle gewesen ist, so will ich ihre Haupterlebnisse in einem Kapitel jener Abteilung meines Werkes, welche den Papua-Inseln gewidmet ist, für sich erzählen. Ich übergehe jetzt ein Jahr, das ich auf Wageu und Timor zubrachte, um über meinen Besuch der Insel Buru zu berichten, welcher meine Durchforschungen der Molukken beschloß.

ALS INSEKTENSAMMLER AUF BURU

Ich hatte lange gewünscht, die große Insel Buru zu besuchen, welche gerade westlich von Ceram liegt und von welcher kaum irgend etwas den Naturforschern bekannt zu sein schien, ausgenommen, daß auf ihr ein Babirussa, ähnlich dem celebensischen, vorkommt. Ich traf deshalb Vorbereitungen, dort zwei Monate zu bleiben, nachdem ich Timor-Dehli im Jahre 1861 verlassen hatte. Dieses konnte ich vermittelst der holländischen Postdampfer, welche monatlich eine Rundreise in den Molukken machen, bequem ausführen.

Wir kamen am 4. Mai in dem Hafen von Kajeli an; ein Schuß wurde abgefeuert, der Kommandant des Forts kam in einem inländischen Boot an unsere Seite, um das Postpaket zu empfangen, und nahm mich und mein Gepäck mit ans Ufer, während das Dampfboot weiterfuhr, ohne Anker geworfen zu haben. Wir gingen in das Haus des Aufsehers, eines Eingeborenen von Amboina – da Buru ein zu armer Platz ist, um selbst nur einen Assistent-Residenten zu verdienen; dennoch war das Ansehen des Dorfes dem von Dehli, welches »Se. Exzellenz der Gouverneur« besitzt, weit überlegen; und das kleine Fort in vollständig gutem Zustande, von hübschen Grasplätzen und geraden Straßen umgeben, wenn auch nur von einem Dutzend javanischer Soldaten mit einem Adjutanten als Befehlshaber bemannt, war ein wahres Sebastopol gegen die miserable Schlammfeste von Dehli mit ihrem zahlreichen Stabe von Leutnants, Kapitän und Major. Doch dieses Fort war, wie die meisten in den Molukken, ursprünglich von den Portugiesen selbst erbaut worden. Oh! Lusitanien, wie bist du gesunken!

Während der Aufseher seine Briefe las, machte ich mit einem Führer einen Spaziergang durch das Dorf, um ein Haus zu suchen. Der ganze Ort war furchtbar dumpfig und schmutzig; er war in einen Sumpf gebaut mit nicht einem Fleckchen einen Fuß höher liegenden Bodens und war von allen Seiten von Sümpfen umgeben. Die Häuser waren von hölzernem, mit gaba-gaba (Blattstengeln der Sago-Palme) ausgefülltem Balkenwerke meist gut gebaut, aber nicht geweißt, die Fußböden von nackter schwarzer Erde wie die Straßen und gewöhnlich in derselben Höhe, und diese Behausungen daher außerordentlich dumpfig und düster. Endlich fand ich eine Hütte, deren Flur etwa einen Fuß hoch lag, es gelang mir, mit dem Eigentümer eine Abmachung dahin zu treffen, daß er sofort auszog, und ich hatte mich schon am Abend bequem eingerichtet. Die Stühle und Tische waren für mich zurückgeblieben, und da das ganze übrige Gerät in dem Hause in etwas Steingut und einigen Kleiderbehältern bestand, so war es für den Eigentümer keine große Mühe, in das Haus eines Verwandten zu ziehen und auf diese Weise ein paar Silber-Rupien sehr leicht zu verdienen. Jeder Fuß Bodens durch das ganze Dorf hin war mit Fruchtbäumen vollgepfropft, so daß Sonne und Luft keine Gelegenheit hatten, durchzudringen. Dieses muß in der trockenen Jahreszeit sehr kühl und angenehm sein, aber macht das Dorf dumpf und ungesund zu anderen Zeiten. Unglücklicherweise war ich zwei Monate zu früh gekommen, denn der Regen hatte noch nicht aufgehört, und Schmutz und Wasser waren die hervorstechendsten Züge des Landes.

Ungefähr eine Meile weiter und östlich von dem Dorfe beginnen die Hügel, aber sie sind sehr unfruchtbar, mit einem dicken groben Grase bedeckt, und dazwischen stehen die Bäume, aus deren Blättern das berühmte Kajeput-Öl gemacht wird (Melaleuca cajuputi). Solche Distrikte sind absolut ohne Interesse für den Zoologen. Einige Meilen weiter wurden die Berge höher und waren anscheinend mit Wald bedeckt, aber gänzlich unbewohnt und pfadlos, und daher für einen Reisenden mit beschränkter Zeit und beschränkten Mitteln, wie ich, praktisch unzugänglich. Es wurde mir bald klar, daß ich Kajeli mit einem besseren Sammelplatze vertauschen müsse, und da ich einen Mann fand, der einige Meilen nach Osten in ein Dorf an der Küste gehen wollte, in welchem, wie er mir sagte, Hügel und Wälder seien, so sandte ich meinen Burschen Ali mit ihm, um es zu erforschen und mir über die Produktivität des Distriktes Bericht zu erstatten. Zu derselben Zeit traf ich Vorbereitungen, um selbst einen kleinen Ausflug den Fluß, welcher etwa fünf Meilen nördlich von der Stadt in die Bai fließt, hinauf zu machen, in ein Dorf der Alfuren oder Ureinwohner, wo ich vielleicht einen guten Sammelgrund zu finden glaubte.

Der Rajah von Kajeli, ein liebenswürdiger alter Mann, bot sich mir zur Begleitung an, da das Dorf unter seiner Herrschaft stand, und wir brachen eines Morgens früh in einem langen schmalen Boote mit acht Ruderern auf. Etwa nach zwei Stunden fuhren wir in den Fluß ein und begannen unsere Reise ins Inland gegen eine sehr mächtige Strömung. Der Fluß war etwa hundert Ellen breit, meist von hohem Grase und dann und wann mit Buschwerk und Palmen besetzt.

Das Land herum war flach und mehr oder weniger sumpfig mit Bäumen und Sträuchern dazwischen. Bei jeder Krümmung kreuzten wir den Fluß, um die Macht der Strömung zu vermeiden, und kamen etwa um vier Uhr unter tüchtigen Regengüssen an unserm Landungsplatze an. Hier warteten wir eine Stunde lang, indem wir unter eine deckende Matte krochen, bis die Alfuren ankamen, nach welchen man in das Dorf gesandt hatte, um unser Gepäck zu tragen; dann machten wir uns auf den Weg einen Pfad entlang, vor dessen äußerster Schmutzigkeit man mich, ehe ich aufbrach, gewarnt hatte.

Ich zog meine Hosen so hoch wie möglich herauf, erfaßte einen starken Stock, um einem ungeschickten Falle vorzubeugen, und stürzte mich in das erste Schmutzloch, auf welches sofort andere und wieder andere folgten. Der Schmutz oder Schmutz mit Wasser war knietief mit kleinen Zwischenräumen von festerem Grund und Boden dazwischen und machte das Fortschreiten außerordentlich schwierig. Der Pfad war von hohem, steifem Grase begrenzt, welches in dichten, von Wasser umzogenen Haufen wuchs, so daß man nichts dadurch gewinnen konnte, wenn man etwa den Weg verließ; wir waren also genötigt, uns durchzuarbeiten, aber wußten nie, wo unser Fuß bleiben würde, da der Schmutz jetzt einige Zoll, dann zwei Fuß tief und der Boden sehr uneben war, so daß der Fuß immer auf die tiefstgelegenen Stellen hinabglitt und man schwer sein

Gleichgewicht bewahren konnte. Jetzt traf der Schritt auf einen verborgenen Stock oder Klotz und man verrenkte sich fast das Fußgelenk, während man im nächsten Augenblick im weichen Schmutze bis über das Knie versank. Es regnete die ganze Zeit über, und das sechs Fuß hohe Gras schlug über dem Weg zusammen, so daß wir nicht einen Schritt im Voraus sehen konnten und doppelt durchnäßt wurden. Ehe wir ins Dorf kamen, wurde es dunkel, und wir mußten über einen kleinen, aber tiefen und angeschwollenen Fluß auf einem schmalen Holzstege gehen, welcher mehr als einen Fuß unter Wasser lag. Ein dünner, schwankender Stock war als Handseil daran, aber man wurde etwas nervös, wenn man im Dunkeln in dem rauschenden Wasser nach einem sicheren Platz suchen mußte, um seinen Fuß vorwärts zu setzen. Nach einer Stunde dieses höchst unangenehmen und ermüdenden Marsches erreichten wir das Dorf, gefolgt von den Leuten mit unseren Gewehren, dem Proviant, den Kästen und dem Bettzeug, alles mehr oder weniger durchnäßt. Wir trösteten uns mit etwas heißem Tee und kaltem Geflügel und gingen früh zu Bett.

Am nächsten Morgen war es klar und schön, und ich machte mich bald nach Sonnenaufgang fertig, um die Nachbarschaft zu durchforschen. Das Dorf war augenscheinlich erst kürzlich gebaut und bestand aus einer einzigen geraden Straße mit sehr erbärmlichen Hütten, die einer jeden Bequemlichkeit durchaus entbehrten und innen ebenso nackt und freudlos waren wie von außen. Es befand sich auf einem kleinen, höherliegenden Platze von grobem kiesigem Boden, bedeckt mit dem gewöhnlichen hohen, steifen Grase, welches bis dicht an die Hinterseite der Häuser reichte. In einer kurzen Entfernung nach verschiedenen Richtungen hin waren Strecken Waldes, aber alle auf niedrigem und sumpfigem Boden. Ich machte einen Versuch, den einzigen Pfad entlang, den ich finden konnte, stieß aber bald auf ein tiefes Schmutzloch und sah, daß ich barfuß gehen müsse, wenn überhaupt. So kehrte ich zurück und ersparte mir eine weitere Untersuchung bis nach dem Frühstück. Ich ging dann in den Dschungel und fand Strecken mit Sago-Palmen und einer niedrigen Waldvegetation bestanden, aber die Pfade waren überall voll von Schmutzlöchern und durchzogen von schlammigen Flüssen und Sumpfstrecken, so daß es sich sehr schlecht ging, und eine zu große Aufmerksamkeit auf die eigenen Füße war auch nicht gerade vorteilhaft zum Insektenfangen, welches vor allem Freiheit in der Bewegung erfordert. Ich schoß einige Vögel und fing einige Schmetterlinge, aber es waren alles dieselben, welche ich schon um Kajeli bekommen hatte.

Bei meiner Rückkehr ins Dorf sagte man mir, daß ein ähnlicher Boden sich viele Meilen nach jeder Richtung hin erstreckte, und ich sah sofort ein, daß Wayapo kein passender Ort zum Aufenthalte für mich sei. Am nächsten Morgen in der Frühe wateten wir wieder durch den Schmutz und das lange nasse Gras zu unserm Boote zurück und erreichten um Mittag Kajeli, wo ich Alis Rückkehr erwartete, um über meine künftigen Bewegungen zu entscheiden. Er kam am folgenden Tage und brachte einen schlechten Bericht von Pelah, wo er gewesen war. Es fand sich dort ein wenig Gebüsch das Seegestade entlang, und im Inneren Hügelland mit hohem Grase und Kajeputi-Bäumen bedeckt – mein Grausen und Schrecken. Als ich mich erkundigte, wer mir glaubwürdige Auskunft geben könne, wurde ich an den Leutnant der Bürger verwiesen, der durch die ganze Insel gereist und ein sehr intelligenter Mann war. Ich fragte ihn, ob er irgendeinen Teil von Buru kenne, wo es kein »kusu-kusu«, wie das grobe Gras des Landes genannt wird, gäbe. Er versicherte mir, daß ein großer Teil der Ostküste Waldland sei, während fast an der ganzen Nordküste entlang sich sumpfige und grasige Hügel befänden. Nach genauen Erkundigungen fand ich heraus, daß das Waldland an einem Orte namens Waypoti, nur wenige

Meilen jenseits Pelah, beginne, aber daß man, da die dortige Küste dem Ost-Monsun ausgesetzt und für Prauen gefährlich war, zu Fuß gehen müsse. Ich begab mich sofort zu dem Aufseher, und er rief den Rajah. Wir konsultierten und verabredeten, daß mich ein Boot den folgenden Abend nach Pelah bringen solle, von wo aus ich zu Fuß weiter gehen müsse; der Orang-Kaya wollte einen Tag vorher dorthin gehen, um Alfuren zum Tragen meines Gepäckes zu engagieren.

Die Reise wurde wie verabredet gemacht, und am 19. Mai kamen wir in Waypoti an, nachdem wir etwa zehn Meilen durch steinige Wälder, welche die See begrenzten und sich dann und wann ein oder zwei Meilen ins Innere erstreckten, das Ufer entlanggegangen waren. Wir fanden kein Dorf, aber zerstreut liegende Häuser und Plantagen und hügeliges, hübsch mit Wald bedecktes Land, das ziemlich versprechend aussah. Eine niedrige Hütte mit einem sehr verfallenen Dache, durch welches man an verschiedenen Stellen den Himmel sehen konnte, war die einzige, welche ich erhalten konnte. Glücklicherweise regnete es in jener Nacht nicht, und am folgenden Tage rissen wir etwas von den Wänden nieder, um das Dach zu reparieren, was dringend notwendig war, besonders über unsern Tischen und Betten.

Etwa eine halbe Meile von dem Hause entfernt befand sich ein schönes Bergwasser, welches schnell über ein Bett von Felsen und Kieselsteinen strömte, und jenseits desselben stand ein Hügel mit schönem Walde bedeckt. Wenn ich mir meinen Weg sorgfältig aussuchte, so konnte ich durch den Fluß querüber waten, ohne viel über meine Kniee hineinzukommen, wenn ich auch manchmal von einem Stein hinunterglitt und in ein Loch bis über den Leib hineinfiel – ein Weg, den ich ungefähr zweimal in der Woche machte, um den Wald zu durchforschen. Unglücklicherweise gab es hier keinen Pfad von irgendwelcher Ausdehnung, und das

Land schien nicht sehr produktiv an Insekten und Vögeln zu sein. Meine Schwierigkeiten wurden noch dadurch vermehrt, daß ich törichterweise mein einziges Paar starker Stiefel an Bord des Dampfers gelassen hatte, und meine anderen fielen während dieser Zeit fast in Stücke, so daß ich genötigt war, barfuß umherzugehen, in beständiger Furcht, daß ich mir meinen Fuß verletzte und eine Wunde zuzöge, die mich wochenlang zu liegen nötigen würde, wie es in Borneo, Aru und Dorey gewesen war. Obgleich dort zahlreiche Plantagen von Mais und Pisang standen, gab es doch keine neue Lichtung, und da es ohne sie fast unmöglich ist, viele der besten Arten von Insekten zu finden, so beschloß ich, selbst eine anzulegen, und engagierte nach vielen Schwierigkeiten zwei Leute, welche mir ein Stück Wald lichten sollten, auf welchem ich viele schöne Käfer, ehe ich fortging, zu finden hoffte.

Während meines ganzen Aufenthalts jedoch wurden die Insekten nie zahlreich. Meine Lichtung verschaffte mir einige schöne Bock- und Prachtkäfer, verschiedene von denen, die ich früher gesehen hatte; ferner einige der amboinesischen Arten; aber bei weitem nicht so zahlreich und so schön, wie ich sie auf dieser kleinen Insel gefunden hatte. Z. B. sammelte ich nur zweihundertundzehn verschiedene Käfer während meines zweimonatigen Aufenthaltes auf Buru, während ich auf Amboina im Jahre 1857 in drei Wochen mehr als dreihundert Arten gefunden hatte. Eins der schönsten Insekten, welche auf Buru vorkommen, war ein großer Cerambyx, von einer tief glänzenden kastanienbraunen Farbe, mit sehr langen Fühlhörnern. Er variierte sehr an Umfang, die größten Exemplare waren drei, die kleinsten nur einen Zoll lang und die Fühlhörner variierten von anderthalb zu fünf Zoll.

Eines Tages kam mein Bursche Ali mit einer Geschichte von einer großen Schlange nach Hause. Er schritt gerade durch hohes Gras und trat auf etwas, was er für einen kleinen gestürzten Baumstamm hielt, aber es fühlte sich kalt an und gab unter seinen Füßen nach und weit nach rechts und links hin wogte und raschelte das Laubwerk. Er sprang erschrocken zurück und bereitete sich zum Schusse vor, konnte aber keinen guten Anblick von dem Tiere bekommen, und es kroch fort, nach seiner Aussage, wie ein Baum, der durch das Gras gezogen wird. Da er schon zu verschiedenen Malen große Schlangen geschossen hatte, welche alle nach seinem Bericht nichts gegen diese waren, so bin ich geneigt zu glauben, daß es wirklich ein Ungeheuer gewesen sein muß. Solche Geschöpfe sind hier ziemlich häufig, und ein Mann, welcher in meiner Nähe wohnte, zeigte mir auf seinem Schenkel die Narbe, wo er von einer Schlange gepackt worden war, und das war dicht neben seinem Hause geschehen. Sie war stark genug, um des Mannes Schenkel in den Rachen zu nehmen, und hätte ihn wahrscheinlich getötet und verschlungen, wenn nicht auf sein Geschrei die Nachbarn herbeigekommen wären, welche sie mit ihren Hackmessern töteten. Soweit ich es herausbringen konnte, war sie ungefähr zwanzig Fuß lang, aber die, welche Ali sah, ist wahrscheinlich noch größer gewesen.

Es amüsierte mich manchmal zu sehen, wie eine inländische Hütte ein paar Tage, nachdem ich von ihr Besitz ergriffen, eine ganz behagliche Häuslichkeit darbot. Mein Haus in Waypoti war nur ein Dach mit einer großen Bambus-Plattform an der Seite. An dem einen Ende dieser Plattform, welche etwa drei Fuß über dem Boden lag, befestigte ich meinen Moskito-Vorhang und verhängte sie teilweise mit einem großen schottischen Plaid; das gab ein bequemes kleines Schlafzimmer. Ich zimmerte einen rohen Tisch zusammen auf Füßen, welche in den erdenen Fußboden eingegraben wurden, und hatte meinen bequemen Rotang-Stuhl als Sitz. Eine Schnur quer über einen Winkel trug mein täglich gewaschenes Baumwollgewand, und ein Bambusbrett wurde angebracht, um mein weniges Geschirr und anderes Gerät zu plazieren. Die Kästen wurden gegen die Wand gerückt und Gestelle, die meine Sammlungen, während sie trockneten, vor den Ameisen bewahren sollten, sowohl innerhalb als auch außerhalb des Hauses aufgehängt. Auf meinem Tische lagen Bücher, Messer, Scheren, Zangen und Nadeln mit Insekten- und Vogeletiketten – alles ungelöste Mysterien für das Gemüt eines Eingeborenen.

Die meisten der Leute hier hatten noch keine Nadel gesehen, und es gereichte den besser Unterrichteten zum Stolz, ihre unwissenderen Landsleute die Eigentümlichkeiten und die Gebrauchsweise jenes seltsamen europäischen Produktes zu lehren – einer Nadel mit einem Kopf, aber ohne Auge! Selbst Papier, was wir doch täglich so wegwerfen, war für sie eine Kuriosität; und ich sah sie oft kleine Schnipsel, welche aus dem Hause ausgefegt waren, aufsammeln und sorgfältig in ihre Beteltaschen legen. Und dann, wenn ich meinen Morgenkaffee und Abendtee einnahm, was waren das für eine Menge seltsamer Dinge, die ich vor ihnen entfaltete! Teekanne, Teetassen, Teelöffel – alles mehr oder weniger sonderbar in ihren Augen; Tee, Zukker, Bisquit und Butter waren menschliche Bedürfnisse, von welchen viele von ihnen zum ersten Male einen Begriff bekamen. Man fragte mich, ob jenes weiße Pulver »gulapassir« (Sandzucker) sei, so genannt, um ihn von dem groben Lumpen-Palmzucker oder der Melasse der inländischen Fabrikation zu unterscheiden; und der Bisquit wird als eine Art europäischen Sagokuchens angesehen, welchen die Einwohner jener entfernten Gegenden in Ermangelung des ursprünglichen Artikels genötigt seien zu gebrauchen. Meine Absichten waren natürlich durchaus unter ihrer Fassungskraft. Sie fragten mich fortwährend, was die Weißen mit den Vögeln und Insekten täten, die ich so sorgsam aufbewahrte. Wenn ich nur *das* behalten hätte, was schön war, so würden sie es vielleicht verstanden haben, aber sie konnten es nicht fassen, daß man Ameisen und Fliegen und kleine häßliche Insekten so sorgsam aufbewahrte, und waren überzeugt, daß noch irgendein medizinischer Nutzen oder eine Zauberei dabei wäre, über welche ich ein tiefes Schweigen beobachte. Diese Leute waren in der Tat so vollständig unbekannt mit zivilisiertem Leben, wie es die Indianer des Felsengebirges und die Wilden von Zentral-Afrika sind – und doch kommt ein Dampfschiff, jener höchste Triumph menschlicher Erfindungsgabe, mit seinem kleinen schwimmenden Auszug europäischer Zivilisation jeden Monat nach Kajeli, zwanzig Meilen von dort, und auf Amboina ist eine europäische Bevölkerung und Regierung seit mehr als dreihundert Jahren etabliert.

Nachdem ich viele Eingeborene von Buru von verschiedenen Dörfern und von verschiedenen Teilen der Insel gesehen, bin ich überzeugt, daß sie zwei verschiedene, jetzt zum Teil vermischte Rassen repräsentieren. Die meisten sind Malayen von celebensischem Typus, oft dem Tomóre-Volke von Ost-Celebes, welches ich in Batchian angesiedelt fand, ganz ähnlich, während andere durchaus den Alfuren von Ceram gleichen. Das Eindringen von zwei Rassen ist leicht verständlich. Die Sula-Inseln, welche eng mit Ost-Celebes verbunden sind, nähern sich der Nordküste von Buru auf vierzig Meilen, und die Insel Manipa bietet einen bequemen Abfahrtspunkt für das Volk von Ceram. Diese Ansicht befestigte sich bei mir, als ich fand, daß die Sprache von Buru bestimmte Ähnlichkeiten mit der von Sula sowohl als auch mit denen von Ceram besitzt.

Bald nachdem wir in Waypoti angekommen, hatte Ali einen schönen kleinen Vogel der Gattung Pitta gesehen, auf den ich sehr gespannt war, da fast auf jeder Insel die Arten verschieden sind und man bis jetzt von Buru keine kannte. Er und meine anderen Jäger sahen ihn zwei- bis dreimal in der Woche und hörten seinen eigentümlichen Ruf noch häufiger, konnten aber nie ein Exemplar bekommen, weil er die dichtesten dornigen Gebüsche besucht, wo man nur einen hastigen Blick von ihm erhalten kann und in einer so kurzen Entfernung, daß es schwer sein würde, den Vogel nicht in Stücke zu schießen. Ali ärgerte sich sehr, daß er nicht ein Exemplar dieses Vogels – bei dessen Verfolgung er sich schon durch Dornen seinen Fuß schwer verwundet – fing; und als wir nur noch zwei Tage dort zu bleiben hatten, ging er aus eigenem Antrieb eines Abends fort, um in einer kleinen Hütte in dem Walde einige Meilen entfernt zu schlafen und mit Tagesanbruch einen letzten Versuch zu machen, zu welcher Zeit viele Vögel zum Futtersuchen kommen und sehr auf ihr Morgenmahl versessen sind. Am nächsten Abend brachte er mir zwei Exemplare nach Hause, eins mit vollständig abgeschlagenem Kopfe und auch sonst zu sehr verletzt, um es aufzubewahren, das andere in sehr gutem Zustande, und ich sah sofort, daß es eine neue Art sei, der Pitta celebensis sehr ähnlich, aber mit einem viereckigen Flecke glänzend roter Federn auf dem Genick geziert.

Am folgenden Tage, nachdem ich diese Beute in Sicherheit gebracht hatte, kehrten wir nach Kajeli zurück, packten meine Sammlungen und verließen Buru mit dem Dampfschiffe. Während unseres zweitägigen Aufenthaltes in Ternate nahm ich das dort von mir zurückgelassene Gepäck an Bord und sagte allen meinen Freunden Lebewohl. Wir fuhren dann auf unserem Wege nach Mangkassar und Java nach Menado hinüber, und ich verließ endlich die Molukken, auf deren üppigen und schönen Inseln ich länger als drei Jahre umhergewandert war.

Meine Sammlungen auf Buru waren, wenn auch nicht ausgedehnt, doch von beträchtlichem Interesse; von 66 Vogelarten, welche ich dort sammelte, waren nicht weniger als 17 neu oder vorher noch nicht auf irgendeiner Insel der Molukken gefunden worden. Unter diesen waren zwei Königfischer, Tanysiptera acis und Ceyx Cajeli; ein schöner Sonnenvogel, Nectarinea proserpina; ein hübscher kleiner schwarz und weißer Fliegenfänger, Monarcha loricata, dessen schwellende Kehle schön metallisch blau geschuppt war, und mehrere von minderem Interesse. Ich erhielt auch einen Babirussa-Schädel, eines Exemplars, welches von eingeborenen Jägern während meines Aufenthaltes in Kajeli getötet wurde.

NATURGESCHICHTE DER MOLUKKEN

Die Molukken bestehen aus drei großen Inseln, Dschilolo, Ceram und Buru, von denen die beiden ersteren jede ungefähr zweihundert Meilen lang sind, und aus einer großen Zahl kleinerer Inseln und Inselchen, von denen die wichtigsten: Batchian, Morotai, Obi, Kei, Timor-laut, Amboina und unter den kleineren: Ternate, Tidor, Kaióa und Banda. Diese nehmen einen Raum von zehn Breiten- und acht Längengraden ein und sind durch Gruppen kleinerer Inselchen mit Neuguinea im Osten, mit den Philippinen im Norden, mit Celebes im Westen und mit Timor im Süden verbunden. Man wird gut tun, diese Hauptzüge der Ausdehnung und geographischen Lage im Gedächtnis zu behalten, während wir ihre Tierwelt überblicken und ihre Beziehungen zu den Ländern, welche sie an jeder Seite in fast gleicher Nähe umgeben, diskutieren.

Wir wollen zuerst die Säugetiere oder warmblütigen Vierfüßer betrachten, welche uns einige sonderbare Anomalien darbieten. Landsäugetiere gibt es außerordentlich wenig, nur zehn sind bis jetzt von der ganzen Gruppe bekannt. Die Fledermäuse oder Luftsäugetiere sind zahlreich – nicht weniger als fünfundzwanzig Arten sind bis jetzt schon bekannt. Aber selbst diese außerordentliche Armut an Landsäugetieren gibt noch durchaus nicht das richtige Bild von der wirklichen Armut der Molukken in dieser Klasse von Tieren; denn man hat, wie wir bald sehen werden, guten Grund anzunehmen, daß mehrere der Arten entweder absichtlich oder zufällig vom Menschen eingeführt worden sind.

Der einzige Vierhänder aus der Gruppe ist der bemerkenswerte Pavian Cynopithecus nigrescens, der schon als eines der charakteristischen Tiere von Celebes beschrieben wurde. Dieser kommt nur auf der Insel Batchian vor und er befindet sich dort so sehr abseits, daß es schwer zu verstehen ist, wie er die Insel auf natürlichem Wege erreicht haben und nicht auf dieselbe Weise über die Meeresenge nach Dschilolo hinübergekommen sein sollte, so daß es viel wahrscheinlicher scheint, daß er von einigen Individuen abstammt, welche aus der Gefangenschaft entkamen, da diese und ähnliche Tiere von den Malayen oft aus Liebhaberei gehalten und in ihren Prauen mit umhergeschleppt werden.

Von allen fleischfressenden Tieren des Archipels ist das einzige auf den Molukken vorkommende die Viverra tangalunga, welche sowohl Batchian als Buru und wahrscheinlich auch die anderen Inseln bewohnt. Ich bin geneigt zu glauben, daß auch diese zufällig eingeführt worden ist; denn sie wird häufig von den Malayen gefangen, welche sich das Zibet davon nehmen, und es ist ein sehr unruhiges und unzähmbares Tier und entflieht daher leicht. Diese Ansicht wird durch das, was Antonio de Morga uns von einem Gebrauch auf den Philippinen im Jahre 1602 erzählt, noch wahrscheinlicher gemacht. Er sagt, daß »die Eingeborenen von Mindanao Zibetkatzen in Käfigen umherführen und sie auf den Inseln verkaufen; sie nehmen das Zibet und lassen sie dann wieder laufen«. Dieselbe Art ist auf den Philippinen und auf allen großen Inseln der indo-malayischen Region gewöhnlich. Der einzige molukkische Wiederkäuer ist ein Hirsch, welchen man früher für eine eigene Art hielt, welcher aber jetzt als eine leichte Varietät des Rusa hip-

pelaphus von Java angesehen wird. Hirsche werden oft ge-
zähmt und aus Liebhaberei gehalten, und ihr Fleisch wird
so sehr von allen Malayen geschätzt, daß es sehr natürlich
wäre, wenn sie es versucht haben sollten, sie auf entfernteren Inseln, auf welchen sie sich niederließen und deren
üppige Wälder sowohl für ihr Fortkommen geeignet schienen, einzuführen.

Der seltsame Babirussa von Celebes wird auch auf Buru
gefunden, aber sonst auf keiner anderen molukkischen Insel, und es ist etwas schwierig, sich vorzustellen, wie er da-
hingekommen. Es ist wahr, daß einige Annäherungen zwischen den Vögeln der Sula-Inseln (auf denen der Babirussa
auch vorkommt) und denen von Buru zu beobachten sind,
welche anzudeuten scheinen, daß diese Inseln früher einander näher lagen oder daß etwa dazwischen sich erstrek-
kendes Land versunken ist. Zu dieser Zeit mag der Babirussa nach Buru gekommen sein, da er wahrscheinlich
ebensogut wie seine Verwandten, die Schweine, schwimmt.
Diese sind über den ganzen Archipel und selbst über verschiedene der kleineren Inseln verbreitet, und in vielen Fällen sind die Arten eigentümliche. Es ist daher wahrscheinlich, daß sie natürliche Mittel zur Verbreitung besitzen.
Man meint gewöhnlich, daß Schweine nicht schwimmen
können, aber Sir Charles Lyell hat bewiesen, daß dies ein
Irrtum ist. In seinen »Principles of Geology« (10. Auflage, Band ii, S. 355) bringt er Beweise bei, um zu zeigen,
daß Schweine viele Meilen zur See geschwommen und
überhaupt imstande sind, mit größter Leichtigkeit und
Schnelligkeit zu schwimmen. Ich selbst habe ein wildes
Schwein über einen Meeresarm, welcher Singapur von der
Halbinsel Malaka trennt, schwimmen sehen, und auf
diese Weise erklärt sich die seltsame Tatsache, daß von
allen großen Säugetieren der indischen Region Schweine allein jenseits der Molukken bis nach Neuguinea hin
vorkommen, obgleich es immer auffallend bleibt, daß

sie nicht auch ihren Weg bis nach Australien gefunden haben.

Die kleine Spitzmaus, Sorex myosurus, welche auf Sumatra, Borneo and Java gemein ist, wird auch auf den größeren Inseln der Molukken gefunden, wohin sie zufällig auf inländischen Prauen gekommen sein kann.

Damit ist die Liste der plazentalen Säugetiere, welche so charakteristisch für die indische Region sind, geschlossen; und wir sehen, daß alle, mit einziger Ausnahme des Schweines, sehr wahrscheinlich vom Menschen eingeführt worden sind, da alle – das Schwein ausgenommen – Arten angehören, welche den jetzt auf den großen malayischen Inseln oder auf Celebes vorkommenden identisch sind.

Die vier übrigbleibenden Säugetiere sind Beuteltiere, eine Säugetierklasse, welche sehr charakteristisch für die australische Fauna ist; und diese sind wahrscheinlich wahre Eingeborene der Molukken, da sie entweder eigentümlichen Arten angehören, oder, wenn sie sonst noch irgendwo vorkommen, nur auf Neuguinea oder Nord-Australien einheimisch sind. Das erste ist das kleine fliegende Opossum, Belideus ariel, ein hübsches kleines Tier, genauso wie ein kleines fliegendes Eichhörnchen aussehend, aber zu den Beuteltieren gehörig. Die anderen drei sind Arten der seltsamen Gattung Cuscus, welche der austro-malayischen Region eigentümlich ist. Es sind opossumartige Tiere mit einem langen Greifschwanz, von welchem die letzte Hälfte gewöhnlich nackt ist. Sie haben kleine Köpfe, große Augen und eine dichte Bedeckung von einem wolligen Pelz, welcher oft rein weiß und unregelmäßig schwarz gefleckt oder gesprenkelt, und manchmal graubraun mit oder ohne weiße Flecken ist. Sie leben auf Bäumen und nähren sich von Blättern, von welchen sie große Quantitäten verschlingen. Sie bewegen sich sehr langsam und sind infolge der Dicke ihres Pelzes und der Zähigkeit ihres Lebens schwer zu töten. Ein tüchtiger Schuß bleibt oft in ihrer Haut stecken und schadet ihnen nichts, und selbst wenn sie das Rückgrat brechen oder ein Schuß ihnen in das Gehirn dringt, sterben sie erst nach einigen Stunden. Die Eingeborenen essen überall ihr Fleisch, und bei der Langsamkeit ihrer Bewegungen fangen sie dieselben leicht durch Erklettern der Bäume, so daß man sich eigentlich über ihre Fortexistenz wundern muß. Es ist übrigens möglich, daß ihr dichter wolliger Pelz sie vor Raubvögeln schützt, und die Inseln, auf denen sie wohnen, sind zu dünn bevölkert, als daß der Mensch imstande sein sollte, sie auszurotten.

Im Gegensatz zu der außerordentlichen Armut an Säugetieren, welche die Molukken charakterisieren, haben wir eine reiche Entfaltung des Federgeschlechtes. Die Zahl der Vogelarten, die man bis jetzt von den verschiedenen Inseln der Molukken-Gruppe kennt, beträgt 265, aber von diesen gehören nur 70 zu den gewöhnlichen, zahlreich vorhandenen Stämmen der Wat- und Schwimmvögel, was anzeigt, daß diese erst sehr unvollkommen bekannt sind. Da dieselben auch vorwiegend zu den Wandervögeln gehören und sich daher wenig eignen, um die geographische Verbreitung der Tiere auf einem begrenzten Gebiete zu illustrieren, so wollen wir sie hier außer acht lassen und unsere Aufmerksamkeit allein auf die 195 Landvögel lenken.

Wenn wir bedenken, daß Europa mit seinem mannigfaltigen Klima und Pflanzenwuchs, mit seiner genau durchforschten Oberfläche – Europa, das das ungeheuer ausgedehnte gemäßigte Asien und Afrika zu seiner Verfügung hat, welche Länder als Vorratshäuser dienen, von wo aus es sich beständig rekrutiert – nur 257 Arten von Landvögeln als ständige Bewohner oder regelmäßige Wanderer aufweist, so müssen wir auf die Zahl, welche man bis jetzt schon auf den kleinen und verhältnismäßig unbekannten Inseln der Molukken-Gruppe sich verschafft hat, als auf eine blicken, welche den Beweis von einer den großen Reichtum dieses Distriktes bekundenden Fauna liefert.

Aber wenn wir die Familien-Gruppen, welche diese Zahl zusammensetzen, näher untersuchen, so finden wir die seltsamsten Lücken in einigen, kompensiert von ebenso schlagender Überfülle in anderen. Wenn wir z. B. die Vögel der Molukken mit jenen von Indien vergleichen, so finden wir, daß die drei Gruppen der Papageien, Königfischer und Tauben fast *ein Drittel* aller Landvögel der ersteren ausmachen, während sie nur *ein Zwanzigstel* in dem letzteren Lande betragen. Auf der anderen Seite vermindern sich so weit verbreitete Gruppen wie die Drosseln, Buschsänger und Finken, welche in Indien fast *ein Drittel* aller Landvögel ausmachen, in den Molukken auf *ein Vierzehntel*.

Die Ursache dieser Eigentümlichkeiten scheint darin zu liegen, daß die Molukken-Fauna fast gänzlich von jener Neuguineas abstammt, in welchem Lande dieselbe Lückenhaftigkeit und dieselbe Überfülle beobachtet wird. Von den 78 Gattungen, in welche die molukkischen Landvögel klassifiziert werden können, sind nicht weniger als 70 für Neuguinea charakteristisch, während nur 6 speziell zu den indo-malayischen Inseln gehören. Aber diese ungemeine Ähnlichkeit mit den Gattungen Neuguineas erstreckt sich nicht auf die Arten; denn nicht weniger als 140 von den 195 Landvögeln sind den molukkischen Inseln eigentümlich, während 32 auch auf Neuguinea und 15 auf den indo-malayischen Inseln gefunden werden. Diese Tatsachen lehren uns, daß, obgleich die Vögel dieser Gruppe augenscheinlich von Neuguinea abstammen, die Einwanderung doch nicht eine neuere gewesen ist, da für den größeren Teil der Arten Zeit war, abzuändern.

Wir sind imstande, diesen kleinen Archipel in zwei wohlbezeichnete Gruppen zu teilen – jene von Ceram, welche auch Buru, Amboina und Kei in sich faßt, und jene von Dschilolo, welche Morotai, Batchian, Obi, Ternate und andere kleine Inseln einschließt. Diese Abteilungen besitzen eine jede eine beträchtliche Anzahl eigentümlicher Arten;

nicht weniger als 55 werden allein auf der Ceram-Gruppe gefunden, und außerdem haben die meisten getrennt liegenden Inseln einige ihnen eigentümliche Arten.

Die Molukken sind speziell reich an Papageien; nicht weniger als zweiundzwanzig Arten, die zu zehn Gattungen gehören, kommen auf ihnen vor. Darunter der große rotbehelmte Kakadu, der so häufig in Europa lebend gesehen wird, zwei schöne rote Papageien der Gattung Eclectus und fünf der schön karmesinroten Loris, welche ausschließlich auf diese Insel und die Neuguinea-Gruppe beschränkt sind. Tauben finden sich kaum weniger zahlreich und schön vor; man kennt einundzwanzig Arten, darunter zwölf der grünen und schönen Fruchttauben, die kleineren Arten derselben mit den brillantesten Farbenflecken auf dem Kopfe und der Unterseite geschmückt. Diesen zunächst stehen Königfischer, welche sechzehn Arten aufweisen, fast alle schön und viele zu den brillantest gefärbten Vögeln, die überhaupt existieren, gehörend.

Eine der seltsamsten Vogelgruppen, die Megapodidae oder Hügelaufwerfer, ist in den Molukken sehr zahlreich vertreten. Es sind hühnerartige Vögel, etwa von der Größe eines kleinen Huhnes und gewöhnlich von einer dunkelgrauen oder schwärzlichen Farbe und sie haben besonders große und starke Füße und lange Krallen. Sie sind mit dem »Maleo« von Celebes verwandt, über welchen Vogel ich schon berichtet habe, aber sie unterscheiden sich von demselben in ihren Gewohnheiten, indem die meisten dieser Vögel den dornigen Dschungel an dem Seegestade besuchen, wo der Boden sandig ist und eine beträchtliche Menge verrottetes Material, das aus Stöcken, Muscheln, Tang, Blättern etc. besteht, vorkommt. Aus diesem Schutt häuft der Megapodius ungeheure, oft sechs bis acht Fuß hohe und zwanzig bis dreißig Fuß im Durchmesser betragende Hügel an, was er verhältnismäßig leicht mit seinen großen Füßen, mit denen er eine Menge Material packt und nach rückwärts schleudert, tun kann. In der Mitte dieses Hügels, in einer Tiefe von zwei bis drei Fuß, werden die Eier niedergelegt und von der ansehnlichen Hitze, die durch das Faulen der vegetabilischen Materie hervorgerufen wird, ausgebrütet.

Als ich diese Hügel zuerst auf der Insel Lombok sah, konnte ich kaum glauben, daß sie von so kleinen Vögeln aufgeworfen würden, aber ich traf sie später häufig und stieß ein oder zweimal auf Vögel, welche im Begriffe waren, sie zu bauen. Sie laufen ein paar Schritte rückwärts, greifen eine Menge losen Materials mit *einem* Fuße und schleudern es weit hinter sich. Wenn die Eier einmal eingegraben sind, so scheinen sie sich nicht mehr um sie zu kümmern, und die jungen Vögel arbeiten sich ihren Weg durch den Schutthaufen durch und laufen sofort in den Wald. Sie kommen mit dicken Dunenfedern bedeckt aus den Eiern und haben keinen Schwanz, wenn auch ihre Flügel schon vollständig entwickelt sind.

Ich war so glücklich, eine neue Art (Megapodius wallacei) zu entdecken, welche Dschilolo, Ternate und Buru bewohnt. Es ist der hübscheste Vogel dieser Gattung; er ist auf dem Rücken und den Flügeln reich rötlich braun gebändert und unterscheidet sich von den anderen Arten in seinen Gewohnheiten. Er bewohnt die Wälder des Inneren und kommt an das Seegestade, um dort seine Eier niederzulegen; aber anstatt einen Hügel aufzuwerfen oder ein Loch zu kratzen, welches sie aufnehmen kann, gräbt er in den Sand bis zu einer Tiefe von etwa drei Fuß schräg hinab und legt seine Eier auf dem Boden nieder. Dann bedeckt er die Öffnung des Loches lose, und die Eingeborenen sagen, daß er seine eigenen Fußstapfen, die hin und von dem Loche wegführen, verwischt und verdeckt, indem er viele Spuren und Kratzer in der Nachbarschaft macht. Er legt die Eier nur bei Nacht, und auf Buru wurde einmal ein Vogel früh am Morgen gefangen, als er aus seinem Loche kam, in welchem sich mehrere Eier vorfanden. Alle diese Vögel scheinen halb nächtlich zu sein, denn man hört ihre lauten klagenden Rufe beständig spät in der Nacht und am Morgen vor Tagesanbruch. Die Eier haben alle eine rostrote Farbe und sind im Verhältnis zu dem Umfange des Vogels sehr groß; gewöhnlich drei oder drei und ein viertel Zoll lang und zwei bis zwei und ein viertel Zoll breit. Sie schmecken vortrefflich, und die Eingeborenen stellen ihnen sehr nach.

Ein anderer großer und außergewöhnlicher Vogel ist der Kasuar, welcher die Insel Ceram bewohnt. Er ist ein großer und starker Vogel, wenn er steht, fünf bis sechs Fuß hoch, und mit langen, groben, schwarzen haarähnlichen Federn bedeckt. Der Kopf ist mit einer großen hornigen Sturmhaube oder einem Helme geschmückt, und die bloße Haut des Nackens fällt mit ihren blauen und roten Farben sehr in die Augen. Die Flügel fehlen gänzlich und sind von einer Gruppe horniger schwarzer Dornen wie stumpfe Stachelschweinskiele ersetzt. Diese Vögel wandern durch die ungeheuren Bergwälder, welche die Insel Ceram bedecken, und nähren sich hauptsächlich von gefallenen Früchten und von Insekten oder Crustaceen. Das Weibchen legt drei bis fünf große grüne Eier auf ein Blätterbett und Männchen und Weibchen sitzen abwechselnd einen Monat lang darauf. Dieser Vogel ist der behelmte Kasuar (Casuarius galeatus) der Naturforscher, und er war für lange Zeit die einzig bekannte Art. Seitdem sind andere in Neuguinea, Neu-Britannien und Nord-Australien entdeckt worden.

Es war in den Molukken, wo ich zuerst unzweifelhafte Fälle von »Nachahmung« (»mimicry«) bei den Vögeln entdeckte, und diese sind so seltsam, daß ich sie kurz erwähnen muß. Es wird jedoch besser sein, wenn ich vorher erkläre, was unter Nachahmung (mimicry) in der Naturgeschichte verstanden wird. Im ersten Band dieses Werkes habe ich einen Schmetterling beschrieben, der, wenn er ruht, so genau einem toten Blatte ähnelt, daß er dadurch den Angriffen seiner Feinde entgeht. Dieses nennt man eine »schützende Ähnlichkeit« (»protective resemblance«). Wenn jedoch der Schmetterling, der selbst ein schmackhafter Bissen für Vögel ist, einem anderen Schmetterlinge, welcher den Vögeln unangenehm ist, ähnelte und daher nicht von ihnen gefressen würde, so wäre er ebenso beschützt, als wenn er einem Blatte gliche; und das ist es, was Herr Bates glücklich »mimicry« nannte, Herr Bates, welcher zuerst die Tatsache der seltsamen äußerlichen Anähnlichung eines Insektes an das andere, das zu einer verschiedenen Gattung und Familie und manchmal sogar zu einer verschiedenen Ordnung gehört, entdeckt hat. Die hellbeschwingten Motten, welche Wespen und Hornissen ähneln, sind das beste Beispiel von »Nachahmung« in unserem Lande.

Eine ziemliche Zeitlang waren alle bekannten Fälle genauer Ähnlichkeit eines Geschöpfes an ein ganz verschiedenes auf Insekten beschränkt, und es gereichte mir daher zum großen Vergnügen, als ich auf der Insel Buru zwei Vögel entdeckte, welche ich beständig miteinander verwechselt hatte und welche doch zu zwei verschiedenen und sogar weit auseinanderstehenden Familien gehören. Einer derselben ist ein Honigsauger, Tropidorhynchus bouruensis genannt, und der andere eine Art von Pirol, welchen man Mimeta bouruensis getauft hat. Der Pirol gleicht dem Honigsauger in folgenden Einzelheiten: die oberen und unteren Flächen der beiden Vögel sind genau von derselben dunkel- und hellbraunen Farbe; der Tropidorhynchus hat einen großen nackten, schwarzen Fleck um die Augen; dieser wird von der Mimeta durch einen Fleck schwarzer Federn kopiert. Die Spitze des Kopfes beim Tropidorhynchus hat ein schuppiges Aussehen, herrührend von den schmalen, schuppenförmigen Federn, was an den breiteren Federn der Mimeta durch eine dunkle Linie, welche an jeder herabläuft, nachgeahmt ist. Der Tropidorhynchus hat eine blasse Halskrause aus seltsam zurückgebogenen Federn auf dem Nacken (was der ganzen Gattung den Namen Mönchsvögel gegeben); diese wird bei der Mimeta von einem blassen Band an derselben Stelle repräsentiert. Endlich: Der Schnabel des Tropidorhynchus erhebt sich in einem hervortretenden Kiel an der Basis, und die Mimeta besitzt denselben Charakter, obgleich er für die Gattung nicht gewöhnlich ist. Das Resultat davon ist, daß bei einer oberflächlichen Untersuchung die Vögel identisch scheinen, obgleich sie gewichtige Strukturunterschiede besitzen und daher in keinem natürlichen System nahe zusammengestellt werden können.

Auf der benachbarten Insel Ceram finden wir sehr verschiedene Arten dieser beiden Gattungen, und es ist seltsam, daß diese sich einander ebenso genau ähnlich sind wie jene von Buru.

Wir besitzen zwei Arten von Beweisen, die uns dartun, welche Form in diesem Falle das Modell und welche die Kopie ist. Die Honigsauger sind in einer Weise gefärbt, wie sie in der ganzen Familie, zu welcher sie gehören, gewöhnlich ist, während die Pirole von den hellen gelben Farben, die so allgemein unter ihren Verwandten sind, abgewichen zu sein scheinen. Wir müßten daher schließen, daß der letztere den ersteren nachahmt. Wenn das aber der Fall ist, so müssen diese Vögel irgendeinen Vorteil aus dieser Nachahmung ziehen, und da sie mit ihren kleinen Füßen und Krallen sicherlich schwach sind, so bedürfen sie dieses Vorteiles vielleicht. Es sind nun die Tropidorhynchi sehr starke und lebhafte Vögel; sie haben mächtige Greiffüße und lange, gebogene, scharfe Schnäbel; sie versammeln sich in Gruppen und kleinen Flügen und haben einen sehr lauten kreischenden Ruf, den man auf weite Entfernungen hin hört und der dazu dient, in Zeiten der Gefahr eine Anzahl zusammenzurufen. Sie sind sehr zahlreich und sehr kampflustig, treiben gewöhnlich Krähen und selbst Habichte fort, welche auf einem Baume sitzen, auf dem einige von ihnen sich versammelt haben. Es ist daher sehr wahrscheinlich, daß die kleineren Raubvögel diese Vögel zu respektieren lernten und sie in Ruhe lassen, und es kann auf diese Weise für die schwächeren und weniger mutigen Mimetas von Vorteil sein, für sie gehalten zu werden. Wenn das der Fall ist, so werden die Gesetze der Abänderung und des Über-lebens des Passendsten genügen, um zu erklären, wie die Anähnlichung hervorgebracht worden ist, ohne daß man irgendwelche willkürliche Tätigkeit von seiten des Vogels selbst dabei zu vermuten hat; und denen, welche Herrn Darwins »Entstehung der Arten« gelesen, wird es nicht schwierig sein, den ganzen Prozeß zu verstehen.

Die Insekten der Molukken sind hervorragend schön, selbst wenn man sie mit den mannigfaltigen und schönen Produkten anderer Teile des Archipels vergleicht. Der große, vogelschwingige Schmetterling Ornithoptera erreicht hier seine höchste Entwicklung an Größe und Schönheit, und viele Papilios, Pieriden, Danaiden und Nymphaliden sind in gleicher Weise hervorragend. Es gibt vielleicht keine Insel der Erde, die so klein ist wie Amboina und soviel große Insekten aufweist.

Die Käfer, welche auf der Tafel als Charakteristika der Molukken abgebildet, sind die folgenden: 1. Ein kleines Exemplar von Euchirus longimanus oder langarmiger Kä-fer, welcher schon bei dem Bericht über meinen Aufent-halt auf Amboina erwähnt wurde (Kap. 19). Das Weib-chen hat die Vorderbeine von mäßiger Länge. 2. Ein schö-ner Rüsselkäfer (eine unbeschriebene Art von Eupholus) von reich blauen und smaragdgrünen Farben mit Schwarz gebändert. Er ist auf Ceram und Goram zu Hause und man findet ihn auf Blättern. 3. Ein Weibchen von Xeno-cerus semiluctuosus, ein zu den Anthribiden gehöriges In-sekt von zarten, seidenartigen weißen und schwarzen Farben. Es kommt viel auf gestürzten Stämmen und Baumstümpfen auf Ceram und Amboina vor. 4. Eine unbeschriebene Art von Xenocerus; ein Männchen mit sehr langen und seltsamen Fühlhörnern und eleganten schwarz und weißen Zeichnungen. Er kommt auf gestürzten Baumstämmen auf Batchian vor. 5. Eine unbeschriebene Art von Arachnobas, eine seltsame Gattung von Rüsselkäfern, welche den Molukken und Neuguinea eigentümlich ist und bemerkenswert wegen ihrer langen Beine und ihrer Gewohnheit, viel auf Blättern zu sitzen und schnell bei irgendeiner Störung über den Rand auf die Unterseite zu laufen. Die Art wurde auf Dschilolo gefunden. Alle diese Insekten sind in natürlicher Größe dargestellt.

In Anbetracht des bedeutenden Vorwiegens der Vögel, der Papageien, Tauben, Königfischer und Sonnenvögel, die fast alle mit hellen, zarten Farben und viele mit dem prächtigsten Gefieder geschmückt sind; und ferner in Anbetracht der Menge sehr großer und in die Augen fallender Schmetterlinge, welche man fast überall vorfindet, bieten die Wälder der Molukken dem Naturforscher ein sehr schlagendes Beispiel der Üppigkeit und Schönheit des tierischen Lebens in den Tropen. Und doch muß die fast gänzliche Abwesenheit von Säugetieren und von so weitverbreiteten Vogelgruppen, wie es die Spechte, Drosseln, Elstern, Meisen und Fasanen sind, ihm die Überzeugung aufdrängen, daß er sich auf einem Teile der Erde befindet, welcher in der Tat nur wenig Gemeinsames mit dem großen asiatischen Festlande hat, wenn auch eine ununterbrochene Kette von Inseln ihn mit diesem zu verbinden scheint.

Es war Anfang Dezember und gerade der Beginn der Regenzeit. Seit fast drei Monaten hatte ich die Sonne täglich über den Palmenhainen aufgehen, bis zum Zenit ansteigen und wie eine Feuerkugel in den Ozean tauchen sehen, nicht einen einzigen Augenblick in ihrem Laufe verdunkelt: jetzt hingen schwarz beladene Wolken über den ganzen Himmel und schienen ihn auf die Dauer unsichtbar gemacht zu haben. Die starken Ostwinde, warm und trocken und dunstbeladen, welche bis dahin ebenso sicher geweht hatten wie die Sonne aufging, waren jetzt von wechselnden stürmischen Brisen und schweren Regenschauern, die oft drei Tage und Nächte hintereinander anhielten, ersetzt; und die ausgedörrten und aufgesprungenen Reisstoppelfelder, welche sich während des trockenen Wetters in jeder Richtung meilenweit um die Stadt ausgedehnt hatten, waren schon so überflutet, daß man sie nur mit Booten passieren konnte oder auf einem Labyrinth von Wegen, die sich auf den spitzen, schmalen, die verschiedenen Besitzungen voneinander trennenden Wällen hinzogen.

Man konnte jetzt fünf Monate eines solchen Wetters in Süd-Celebes erwarten und ich beschloß daher, nach einem zum Sammeln etwas günstigeren Klima während dieser Jahreszeit zu suchen und in der nächsten trockenen Saison zurückzukehren, um meine Durchforschung des Distriktes zu vollenden. Zu meinem Glücke befand ich mich in einem der großen Emporien des inländischen Handels des Archipels. Rotang von Borneo, Sandelholz und Bienenwachs aus Floris und Timor, Tripang vom Golf von Carpentaria, Kajeput-Öl von Buru, wilde Muskatnüsse und Mussoi-Rinde von Neuguinea, alles das findet man in den Vorratshäusern der chinesischen und Bugis-Kaufleute von Mangkassar neben Reis und Kaffee, welches die Hauptprodukte der umliegenden Länder sind. Wichtiger aber als alles dieses ist der Handel nach Aru, einer Inselgruppe, welche an der Südwestküste von Neuguinea liegt und von welcher fast alle Produkte in inländischen Schiffen nach Mangkassar kommen. Diese Inseln liegen dem europäischen Handel ganz aus dem Wege und sind nur von schwarzen, häßlichen Wilden bewohnt, welche jedoch zu dem luxuriösen Geschmack der meisten zivilisierten Rassen beitragen. Perlen, Perlmutter und Schildpatt finden ihren Weg nach Europa, während eßbare Vogelnester und »Tripang« oder eßbare Seegurken schiffsladungsweise zur gastronomischen Erquickung der Chinesen abgehen.

Der Handel nach diesen Inseln hin existiert seit den frühesten Zeiten, und von dorther wurden jene zwei von Linné gekannten Arten von Paradiesvögeln zuerst gebracht. Die Schiffe der Eingeborenen können wegen des Monsuns die Reise nur einmal im Jahre machen. Sie verlassen Mangkassar im Dezember oder Januar mit dem Beginne des West-Monsuns und kehren im Juli oder August mit der vollen Kraft des Ost-Monsuns zurück. Selbst von den Mangkassaren wird eine Reise nach den Aru-Inseln als eine etwas wilde und romantische Expedition betrachtet, die eine Fülle von neuen Eindrücken und sonderbaren Abenteuern bietet. Derjenige, welcher sie gemacht hat, wird als eine Autorität angesehen, und es gehört bei vielen zu einem unbefriedigten Ehrgeiz ihres Lebens. Ich selbst hatte mehr gehofft als erwartet, jemals dieses »Ultima Thule« des Ostens zu erreichen; und als ich nun sah, daß ich wirklich imstande wäre, wenn ich nur den Mut hätte, mich für eine tausend Meilen lange Reise einer Bugis-Prau anzuvertrauen und sechs bis sieben Monate lang unter Gesetze nicht achtenden Händlern und blutdürstigen Wilden zu weilen – da fühlte ich mich gleichsam wie ein Schulknabe, dem es zum erstenmal erlaubt wird, oben auf der Postkutsche zu sitzen und den Schauplatz alles dessen, was für eine junge

Einbildungskraft fremdartig und neu und wunderbar ist –
London – zu besuchen!

Mit Hilfe einiger gütigen Freunde wurde ich bei dem
Eigentümer einer der großen Prauen, welche in einigen Tagen absegeln wollten, eingeführt. Er war ein javanischer
Mischling, intelligent, sanft und fein in seinen Manieren
und hatte eine junge hübsche Holländerin zur Frau, welche
er während seiner Abwesenheit zurückzulassen gedachte.
Als wir über das Passage-Geld sprachen, wollte er keine
Summe fixieren, sondern bestand darauf, es gänzlich mir
zu überlassen, daß ich bei meiner Rückkehr zahlen solle,
was ich für angemessen halte. »Und dann«, sagte er, »ob
Sie mir *einen* Dollar oder hundert geben, ich werde zufrieden sein und nicht mehr verlangen.«

Der Rest meines Aufenthaltes war vollständig davon in
Anspruch genommen, Vorräte zu kaufen, Diener zu engagieren und alle anderen Vorbereitungen für eine Abwesenheit von sieben Monaten selbst von den Vororten der Zivilisation zu treffen. Am Morgen des 13. Dezember, als wir
mit Tagesanbruch an Bord gingen, regnete es stark. Wir
segelten ab und ein starker Wind kam auf. Unser Schiff
wurde am Hinterteil beschädigt, unsere Segel zerrissen, und
am Abend befanden wir uns wieder im Hafen von Mangkassar. Wir blieben dort drei weitere Tage, weil es die
ganze Zeit über regnete, was es uns unmöglich machte, die
ungeheuren Mattensegel zu trocknen und zu reparieren.
Während all dieser traurigen Tage hielt ich mich an Bord,
und während der seltenen Zwischenräume, in denen es nicht
regnete, machte ich mich mit unserer Barke bekannt, deren
Eigentümlichkeiten ich jetzt zu beschreiben versuchen will.

Es war ein Schiff von ungefähr siebzig Tonnenlast und
etwa wie eine chinesische Dschunke geformt. Das Deck
neigte sich beträchtlich zu den Backen des Schiffes herab,
welche daher der niedrigste Teil desselben sind. Es waren
zwei Steuerruder da, aber anstatt am Hinterteile des

Schiffes, hingen sie auf der Windvierung an starken Querbalken, welche zwei bis drei Fuß jederseits überragten, bis zu welcher Ausdehnung hin sich auch in der Mitte des Schiffes das Deck an den Seiten erstreckte. Die Steuerruder drehten sich nicht um Angeln, sondern hingen an Rotang-Schlingen, deren Reibung sie in jeder Stellung erhält, in welche sie gebracht werden, was vielleicht das Steuern erleichtert. Die Ruderpinnen waren nicht auf Deck, sondern gingen in das Schiff hinein durch zwei viereckige Öffnungen, die in ein niedrigeres oder Halbdeck, das etwa 3 Fuß hoch war, führten, in welchem die beiden Steuerleute saßen. Auf dem hinteren Teile des Schiffes lag eine kleine Hütte etwa dreieinhalb Fuß hoch, welche die Kajüte des Kapitäns darstellte, deren Ausstattung nur aus Schachteln, Matten und Kissen bestand. Vor der Hütte und dem Hauptmaste befand sich ein kleines strohbedachtes Haus auf dem Deck, etwa vier Fuß hoch bis zum Giebel, und einen Teil dieses Hauses, welches eine Kabine von sechseinhalb Fuß Länge und fünfeinhalb Fuß Breite bildete, hatte ich ganz für mich; es war der wohnlichste und bequemste Platz, dessen ich mich jemals zur See erfreut habe. Man kam hinein durch eine niedrige Schiebetür von Stroh auf der einen Seite, und auf der anderen war ein sehr kleines Fenster; der Fußboden von gespaltenem Bambus, angenehm elastisch, stand sechs Zoll über Deck, so daß er ganz trocken lag. Schöne Rohrmatten, für deren Fabrikation Mangkassar berühmt ist, bedeckten ihn; an der vordern Wand waren mein Gewehrkasten, meine Insektenbehälter, meine Kleider und Bücher angebracht; meine Matratze nahm die Mitte ein und neben der Tür standen meine Feldflaschen, meine Lampe und der kleine Vorrat von Luxusartikeln für eine Reise; Gewehre, Revolver und Jagdmesser hingen bequem unter dem Dache. Während dieser vier erbärmlichen Tage befand ich mich in dieser kleinen bequemen Wohnung sehr wohl – besser, als wenn ich dieselbe Zeit auf die vergolde-

ten und unbequemen Salons eines Dampfschiffes erster
Klasse angewiesen gewesen wäre. Denn wie verhältnismäßig wohltuend war alles an Bord – keine Farbe, kein Teer,
kein neues Tau (der widerwärtigste Geruch für jemanden,
der eine plötzliche Anwandlung zur Übelkeit empfindet!),
keine Schmiere, kein Öl, kein Firnis; statt dessen Bambus
und Rotang, Taue aus einem Geflecht von Kokosnußfa-
sern und Palmbedachung, nur vegetabilische Substanzen,
welche angenehm riechen, wenn sie überhaupt riechen, und
welche stille Szenen im grünen und schattigen Walde wach-
rufen.

Unser Schiff hatte zwei Masten, soweit man große be-
wegliche Dreiecke Masten nennen kann. Wenn man in
einem gewöhnlichen Schiffe die Wanttaue und Pardunen
durch starkes Bauholz ersetzt und den Mast überhaupt
wegnimmt, so hat man das Arrangement, wie es an Bord
einer Prau getroffen ist. Über meiner Kabine und an Querbalken, welche an dem Mast befestigt waren, hängend befand sich eine Wildnis von Raaen und Spieren, meistens aus
Bambus. Die Hauptrahe, ein ungeheueres, fast hundert Fuß
langes Ding, war aus mehreren Stücken Holz und Bambus,
welche mit Rotang auf eine sinnreiche Art zusammengebunden waren, gebildet. Das von diesen getragene Segel
hatte eine längliche Form und war nicht in der Mitte aufgehangen, so daß, wenn das kurze Ende auf Deck nieder-
geholt wurde, das lange hoch in der Luft war und auf diese
Weise die Niedrigkeit des Mastes selbst ergänzte. Das Focksegel hatte dieselbe Form in klein; beide waren aus Matten, und zwei Klüver-, ein Fock- und ein Hintersegel
aus baumwollenem Segeltuch vervollständigten unsere Ausrüstung.

Das Schiffsvolk bestand aus etwa dreißig Männern, Eingeborenen von Mangkassar und den anliegenden Küsten
und Inseln. Es waren meist junge kleine Burschen mit breiten und freundlich aussehenden Gesichtern. Ihr Anzug be-

stand im allgemeinen nur aus einem Paar Hosen, wenn sie arbeiteten, und einem Tuch, das um den Kopf geschlungen war, wozu sie abends noch eine dünne baumwollene Jacke anzogen. Vier der älteren Leute waren »jurumudis« oder Steuerleute, welche (zwei zur Zeit) in der kleinen Steuervorrichtung, die ich oben beschrieben habe, kauern mußten und sich alle sechs Stunden ablösten. Ferner war da ein alter Mann, der »juragan« oder Kapitän, der aber in Wirklichkeit das war, was wir den ersten Steuermann nennen würden; er bewohnte die andere Hälfte des kleinen Hauses auf Deck. Dann befanden sich ungefähr zehn respektable Leute, Chinesen oder Bugis, an Bord, welche unser Eigentümer »sein eigenes Volk« zu nennen pflegte. Er behandelte sie sehr gut, teilte seine Mahlzeiten mit ihnen und sprach sie stets äußerst höflich an; dennoch waren die meisten derselben eine Art von Schuldgefangenen von ihm, denen es von dem Polizei-Magistrat vorgeschrieben war, gegen lediglich nominellen Lohn während einer Reihe von Jahren für ihn zu arbeiten, bis sie ihre Schulden liquidiert hatten. Das ist eine holländische Einrichtung in diesem Teile der Welt, und sie scheint ihr Gutes zu haben. Es ist eine große Wohltat für Handelsleute, welche in diesen dünn bevölkerten Gegenden nichts tun können, wenn sie nicht Agenten und kleinen Handelsleuten Waren anvertrauen, welche dieselben häufig in Spiel und Schwelgerei verschwenden. Die unteren Klassen sind fast alle in einem chronischen Zustande der Verschuldung. Der Kaufmann kreditiert ihnen wieder und wieder, bis die Höhe der Schuld zu bedeutend wird; dann stellt er sie vor Gericht, und man gesteht ihm ihre Dienste bis zur Liquidation zu. Die Schuldner scheinen dies für keine Schande zu halten, sondern freuen sich eher ihres Freiseins von irgendwelcher Verantwortlichkeit und der Würde ihrer Stellung unter einem wohlhabenden und bekannten Kaufmanne. Sie handeln ein wenig für ihre eigene Rechnung, und beiden Teilen scheint gut damit gedient zu sein. Dieser Plan sieht etwas verständiger aus als jener, welchen wir anwenden, indem wir tatsächlich einen Mann daran hindern, etwas zu erwerben um seine Schuld abzuzahlen, wenn wir ihn in ein Gefängnis einschließen.

Ich selbst hatte drei Diener: Ali, der malayische Bursche, den ich in Borneo aufgegabelt, war der erste. Er befand sich schon ein Jahr bei mir, war zu allem zu gebrauchen und durchaus aufmerksam und vertrauenswürdig. Er war ein guter Schütze und schoß gern, und ich hatte ihn das Vogelabbalgen vortrefflich gelehrt. Der zweite, Baderoon mit Namen, war ein mangkassarischer Bursche, auch ein sehr guter Junge, aber verzweifelter Spieler. Unter dem Vorwande, ein Haus für seine Mutter und Kleider für sich zu kaufen, hatte er den Lohn für vier Monate, etwa eine Woche ehe wir absegelten, im voraus bekommen und ihn in ein bis zwei Tagen bis auf den letzten Dollar verspielt. Er war ohne Kleider, ohne Betel, ohne Tabak, ohne gesalzene Fische an Bord gekommen, und alle diese notwendigen Gegenstände mußte ich durch Ali für ihn kaufen lassen. Diese zwei Burschen waren, glaube ich, ungefähr sechzehn Jahre alt; der dritte war jünger, ein frischer kleiner Bengel namens Baso, der schon ein bis zwei Monate bei mir war und ziemlich gut kochen gelernt hatte. Er bekleidete den wichtigen Posten eines Koches und Haushälters, denn ich konnte keine wirklichen Diener nach einem so furchtbar entlegenen Lande bekommen; man hätte ebenso gut von einem chef de cuisine verlangen können, nach Patagonien zu gehen.

Am fünften Tage, den ich an Bord zugebracht hatte (15. Dezember), hörte es auf zu regnen, und wir machten endgültige Vorbereitungen zur Abfahrt. Die Segel wurden getrocknet und aufgerollt, Boote kamen und gingen beständig, und Vorräte für die Reise: Obst, Gemüse, Fische und Palmzucker wurden eingenommen. Am Nachmittage kamen zwei Frauen an mit einer großen Menge von Freunden und Verwandten, und beim Abfahren gab es ein allgemeines Nasenreiben (der malayische Kuß), und es wurden etliche Tränen vergossen. Es waren das versprechende Anzeichen davon, daß wir am folgenden Tage wirklich fortkommen würden, und demgemäß traf auch um drei Uhr morgens der Eigentümer an Bord ein, der Anker wurde sofort gelichtet und um vier Uhr segelten wir ab. Als wir nun gut aus dem Hafen und fern von den anderen Prauen waren, sagte der alte juragan wiederholt einige Gebete her, und alle Herumstehenden antworteten mit: »Allah il Allah«, von einigen Gongschlägen begleitet und mit dem gegenseitigen Wunsche »Salaamat jalan« eine sichere und glückliche Reise schließend. Wir hatten eine schwache Brise, eine ruhige See und einen schönen Morgen, ein glückverheißender Anfang für unsere Reise von etwa tausend Meilen hin zu den weitberühmten Aru-Inseln.

Der Wind blieb schwach und veränderlich während des ganzen Tages und des Abends wurde es ruhig, ehe die Landbrise aufkam. Wir passierten dann die Insel »Tanakaki« (Fuß des Landes) an der äußersten Südspitze dieses Teiles von Celebes. Hier gibt es einige gefährliche Felsen, und als ich einmal an der äußeren Bekleidung des Schiffes stand, spuckte ich zufällig über Bord. Einer der Leute bat mich, ich solle das doch nicht tun und lieber auf Deck spukken, weil sie sich vor diesem Orte sehr fürchteten. Da ich nicht vollständig begriff, was er wollte, so ließ ich ihn seine Bitte wiederholen, und als ich sah, daß es ihm ernst war, sagte ich:»Gut, mir scheint, es gibt ›hantus‹ (Geister) hier.« »Ja«, sagte er, »und sie lieben es nicht, daß etwas über Bord geworfen wird. Manche Prau ist schon dadurch zugrunde gegangen.« Ich versprach darauf, sehr sorgsam zu sein. Bei Sonnenuntergang sagten die Mohammedaner an Bord alle einige Gebetesworte im allgemeinen Chor auf, was mir das liebliche und ausdrucksvolle »Ave Maria« der katholischen Länder ins Gedächtnis rief.

20. Dezember. – Bei Sonnenaufgang befanden wir uns dem Bonthein-Berge gegenüber, welcher einer der höchsten auf Celebes sein soll. Nachmittags passierten wir die Meerenge von Salaija und hatten eine kleine Bö, welche uns nötigte, unseren ungeheueren Mast, die Segel und die schweren Rahen herunterzulassen. Den Rest des Abends hatten wir schönen Westwind, welcher uns fast fünf Knoten in der Stunde vorwärts brachte, soviel wie unsere alte Rumpeltonne überhaupt zurücklegen konnte.

21. Dezember. – Ein heftiger Wellenschlag von Südwest schleuderte uns höchst unbehaglich hin und her. Es blies jedoch ein tüchtiger Wind, und wir kamen gut vorwärts.

22. Dezember. – Der Wellenschlag hatte aufgehört. Wir passierten Buton, eine große Insel, hoch, waldig und bevölkert, die Heimat vieler unserer Matrosen. Eine kleine Prau, welche von Bali nach Goram zurückkehrte, überholte uns. Der nakoda (Kapitän) kannte unseren Eigentümer. Sie war zwei Jahre weg gewesen, aber voll von Menschen, darunter mehrere schwarze Papuas. Um sechs Uhr nachmittags passierten wir Wangi-wangi, niedrig gelegen, aber nicht flach, bewohnt und Buton untertan. Wir waren nun in die Molukkos-See eingefahren. Nach Dunkelwerden bot es einen schönen Anblick, auf unsere Steuerruder herabzusehen, von welchen wirbelnde Ströme phosphorischen Lichtes, mit glitzernden Feuerfunken besetzt, ausgingen. Es ähnelte (mehr als irgend etwas, mit dem ich es vergleichen könnte) einem der großen unregelmäßigen Nebelsternhaufen, wenn man sie durch ein gutes Teleskop anschaut, aber mit dem erhöhten Reiz einer immer sich ändernden Form und einer tanzenden Bewegung.

23. Dezember. – Schöner roter Sonnenaufgang; die Insel, welche wir gestern abend verlassen hatten, war kaum noch hinter uns sichtbar. Die Goram-Prau befand sich etwa eine Meile südlich von uns. Die Leute brauchen keinen Kompaß, und doch haben sie den richtigen Kurs während

der Nacht eingehalten. Unser Eigentümer erzählt mir, daß sie es vermittelst des Wellenschlages können, dessen Richtung sie sich bei Sonnenuntergang merken und während der Nacht weitersegeln, indem sie dieselbe im Auge behalten. In dieser See befindet man sich (bei schönem Wetter) nie länger als zwei Tage außer Sicht von Land. Natürlich treiben widerwärtige Winde und Strömungen manchmal ab, aber bald kommt man wieder auf eine Insel, und immer ist ein alter Seemann an Bord, der sie kennt und von da an einen neuen Kurs nimmt. In der letzten Nacht wurde ein Hai von etwa fünf Fuß Länge gefangen und diesen Morgen aufgeschnitten und gekocht. Am Nachmittag fing man einen zweiten; ich nahm von ihm ein Stück gebacken und fand es fest und trocken, aber sehr schmackhaft. Am Abend ging die Sonne hinter schwer herabhängenden Wolken unter, welche, als es dunkel wurde, ein furchtbar schwarzes Aussehen hatten. Der Gewohnheit gemäß, wenn starker Wind oder Regen erwartet wird, rollte man unsere großen Segel auf und ließ sie mit ihren Rahen auf Deck nieder und nur ein kleines viereckiges Focksegel wurde aufgehißt. Die großen Mattensegel sind sehr ungeschickt in rauhem Wetter zu handhaben. Die Rahen, welche sie stützen, sind siebzig Fuß lang und natürlich sehr schwer, und der einzige Weg, wie man sie einnehmen kann, ist der, daß man sie auf den Baum aufrollt; es ist daher höchst gefährlich, wenn bei einer plötzlich hereinbrechenden Bö die Segel auf sind. Unser Schiffsvolk, zahlreich genug für ein Schiff von siebenhundert statt von siebzig Tonnen, ging sehr seinen eigenen Weg, und selten schienen mehr als ein Dutzend von ihnen zu gleicher Zeit an der Arbeit zu sein. Wenn aber irgend etwas Wichtiges zu tun ist, so sind sie sehr willig alle bei der Hand, aber alle glauben dann auch die Freiheit zu haben, ihre Meinung von sich zu geben; man hört ein halb Dutzend Stimmen Befehle austeilen, und es bricht ein solches Geschrei und eine solche Verwirrung los, daß es zu verwundern ist, daß überhaupt irgend etwas getan wird.

Wenn man bedenkt, daß hier an fünfzig Leute von verschiedenen Stämmen und Zungen an Bord waren, unzivilisierte, halb wild aussehende Burschen, von denen wenige irgendeinen Zwang aus Moralität oder Erziehung fühlen, so muß man sagen, daß wir wundervoll mit ihnen fertig wurden. Es wird nicht gekämpft und gestritten, wie es sicher unter derselben Zahl Europäer sein würde, wenn sie ebensowenig in ihren Handlungen beschränkt wären, und es ist auch kaum so viel Lärm und so viel Aufregung dabei, wie man wohl erwarten sollte. Bei schönem Wetter unterhält sich der größte Teil ganz ruhig mit sich selbst – einige schlafen unter den Schatten der Segel, andere in kleinen Gruppen von drei oder vier plaudern und kauen Betel, einer macht einen neuen Griff an sein Hackmesser, ein anderer näht sich ein paar neue Hosen oder ein Hemd, und alle sind so ruhig und betragen sich so gut wie an Bord des bestkommandierten englischen Kauffahrteischiffes. Zwei oder drei wachen abwechselnd auf dem Bug und sehen nach den Brassen und Aufholern der großen Segel; die zwei Steuerleute sind unten in ihrer Steuervorrichtung; der Kapitän oder juragan gibt den Kurs an, zum Teil vom Kompaß, zum Teil von der Windrichtung geleitet, und eine Wache von zwei oder drei Männern auf der Hütte sehen nach den Segeln und rufen die Stunde nach einer *Wasseruhr* aus. Diese ist eine sehr sinnreiche Erfindung und mißt die Zeit gut, sowohl bei rauhem als auch bei schönem Wetter. Es ist ein einfacher, halb mit Wasser gefüllter Eimer, auf welchem die Hälfte einer gut ausgeschabten Kokosnußschale schwimmt. Auf dem Boden dieser Schale befindet sich ein sehr kleines Loch, so daß, wenn sie in dem Eimer schwimmt, ein feiner Wasserstrahl hineinspritzt. Dieser füllt allmählich die Schale, und die Größe des Loches ist derartig dem Rauminhalte des Gefäßes angepaßt, daß es genau am Ende einer Stunde auf den Boden untersinkt. Die Wache ruft dann die Zahl der Stunde von Sonnenaufgang an aus, leert die Schale und macht sie wieder flott. Es ist dieses ein sehr guter Zeitmesser. Ich verglich ihn mit meiner Uhr und fand, daß er von einer Stunde zur anderen kaum eine Minute variierte. Es übt auch die Bewegung des Schiffes gar keinen Einfluß darauf aus, da das Wasser in dem Eimer sich natürlich immer horizontal hält. Eine solche Einrichtung hat für ein ungebildetes Volk den großen Vorteil, daß sie leicht verständlich, ziemlich groß und gut zu sehen ist und daß das schließliche Untersinken von etwas Geräusch und einer Bewegung des Wassers begleitet wird, welche die Aufmerksamkeit auf sich zieht. Wenn sie verloren geht, kann man sie auch leicht in einem Hafen wieder ersetzen.

Unser Kapitän und Eigentümer war ein ruhiger liebenswürdiger Mann, welcher mit allen gut fertig zu werden schien. Auf der See trinkt er weder Wein noch sonst irgend welche Spirituosen, sondern hält sich nur an Kaffee und Kuchen, morgens und nachmittags, in der Gesellschaft seines Supercargo und seines Assistenten. Er ist ein Mann von etwas Erziehung, kann sowohl Holländisch als Malayisch lesen und schreiben, gebraucht den Kompaß und eine Seekarte. Er hat seit Jahren nach Aru Handel getrieben, und Europäer und Inländer kennen ihn in diesem Teile der Erde sehr gut.

24. Dezember. – Schönes Wetter und schwacher Wind. Seitdem wir Mangkassar verlassen, zum ersten Male kein Land in Sicht. Um Mittag ruhig und starke Regenschauer, in welchen unser Schiffsvolk seine Kleider wusch; nachmittags war die Prau daher mit Hemden, Hosen und Sarongs von mannigfaltigen bunten Farben behangen. Ich entdeckte heute etwas, was mich zuerst sehr bestürzt machte. Die zwei Öffnungen, durch welche die Ruderpinnen von den seitlichen Steuerrudern hineingehen, liegen nicht mehr als

drei bis vier Fuß hoch über der Oberfläche des Wassers, welches auf diese Weise frei ins Schiff hinein kann. Ich hatte natürlich gemeint, daß dieser offene Raum von einer Seite zur anderen durch einen wasserdichten Verschlag von den Schiffsräumen getrennt wäre, so daß eine Welle, welche hereinschlägt, an der anderen Seite wieder hinaus kann und weiter nichts tut, als daß sie die Steuerleute durchnäßt. Zu meinem Erstaunen und meiner Bestürzung jedoch sah ich, daß er vollständig nach dem Schiffsraume hin offen ist, so daß ein halb Dutzend Wellen, welche in einer stürmischen Nacht hereinfahren, uns fast oder ganz untersinken machen könnten. Man denke sich ein Schiff, das für einen Monat in See geht mit zwei Löchern, von denen jedes eine Quadratelle groß ist, und die in den Schiffsraum führen, drei Fuß über der Wasserlinie – Löcher, welche noch dazu möglicherweise gar nicht geschlossen werden können! Aber unser Kapitän sagt, daß alle Prauen so wären, und wenn er auch die Gefahr kennt, »so weiß er doch nicht, wie er es ändern soll – die Leute seien daran gewöhnt, er verstehe sich auf Prauen nicht so gut wie sie, und wenn man eine so große Änderung träfe, so würde er sicherlich nur sehr schwer Schiffsvolk bekommen«! Es beweist dieses auf jeden Fall, daß Prauen gute Seeschiffe sein müssen, denn der Kapitän hat fortwährend seit den letzten zehn Jahren Reisen in ihnen gemacht, und er sagt, er hätte nie erfahren, daß genug Wasser hineinkäme, um Schaden zu verursachen.

25. Dezember. – Der Weihnachtstag dämmerte mit schweren Böen, triefendem Regen, Donner und Blitz auf uns herab, wozu noch eine kurze, unregelmäßige See unser sonderbares Schiff sehr unbehaglich hin und her schleuderte und warf. Etwa um neun Uhr jedoch klärte es sich auf, und wir sahen dann die schöne Insel Buru, vielleicht dreißig bis vierzig Meilen entfernt, vor uns liegen, mit in Wolken gehüllten Bergen, während die tiefer liegenden Landstriche noch unsichtbar waren. Der Nachmittag war

schön und der Wind drehte sich wieder nach Westen; aber
wenn dieses auch der wahre West-Monsun ist, so weht er
doch nicht regelmäßig und ununterbrochen. Windstillen
und Brisen kommen beständig von jedem Punkte des Kom-
passes aus vor. Der Kapitän, obgleich dem Namen nach
ein Protestant, schien vom Weihnachtstag als einem Fest-
tage keine Idee zu haben. Unser Mittagessen bestand aus
Reis und Curry wie gewöhnlich und ein Extraglas Wein
war alles, womit ich den Tag feiern konnte.

26. Dezember. – Schöne Aussicht auf die Berge der Insel
Buru, welcher wir uns jetzt beträchtlich genähert haben.
Unsere Matrosen sind doch ziemlich ungeschickte Gesellen; sie gehen auf Deck nicht mit dem leichten Schritt der
englischen Seeleute, sondern stolpern und taumeln wie
Landratten. In der Nacht brach der untere Baum unseres
Hauptsegels, und am anderen Morgen waren sie alle dabei, ihn zu reparieren. Er bestand aus zwei mit dem dicken
und dünnen Ende fest aneinander gebundenen Bambusen
und hatte eine Länge von ungefähr 70 Fuß. Das Takelwerk
und die Einrichtung dieser Prauen kontrastiert sonderbar
mit der europäischer Schiffe, in welchen die verschiedenen
Taue und Spieren, obgleich viel zahlreicher, doch so pla-
ziert sind, daß sie nicht miteinander in Kollision geraten.
Hier ist die Sache ganz anders; denn obgleich es keine
Wanttaue und Stage gibt, um die Sache zu verwickeln, so
kann doch kaum irgend etwas getan werden, ohne daß
nicht irgend etwas anderes vorher aus dem Wege geräumt
werden muß. Man kann die großen Segel nicht auf ein anderes Segelseil umlegen, ohne daß man nicht vorher die
Klüver angeholt hat, und die Bäume der Fock- und der
Hintersegel müssen erst gelockert und vollständig losgelöst
werden, um mit ihnen dieselbe Operation vorzunehmen.
Dann sind immer eine Menge von ineinander verwickelten
Tauen da und kein Segel kann aufgehißt werden (obgleich
es so wenige sind), ohne daß nicht andere demselben viel

vom Winde wegnehmen. Und doch sind die Prauen sehr beliebt, selbst bei denen, welche europäische Schiffe gehabt haben, sowohl wegen ihrer Billigkeit beim ersten Ankauf, als auch bei der Unterhaltung; fast alle Reparaturen können von dem Schiffsvolke gemacht werden, und man bedarf sehr weniger europäischer Materialien.

28. Dezember. – An diesem Tage kam die Banda-Gruppe in Sicht. Zuerst erschien der Vulkan – ein vollkommener Kegel, der ganz so wie die ägyptischen Pyramiden aussieht, fast ebenso regelmäßig. Am Abend blieb der Rauch über seinem Gipfel hängen wie eine kleine stehende Wolke. Es war dies der erste tätige Vulkan, den ich sah; aber Bilder und Panoramen haben uns diese Dinge so eingeprägt, daß sie, wenn wir sie schließlich sehen, uns nicht als etwas Außerordentliches vorkommen.

30. Dezember. – Wir passierten die Insel Teor und eine ihr nahe liegende Gruppe, die auf den Karten sehr inkorrekt gezeichnet ist. Fliegende Fische kamen heute sehr zahlreich vorbei. Es ist eine kleinere Art als die des atlantischen Meeres, lebhafter und eleganter in ihren Bewegungen. Wenn sie der Oberfläche entlang streichen, so legen sie sich auf die Seite, so daß sie ihre schönen Flossen voll entfalten, und machen einen Flug von etwa hundert Ellen, steigen auf und lassen sich hinunter in höchst graziöser Manier. In einer kleinen Entfernung gleichen sie genau Schwalben und niemand, der sie sieht, kann daran zweifeln, daß sie wirklich fliegen und nicht nur in einer schiefen Richtung von der Höhe, welche sie durch einen ersten Sprung gewinnen, herabsteigen. Abends ruhte sich ein Wasservogel, eine Art Tölpel (Sula fiber), auf unserem Hühnerkorb aus und wurde von einem meiner Knaben am Halse gefaßt und gefangen.

31. Dezember. – Mit Tagesanbruch kamen die Kei-Inseln in Sicht, wo wir einige Tage bleiben wollten. Mittags umschifften wir die nördliche Spitze und versuchten, der

Küste entlang den Ankerplatz zu erreichen; aber da wir uns jetzt an der Leeseite der Insel befanden, so fiel der Wind in heftigen, unregelmäßigen Stößen ein, und als er uns dann ganz verließ, wurden wir von einer starken Strömung zurückgetrieben. Gerade da erschienen zwei Boote voll Eingeborener, und da unser Eigentümer mit ihnen übereingekommen war, uns in den Hafen hineinzuziehen, so versuchten sie es, von unserem eigenen Boot unterstützt, kamen aber damit nicht zu Wege. Wir waren daher genötigt, an einem sehr gefährlichen Platz auf felsigem Grund Anker zu werfen und fast bis zum Dunkelwerden damit beschäftigt, uns mit Haltetauen an einigen Felsen unter Wasser sicher zu legen. Die Küste von Kei, an welcher wir entlang gefahren, war sehr malerisch. Hellgefärbte Kalkfelsen stiegen schroff vom Wasser bis zu einer Höhe von mehreren hundert Fuß auf, überall in hervorstehende Gipfel und Zinnen zerklüftet, von Wind und Wetter in scharfe Spitzen zerrissen, die Oberfläche durchlöchert und aller Orten mit einer sehr mannigfaltigen und üppigen Vegetation bekleidet. Die Klippen über der See boten unseren Blicken Pandanen und baumartige Liliaceen von seltsamen Formen, mit Gestrüpp und Schlingpflanzen untermischt, dar, während die höheren Abhänge dicht von Waldbäumen bewachsen waren. Hier und da zeigten Buchten und Einfahrten Gestade von blendender Weiße. Das Wasser war durchsichtig wie Kristall und färbte die mit Steinen bestreuten Abhänge, welche steil in unergründete Tiefen hinabtauchten, mit vom Smaragd bis zum Lapislazuli variierenden Farben. Die Szene war für mich außerordentlich anregend. Ich war in einer neuen Welt und konnte von wundervollen Produkten, die in jenen felsigen Wäldern und in jenen azurnen Abgründen verborgen lagen, träumen. Nur wenige Europäer haben jemals die Ufer, auf welche ich blickte, betreten. Die Pflanzen, Tiere und Menschen waren fast gänzlich unbekannt, und ich konnte nicht anders, als darüber grübeln, was meine Wanderungen hier in einigen Tagen wohl ans Tageslicht fördern würden.

BOOTSBAU AUF DEN KAI-INSELN

Es kamen drei oder vier Boote an uns heran mit im ganzen ungefähr fünfzig Eingeborenen darin. Es waren lange Kanus, deren Vorder- und Hinterteil in einen Schnabel von sechs bis acht Fuß Höhe aufstiegen, mit Muscheln und wehenden Federn von Kasuar-Haar geschmückt. Ich sah hier zuerst Papuas in ihrem Heimatlande und weniger als fünf Minuten gaben mir die Überzeugung, daß die Ansicht, welche ich schon nach dem Anblick weniger timoresischer und neuguineensischer Sklaven erlangt hatte, durchaus richtig war und daß die Völker, welche ich jetzt Gelegenheit hatte miteinander zu vergleichen, zu zweien der verschiedensten und stark markiertesten Rassen, welche die Erde bewohnen, gehörten. Wenn ich blind gewesen wäre, so hätte ich sicher sein können, daß diese Inselbewohner keine Malayen sind. Die lauten, schnellen, scharfen Töne, die fortwährenden Bewegungen, die intensive Lebenstätigkeit, welche sich in Sprache und Handlungen ausprägt, sind die geraden Gegensätze des ruhigen, wenig impulsiven und phlegmatischen Malayen. Diese Kei-Leute kamen singend und schreiend heran, tauchten ihre Ruder tief ins Wasser und warfen Wolken von Schaum auf; als sie sich näherten, standen sie in ihren Kanus auf, und ihr Geschrei und ihre Gestikulationen vermehrten sich noch; und als sie an unsere Seite gekommen waren, kletterte der größte Teil von ihnen, ohne erst um Erlaubnis zu fragen und ohne auch nur einen Moment zu zögern, auf unser Deck, gerade als wenn sie von einem gefangenen Schiffe Besitz ergreifen wollten. Es begann dann eine Szene unbeschreiblicher Verwirrung. Diese vierzig schwarzen, nackten, häßlichen Wilden schienen vor Freude und Erregung berauscht. Nicht einer konnte auch nur einen Moment still sein. Jeder einzelne unserer Matrosen wurde nacheinander von ihnen umringt und ausgefragt und um Tabak oder Arrak gebeten, angegrinst und dann verlassen, um einen anderen ebenso zu belästigen. Alle sprachen auf einmal, und unserem Kapitän wurde von den Hauptleuten furchtbar zugesetzt; sie wünschten engagiert zu werden, um uns hineinzuziehen, und forderten mit lautem Geschrei Vorausbezahlung. Ein kleines Geschenk von Tabak machte ihre Augen erglänzen. Sie drückten ihre Zufriedenheit durch Grinsen und Schreien aus, wälzten sich auf Deck hin und her und stürzten sich kopfüber über Bord. Schulknaben an einem unerwarteten Feiertage, Irländer auf einem Jahrmarkt oder Seekadetten am Lande geben nur eine schwache Vorstellung von der übermäßigen, tierischen Freude dieser Menschen.

Unter ähnlichen Umständen hätten sich Malayen gar nicht wie diese Papuas betragen *können*. Wenn sie an Bord eines Schiffes (nach vorher eingeholter Erlaubnis) kamen, wurde anfangs außer einigen wenigen Komplimenten kein Wort gesprochen, und erst nach einiger Zeit und sehr vorsichtig machten sie den Versuch zu einer Annäherung, um ein Geschäft zu beginnen. Nur einer zur Zeit pflegte zu sprechen und mit leiser Stimme und großer Überlegung, und die Art, wie sie handelten, war so, daß sie alle ihnen gemachten Anerbietungen ruhig abschlugen oder selbst fortgingen, ohne ein weiteres Wort über die Sache zu verlieren, bis man mit dem Preise näher an den herankam, welchen sie willens waren anzunehmen. Unsere Matrosen, von denen viele die Reise vorher noch nicht gemacht hatten, schienen über so ungewohnte schlechte Sitten sehr empört zu sein und machten erst ganz allmählich eine Annäherung zur Verbrüderung mit diesen schwarzen Gesellen. Jene kamen mir vor wie eine Gesellschaft bescheidener und wohlerzogener Kinder, in welche plötzlich eine Schar wild sich balgender, ausgelassener Knaben hineinbricht, deren Betragen höchst außergewöhnlich und sehr ungezogen zu sein scheint!

Diese moralischen Züge sind schlagender und lassen eher auf eine absolute Verschiedenheit schließen als selbst die physischen Gegensätze, welche die zwei Rassen uns darbieten, obgleich sich diese genügend bemerkbar machen. Die dunkle Schwärze der Haut, der frisierte Kopf mit dem krausen Haar und vor allem die markierten Gesichtszüge eines von den Malayen ganz verschiedenen Typus, das ist etwas, von dem wir nicht annehmen können, daß es lediglich aus klimatischen oder anderen modifizierenden Einflüssen auf eine und dieselbe Rasse entstanden sei. Das malayische Gesicht ist von mongolischem Typus, breit und etwas flach; die Augenbrauen sind herabgedrückt, der Mund groß, aber nicht hervorragend; die Nase klein und gut geformt, aber die Nasenlöcher sehr ausgedehnt. Das Gesicht ist glatt, und kaum entwickelt sich eine Spur von Bart; das Haar schwarz, grob und vollkommen glatt. Der Papua auf der anderen Seite hat ein Gesicht, von dem man sagen kann, daß es zusammengedrückt und vorspringend ist. Die Augenbrauen sind hervorstehend und überhängend; der Mund groß und vorspringend; die Nase sehr groß, die Spitze nach abwärts verlängert, der Rücken dick und die Nasenlöcher breit. Es sind aufdringliche und markierte Gesichtszüge, das gerade Gegenteil von dem, was ein malayisches Gesicht bietet. Der gedrehte Bart und das krause Haar vervollständigen diesen Gegensatz. Hier also hatte ich eine neue, von einem fremdartigen Volke bewohnte Welt erreicht. Zwischen den malayischen Stämmen, unter denen ich seit einigen Jahren gelebt hatte, und den Papua-Rassen, deren Land ich jetzt betreten, herrschten, das können wir wohl sagen, ebenso viel Unterschiede, sowohl moralische als auch physische, wie zwischen den roten Indianern Süd-Amerikas und den Negern von Guinea an der gegenüberliegenden Küste des atlantischen Ozeans.

1. Januar 1857. – Dieser Tag war für mich ein durchaus freudiger! Ich habe die Wälder einer von Europäern kaum gesehenen Insel durchwandert. Vor Tagesanbruch verließen wir unsern Ankerplatz und erreichten in einer Stunde das Dorf Har, wo wir zwei bis drei Tage bleiben wollten. Die Hügelreihe trat hier zurück und bildete eine kleine Bucht, und die Erhebungen waren in Spitzen und Kegel mit dazwischen liegenden Ebenen und Niederungen geteilt. Ein breites Gestade von weißestem Sande begrenzte die innere Seite der Bucht, die wieder überragt wurde von einem dichten und mannigfaltigen Holzbestand. Kanus und Boote von verschiedenen Größen waren auf das Ufer gezogen, und ein oder zwei Faulenzer mit ein paar Kindern oder einem Hunde starrten unsere Prau an, als wir Anker warfen. Nachdem wir gelandet, war das erste, was unsere Aufmerksamkeit auf sich zog, ein großer und gut aussehender Schuppen, unter welchem ein langes Boot gebaut wurde, während andere in verschiedenen Stadien ihrer Vollendung in Zwischenräumen voneinander am Gestade aufgestellt standen. Unser Kapitän, welcher zwei von mäßiger Größe für den Handel zwischen den Aru-Inseln brauchte, begann sofort mit ihnen zu markten und hatte in kurzer Zeit die Menge von Metallkanonen, Gongs, Sarongs, Tüchern, Äxten, weißem Geschirr, Tabak und Arrak verabredet, welche er ihnen für ein Paar, das in vier Tagen fertig sein sollte, geben wollte. Wir gingen dann in das Dorf, welches nur aus drei oder vier Hütten bestand, die gleich über dem Gestade auf einem unregelmäßigen Felsstücke, von Kokosnuß-Palmen, Bananen und anderen Fruchtbäumen überschattet, lagen. Die Häuser waren sehr roh, schwarz und halb verfallen, einen Fuß hoch auf Pfosten über der Erde mit niedrigen Wänden von Bambus oder

Planken und mit hohen, strohbedeckten Dächern. Sie hatten keine Türen und Fenster, und eine Öffnung unter den hervorstehenden Giebeln ließ den Rauch hinaus und ein wenig Licht hinein. Die Fußböden waren von Bambus-Streifen, dünn, schlüpfrig und elastisch und so schwach, daß meine Füße in Gefahr waren, bei jedem Schritte durchzubrechen. Hier gefertigte Kästen von Pandanus-Blättern und sehr hübsch konstruierte Tische von Palmen-Mark, Matten aus demselben Material, Krüge und Kochgeschirr von inländischer Töpferarbeit und einige europäische Teller und Schalen machten das ganze Gerät aus, und das Innere war durchaus dunkel und schwarz vom Rauch und im höchsten Grade traurig.

Von Ali und Baderoon begleitet, versuchte ich es nun, einige Ortskenntnis zu gewinnen, und wir wurden von einem Zuge Knaben begleitet, welche gespannt waren zu sehen, was wir tun wollten. Der am meisten begangene Weg vom Ufer aus führte uns in eine schattige Niederung, in welcher Bäume von ungeheurer Höhe standen und das Unterholz dürftig war.

Etwas weiter hin teilte sich der Pfad in zwei; der eine führte an das Ufer und quer über Mangrove- und Sago-Sümpfe, der andere stieg an, hin zu dem bebauten Lande. Wir kehrten daher zurück und gingen wieder frisch vom Dorfe aus, indem wir die Hügel zu ersteigen und ins Innere zu dringen suchten. Der Weg jedoch stellte uns auf eine harte Probe. Wo Erde lag, war es ein roter Ton über den Felsen, aber durch die nackten Füße so glatt gerieben, daß meine Schuhe auf der abschüssigen Oberfläche keinen Halt gewinnen konnten. Etwas weiterhin kamen wir auf bloßliegende Felsen, und das war noch schlimmer, denn sie waren so zerrissen und zerklüftet und so durchlöchert und von Wind und Wetter in scharfe Spitzen und Ecken zerrissen, daß meine Burschen, welche in ihrem ganzen Leben barfuß gegangen waren, nicht darauf stehen konnten. Ihre

Füße fingen an zu bluten, und ich sah, daß, wenn ich sie nicht ganz gelähmt haben wollte, es besser sein würde, zurückzukehren. Meine eigenen Schuhe, welche etwas dünn waren, gaben nur einen geringen Schutz und wären bald in Stücke zerschnitten worden; und doch trippelten unsere kleinen nackten Führer mit der größten Leichtigkeit und Sorglosigkeit neben uns her und schienen sehr über unsere Weichlichkeit erstaunt zu sein, die uns nicht in den Stand setzte, einen Marsch zu machen, der ihnen ein vollkommen angenehmer war. Während des Restes unseres Aufenthaltes auf der Insel waren wir genötigt, uns auf die Nachbarschaft des Ufers und des bebauten Bodens zu beschränken und auf jene mehr ebenen Teile des Waldes, wo etwas Humus sich angesammelt hatte und der Felsen weniger den atmosphärischen Einflüssen ausgesetzt gewesen war.

Die Insel Kai ist lang und schmal, zieht sich von Norden nach Süden und besteht fast gänzlich aus Felsen und Bergen. Sie ist überall mit üppigen Wäldern bedeckt, und in ihren Buchten und Zugängen ist der Sand von blendender Weiße, von der Zersetzung des korallinischen Kalksteins, aus welchem sie fast gänzlich gebildet, herrührend. In allen kleinen sumpfigen Zugängen und Tälern sind Sagobäume sehr zahlreich vorhanden, und diese geben ein Hauptnahrungsmittel der Eingeborenen ab, welche keinen Reis und kaum irgend andere Kulturprodukte als Kokosnüsse, Pisang und Yams-Wurzeln bauen. Aus den Kokosnüssen, welche jede Hütte umstehen und welche außerordentlich gut auf dem porösen Kalksteinboden und unter dem Einflusse der Salzbrisen gedeihen, wird Öl fabriziert und zu guten Preisen an die Aru-Händler verkauft, die alle hier anlegen, um sich mit diesem Artikel zu versehen und um Boote und inländisches Steingut zu kaufen. Hölzerne Schalen, Pfannen und Tröge werden aus soliden Holzblöcken mit Messer und Beil in großer Menge verfertigt und in alle Teile der Molukken vertrieben. Aber die Kunst, in welcher sich die Eingeborenen von Kei hauptsächlich hervortun, ist die des Bootsbaues. Ihre Wälder bieten eine Überfülle von schönem Bauholz dar, wenn auch vielleicht nicht mehr als viele andere Inseln, und aus irgend welchen unbekannten Ursachen haben diese fernen Wilden es gelernt, sich in etwas, was eine sehr schwere Kunst zu sein scheint, hervorzutun. Ihre kleinen Kanus sind schön geformt, breit und niedrig in der Mitte, aber an den Enden aufsteigend, wo sie in hochzugespitzten Schnäbeln, die mehr oder weniger geschnitzt und mit einem Federbüschel geziert sind, endigen. Sie werden nicht aus einem Baum ausgehöhlt, sondern regelmäßig aus Planken zusammengefügt, welche von einem Ende zum anderen laufen und so genau aneinander gepaßt sind, daß es oft schwer ist, eine Stelle zu finden, an welcher man das Blatt eines Messers in die Fugen hineinbringen kann. Die größeren sind von zwanzig bis dreißig Tonnenlasten und werden ohne Nägel oder irgendein Eisenteil seetüchtig gemacht und mit keinen anderen Werkzeugen als einer Axt, einem Böttcherbeil und einem großen Bohrer. Diese Schiffe sehen sehr hübsch aus, sind gute Segler und vorzügliche Seeboote und machen große Reisen vollkommen sicher; sie gehen durch den ganzen Archipel von Neuguinea bis Singapur, durch Meere, welche, wie jeder, der viel in ihnen gesegelt hat, es bezeugen kann, nicht so sanft und sturmfrei sind, wie wortreiche Reisende sie darzustellen lieben.

Die Wälder von Kai produzieren vortreffliches Bauholz, groß, gerade, dauerhaft und von verschiedener Qualität, von welchem manches das beste indische Teakholz übertreffen soll. Um ein jedes Paar von Planken für den Bau der großen Boote passend zu machen, wird ein ganzer Baum erfordert; er wird oft Meilen vom Ufer entfernt gefällt, bis zur passenden Länge quer durchschnitten und dann längs in zwei gleiche Teile gehauen. Jeder von diesen bildet eine Planke; man schneidet ihn mit der Axt zu der gleichmäßigen Dicke von drei bis vier Zoll zurecht und läßt zuerst einen soliden Block an jedem Ende zurück, um die Splitterung zu vermeiden. Der Mitte jeder Planke entlang wird eine Reihe von drei bis vier Zoll vorstehender, in gleicher Weite voneinander sich befindender und einen Fuß langer Stücke ausgespart; diese sind für den Bau des Schiffes von großer Wichtigkeit. Wenn eine genügende Anzahl von Planken gemacht ist, werden sie mühsam durch den Wald, von drei oder vier Männern eine jede, an das Seegestade, wo das Boot gebaut wird, gezogen. Ein Bodenstück, in der Mitte breit und an den Enden beträchtlich aufsteigend, wird zuerst auf Blöcke gelegt und genügend unterstützt. Die Ränder desselben werden gut und eben mit der Krummaxt bearbeitet und eine Planke, die angemessen gekrümmt ist und an jedem Ende spitz zuläuft, fest dagegengehalten; eine entlang gezogene Schnur ermöglicht es, sie genau passend zu schneiden. Dann wird eine Reihe großer Löcher, ungefähr fingerdick, den einander gegenüberstehenden Rändern entlang gebohrt, und es werden Pflöcke sehr harten Holzes hineingepaßt, so daß die schweren Planken fest aneinander halten und bis in den nächsten Kontakt mit einander gebracht werden können; so schwierig das auch scheinen mag, ohne irgendeine andere Hilfe als die rohe praktische Geschicklichkeit im Behauen jeden Randes, daß er genau den korrespondierenden Krümmungen entspricht, und im so genauen Bohren der Löcher, daß sie sowohl in der Lage als auch in der Richtung passen, so wird es doch so vortrefflich gemacht, daß die besten europäischen Schiffbaumeister nicht trefflichere und enger aneinander schließende Fugen produzieren können. Auf diese Weise wird das Boot, indem man Planke an Planke paßt, bis zu der geeigneten Höhe und Weite aufgebaut. So hat man nun eine Haut, welche allein durch, die Ränder der Planken miteinander verbindende, Pflöcke aus hartem Holze zusammengehalten wird, eine Haut, welche sehr stark und elastisch ist, aber in welcher nichts als die Adhäsion dieser Pflöcke die Balken am Klaffen hindert. In den kleineren Booten werden dann Sitze, in den größeren Querbalken befestigt; sie werden in kleine Kerben eingefügt, welche man für sie schneidet, und außerdem an die hervorstehenden Stücke der Planken unten mit einem starken kurzen Rotang-Tau befestigt. Endlich formt man Rippenhölzer aus einzelnen Stücken zähen Holzes; man wählt und schneidet sie der Art, daß sie genau auf die Vorsprünge einer jeden Planke passen, wo sie in leichte Kerben eingepaßt und mit Rotang durch ein Loch an jedem vorstehenden Stücke, dicht an der Oberfläche der Planke, festgebunden werden. Die Enden sind gegen die vertikalen Pfosten des Vorder- und Hinterteiles geschlossen und außerdem mit Pflöcken und Rotang befestigt; so ist das Boot fertig, und wenn es schließlich mit Steuerruder, Masten und einer Strohdachbedeckung ausgerüstet ist, kann es den Kampf mit den Wellen aufnehmen. Eine sorgfältige Prüfung des Prinzips dieser Bauart und eine Berücksichtigung der Stärke und Bindefähigkeit des Rotangs (welcher in dieser Hinsicht eher mit Draht als mit Tauwerk zu vergleichen ist) läßt mich glauben, daß ein auf diese Weise gut gebautes Schiff in der Tat stärker und sicherer ist als eines, welches auf dem gewöhnlichen Wege durch Nägel zusammengehalten wird.

Während unseres hiesigen Aufenthaltes waren wir alle sehr tätig. Unser Kapitän beaufsichtigte beständig die Vollendung des Baues seiner zwei kleinen Prauen. Täglich kamen inländische Boote mit Fischen, Kokosnüssen, Papageien und Loris, irdenen Pfannen, Sirih-Blättern, hölzernen Schalen und Krügen etc. etc. an, wovon ein jeder der fünfzig Bewohner unserer Prau auf seine eigene Faust zu kaufen schien, bis aller zulässiger und höchst unzulässiger Raum auf dem Schiffe mit diesen verschiedenen Gegenständen gefüllt war; denn jedermann an Bord einer Prau nimmt sich die Freiheit Handel zu treiben und so viel mitzunehmen, als er nur imstande ist zu kaufen.

Geld ist unbekannt und wertlos, und Messer, Zeug und Arrak bilden das einzige Tauschmittel neben Tabak, der als Scheidemünze gilt. Jeder Kauf ist der Gegenstand eines speziellen Feilschens und der Anlaß, sehr viel zu schwätzen. Es ist absolut notwendig, wenig zu bieten, da die Eingeborenen nie zufrieden sind, bis man etwas hinzufügt. Sie sind dann viel mehr erfreut, als wenn man ihnen den doppelten Betrag gleich gibt und sich weigert zuzulegen.

Jeden Morgen nach einem zeitigen Frühstücke wanderte ich in den Wald, wo ich herrliche Beschäftigung fand, die großen und schönen Schmetterlinge zu fangen, welche in ziemlicher Menge vorhanden und mir fast alle neu waren; denn ich befand mich jetzt auf der Grenze zwischen den Molukken und Neuguinea – einer Region, deren Produkte damals zu den kostbarsten und seltensten der europäischen Kabinette gehörten. Hier erfreute sich mein Auge zum ersten Male der prachtvoll scharlachroten Loris im Fluge, wie auch jenes Schmetterlingsfürsten, des »Priamus« der Sammler oder einer nahe verwandten Art; er flog aber so hoch, daß es mir nicht gelang, ein Exemplar zu fangen. Einer davon wurde mir in einer Bambuse mit einer Menge von Käfern zusammengesperrt gebracht und war natürlich in Stücke zerrissen. Das hauptsächlichste Hindernis an diesem Orte für einen Sammler ist der Mangel guter Pfade und der furchtbar zerrissene Charakter der Oberfläche, welche, um sicheren Fuß zu fassen, die Aufmerksamkeit so beständig in Anspruch nimmt, daß es sehr schwierig wird, lebhafte, geflügelte Geschöpfe zu fangen, welche, während man darauf schauen muß, daß man durch den nächsten Schritt nicht in eine Kluft oder in einen Abgrund stürzt, das Weite gewinnen. Ein fernerer Nachteil ist es, daß es keine fließenden Gewässer gibt, da der Felsen von so poröser Natur ist, daß das atmosphärische Wasser überall durch seine Spalten dringt; wenigstens ist das der Charakter der benachbarten Gegend, welche ich besuchte, wo das einzige Wasser kleine Quellen waren, welche dicht am Seegestade hervortröpfelten.

In den Wäldern von Kei kommen baumartige Liliaceen und Pandanaceen vielfältig vor und prägen der Vegetation an den mehr offen liegenden felsigen Stellen ihren Charakter auf. Blumen waren spärlich vorhanden und nicht viele Orchideen, aber ich bemerkte die schöne weiße Schmetterlingsorchidee (Phalaenopsis grandiflora) oder eine Art, welche ihr nahe verwandt ist. Die Frische und Kräftigkeit der Vegetation war herrlich anzusehen, und da sie auf einer so trockenen felsigen Oberfläche vorkam, so lag darin der sichere Beweis eines beständig feuchten Klimas. Hohe, glatte Stämme und ungeheure Bäume aus der Feigen-Familie mit Luftwurzeln, die sie ausstreckten und die sich fünfzig bis hundert Fuß hoch über dem Boden miteinander verflochten, waren für die Gegend charakteristisch; es fehlte dorniges Gestrüpp und stacheliger Rotang, was diese Wildnisse angenehm zum Herumstreifen gemacht haben würde, wären nicht die scharf durchlöcherten Felsen da gewesen, von denen ich schon gesprochen. An düsteren Orten fand sich ein schönes Unterholz von breitblätterigen kräuterartigen Pflanzen vor, um welche kleine grüne Eidechsen mit Schwänzen vom schönsten »himmlischen Blau« schwärmten und die zwischen den Stöcken und dem Laubwerke so lebhaft hin und her huschten, daß ich oft nur momentan ihre Schwänze sah und sie mich daher wegen ihrer Ähnlichkeit mit kleinen Schlangen erschreckten. Fast die einzigen Töne in diesen ursprünglichen Wäldern kamen von zwei Vögeln her, dem roten Lori, welcher schrille Schreie, wie die meisten aus dem Papageiengeschlechte, von sich gibt, und der großen grünen Muskatnuß-Taube, deren Ruf entweder ein lauter und tiefer rohrdommelartiger Laut ist, wie zwei Töne, welche durch Schlagen auf einem sehr großen Gong hervorgerufen werden, oder manchmal ein rauhes, krötenartiges, höchst eigentümliches und bemerkbares Gekrächze. Nur zwei Vierfüßer bewohnen, wie die Eingeborenen sagen, die Insel – ein wildes Schwein und ein Cuscus oder östliches Opossum, aber von keinem von beiden konnte ich ein Exemplar bekommen.

Die Insekten waren zahlreicher vertreten und sehr interessant; von Schmetterlingen fing ich fünfunddreißig Arten, von denen die meisten mir neu waren und viele in europäischen Sammlungen ganz unbekannte. Darunter der schöne gelb und schwarze Papilio euchenor, von welchem bis dahin nur wenige Exemplare gefangen worden waren, und verschiedene andere schöne Schmetterlinge von großem Umfange, wie auch einige hübsche kleine »Bläulinge« und einige brillante Tagmotten. Das Käfergeschlecht war weniger zahlreich vertreten, doch erhielt ich einige sehr schöne und seltene Arten. Auf den Blättern eines schlanken Strauches in einer alten Lichtung fand ich mehrere schöne blaue und schwarze Käfer der Gattung Eupholus, welche an Schönheit fast mit den Brillantkäfern (Entimus imperialis) von Südamerika rivalisieren. Einige Kokosnuß-Palmen in Blüte am Seegestade wurden von einem schönen grünen Blumenkäfer (Lomaptera papua) besucht, welcher, wenn man die Blumen schüttelte, wie in Bienenschwärmen fortflog. Es verstand sich einer aus unserem Schiffsvolke dazu, auf den Baum zu klettern, und brachte mir eine hübsche Menge in der Hand herunter; da sie wertvoll waren, so schickte ich ihn mit meinem Netz wieder hinauf, um die Blumen hineinzuschütteln, und erhielt dadurch eine große Menge. Mein bester Fang jedoch war das prächtige Insekt aus der Familie Buprestis, das ich schon als von Eingeborenen mir gebracht erwähnt habe, welche mir zugleich sagten, daß sie es auf verfaulten Bäumen in den Bergen fänden.

Zwei Typen von Menschen bewohnen diese Insel – die

Ureinwohner, welche den Papua-Charakter stark markiert besitzen und Heiden sind, und eine gemischte Rasse, nominell Mohammedaner, welche baumwollene Kleider tragen, während die ersteren nur eine Leibbinde von Baumwolle oder Rinde benutzen. Diese Mohammedaner sollen aus Banda von den ersten europäischen Ansiedlern vertrieben worden sein. Sie waren wahrscheinlich eine braune, mehr den Malayen verwandte Rasse, und ihre gemischten Abkömmlinge zeigen hier große Variationen in der Farbe, dem Haar und den Gesichtszügen, zwischen dem malayischen und dem Papua-Typus sich abstufend. Es ist interessant, den Einfluß des frühen portugiesischen Handels mit diesen Ländern in den Worten ihrer Sprache, welche noch jetzt unter diesen fernen und wilden Insulanern gebräuchlich geblieben sind, zu beobachten. »Lenço« für Tuch und »faca« für Messer werden hier mit Ausschluß der eigentlichen malayischen Ausdrücke gebraucht. Die Portugiesen und Spanier waren wirklich ausgezeichnete Eroberer und Kolonisten; sie riefen schneller Veränderungen in den Ländern hervor, welche sie eroberten, als irgendeine andere Nation der Neuzeit, und glichen den Römern in der Fähigkeit, ihre eigene Sprache, ihre Religion und ihre Sitten rohen und barbarischen Völkerstämmen aufzuprägen.

Der schlagende Gegensatz des Charakters zwischen diesem Volk und dem malayischen ist in vielen kleinen Zügen sichtbar. Eines Tages, als ich im Wald umherstreifte, blieb ein alter Mann stehen und sah mich ein Insekt fangen. Er verhielt sich sehr ruhig, bis ich es aufgenadelt und in meine Sammelbüchse hineingelegt hatte, dann aber konnte er nicht länger an sich halten: er krümmte sich fast bis zur Erde und stieß ein herzhaftes Gelächter aus. Jedermann wird darin einen echten Negerzug erkennen. Ein Malaye würde mich angestarrt und verlegen gefragt haben, was ich tue, denn es liegt wenig in seiner Natur zu lachen, und weniger es in der Gegenwart eines Fremden zu tun, dem jedoch seine verächtlichen Blicke oder seine geflüsterten Bemerkungen unangenehmer sind als der ungestümste offene Ausdruck der Freude. Die Frauen hier fürchteten sich nicht so vor den Fremden und hielten sich nicht so abgeschlossen, wie bei den malayischen Rassen; die Kinder waren vergnügter und zeigten das » Neger-Grinsen «, und das lärmende Sprechgewirr unter den Männern und ihre Erregtheit bei jeder gewöhnlichen Gelegenheit entfernen sich durchaus von der allgemeinen Schweigsamkeit und Zurückhaltung des Malayen.

Die Sprache des Kai-Volkes besteht aus Worten von einer, zwei oder drei Silben in etwa gleichen Proportionen und hat viele Aspirate und einige Gutturallaute. Die verschiedenen Dörfer besitzen leichte Verschiedenheiten im Dialekt, aber sie verstehen sich gegenseitig, und die Sprachen scheinen mit Ausnahme von Worten, welche augenscheinlich durch eine lang gepflegte kommerzielle Verbindung eingeführt worden sind, überhaupt keine Verwandtschaft mit den malayischen Sprachen zu haben.

6. Januar. – Die kleinen Boote waren fertig, und wir segelten um vier Uhr nachmittags nach Aru ab; wir genossen, als wir die Ufer von Kei verließen, eine schöne Aussicht auf das zerrissene und bergige Land; drei- bis viertausend Fuß hohe Hügelreihen streckten sich nach Süden hin, soweit das Auge reichte, überall mit hohem, dichtem und ununterbrochenem Walde bedeckt. Wir hatten leichte Winde und brauchten daher dreißig Stunden, um die Überfahrt von sechzig Meilen bis zu den niedrigen oder flachen, aber gleichmäßig mit Wald bedeckten Aru-Inseln zu machen, wo wir im Hafen von Dobbo neun Uhr abends am folgenden Tage ankerten.

Ich muß bei der glücklichen Beendung meiner ersten Reise in einer Prau, ehe ich von ihr für einige Monate Abschied nehme, den Vorzügen des sonderbaren Schiffes der alten Welt Erwähnung tun. Wenn man jeden Gedanken an

Gefahr beiseite läßt, welche nach allem vielleicht nicht größer ist als die in einer jeden anderen Barke, so muß ich
erklären, daß ich nie, weder vorher noch seitdem, eine
zwanzigtägige Reise so angenehm, oder vielleicht, um mich
korrekter auszudrücken, mit so wenig Unbequemlichkeiten
zurückgelegt habe. Ich schreibe dies hauptsächlich dem Umstande zu, daß ich meine kleine Kabine auf Deck hatte und
vollständig für mich allein war, daß ich meine eigenen Diener besaß, welche mir aufwarteten, und daß alle jene
Schiffsgerüche nach Farbe, Pech, Talg und neuem Tauwerk, die mir unerträglich sind, fehlten. Manches muß auch
der Freiheit von allem Zwang in Kleidung, Stunden der
Mahlzeit etc., der Höflichkeit und dem verpflichtenden
Entgegenkommen des Kapitäns zugeschrieben werden. Ich
war übereingekommen, mit ihm zusammen zu speisen;
aber wenn ich es wünschte, konnte ich mein Essen in meiner eigenen Koje haben, und zu welcher Stunde es mir be-
liebte. Das Schiffsvolk war höflich und anständig, und mit
sehr wenig Disziplin ging alles glatt ab. Das Schiff wurde
rein und in gutem Zustande gehalten, so daß ich im ganzen
mit diesem Ausfluge sehr zufrieden war und geneigt bin,
die Annehmlichkeiten der halb barbarischen Prau denen
des prächtigsten Schraubendampfers, jenes höchsten Aus-
flusses unserer Zivilisation, vorzuziehen.

DOBBO. HANDELSZENTRUM AUF DEN ARU-INSELN

Am 8. Januar 1857 landete ich in Dobbo, der Handels-
niederlage der Bugis und Chinesen, welche jährlich die
Aru-Inseln besuchen. Der Ort ist auf der kleinen Insel
Wamma gelegen, auf einer schmalen, sich in die See nach
Norden erstreckenden Sandbank, welche gerade breit ge-
nug ist, um drei Reihen von Häusern zu tragen. Wenn auch

auf den ersten Blick ein höchst seltsam und verzweifelt aussehender Platz, um ein Dorf darauf zu bauen, so hat er doch viele Vorteile. Von Westen aus zwischen den Korallenfelsen, welche das Land umgeben, ist ein freier Eingang und an beiden Seiten des Dorfes ein guter Ankerplatz für Schiffe, sowohl beim Ost- als auch beim West-Monsun. Nach drei Richtungen hin den Seebrisen frei ausgesetzt, ist der Aufenthalt dort gesund, und das weiche, sandige Ufer bietet große Erleichterungen zum Heraufziehen der Prauen, um sie vor Pfahlwürmern zu bewahren und sie für die Heimreise auszurüsten. An ihrem südlichen Ende geht die Sandbank in das Gestade der Insel über, und dahinter gedeiht ein üppiger hoher Wald. Die Häuser sind von verschiedener Größe, aber alle nach *einem* Muster gebaut: leidlich große strohbedeckte Schuppen, von denen ein kleiner Teil nahe dem Eingang als Wohnung benutzt wird, während der Rest oft von einer oder zwei Wänden abgeteilt ist, um die Handelsartikel und inländischen Produkte besser aufstapeln zu können.

Da wir früh in der Jahreszeit angekommen waren, so standen die meisten Häuser leer, und der Ort sah äußerst verlassen aus – die ganze Bevölkerung, welche uns am Landungsplatze empfing, bestand aus ungefähr einem halben Dutzend Bugis und Chinesen.

Am nächsten Morgen nach einem zeitigen Frühstück brach ich auf, um den Urwald von Aru zu durchforschen, gespannt auf die Schätze, welche er wahrscheinlich barg, und auf den möglichen Erfolg meiner lang bedachten Expedition. Ein kleines inländisches Teufelchen diente mir als Führer, durch das Geschenk eines deutschen Messers, das drei und einen halben Pence wert war, verführt, und mein mangkassarischer Bursche Baderoon lichtete mit seinem Hackmesser den Pfad, wenn es nötig war.

Wir mußten etwa eine halbe Meile dem Ufer entlang gehen, da der Grund und Boden hinter dem Dorfe äußerst sumpfig war, und wandten uns dann in den Wald hinein auf einem Pfade, der zu dem inländischen Dorfe Wamma hinführt, etwa drei Meilen entfernt auf der anderen Seite der Insel. Der Weg war schmal und wenig begangen, oft sumpfig und von gestürzten Bäumen versperrt, so daß wir ihn nach einer Meile ganz verloren, und da unser Führer schon zurückgegangen war, so sahen wir uns genötigt, seinem Beispiele zu folgen. Zu gleicher Zeit aber war ich nicht faul gewesen, und mein Tagesfang bestimmte den Erfolg meiner Reise hinsichtlich der Entomologie. Ich hatte ungefähr 30 Arten von Schmetterlingen gefunden, mehr, als ich jemals an *einem* Tage, seit ich die fruchtbaren Ufer des Amazonenstromes verlassen, gefangen, und darunter waren viele höchst seltene und hübsche, bis dahin nur durch ein paar Exemplare von Neuguinea bekannte Insekten.

Die nächsten zwei Tage waren so naß und windig, daß man nicht hinausgehen konnte, aber am folgenden schien die Sonne hell, und ich hatte das Glück, eines der prächtigsten Insekten der Erde zu fangen, den großen vogelschwingigen Schmetterling Ornithoptera poseidon. Ich zitterte vor Erregung, als ich ihn majestätisch zu mir herabkommen sah, und konnte kaum glauben, daß mir wirklich der Streich gelungen, bis ich ihn aus dem Netz gezogen hatte und in Bewunderung verloren auf das Sammetschwarz und Brillantgrün seiner Schwingen, die sieben Zoll querüber maßen, auf seinen goldenen Körper und auf seine karmesinrote Brust schaute; wohl hatte ich ähnliche Insekten in Kabinetten meiner Heimat gesehen, aber es ist ein ganz anderes Ding, selbst so etwas zu fangen, es zwischen seinen Fingern sich winden zu fühlen und auf seine frische und lebendige Schönheit zu schauen – ein heller Edelstein in dem schweigenden Schatten eines dunklen und dichten Waldes. Das Dorf Dobbo barg an jenem Abend wenigstens *einen* Zufriedenen!

26. Januar. – Nachdem ich nun vierzehn Tage hier ge-

wesen, fing ich an, ein wenig von dem Orte und seinen Eigentümlichkeiten zu verstehen. Fortwährend kamen Prauen an, und die Kaufmannsbevölkerung vermehrte sich täglich. Alle zwei oder drei Tage wurde ein neues Haus geöffnet und die notwendigen Reparaturen gemacht; von allen Seiten her brachten Männer Pfähle, Bambus, Rotang und die Blätter der Nipa-Palme, um die Wände, Dächer, Türen und Fensterläden ihrer Häuser aufzubauen oder zu reparieren, was sie mit großer Fertigkeit tun. Einige der Ankömmlinge waren Mangkassaren oder Bugis, aber mehr von der kleinen Insel Goram am Ostende von Ceram, deren Einwohner die kleinen Kaufleute des fernen Ostens sind; dann kommen von der anderen Seite der Insel (hier »blakang tana« oder »Hinterland« genannt) die Eingeborenen von Aru mit Produkten, welche sie während der letzten sechs Monate gesammelt hatten, und welche sie jetzt den Händlern verkauften, denen sie zum Teil höchst wahrscheinlich verschuldet sind. Fast alle, oder ich kann sicher sagen, alle neuen Ankömmlinge statteten mir einen Besuch ab, um mit eigenen Augen das unerhörte Phänomen eines Menschen zu sehen, welcher nach Dobbo gekommen war und nicht Handel trieb! Sie haben ihre eigenen Ideen über den Nutzen, welcher möglicherweise aus den ausgestopften Vögeln, aus den Käfern und Muscheln, welche nicht die richtigen Muscheln – das ist »Perlmutter« – sind, gezogen wird. Sie bringen mir jeden Tag tote und zerbrochene Muscheln, wie ich sie zu Hunderten an dem Seeufer aufsammeln kann, und scheinen ganz erstaunt und traurig, wenn ich sie ablehne. Wenn jedoch unter der Menge einige Schneckenhäuser sind, so nehme ich sie und bestelle mir mehr – ein Prinzip, das ihnen so vollkommen unverständlich ist, daß sie es verzweifelt aufgeben oder das Problem dadurch lösen, daß sie denen, welche sie mich so sorgfältig aufbewahren sehen, eine verborgene medizinische Kraft zuschreiben.

Da ich in dem Hause eines Händlers wohnte, so wurde mir so gut wie jedem anderen alles gebracht – Bündel geräucherten Tripangs oder »bêche de mer«, die wie Würste aussahen, welche in Schmutz gerollt und dann in den Schornstein gehangen worden waren, getrocknete Haifischflossen, Perlmutterschalen und Paradiesvögel, welche jedoch so schmutzig und so schlecht erhalten sind, daß ich bis jetzt noch kein Exemplar, welches sich zum Ankauf lohnte, gefunden habe. Wenn ich die Sachen kaum ansehe und kein Gebot mache, so scheinen sie ungläubig zu sein, und als ob sie fürchten mißverstanden zu werden, bieten sie es mir wiederum an und erklären, was sie dagegen haben wollen – Messer oder Tabak oder Sago oder Tücher. Ich versuche dann durch einen Dolmetscher, der mir zur Hand ist, ihnen zu erklären, daß weder Tripang noch Perlenausterschalen Reiz für mich haben, und daß ich es selbst ablehne, in Schildpatt zu spekulieren, aber daß ich alles Eßbare kaufen will – Fisch oder Schildkröten oder Gemüse, was für welches es auch sei. Fast die einzige Nahrung, die wir aber mit großer Regelmäßigkeit bekommen können, sind Fische und Muscheln von sehr guter Qualität, und um die täglichen Bedürfnisse zu beschaffen, ist es absolut nötig, immer mit vier Artikeln versehen zu sein – Tabak, Messern, Sagokuchen und holländischen Kupferdoits –, denn wenn gerade das, was sie verlangen, nicht da ist, so gehen sie mit dem Fisch in das nächste Haus, und man bleibt den Tag ohne Mittagessen.

Seltsam sind die Körbe und Eimer, welche hier im Gebrauch sind. Die Muscheln werden in den Gehäusen großer Walzenschnecken gebracht (wahrscheinlich Cymbium ducale, während riesige Helmmuscheln, eine Art von Cassis, an einer Rotang-Handhabe aufgehängt, als Gefäße dienen, in welchen frisches Wasser täglich vor meiner Tür vorbeigetragen wurde. Es ist schmerzlich für einen Naturforscher, diese herrlichen Muscheln mit unbarmherzig ausgebrochenen Windungen zu diesem unedlen Zwecke verwendet zu sehen.

Meine Sammlungen aber kamen nur langsam vorwärts, und zwar in Folge des unerwartet schlechten Wetters und der heftigen, von starken Regenschauern begleiteten Winde, die so andauerten, daß ich von den ersten sechzehn hier zugebrachten Tagen nur vier gute Sammeltage hatte. Doch es war genügend gefunden worden, um mir zu zeigen, daß ich mit der Zeit und bei günstigem Wetter Gutes erwarten könnte. Von den Eingeborenen erhielt ich sehr schöne Insekten und einige hübsche Landmuscheln; und von der kleinen Zahl von Vögeln, die ich bis jetzt geschossen, waren mehr als die Hälfte als Neuguinea-Arten bekannt und daher sicherlich in europäischen Sammlungen selten, der Rest aber wahrscheinlich neu. In einer Hinsicht schienen meine Hoffnungen getäuscht werden zu sollen. Ich hatte mich schon im voraus gefreut, selbst schöne Exemplare des Paradiesvogels präparieren zu können, und erfuhr nun, daß sie zu dieser Jahreszeit alle ohne Gefieder sind und daß sie im September und Oktober erst die langen, gelben, seidenen Federn in aller Vollkommenheit wieder besitzen. Da alle Prauen im Juli zurückkehren, so würde ich nicht imstande gewesen sein, jene Jahreszeit in Aru zu verbringen, wenn ich nicht ein volles zweites Jahr dort bliebe, was ganz außer Frage stand. Man sagte mir jedoch, daß die kleine rote Art, der »Königs-Paradiesvogel«, sein Gefieder stets behält, und diesen konnte ich daher zu bekommen hoffen.

Als ich mit der Waldszenerie der Insel bekannter wurde, sah ich, daß sie einige charakteristische Züge besaß, welche sie von Borneo und der Halbinsel Malaka unterschieden, während sie, was sehr sonderbar und interessant ist, die halbvergessenen Eindrücke der Wälder des äquatorialen Amerikas mir ins Gedächtnis zurückriefen. Es waren z. B. die Palmen hier viel zahlreicher, als ich dies gewöhnlich im

Osten gefunden, im allgemeinen mehr mit der anderen Vegetation vermischt, in Form und Aussehen verschiedenartiger und einige jener hohen und majestätischen, glattstämmigen, fiederblättrigen Arten darunter, welche der Uauassú (Attalea speciosa) des Amazonenstromes gleichen, aber welche ich bis dahin selten auf den malayischen Inseln gefunden hatte.

In der Tierwelt war die ungeheure Anzahl und Mannigfaltigkeit der Spinnen und Eidechsen ein Umstand, welcher mir ebenfalls die fruchtbaren Regionen von Südamerika ins Gedächtnis zurückrief, und spezieller noch der Überfluß und die verschiedenartigen Farben der kleinen springenden Spinnen, welche auf Blumen und Laubwerk so zahlreich und oft Prachtstücke an Schönheit sind. Die gewebespinnenden Arten waren auch häufiger, als ich sie je gesehen habe, und mir höchst lästig, wenn sie ihre Netze quer über die Fußpfade gerade in der Höhe meines Gesichtes gebaut hatten; die Fäden, welche diese zusammensetzen, sind so stark und klebrig, daß es schwer ist, sich wieder von ihnen zu befreien; dann sind ihre Bewohner, große gelbgefleckte Ungeheuer mit zwei Zoll langen Körpern und Beinen in Proportion dazu, nicht gerade angenehme Dinger, um mit der Nase darauf zu rennen, wenn man einem prächtigen Schmetterlinge folgt oder in die Luft schaut, um einen Vogel mit seltsamer Stimme zu suchen. Ich fand es bald nötig, nicht nur das Gewebe zu entfernen, sondern auch die Spinnen zu töten; denn zuerst, als ich den Weg an einem Tage gereinigt hatte, fand ich am nächsten Morgen, daß die fleißigen Insekten ihre Netze an demselben Platze wieder ausgebreitet hatten.

5. Februar. – Ich benutzte einen sehr schönen, ruhigen Tag, um der Insel Wokan einen Besuch abzustatten, die etwa eine Meile von uns liegt und einen Teil des »tanna busar« oder Hauptlandes von Aru bildet. Dieses ist eine große Insel, welche sich von Norden nach Süden ungefähr

über hundert Meilen erstreckt, aber auf verschiedenen Teilen so niedrig ist, daß sie von mehreren Buchten durchschnitten wird, welche sie vollständig durchziehen und für ziemlich große Schiffe eine Durchfahrt abgeben. Am westlichen Ende, wo wir uns befanden, gibt es nur einige außerhalb liegende Inseln, von welchen die unsrige (Wamma) die größte ist; aber an der Ostküste liegt eine große Anzahl von Inseln, die sich einige Meilen über das Hauptland hinaus erstrecken und das »blakang tana« oder »schwarze Land« der Händler bilden, der hauptsächlichste Sitz der Perlen-, Tripang- und Schildpatt-Fischerei. Auf das Hauptland sind viele Vögel und Tiere dieser Gegend überhaupt beschränkt; die Paradiesvögel, der schwarze Kakadu, der große Buschtruthahn und der Kasuar – von allen diesen wird keiner auf Wamma oder den Vorinseln gefunden. Ich erwartete jedoch nicht, auf dieser Exkursion eine ausgesprochene Differenz in dem Walde oder seinen Produkten zu sehen und war daher angenehm überrascht. Das Seegestade war überschattet von den niederhängenden Zweigen großer mit Orchideen, Farnen und anderen Schmarotzerpflanzen beladener Bäume. Im Walde selbst gab es eine größere Mannigfaltigkeit, da einige Teile trocken lagen und mit niedrigen Bäumen bestanden waren, während in anderen einige der schönsten Palmen, welche ich jemals gesehen habe, vorkamen, mit vollkommen geraden, glatten, schlanken Stämmen, hundert Fuß hoch und mit einer Krone von hübschen niederhängenden Blättern. Aber überraschend neu und am auffallendsten für mich waren die Baumfarne, welche ich, nachdem ich sieben Jahre schon in den Tropen zugebracht, hier zum ersten Mal in ihrer Vollkommenheit sah. Alle, die ich bis jetzt angetroffen hatte, waren schlanke, nicht mehr als zwanzig Fuß hohe Arten gewesen und sie gaben nicht die leiseste Vorstellung von der außerordentlichen Schönheit von Bäumen, welche ihre eleganten Wedel mehr als dreißig Fuß hoch in die Luft senden, wie die, welche hier in Fülle im Walde zerstreut standen. Nichts in der tropischen Vegetation ist so vollkommen schön.

18. Februar. – Ehe ich Mangkassar verließ, hatte ich dem Gouverneur von Amboina geschrieben und ihn gebeten, mir durch die eingeborenen Häuptlinge von Aru Unterstützung angedeihen zu lassen. Ich erhielt nun mit einem Schiffe, welches von Amboina angekommen war, eine sehr höfliche Antwort, die mich unterrichtete, daß Befehle ausgesandt worden wären, um mir jede Unterstützung, welche ich verlangte, zukommen zu lassen; und ich wünschte mir gerade selbst Glück dazu, daß ich mir endlich ein Boot und Männer verschaffen konnte, um nach dem Hauptlande zu kommen und das Innere zu durchforschen, als sich mir in Form eines Piratenzuges ein plötzliches Hindernis aufwarf. Eine kleine Prau kam an, welche von Piraten angegriffen worden war und einen verwundeten Mann an Bord hatte. Man erzählte, sie hätten fünf Boote, aber es wurden noch mehrere erwartet, und die Händler waren alle in Bestürzung, da sie fürchteten, daß ihre kleinen Schiffe, die auf Handelsexpeditionen nach der »blakang tana« gesandt waren, geplündert werden würden. Die Aru-Eingeborenen waren natürlich in furchtbarer Aufregung, da diese Marodeure ihre Dörfer angreifen und in Brand stecken, alles morden und Frauen und Kinder als Sklaven fortführen. Kein Mann geht dann aus dem Dorfe, und ich mußte wie ein Gefangener in Dobbo bleiben. Der Gouverneur von Amboina hatte aus reiner Freundlichkeit den Häuptlingen gesagt, daß sie für meine Sicherheit verantwortlich wären, so daß sie nun eine vortreffliche Entschuldigung hatten, wenn sie sich weigerten fortzugehen.

Mehrere Prauen liefen aus, um die Piraten zu suchen, Schildwachen wurden aufgestellt und Feuer am Gestade angezündet, um sich gegen die Möglichkeit eines nächtlichen Angriffes zu sichern, obgleich man kaum daran den-

ken konnte, daß sie kühn genug sein würden, den Versuch
zur Plünderung von Dobbo zu wagen. Am nächsten Tage
kehrten die Prauen zurück, und wir bekamen den positiven
Bericht, daß diese Geißeln der östlichen Seen wirklich
schon unter uns seien. Eine der Prauen von Herrn Warz-
bergen kam auch in einem traurigen Zustande heim. Sie
war vor sechs Tagen, gerade als sie von der »blakang
tana« zurückkehrte, angegriffen worden. Die Besatzung
entkam in einem kleinen Boote und hatte sich im Dschungel versteckt, während die Piraten heranfuhren und das
Schiff plünderten. Sie nahmen alles fort, ausgenommen die
Ladung von Perlmutterschalen, welche ihnen zu schwer
war. Alle Kleider und Kisten der Leute und die Segel und
das Tauwerk der Prau wurden mitgeschleppt. Sie befanden
sich in vier großen Kriegsbooten und feuerten eine Muske-
tensalve ab, als sie sich näherten und ihre kleinen Boote
zum Angriff ausschickten. Nachdem sie sich entfernt hatten, beobachteten unsere Leute aus ihrem Verstecke, daß
drei mit einem kleinen Boote zurückgeblieben waren; und
ein tapferer Gesell, zur Verzweiflung getrieben, als er das
Plündern sah, schwamm, nur mit seinem parang oder Hackmesser bewaffnet, hin und überfiel sie mit einem verzwei-
felten Angriff; er tötete einen und verwundete die anderen beiden, erhielt selbst eine Anzahl von leichten Wunden
und schwamm dann, fast erschöpft, wieder zurück. Die
zwei anderen Prauen wurden auch geplündert und das
Schiffsvolk in einer derselben bis auf *einen* Mann ermordet. Es sollen »Sulu«-Piraten sein, aber auch Bugis sich
darunter befinden. Auf ihrem Wege hierher haben sie eine
der kleinen Inseln östlich von Ceram verwüstet. Es sind
jetzt elf Jahre verflossen, seitdem sie Aru besucht haben,
und, wenn sie so ihre Angriffe in langen und ungewissen
Zwischenräumen wiederholen, schwindet die Unruhe, und
sie finden an den meisten Orten eine unbewaffnete und die
Gefahr nicht ahnende Bevölkerung vor. Keines der kleinen

Handelsschiffe trägt jetzt Waffen, obgleich sie es ein bis zwei Jahre nach den letzten Angriffen taten zu einer Zeit, wo sie grade die wenigste Veranlassung dazu hatten. Eine Woche darauf wurde eines der kleineren Piratenschiffe in der »blakang tana« genommen, sieben Leute wurden getötet und drei gefangen. Die größeren Schiffe waren oft gesehen worden, konnten aber nicht gekapert werden, da sie sehr starke Bemannung haben und stets durch Rudern gegen den Wind auf die See entfliehen und nachts zurückkehren. Sie bleiben dann zwischen den zahllosen Inseln und Kanälen, bis der Wechsel des Monsuns sie instand setzt, nach Westen zu segeln.

9. März. – Seit vier bis fünf Tagen hatten wir eine beständige Bö und dann und wann Windstöße von solcher Kraft, daß es schien, als wollten sie Dobbo in die See hineinwehen. Regenschauer begleiten sie fast jede zweite Stunde, so daß die Witterung nicht angenehm ist. Bei einem solchen Wetter kann ich wenig tun, beschäftige mich aber damit, ein Boot, welches ich gekauft habe, für meine Exkursion in das Innere auszurüsten. Es hält ungeheuer schwer Männer zu bekommen, aber ich glaube, daß der »Orang-kaya« oder Häuptling von Wamma mich begleiten will, um dafür zu sorgen, daß ich nicht Gefahr laufe.

Nachdem ich nun ein ganz alter Bewohner von Dobbo geworden bin, will ich es versuchen, eine Beschreibung von der Stadt und den Sitten und Gebräuchen der Einwohner zu liefern. Der Ort ist jetzt ziemlich gefüllt, und die Straßen bieten einen viel hübscheren Anblick dar als zur Zeit meiner ersten Ankunft. Jedes Haus ist ein Stapelplatz, an dem die Eingeborenen ihre Produkte für das, was sie am nötigsten brauchen, eintauschen; Taschen- und Hackmesser, Schwerter, Gewehre, Tabak, Gambir, Teller, Schalen, Tücher, Sarongs, Kattun und Arrak sind die Hauptartikel, welche die Eingeborenen bedürfen; aber einige der Vorratshäuser enthalten auch Tee, Kaffee, Zucker, Wein, Bisquit etc. für den Bedarf der Händler; und andere sind voll von Luxusgegenständen: Porzellan, Spiegel, Rasiermesser, Schirme, Pfeifen, Geldtaschen – Dinge, welche die wohlhabenderen Eingeborenen lieben. An jedem schönen Tage werden vor der Tür Matten ausgebreitet und die Tripang wird darauf gelegt zum Trocknen, auch Zucker, Salz, Bisquit, Tee, Zeug und andere Dinge, welche durch eine sehr feuchte Atmosphäre verderben. Morgens und abends schlendern geputzte Chinesen umher oder plaudern in den Türen anderer in blauen Hosen, weißen Jacken und mit einem Haarzopf, in welchen rote Seide eingeflochten ist, bis er fast an die Fersen reicht. Ein alter Bugis-Hadji macht jeden Abend regelmäßig voller Würde einen Umzug in einem weiten grünseidenen Gewand und einem bunten Turban, von zwei kleinen Knaben begleitet, welche seine Sirih- und Betel-Büchsen tragen.

Auf jedem leeren Platze werden neue Häuser gebaut und alle Arten kurioser kleiner Kochschuppen an die alten angesetzt; in abgelegenen Winkeln stehen massive hölzerne Schweineställe mit aufwachsenden Ferkeln, denn wie könnte ein Chinese sechs Monate ohne einen Schweineschmaus existieren? Hier und da sind Buden, in denen Bananen verkauft werden, und jeden Morgen gehen zwei kleine Knaben mit Trögen voll von süßem Reis und geöffneten Kokosnüssen, gebackenen Fischen und geröstetem Pisang umher, und was es auch sein mag, sie haben nur *einen* Ruf: »Chocolat-t-t!« Es muß ein spanischer oder portugiesischer Ruf sein, der sich seit Jahrhunderten erhalten hat, während seine Bedeutung verloren gegangen ist. Die Bugis-Schiffer rufen, während sie das Hauptsegel aufhissen: »Vēla à vēla – véla, véla, véla!« in lang hallendem Chore. Da »vela« der portugiesische Name für Segel ist, so glaubte ich den Ursprung des Rufes gefunden zu haben. Aber ich sah später, daß sie dasselbe rufen, wenn sie einen Anker aufziehen und ihn oft in »hela« ändern, welches ein so allgemeiner Laut bei einer Anstrengung oder beim schweren Atmen ist, daß es sich hier wahrscheinlich nur um eine Interjektion handelt.

Es sind jetzt gewiß an fünfhundert Leute in Dobbo von verschiedenen Rassen, die sich alle in diesem entfernt gelegenen Winkel treffen, um, wie sie sagen, »ihr Glück zu machen«: Geld auf jede Weise zu verdienen. Meistens sind es Leute, welche den schlechtesten Ruf sowohl in betreff ihrer Ehrlichkeit als auch in betreff jeder anderen Art von Moralität besitzen – Chinesen, Bugis, Ceramesen und javanische Mischlinge, darunter einige halbwilde Papuas von Timor, Babbar und anderen Inseln –, und doch geht bis jetzt alles sehr ruhig zu. Diese buntscheckige, unwissende, blutdürstige, diebische Bevölkerung lebt hier ohne den Schatten einer Regierung, ohne Polizei, ohne Gerichtshöfe und ohne Advokaten. Dennoch schneiden sie sich nicht einander die Kehle ab, plündern nicht Tag und Nacht, fallen nicht in jene Anarchie, zu welcher, wie man glauben solle, ein solcher Zustand der Dinge führt. Es ist höchst außergewöhnlich! Es kommen dem Beobachter sonderbare Gedanken im Hinblick auf die Bergeslast von Regierung, unter welcher die Völker in Europa leben, und er fragt sich, ob wir nicht vielleicht überregiert sind. Man denke doch an die Hunderte von Parlamentsakten, welche jährlich erlassen werden, um uns, das Volk von England, zu verhindern, daß wir uns nicht gegenseitig die Kehlen abschneiden, oder daß wir nicht unseren Nachbarn tun, was wir nicht wollen, daß uns getan werde. Man denke an die Tausende von Advokaten und Anwälte, deren ganzes Leben damit zugebracht wird, uns zu erzählen, was eigentlich der Sinn dieser hundert Parlamentsakten ist, und man wird vielleicht zu der Ansicht kommen, daß, wenn Dobbo zu wenig, England sicherlich zu viel Gesetze hat.

Hier sehen wir in der einfachsten Form den Genius des Handels an der Arbeit der Zivilisation. Der Handel ist der

Zauber, der alle in Frieden hält, und der diese unharmonischen Elemente in eine sich gut vertragende Gemeinschaft vereint. Alle sind Händler und wissen, daß dieser Frieden und diese Ordnung für einen erfolgreichen Handel wesentlich sind, und so wird eine öffentliche Meinung geschaffen, welche aller Gesetzlosigkeit entgegentritt. Häufig in früheren Jahren, wenn ich den Campong Glam in Singapur entlang schlenderte, dachte ich, wie wild und ungezähmt die Bugis-Schiffer aussehen, und verspürte wenig Lust, mich ihnen anzuvertrauen. Jetzt aber finde ich, daß es sehr bescheidene und wohlerzogene Gesellen sind. Ich gehe täglich unbewaffnet in den Dschungel, wo ich sie immer treffe. Ich schlafe in einer Palmblatt-Hütte, in welche ein jeder eintreten kann, mit ebenso wenig Furcht und ebenso geringer Gefahr vor Dieben oder Mördern, als wenn ich unter dem Schutze einer Hauptstadtpolizei stünde. Es ist wahr, der holländische Einfluß macht sich hier bemerkbar. Die Inseln stehen nominell unter der Regierung der Molukken, welche die eingeborenen Häuptlinge anerkennt, und in den meisten Jahren kommt ein Kommissar von Amboina her, welcher eine Tour über die Inseln macht, Klagen anhört, Streitigkeiten beilegt und alle schweren Verbrecher als Gefangene fortführt. In diesem Jahre erwartet man ihn nicht, da noch keine Befehle gegeben wurden, ihn zu empfangen; es bleibt also das Volk von Dobbo sich selbst überlassen. Eines Tages wurde ein Mann auf der Tat ertappt, als er ein Stück Eisen aus Herrn Warzbergens Hause stahl, in welches er hineingekommen war, indem er ein Loch durch die Wand des Daches gebrochen hatte. Am Abend versammelten sich die Haupthändler des Ortes, Bugis und Chinesen. Der Verbrecher wurde verhört, für schuldig befunden und verurteilt, sofort zwanzig Hiebe zu bekommen. Sie wurden ihm mit einem kleinen Rotang mitten auf der Straße verpaßt, nicht sehr hart, da der Exekutor ein wenig mit dem Schuldigen zu sympathisieren schien.

Die Schande wirkt wohl ebenso viel als der Schmerz; denn wenn auch eine geschickte Betrügerei eher für verdienstlich als für irgend etwas anderes gehalten wird, so trifft doch offene Räuberei und Hauseinbruch allgemeine Verurteilung.

Durch die Wälder der Aru-Inseln

Endlich war mein Boot fertig, und nachdem ich zwei Leute außer meinen eigenen Dienern nach unendlich viel Geschwätz und Mühe engagiert hatte, verließen wir Dobbo am 13. März, um nach dem Hauptlande von Aru zu schiffen. Um Mittag erreichten wir die Mündung eines kleinen Flusses oder einer Bucht, welche wir hinauffuhren und die sich zwischen Mangrove-Sümpfen mit hier und da ein wenig trockenem Lande hindurchwand. Nach zwei Stunden kamen wir an ein Haus, oder besser gesagt eine kleine Hütte von erbärmlichem Aussehen, welche unser Steuermann, der »Orang-kaya« von Wamma, für den Platz erklärte, an dem wir bleiben wollten und an dem wir, wie er mich versichert hatte, alle Arten Vögel und andere Tiere, welche auf Aru vorkommen, erhalten würden. Der Schuppen war etwa von einem Dutzend Männern, Frauen und Kindern bewohnt; zwei Kochfeuer brannten darin, und ich schien wenig Aussicht auf Behaglichkeit zu haben. Ich verschob jedoch alle Fragen, bis ich den benachbarten Wald gesehen, und machte mich selbst mit zwei Leuten, Netz und Gewehren einen Pfad hinter dem Hause entlang auf den Weg. Nach einem Marsche von einer Stunde hatte ich genug gesehen, um entschlossen zu sein, mit dem Orte einen Versuch zu wagen, und als ich bei meiner Rückkehr fand, daß der »Orang-kaya« einen starken Fieberanfall hatte und unfähig war, irgend etwas zu tun, so trat ich mit dem Eigentümer des Hauses wegen eines *ein*wöchigen Gebrauches eines Teiles desselben von fünf Fuß Breite an dem einen Ende in Unterhandlungen, und wir kamen überein, daß ich alles mit *einem* »parang« oder Hackmesser zahlen sollte. Ich lud dann sofort meine Kästen und Betten aus dem Boote, hing ein Gestell für meine Vögel und Insekten auf und bereitete alles vor, um am folgenden Morgen an die Arbeit gehen zu können. Meine eigenen Burschen schliefen im Boot, um den Rest meines Eigentums zu bewachen; ein Kochplatz, von einigen Matten geschützt, wurde unter einem Baume in der Nähe etabliert, und ich fühlte jenen Grad der Befriedigung und der freudigen Erregung, welchen ich immer empfand, wenn ich nach langer Mühe und vielem Aufschub endlich an einer neuen Örtlichkeit meine Arbeit beginnen konnte.

Zuerst suchte ich über die Leute, welche gewohnt sind, die Paradiesvögel zu schießen, Erkundigungen einzuziehen. Sie leben in einiger Entfernung von hier im Dschungel, und ein Mann wurde nach ihnen gesandt. Als sie ankamen, hatten wir eine Unterredung mit Hilfe des »Orang-kaya« als Dolmetscher, und sie sagten, sie glaubten, welche bekommen zu können. Sie erklärten mir, daß sie die Vögel mit Bogen und Pfeil schössen; der Pfeil habe am Ende eine konische hölzerne Kappe, um den Vogel durch die Gewalt des Schusses zu töten, ohne ihm eine Wunde beizubringen und Blut zu vergießen. Die Bäume, welche die Vögel bewohnen, sind sehr hoch. Es ist daher notwendig, eine kleine Blattbedeckung oder ein kleines Dach zwischen den Zweigen zu errichten, zu welchem der Jäger vor Tagesanbruch am Morgen hinaufsteigt und dort den ganzen Tag bleibt; wenn sich dann ein Vogel zeigt, so schießt er ihn ziemlich sicher. Sie kehrten an demselben Abend nach Hause zurück, und ich sah nie wieder etwas von ihnen, weil es, wie ich später erfuhr, noch zu früh war, um Vögel mit gutem Gefieder zu bekommen.

Die ersten zwei oder drei Tage unseres Aufenthaltes waren sehr feucht, und ich erhielt nur wenige Insekten oder Vögel; aber endlich, als ich schon zu verzweifeln begann, kehrte mein Bursche Baderoon eines Tages mit einer Beute zurück, welche mir für Monate des Aufschubes und der Erwartung Entgelt schaffte. Es war ein kleiner Vogel, etwas kleiner als eine Drossel. Der größere Teil seines Gefieders war intensiv zinnoberrot mit einem Glanze wie von gesponnenem Glase. Auf dem Kopfe wurden die Federn kurz und sammetartig und gingen in ein prächtiges Orange über. Darunter von der Brust abwärts war er rein weiß von Seidenweiche und -glanz, und quer über der Brust trennte ein Band von tiefem metallischem Grün diese Farbe von dem Rot der Kehle. Über jedem Auge befand sich ein Fleck von demselben metallischen Grün. Der Schnabel war gelb, und die Füße und Beine, von einem schönen Kobaltblau, kontrastierten auffallend mit allen anderen Teilen des Körpers. Schon die Anordnung der Farben und die Textur des Gefieders allein stempelte diesen kleinen Vogel zu einem Edelstein vom reinsten Wasser, und doch war damit nur halb seine merkwürdige Schönheit gegeben. Von jeder Seite der Brust ausgehend und ganz unter den Flügeln verborgen befanden sich kleine Büschel von ins Grau spielenden zwei Zoll langen Federn, und jede endete in einem breiten Bande von intensivem Smaragdgrün. Diese Federn können willkürlich von dem Vogel gehoben und in ein paar elegante Fächer ausgebreitet werden, wenn sich die Flügel entfalten. Aber dies ist nicht die einzige hier. Die zwei Mittelfedern des Schwanzes sind in der Form dünner Federstrahlen fünf Zoll lang und gehen in einer schönen doppelten Biegung auseinander. Dieser Federstrahl ist oben einen halben Zoll von seinem Ende und nur an seiner Außenseite mit einem Fahnenbart versehen, der schön metallisch grün gefärbt und spiralig aufgerollt ist und auf diese Weise ein Paar eleganter, glitzernder Plättchen bildet, welche fünf Zoll lang herabhängen und ebenso weit nach der Seite abstehen. Diese zwei Zierate, der Brustfächer und die am Ende spiralig aufgerollten Federstrahlen des Schwanzes, sind durchaus einzig und kommen bei keiner anderen Art von den achttausend verschiedenen Vögeln, die man auf der Erde kennt, vor und zusammen mit der höchst exquisiten Schönheit des Gefieders, machen sie diesen Vogel zu dem lieblichsten aller lieblichen Naturprodukte. Mein Entzücken und meine Bewunderung ergötzte meine Aru-Wirte sehr, welche in dem »Burong raja« weiter nichts sahen als wir in einem Rotkehlchen oder in einer Goldamsel.

So war denn einer der Zwecke, um die ich in den fernen Osten gereist, erreicht. Ich hatte ein Exemplar des Königparadiesvogels (Paradisea regia) bekommen, welcher von Linné nach von den Eingeborenen in einem verstümmelten Zustande überbrachten Bälgen beschrieben worden war. Ich wußte, wie wenige Europäer jemals den vollkommenen kleinen Organismus, auf den ich jetzt schaute, besessen und wie sehr unvollkommen er bis jetzt in Europa überhaupt bekannt war. Die Empfindungen eines Naturforschers, welcher lange gewünscht hat, das Ding in Wirklichkeit zu sehen, das er bis jetzt nur nach einer Beschreibung, nach Zeichnungen und nach schlecht erhaltenen äußeren Körperdecken kannte – speziell wenn dieses Ding von außerordentlicher Schönheit und Seltenheit ist –, bedürften einer poetischen Ader, wenn sie vollkommen zum Ausdruck gelangen sollten. Die entfernte Insel, auf welcher ich mich befand, in einem fast unbesuchten Meere weitab von den Straßen der Kaufmannsflotten, die wilden, üppigen tropischen Wälder, die sich weit nach allen Seiten hin ausbreiten, die rohen, unkultivierten Wilden, welche mich umstarrten – alles das hatte seinen Einfluß auf die Empfindungen, mit denen ich auf diesen »Inbegriff von Schönheit« schaute. Ich dachte an die lange vergangenen Zeiten, während welcher die aufeinander folgenden Generationen dieses kleinen Geschöpfes ihre Entwickelung durchliefen – Jahr auf Jahr zur Welt gebracht wurden, lebten und starben, und alles in diesen dunklen, düsteren Wäldern, ohne daß ein intelligentes Auge ihre Lieblichkeit erspähte – eine üppige Verschwendung von Schönheit. Solche Gedanken wecken eine melancholische Stimmung. Auf der einen Seite erscheint es traurig, daß so außerordentlich schöne Geschöpfe ihr Leben ausleben und ihre Reize entfalten nur in diesen wilden, ungastlichen Gegenden, welche für Jahrhunderte zu hoffnungsloser Barbarei verurteilt sind; während es auf der anderen Seite, wenn zivilisierte Menschen jemals diese fernen Länder erreichen und moralisches, intellektuelles und physisches Licht in die Schlupfwinkel dieser Urwälder tragen, sicher ist, daß sie die in schönem Gleichgewichte stehenden Beziehungen der organischen Schöpfung zur unorganischen stören werden, so daß diese Lebensformen, deren wunderbaren Bau und deren Schönheit der Mensch allein imstande ist zu schätzen und sich ihrer zu erfreuen, verschwinden und schließlich aussterben. Diese Betrachtung muß uns doch lehren, daß alle lebenden Wesen *nicht* für den Menschen geschaffen wurden. Viele derselben haben keine Beziehung zu ihm. Der Zyklus ihrer Existenz ist unabhängig von der seinigen vorwärts geschritten und wird gestört oder vernichtet durch einen jeden Fortschritt in der intellektuellen Entwicklung des Menschen; ihr Glück und ihre Freude, ihr Lieben und ihr Hassen, ihre Kämpfe ums Dasein, ihre von Leben geschwellte Existenz und ihr früher Tod erscheinen unmittelbar als auf ihr eigenes Wohlsein und ihre eigene Erhaltung allein sich beziehend, und nur durch das gleiche Wohlbefinden und die gleiche Erhaltung der zahllosen anderen Organismen, mit denen alle mehr oder weniger intim in Verbindung stehen, beschränkt.

Nachdem ich den ersten Königsvogel erhalten hatte, ging

ich mit meinen Leuten in den Wald, und wir wurden nicht nur durch einen anderen mit gleich vollkommenem Gefieder belohnt, sondern ich war auch imstande, etwas von den Gewohnheiten dieser und der größeren Art zu sehen. Er besucht die niederen Bäume des weniger dichten Waldes, ist sehr lebhaft, fliegt mit kräftigem Fluge und einem schwirrenden Geräusch und hüpft und flattert unablässig von Zweig zu Zweig. Er ißt Früchte mit harten Steinen so groß wie eine Stachelbeere und schlägt mit seinen Flügeln nach Art der südamerikanischen Manakins, wobei er die schönen Fächer, mit denen seine Brust geziert ist, erhebt und ausbreitet. Die Eingeborenen von Aru nennen ihn »Goby-goby«.

Eines Tages kam ich unter einen Baum, auf dem eine Anzahl der großen Paradiesvögel versammelt war, aber sie befanden sich hoch oben im dicksten Laubwerk und flogen und sprangen so ununterbrochen hin und her, daß ich sie nicht gut sehen konnte. Schließlich schoß ich einen, aber es war ein junges Exemplar, ganz von reich schokoladenbrauner Farbe ohne die metallisch grüne Kehle und die gelben Federn des ausgewachsenen Vogels. Alle, welche ich bis jetzt gesehen hatte, glichen diesem, und die Eingeborenen sagten mir, daß es noch zwei Monate dauern würde, ehe einer mit vollständigem Gefieder gefunden würde. Ich hoffte daher, noch einige zu bekommen. Ihre Stimme ist sehr außergewöhnlich. Früh morgens ehe die Sonne aufgeht hören wir einen lauten Ruf wie: » Wawk–wawk–wawk, wōk–wōk–wōk«, welcher durch den Wald widerhallt und jeden Augenblick von einer anderen Seite ertönt. Das ist der große Paradiesvogel, welcher sich sein Frühstück sucht. Andere folgen bald seinem Beispiele; Loris und Perikattas schreien in schrillen Tönen, Kakadus kreischen, Königsjäger krächzen und die mannigfaltigen kleineren Vögel zirpen und pfeifen ihren Morgengesang. Während ich diesen interessanten Tönen lauschend liege, werde ich mir bewußt, daß ich es wirklich als erster Europäer ausgeführt habe, Monate lang auf den Aru-Inseln zu sein, eine Örtlichkeit, die ich mehr zu besuchen gehofft als erwartet hatte. Ich denke daran, wie viele sich außer mir danach gesehnt haben, dieses fast märchenhafte Reich zu erreichen, um mit eigenen Augen die vielen wundervollen und schönen Dinge, auf welche ich täglich stoße, zu sehen. Aber nun stehen Ali und Baderoon auf und machen sich mit ihren Gewehren und dem Proviant bereit, und der kleine Baso hat sein Feuer angezündet und kocht Kaffee, und es fällt mir ein, daß man mir gestern Abend spät einen schwarzen Kakadu gebracht hat, den ich sofort abbalgen muß; ich springe daher auf und beginne in glücklichster Stimmung mein Tagewerk.

Nach fünftägiger Abwesenheit kehrten die Boote von Dobbo zurück, und Ali brachte alles, wonach ich ihn geschickt, ganz richtig mit. Eine große Gesellschaft hatte sich versammelt, um bereit zu sein, die Sachen nach Hause zu tragen; es waren sehr viele Kokosnüsse dabei, welche hier für einen großen Luxus gelten. Es scheint seltsam, daß sie dieselben nie pflanzen, aber der Grund davon ist einfach der, daß sie sich nicht überwinden können, eine gute Nuß für den fernen Vorteil einer erst zwölf Jahre später erfolgenden Ernte einzulegen; auch ist die Gefahr da, daß die Früchte ausgegraben und gegessen werden, wenn man sie nicht Tag und Nacht bewacht. Unter den Sachen, nach denen ich geschickt hatte, befand sich ein Fäßchen Arrak, und ich wurde natürlich jetzt mit Bitten um einen kleinen Schluck bestürmt. Ich gab ihnen etwa zwei Flaschen davon, die sehr bald geleert wurden, und sie versicherten mir, daß viele da wären, die nicht einen Tropfen bekommen hätten. Da ich fürchtete, daß mein Fäßchen sehr bald zu Ende gehen würde, wenn ich alle ihre Wünsche befriedigte, so sagte ich ihnen, daß ich es ihnen *einmal* geschenkt habe, aber daß sie zum zweiten Male dafür bezahlen müßten, und daß ich später jedes Mal für jede Flasche einen Paradiesvogel haben müsse. Sie sandten sofort in alle benachbarten Häuser und kratzten eine Rupie in holländischem Kupfergeld zusammen, erhielten ihre zweite Portion und tranken sie ebenso ruhig wie die erste, waren dann aber weniger geschwätzig und weniger lärmend und unverschämt, als ich es erwartet hatte. Zwei oder drei kamen zu mir und baten mich zum zwanzigsten Male, ihnen den Namen meines Vaterlandes zu sagen; dann, als sie ihn nicht gut aussprechen konnten, behaupteten sie hartnäckig, daß ich sie betröge, und daß es ein Name meiner eigenen Erfindung sei. Ein possierlicher alter Mann, der eine lächerliche Ähnlichkeit mit einem meiner Freunde in der Heimat hatte, war besonders unwillig. »Unglung!« sagte er, »wer hat je einen solchen Namen gehört? – Anglang! Anger-lang! – und das kann nicht der Name Deines Vaterlandes sein; Du neckst uns.« Dann versuchte er eine überzeugende Erläuterung dazu zu geben: »Mein Land ist Wanumbai – jedermann kann Wanumbai sagen. Ich bin ein ›Orang-Wanumbai‹; aber N-glung! wer hat je einen solchen Namen gehört? Sage uns den wahren Namen Deines Vaterlandes, nur dann wissen wir, wenn Du fort bist, wie wir über Dich sprechen müssen.« Gegen dieses lichtvolle Argument und diesen Einwand konnte ich nichts als die wiederholte Behauptung setzen, und die ganze Gesellschaft blieb fest davon überzeugt, daß ich sie aus irgendeinem Grunde hinters Licht führe. Sie packten mich dann von einer andern Seite – wozu all diese Tiere, diese Vögel, Insekten und Muscheln so sorgfältig aufbewahrt würden. Sie hatten mich dasselbe oft vorher gefragt, und ich hatte ihnen zu erklären versucht, daß sie ausgestopft würden und wie lebende aussähen, und daß die Leute in meinem Lande dann kämen und sie sich ansähen. Aber das befriedigte sie nicht; in meinem Lande müsse es viel bessere Dinge zum Ansehen geben, und sie könnten es nicht glauben, daß ich mir so viel Mühe um ihre Vögel und Bestien gäbe, nur damit die Leute sie ansähen.

Sie brauchten sie nicht anzusehen; denn wir, die wir Kattun und Glas und Messer verfertigten und eine Menge wundervolle Dinge, brauchten doch keine Sachen von Aru, um sie anzusehen. Sie hatten augenscheinlich darüber nachgedacht und waren zuletzt zu etwas gekommen, was ihnen eine zureichende Theorie schien; denn derselbe alte Mann sagte mir in einem leisen, mysteriösen Tone: »Was wird aus ihnen, wenn Du zur See gehst?« »Nun«, sagte ich, »sie werden alle in Kästen gepackt; was meinst Du sollte aus ihnen werden?« »Sie werden alle wieder lebendig, nicht wahr?« sagte er, und obgleich ich versuchte es wegzuscherzen und meinte, wenn sie wieder auflebten, so würden wir auf See viel zu essen haben, so blieb er doch bei seiner Ansicht und wiederholte mit einem Ausdrucke tiefer Überzeugung oftmals: »Ja, sie kommen wieder ins Leben zurück; sie tun es – sie kommen alle wieder ins Leben zurück.«

Nach einiger Zeit und nachdem sie viel unter sich gesprochen, begann er wieder: – »Ich weiß alles – oh, ja! Ehe Du kamst, regnete es täglich – es war sehr naß; jetzt, seitdem Du hier bist, ist es schönes, heißes Wetter. Oh, ja! Ich weiß alles, Du kannst mich nicht betrügen.« Und so wurde ich für einen Zauberer gehalten und war nicht imstande, mich von diesem Scheine zu befreien. Aber der Zauberer wurde durch die nächste Frage vollkommen in Verlegenheit gesetzt: »Was«, sagte der alte Mann, »ist das große Schiff, in dem die Bugis und Chinesen ihre Sachen verkaufen? Es ist immer auf der großen See – sein Name ist Jong; erzähle uns alles davon!« Vergeblich suchte ich zu erfahren, was sie davon wüßten; sie wußten nichts, als daß es »Jong« hieße, daß es immer auf der See wäre und ein sehr großes Schiff sei, und schlossen: »Vielleicht ist das Dein Vaterland?« Als sie sahen, daß ich ihnen entweder nichts über »Jong« sagen könne oder wolle, kam erneutes Bedauern, daß ich ihnen nicht den wahren Namen meines Vaterlands mitteilen wolle, und dann eine große Menge von

Komplimenten, um mir zu sagen, daß ich ein viel besserer Mensch sei als die Bugis und Chinesen, welche manchmal kommen, um mit ihnen Handel zu treiben; denn ich gäbe ihnen Sachen für nichts, und versuchte es nicht, sie zu betrügen. Wie lange ich bleiben würde, war die nächste ernste Frage. Würde ich zwei oder drei Monate bleiben? Sie wollten mir viele Vögel und andere Tiere verschaffen, und bald würden meine Sachen, die ich mitgebracht hätte, zu Ende sein; dann sagte der alte Sprecher: »Geh nicht weg, aber laß mehr Sachen nach Dobbo kommen und bleibe ein oder zwei Jahre hier.« Und zum Schlusse wieder die alte Geschichte: »Sage uns den Namen Deines Vaterlandes. Wir kennen die Bugis-Leute, die Mangkassaren, die Javanen und die Chinesen; nur von Dir wissen wir nicht, aus welchem Lande Du kommst. Ung-lung! Es kann nicht sein; ich weiß, daß das nicht der Name Deines Landes ist.« Als ich sah, daß dieses lange Gespräch nicht zu Ende käme, sagte ich, ich sei müde und wolle schlafen gehen; und so gingen sie – nachdem der eine noch um ein wenig getrockneten Fisch für sein Abendbrot und der andere um ein wenig Salz zu seinem Sago gebeten hatte – sehr ruhig fort, und ich trat hinaus und schlenderte bei Mondenschein um das Haus, dachte an das einfache Volk und die sonderbaren Produkte von Aru und ging dann hinein unter meinen Moskitovorhang, um mit dem Gefühl vollkommener Sicherheit mitten unter diesen gutherzigen Wilden zu schlafen.

Die ganze Zeit, seitdem ich Dobbo verlassen, hatte ich furchtbar durch die Insekten gelitten, welche es auch hier darauf angelegt zu haben schienen, sich wegen meiner langjährigen Verfolgung ihrer Rasse zu rächen. An unserem ersten Stationsplatze waren Sandfliegen nachts sehr zahlreich, drangen an jeden Teil des Körpers und verursachten eine länger dauernde Reizung als Moskitos. Meine Füße und Knöchel litten besonders und waren vollständig mit kleinen roten, geschwollenen Flecken bedeckt, welche mich furchtbar schmerzten. Als wir hier ankamen, waren wir erfreut, das Haus frei von Sandfliegen und Moskitos zu finden, aber in den Plantagen, wohin meine täglichen Spaziergänge mich führten, schwärmten die am Tage beißenden Moskitos und schienen speziell sich daran zu belustigen, meine armen Füße anzugreifen. Nach der unaufhörlichen Belästigung während eines ganzen Monats empörten sich diese nützlichen Glieder gegen eine solche Behandlung und brachen in offenen Aufstand aus, der sich in zahlreichen entzündeten, schmerzhaften und mich am Gehen hindernden Geschwüren kund tat. So sah ich mich ans Haus gefesselt ohne baldige Aussicht, es verlassen zu können. Wunden und Geschwüre heilen besonders schwer in heißen Klimaten, und ich fürchtete sie daher sehr, mehr als irgendeine Krankheit. Es war äußerst langweilig, sich zu Hause halten zu müssen, da das schöne heiße Wetter für die Insekten, von denen ich alle Aussicht hatte, eine gute Sammlung zu erhalten, so vortrefflich war; nur durch tägliches und ununterbrochenes Suchen kann man die kleineren Arten und die selteneren und interessanteren Exemplare finden. Wenn ich mich ans Ufer schleppte, um zu baden, sah ich oft den blaubeschwingten Papilio ulysses und einige andere kleine und seltene Insekten, aber ich mußte Geduld haben und ruhig an mein Vogelabbalgen oder irgend welche andere Arbeit, die ich zu Hause machen konnte, gehen. Die Stiche und Bisse und ununterbrochenen Reizungen, welche diese Plagen der tropischen Länder verursachen, könnten wohl ohne Klage ertragen werden, aber von ihnen als Gefangener gehalten zu werden in einem so reichen und unerforschten Lande, wo seltene und schöne Geschöpfe auf jedem Spaziergange in den Wald zu finden sind – ein Land, welches erst nach einer langen und beschwerlichen Reise erreicht wurde und das vielleicht in diesem Jahrhunderte zu demselben Zwecke nicht wieder besucht werden wird –, das ist eine zu schwere Strafe für einen Naturforscher, als daß er mit Stillschweigen darüber hinweggehen könnte.

8. Mai. – Ich war jetzt sechs Wochen in Wanumbai gewesen, aber hatte mehr als die Hälfte der Zeit mit Geschwüren an den Füßen zu Hause liegen müssen. Da meine Vorräte fast erschöpft und meine Vogel- und Insektenkästen voll waren, und da ich keine baldige Aussicht hatte, den Gebrauch meiner Beine wieder zu erlangen, so beschloß ich, nach Dobbo zurückzukehren. Die Vögel waren zuletzt ziemlich spärlich geworden und die Paradiesvögel noch nicht so schön, wie die Eingeborenen mir versicherten, daß sie im nächsten Monate sein würden. Ich beabsichtigte fest zurückzukommen, und hätte ich gewußt, daß die Umstände mich daran hindern würden, so hätte ich es schmerzlich empfunden, einen Platz verlassen zu müssen, an dem ich zum ersten Male so viele seltene und schöne Lebewesen gesehen und so im vollem Maße mich des Vergnügens erfreut hatte, welches das Herz des Naturforschers erfüllt, wenn er so glücklich ist, einen bis dahin undurchsuchten Distrikt zu entdecken, in welchem jeder Tag neue und unerwartete Schätze ans Tageslicht fördert. Wir luden unser Boot am Nachmittag, fuhren vor Sonnenaufgang ab und erreichten mit Hilfe eines günstigen Windes Dobbo spät an demselben Abend.

AM VOGELKOPF. AUFENTHALT AUF NEUGUINEA

Nach meiner Rückkehr von Dschilolo nach Ternate im März 1858 traf ich Vorbereitungen für meine lang ersehnte Reise nach dem Hauptlande von Neuguinea, wo ich vermutete, daß meine Sammlungen diejenigen, welche ich auf den Aru-Inseln gemacht, noch übertreffen würden.

Wir fuhren am 25. März in dem Schoner »Hester Helena« ab, der meinem Freunde Herrn Duivenboden gehörte und für eine Handelsexpedition, der Nordküste Neuguineas entlang, bestimmt war.

Als wir aus der Meerenge herausgekommen waren und frei im großen Ozean schwammen, hatten wir zum ersten Male, seitdem wir Ternate verlassen, einen heftigen Wind, aber unglücklicherweise war er uns widrig, und wir mußten gegen ihn ankämpfen, indem wir an der Küste von Neuguinea hin- und herkreuzten. Ich sah mit hohem Interesse auf diese zerrissenen Berge, welche sich in aufeinanderfolgenden Zügen ins Innere erstreckten, wohinein der Fuß eines zivilisierten Menschen noch nie gesetzt. Es war das Land des Kasuars und des Baumkänguruhs, und jene dunklen Wälder bargen die außergewöhnlichsten und schönsten der gefiederten Bewohner der Erde – die mannigfaltigen Arten des Paradiesvogels. Noch ein paar Tage weiter und ich hoffte, diese und die kaum weniger schönen Insekten, welche mit ihnen zusammen vorkommen, jagen zu können. Wir hatten jedoch noch mehrere Tage nur Windstillen und leichte wirdrige Winde, und erst am 10. April setzt eine schöne westliche Brise ein, auf die eine stürmische Nacht folgte, welche uns an die Einfahrt des Hafens von Dorey brachte. Am nächsten Morgen fuhren wir ein und ankerten auf der kleinen Insel Mansinam, auf welcher zwei deutsche Missionare, die Herren Otto und Geisler, wohnten.

Diese Missionare sind Handwerker, und sie waren ausgesandt worden, da diese unter wilden Völkern nützlicher sind als Personen von höherer Bildung. Sie waren ungefähr zwei Jahre hier, und Herr Otto hatte die Papua-Sprache fließend sprechen lernen und angefangen, einige Teile der Bibel zu übersetzen. Die Sprache jedoch war so arm, daß eine beträchtliche Anzahl malayischer Wörter gebraucht werden müssen, und es ist fraglich, ob es möglich ist, einem Volke von einem so niedrigen Zivilisationsgrade eine Idee eines solchen Buches beizubringen. Die einzigen nominell Bekehrten sind bis jetzt ein paar Frauen, und einige Kinder besuchen die Schule und lernen lesen, aber machen sehr wenig Fortschritte. Ein Umstand, glaube ich, wird wesentlich den moralischen Wirkungen dieser Mission schaden. Es ist den Missionaren gestattet Handel zu treiben, um ihr sehr geringes, ihnen von Europa zugestandenes Gehalt zu vergrößern, und sie sind natürlich genötigt, den Prinzipien des Handels zu huldigen: billig zu kaufen und teuer zu verkaufen, wenn sie etwas verdienen wollen. Wie alle Wilden sind die Eingeborenen ganz sorglos um die Zukunft, und wenn sie ihre kleine Reisernte eingeheimst haben, bringen sie einen großen Teil davon den Missionaren und verkaufen ihn für Messer, Perlen, Äxte, Tabak oder irgend welche andere Dinge, die sie brauchen. Einige Monate später, zu der nassen Jahreszeit, wenn die Nahrung spärlich wird, kommen sie, kaufen es wieder zurück und geben dafür Schildkrötenschalen, Tripang, wilde Muskatnüsse und andere Produkte. Natürlich wird der Reis zu einem viel höheren Preise *ver*kauft, als er *ge*kauft wurde, wie es vollkommen in der Ordnung und gerecht ist – und das Geschäft ist im ganzen wohltätig für die Eingeborenen, die sonst ihre Nahrung, wenn sie reichlich vorhanden ist, verzehren und verschwenden und dann zugrunde gehen würden – aber ich kann nicht glauben, daß die Eingeborenen es in diesem Lichte sehen. Sie müssen auf die handeltreibenden Missionare mit etwas Argwohn blicken.

Die Inseln in der Bucht und die niedrigen Gegenden nahe der Küste scheinen aus neuerlich gehobenen Korallenriffen gebildet zu sein und sind viel mit Korallenmassen, die sich aber wenig verändert haben, besät. Der Hügelrücken hinter meinem Hause, welcher auf das Vorgebirge ausläuft, ist ebenfalls gänzlich Korallenfelsen, obgleich sich in den Einschnitten Zeichen einer geschichteten Unterlage finden und auch sonst sich der Felsen selbst dichter und kri-

stallin zeigt. Er ist wahrscheinlich älter und eine mehr neuerliche Hebung hat die niedrigen Gründe und die Inseln
gebildet. Auf der anderen Seite der Bucht erhebt sich die
große Masse der Arfak-Berge, von denen die französischen
Seefahrer aussagten, daß sie ungefähr 10 000 Fuß hoch
sind und von wilden Stämmen bewohnt werden. Diese sind
von dem Dorey-Volk sehr gefürchtet, das oft von ihnen
angegriffen und geplündert worden ist und einige ihrer
Schädel an der Außenseite der Häuser hängen hat. Wenn
man mich irgendwohin in der Richtung des Gebirges in den
Wald gehen sah, riefen die kleinen Knaben des Dorfes
»Arfaki! Arfaki!« hinter mir her, gerade wie sie es vor fast
vierzig Jahren hinter Lesson her getan.

Unter den Insekten waren die seltsamsten und neuesten
eine Gruppe gehörnter Fliegen, von denen ich vier verschiedene Arten erhielt, die sich auf gestürzten Bäumen
und verfaulenden Stümpfen aufhielten. Diese bemerkenswerten Insekten, welche von Herrn W. W. Saunders als
eine neue Gattung unter dem Namen Elaphomia oder
Hirschfliegen beschrieben wurden, sind etwa einen halben
Zoll lang, schlank von Körper und mit sehr langen Beinen,
welche sie anziehen, um ihre Körper hoch über die Fläche
zu erheben, auf welcher sie stehen. Das vordere Fußpaar
ist viel kürzer und wird oft gerade nach vorn gestreckt, so
daß es Antennen gleicht. Die Hörner entspringen unterhalb
des Auges und scheinen eine Verlängerung des unteren Teiles der Augenhöhle zu sein. Bei der größten und sonderbarsten Art, Elaphomia cervicornis oder Hirschgeweih-
Hirschfliege genannt, sind diese Hörner fast so lang wie
der Körper und haben zwei Äste mit zwei kleinen Knorren
nahe ihrer Gabelung, so daß sie den Hörnern eines Hir-
sches ähneln. Sie sind schwarz mit blassen Spitzen, während
der Körper und die Beine gelblichbraun sind und die Augen (im Leben) violett und grün.

Beständiger Regen, beständige Krankheit, wenig gesunde Nahrung und eine Pest von Ameisen und Fliegen, die alles, was ich davon vorher erlebt hatte, überboten, alles das erforderte den Eifer eines Naturforschers, um ihm zu begegnen; und wenn man sich nicht durch große Erfolge im Sammeln entschädigt sah, so wurde es noch unerträglicher. Diese langbedachte und sehr ersehnte Reise nach Neuguinea hatte keine meiner Erwartungen erfüllt. Anstatt mehr zu bieten als die Aru-Inseln, bot das Land fast in allen Dingen weniger. Anstatt mehrere der selteneren Paradiesvögel zu liefern, hatte ich nicht einmal einen von ihnen gesehen und keinen besonders schönen Vogel und kein besonders schönes Insekt erhalten. Ich kann jedoch nicht leugnen, daß Dorey an Ameisen sehr reich war. Eine kleine schwarze Art kam außerordentlich viel vor. Fast jeder Strauch und jeder Baum war mehr oder weniger von ihnen unsicher gemacht, und ihre großen papierenen Nester konnte man überall finden. Sie nahmen sofort von meinem Hause Besitz, bauten ein großes Nest in dem Dache und papierene Gänge fast an jeden Pfahl hinunter. Sie schwärmten auf meinem Tisch umher, wenn ich bei der Arbeit meine Insekten ausbreitete, trugen diese dicht vor meiner Nase fort und zogen sie selbst von den Karten ab, auf welche sie aufgeklebt waren, wenn ich sie einen Augenblick liegen ließ. Sie krabbelten beständig über meine Hände und über mein Gesicht, kamen mir ins Haar und spazierten nach Vergnügen über meinen ganzen Körper, ohne viel Unbehaglichkeit zu bereiten, bis sie zu beißen anfingen, was sie taten, wenn sie bei ihrem Marsche auf irgendein Hindernis stießen; und sie bissen mit einer Heftigkeit, welche mich aufspringen machte und mich zwang, die Kleider abzuwerfen und den Angreifer hinauszujagen. Sie drangen auch in mein Bett, so daß selbst die Nacht mir keinen Schutz vor ihren Verfolgungen gewährte, und ich glaube, daß ich buchstäblich während meines dreiundeinhalbmonatlichen Aufenthaltes in Dorey nicht eine einzige

Stunde ganz von ihnen frei blieb. Sie waren nicht so gefräßig wie viele andere Arten, aber ihre Anzahl und ihre Allgegenwart machte es notwendig, beständig auf Wacht gegen sie zu sein.

Die Fliegen, welche mich am meisten beunruhigten, waren eine große Art blauer Schmeißfliegen. Sie setzten sich in Schwärmen auf meinen Vogelbälgen fest, wenn sie zuerst zum Trocknen ausgelegt wurden, und füllten das Gefieder mit einer Masse von Eiern, welche, wenn man es vernachlässigte, am nächsten Tage Maden produzierten. Sie kamen unter die Flügel und unter den Körper, wo er auf dem Trockengestelle lag, und erhoben ihn tatsächlich manchmal einen halben Zoll durch die Masse von Eiern, welche sie in ein paar Stunden legten. Und jedes Ei war so fest mit den Fasern der Federn verklebt, daß es eine zeitraubende und die Geduld in Anspruch nehmende Arbeit war, sie, ohne den Vogel zu verletzen, wieder herauszubringen. An keinem anderen Orte bin ich jemals von einer solchen Plage wie diese belästigt worden.

Am 29. verließen wir Dorey und erwarteten eine schnelle Heimreise, da es die Zeit im Jahr war, in welcher wir einen starken südlichen und östlichen Wind haben mußten. Anstatt dieser aber hatten wir Windstillen und westliche Brisen, und es dauerte siebzehn Tage, bis wir Ternate erreichten, eine Entfernung von nur fünfhundert Meilen, welche mit mäßigem Winde in fünf Tagen erreicht sein konnte. Es war mir ein großer Genuß, mich wieder in meinem bequemen Hause zu finden und meinen Tee und Kaffee mit Milch verzehren und an frischem Brot und Butter, an Geflügel und Fisch zum täglichen Mittagessen mich erfreuen zu können. Diese Neuguinea-Reise hatte uns alle stark mitgenommen, und ich beschloß, vor der Unternehmung einer neuen Expedition zu rasten und mich zu erholen. Meine darauf folgenden Reisen nach Dschilolo und Batchian sind schon erzählt, und es bleibt mir nur noch übrig, einen Bericht über meinen Aufenthalt in Wageu, dem letzten papuanischen Territorium, welches ich besuchte, um Paradiesvögel zu bekommen, zu geben.

WAGEU. DER ROTE PARADIESVOGEL

Das Dorf Muka an der Südküste von Wageu besteht aus einer Anzahl ärmlicher Hütten, welche zum Teil auf dem Wasser, zum Teil auf dem Ufer unregelmäßig über einen Flächenraum von ungefähr einer halben Meile in einer seichten Bucht zerstreut liegen. Um dieselben herum befinden sich einige Strecken kultivierten Landes und viele junge Wälder; dahinter in einer Entfernung von einer halben Meile erhebt sich der Urwald, durch den einige Pfade zu den Häusern und Plantagen ein bis zwei Meilen landeinwärts führen. Der Boden in der Umgegend ist ziemlich flach und an einigen Stellen sumpfig, und ein oder zwei kleine Bäche fließen hinter dem Dorfe in die See. Als ich sah, daß ich kein für meine Zwecke passendes Haus bekommen könnte und nachdem ich so oft die Vorteile erfahren hatte, nahe bei oder gerade in dem Walde zu wohnen, verschaffte ich mir die Hilfe von einem halben Dutzend Leute; und nachdem ich einen Platz nahe dem Weg und dem Bach und dicht bei einem schönen Feigenbaume, welcher gerade im Walde stand, ausgesucht, lichteten wir den Grund und begannen, ein Haus zu bauen. Da ich nicht beabsichtigte, hier so lange wie in Dorey zu bleiben, so errichtete ich einen langen niedrigen Schuppen, ungefähr sieben Fuß hoch an der einen Seite und vier an der anderen, der nur wenig Holz erforderte und sehr schnell errichtet war. Unsere Segel und einige alte Attaps von einer verlassenen Hütte in dem Dorfe gaben die Wände ab, und eine Reihe von »Kadschans« oder Palmblatt-Matten bedeckte das Dach. Nach drei Tagen war mein Haus fertig und alle meine Sachen standen darin bequem angeordnet, so daß ich die Arbeit beginnen konnte und erfreut war, so schnell in eine so angenehme Lage gekommen zu sein.

Es war am Tage sehr schönes Wetter, aber in der Nacht regnete es stark, und unser Dach erwies sich als nicht wasserdicht. Zuerst fing es an zu tröpfeln, und dann strömte es überall hinein. Ich mußte mitten in der Nacht aufstehen, um meine Insektenschachteln und meinen Reis und andere leicht verderbliche Sachen in Sicherheit zu bringen und einen trockenen Schlafplatz zu suchen, denn mein Bett war durchnäßt. Wir verbrachten alle eine elende und schlaflose Nacht. Am Morgen schien die Sonne hell, und alles wurde zum Trocknen hinausgelegt. Wir suchten ausfindig zu machen, wieso die Matten leckten, und meinten es darin gefunden zu haben, daß sie auf der verkehrten Seite lagen. Nachdem ich alle umgedreht und bis zum Abend alles trokken und behaglich gemacht hatte, gingen wir zu Bett und wurden vor Mitternacht wieder durch Ströme von Regen und Bäche, welche auf uns so arg wie nur je herabströmten, aufgeweckt. In jener Nacht konnten wir nicht weiter schlafen, und am nächsten Tage wurde unser Dach wiederum in Stücke zerlegt, und wir kamen zu dem Schluß, daß der Fehler in einer für die Matten zu geringen Neigung des Daches läge, obgleich dieselbe für das gewöhnliche Attap-Dach genügt hätte. Ich kaufte deshalb einige neue und alte Attaps, und wo diese nicht ausreichten, legten wir die Matten doppelt und fanden schließlich zu unserer Genugtuung das Dach ziemlich wasserdicht.

Ich war jetzt imstande, meine Untersuchungen über die Naturgeschichte der Insel zu beginnen. Als ich zuerst ankam, war ich überrascht, als man mir erzählte, daß es keine Paradiesvögel in Muka gäbe, obgleich sie in Bessir, einem Orte, wo die Eingeborenen sie fingen und die Bälge präparierten, sehr häufig wären. Ich versicherte den Leuten, daß ich den Ruf dieser Vögel dicht bei dem Dorfe gehört hätte, aber sie glaubten nicht, daß ich wissen könne, wie sie rufen. Aber das allererste Mal, als ich in den Wald ging, hörte ich sie nicht nur, sondern sah sie auch und war überzeugt, daß es eine Menge in der Umgegend gäbe; aber sie waren sehr scheu, und es dauerte einige Zeit, ehe wir welche bekamen. Mein Jäger schoß zuerst ein Weibchen, und ich kam eines Tages einem schönen Männchen sehr nahe. Es war, wie ich erwartet hatte, die seltene rote Art, Paradisea rubra, welche allein die Insel bewohnt und sonst nirgends gefunden wird. Das Tier hielt sich ganz unten auf und lief einen Ast entlang, um Insekten zu suchen, fast so wie ein Specht. Die langen schwarzen, bandähnlichen Filamente in seinem Schwanze hingen in der zierlichsten Doppelbiegung herab, die man sich nur vorstellen kann. Ich legte an und wollte den Lauf gebrauchen, welcher eine sehr geringe Ladung Pulver und eine Kugel Nr. 8 barg, um das Gefieder nicht zu verletzen, aber das Gewehr versagte und der Vogel verschwand sofort im dichtesten Dschungel. An einem anderen Tage sah ich nicht weniger als acht schöne Männchen zu verschiedenen Zeiten und feuerte viermal nach ihnen; aber obgleich andere Vögel in derselben Entfernung fast immer fielen, entkamen diese, und ich fing an zu glauben, daß wir diese prächtige Art nicht bekommen würden. Endlich reiften die Früchte auf dem Feigenbaume nahe meinem Hause, es kamen viele Vögel, um sie zu fressen, und eines Morgens, als ich meinen Kaffee einnahm, sah ich einen männlichen Paradiesvogel sich auf seine Spitze niederlassen. Ich ergriff mein Gewehr, lief unter den Baum und konnte ihn, als ich hinaufschaute, von Zweig zu Zweig fliegen, eine Frucht hier und eine andere dort fassen sehen, dann aber war er, ehe ich ein genügendes Ziel, um in solcher Höhe nach ihm zu schießen, finden konnte (denn es war einer der höchsten Bäume der Tropen), in den Wald verschwunden. Er besuchte nun diesen Baum jeden Morgen, blieb aber so kurze Zeit darauf und seine Bewegungen waren so schnell und er war wegen der niedrigeren Bäume, welche die Aussicht versperrten, so schwer zu sehen, daß ich erst nach mehreren Tagen und nach ein oder zwei Fehlschüssen meinen Vogel herunterbrachte – ein Männchen mit dem prächtigsten Gefieder.

Dieser Vogel unterscheidet sich sehr von den zwei großen Arten, welche ich schon bekommen hatte, und obgleich er des Reizes entbehrt, den ihr langes goldenes Gefieder gewährt, so ist er doch in vieler Hinsicht bemerkenswerter und schöner. Der Kopf, der Rücken und die Schultern sind mit einem üppigeren Gelb bekleidet, die tiefe metallischgrüne Farbe der Kehle verbreitet sich weiter über den Kopf und die Federn sind auf der Stirn in zwei kleine Kämme verlängert. Die Seitenfedern sind kürzer, aber von satter roter Farbe, enden in zarten weißen Spitzen, und die Mittelschwanzfedern sind durch zwei lange, steife, glänzende Bänder repräsentiert, welche schwarz, dünn und halb zylindrisch in einer Spirale graziös herabhängen. Mehrere andere interessante Vögel erhielt ich hier und etwa ein halbes Dutzend ganz neuer; aber keinen von bemerkenswerter Schönheit mit Ausnahme der lieblichen kleinen Taube Ptilonopus pulchellus, welche ich neben anderen Tauben auf dem Feigenbaume nahe meinem Hause schoß. Sie ist auf der Oberseite von einer schönen grünen Farbe, die Stirn von dem reichsten Karmesinrot und unten grau, weiß und prächtig gelb, mit Violettrot gebändert.

Die Menschen auf Wageu sind keine echten Eingeborenen der Insel; »Alfuren« oder Ureinwohner kommen dort nicht vor. Sie scheinen eine gemischte Rasse teils von Dschilolo, teils von Neuguinea zu sein. Malayen und Alfuren von der ersteren Insel haben sich wahrscheinlich hier niedergelassen, und viele von ihnen haben Papua-Frauen von Salvatti oder Dorey genommen, und die Einwanderung von Leuten aus diesen Gegenden oder von Sklaven hat zu der Bildung eines Stammes geführt, welcher fast alle Übergänge vom fast reinen Malayen- bis zum vollständigen Papua-Typus darbietet. Die von ihnen gesprochene Sprache ist ganz papuanisch; es ist die, welche an allen Küsten von Misole und Salwatti, im Nordwesten von Neuguinea und auf den Inseln der großen Geelvink-Bai gesprochen wird.

Das Volk von Muka lebt in jenem abscheulichen Zustande der Armut, den man fast immer da findet, wo der Sagobaum in Menge vorhanden ist. Sehr wenige nehmen sich die Mühe, Gemüse oder Früchte anzubauen, sondern leben fast gänzlich von Sago und Fischen und verkaufen ein wenig Tripang oder Schildpatt, um sich die dürftige Kleidung zu verschaffen, welche sie brauchen. Jedoch besitzen sie fast alle ein oder zwei Papua-Sklaven, von deren Arbeit sie bei fast absoluter Faulheit leben, und gehen nur zur Abwechslung ihres gleichförmigen Daseins auf kleine Fischzüge und Handelsexpeditionen aus. Sie stehen unter der Herrschaft des Sultans von Tidor und müssen jährlich einen kleinen Tribut an Paradiesvögeln, Schildpatt oder Sago zahlen. Um diese Dinge zu erhalten, gehen sie in der schönen Jahreszeit auf eine Handelsexpedition nach dem Hauptlande von Neuguinea, handeln mit einigen Waren, die sie auf Kredit von Ceram- und Bugis-Händlern bekommen, sehr genau mit den Eingeborenen und verdienen genug, um ihren Tribut zu bezahlen und selbst noch einen kleinen Profit dabei zu machen.

In einem solchen Lande lebt es sich nicht sehr angenehm, denn da es dort nichts Überflüssiges gibt, so kann man auch nichts kaufen, und wäre nicht ein Händler aus Ceram dagewesen, der während meines Aufenthaltes dort wohnte und einen kleinen Gemüsegarten besaß und dessen Leute gelegentlich einige Reservefische erhielten, so würde ich überhaupt oft nichts zu essen bekommen haben. Geflügel, Obst und Gemüse sind Luxusartikel, die man sehr selten in Maku kauft, und selbst die für die östliche Küche so unumgänglich nötigen Kokosnüsse sind nicht zu erhalten; denn obgleich es einige hundert Bäume in dem Dorfe gibt, so wird die Frucht doch grün gegessen, um den Ort mit Gemüse zu versehen, zu dessen Anbau das Volk zu träge ist. Ohne Eier, Kokosnüsse und Pisang hatten wir sehr kärglich besetzte Tische, und da das Wetter für den Fischfang ungünstig war, so mußten wir von einigen eßbaren Vögeln, die wir schießen konnten, gelegentlich von einem Cuscus oder östlichen Oppossum, dem einzigen vierfüßigen Tier auf der Insel, mit Ausnahme des Schweines, leben.

Ich hatte nur zwei männliche Paradiesvögel auf meinem Baume geschossen, als sie aufhörten, ihn zu besuchen, entweder weil die Früchte spärlicher wurden oder weil sie klug genug waren, die Gefahr zu merken. Wir hörten und sahen sie weiter in dem Wald, aber hatten selbst nach einem Monat noch keinen wieder geschossen, und da es mein Hauptzweck bei meinem Besuche von Wageu war, diese Vögel zu bekommen, so beschloß ich, nach Bessir zu gehen, wo es eine Anzahl Papuas gibt, welche sie fangen und präparieren. Ich mietete für diese Reise ein kleines Boot mit Außengestell und ließ einen Mann als Wächter für mein Haus und meine Sachen zurück. Wir mußten mehrere Tage auf schönes Wetter warten, aber fuhren endlich eines Morgens früh ab und kamen nach einer rauhen und unangenehmen Überfahrt spät am Abend an. Das Dorf Bessir war im Wasser an der Spitze einer kleinen Insel erbaut. Die Hauptnahrung des Volkes bestand augenscheinlich aus Schalentieren, da große Haufen von Schalen in dem seichten Wasser zwischen den Häusern und dem Lande aufgehäuft lagen und regelrechte »Küchenabfälle« bildeten, welche der Erforschung einiger Zukunftsarchäologen harren. Wir verbrachten die Nacht in dem Hause des Häuptlings und gingen am folgenden Morgen auf das Hauptland hinüber, um nach einem Orte auszuschauen, wo ich wohnen könnte. Dieser Teil von Wageu ist in der Tat eine andere Insel

südlich von dem engen Kanal, welchen wir auf unserer Reise nach Muka passiert hatten. Sie scheint fast gänzlich aus
gehobenen Korallen zu bestehen, während die nördliche Insel harten kristallinen Kalkstein enthält.

Mein erstes Geschäft bestand darin, nach Leuten zu
schicken, welche gewohnt waren, Paradiesvögel zu fangen.
Es kamen mehrere von ihnen, und ich zeigte ihnen meine
Äxte, Beile, Messer und Tücher und setzte ihnen, so gut
ich es vermittelst Zeichen konnte, auseinander, wie viel ich
für frisch getötete Exemplare geben würde. Es ist allgemeiner Brauch, alles im voraus zu zahlen, aber nur *ein* Mann
wagte es, bei dieser Gelegenheit Ware im Werte von zwei
Vögeln zu nehmen. Die übrigen waren argwöhnisch und
wollten erst das Resultat des ersten Handels mit dem
fremdartigen weißen Manne, dem einzigen, der jemals auf
ihre Insel gekommen war, abwarten. Nach drei Tagen
brachte mir mein Mann den ersten Vogel – ein sehr schönes Exemplar und lebend, aber in einen kleinen Sack ein-
gebunden und infolgedessen mit sehr zerdrückten und ver-
letzten Schwanz- und Flügelfedern. Ich versuchte ihm und
den anderen, welche mit ihm gekommen waren, auseinander zu setzen, daß ich sie in so vollkommenen Zustande
wie nur möglich brauchte und daß sie die Vögel entweder
töten oder auf einer Sitzstange mit einer Schlinge an den
Beinen aufbewahren sollten. Da sie nun augenscheinlich
zufrieden waren, daß alles seine Richtigkeit hatte und daß
ich keine weiteren Ansprüche erhob, nahmen sechs andere
Waren an, einige für *einen* Vogel, andere für mehrere und
einer sogar für sechs. Sie sagten, sie müßten einen weiten
Weg deshalb gehen und sie würden, sobald sie welche gefangen hätten, zurückkommen. In Zwischenräumen von
wenigen Tagen oder einer Woche kamen einige von ihnen
wieder und brachten mir einen oder mehrere Vögel, aber
obgleich sie keine weiter in Säcken brachten, so hatte ihr
Aussehen dadurch doch nicht gewonnen. Da sie dieselben

weit weg im Walde fingen, so kamen sie kaum jemals mit *einem*, sondern pflegten den ersten an einem Beine an einen Stock zu binden, um ihn in ihrem Hause aufzubewahren, bis sie den zweiten gefangen hatten. Das arme Geschöpf machte heftige Anstrengungen zu entfliehen, kam unter die Asche oder hing an einem Beine, bis das Glied angeschwollen und halb verfault war, und starb manchmal vor Hunger und Qual. Einer hatte seinen schönen Kopf ganz mit Pech von einer Dammar-Fackel besudelt; ein anderer war schon so lange tot, daß seine Bauchdecken grün geworden waren. Glücklicherweise jedoch sind Haut und Gefieder dieser Vögel so fest und stark, daß sie es besser als irgendeine andere Art vertragen, gewaschen und gereinigt zu werden, und ich war gewöhnlich imstande, sie so gut zu reinigen, daß kein sichtbarer Unterschied zwischen diesen und jenen, welche ich selbst geschossen hatte, zu bemerken war.

Einige wurden mir an demselben Tage, an welchem sie gefangen waren, gebracht, und ich hatte Gelegenheit, sie in aller ihrer Schönheit und Lebhaftigkeit zu beobachten. Sobald sie mir nun gewöhnlich lebend gebracht wurden, ließ ich von einem meiner Leute einen großen Bambus-Käfig mit Gefäßen für Futter und Wasser anfertigen, in der Hoffnung, einige von ihnen lebend erhalten zu können. Ich ließ mir ferner von den Eingeborenen Zweige mit einer Frucht, welche die Tiere lieben, bringen und war sehr erfreut, als sie dieselbe gierig fraßen und auch eine Menge lebender Grashüpfer, die ich ihnen gab, nachdem sie die Beine und Flügel abgerissen, verschlangen. Sie tranken viel Wasser und waren in beständiger Bewegung, sprangen in dem Käfig von Stange zu Stange umher, kletterten zu der Spitze und an den Seiten hinauf und blieben am ersten Tage, bis die Nacht einbrach, kaum einen Moment still. Am zweiten waren sie stets weniger lebhaft, wenn sie auch ebenso eifrig wie vorher fraßen; aber am Morgen des dritten Tages fand ich sie fast stets tot auf dem Boden des Käfigs ohne irgend welche sichtbare Ursache. Einige von ihnen nahmen gekochten Reis ebenso gern wie Früchte und Insekten; aber von zehn, mit denen ich es nacheinander versucht hatte, lebte nicht einer länger als drei Tage. Am zweiten oder dritten Tage fand ich sie teilnahmslos, und in mehreren Fällen wurden sie von Zuckungen befallen, stürzten von der Sitzstange herab und starben wenige Stunden danach. Ich versuchte es mit Vögeln, die ihr volles Gefieder hatten, und mit solchen, welche noch nicht ganz befiedert waren, aber mit demselben Mißerfolg, und gab es zuletzt als eine hoffnungslose Aufgabe auf und beschränkte meine Aufmerksamkeit darauf, die Tiere in so gutem Zustande wie möglich aufzubewahren.

Die roten Paradiesvögel werden nicht mit stumpfen Pfeilen geschossen wie auf den Aru Inseln und in einigen Teilen von Neuguinea, sondern sie werden in einer sinnreichen Art mit Schlingen gefangen. Ein großer kletternder Arum (Zehrwurz) trägt eine rote, netzartige Frucht, welche die Vögel sehr lieben. Die Jäger befestigen diese Frucht an einem starken gabelartigen Stocke und versehen sich mit einer dünnen, aber starken Schnur. Dann suchen sie einige Bäume im Walde, auf welchen diese Vögel gewöhnlich sitzen, klettern hinauf, befestigen den Stock an einem Zweig und legen die Schnur so geschickt in eine Schlinge, daß, wenn der Vogel die Frucht fressen will, seine Beine gefangen werden, und wenn man an dem Ende des Taues, welches bis auf die Erde reicht, zieht, dieses von den Zweigen frei wird und den Vogel mit herunter bringt. Manchmal, wenn das Futter irgendwo in Fülle vorhanden ist, sitzt der Jäger von morgens bis abends unter seinem Baume mit der Schnur in der Hand und selbst zwei bis drei ganze Tage nacheinander, ohne einen Bissen zu essen; während er auf der anderen Seite, wenn er Glück hat, zwei bis drei Vögel pro Tag bekommen kann. Es gibt nur acht bis zehn Leute in Bessir, welche diese Kunst ausüben, die sonst auf der

Insel ganz unbekannt ist. Ich beschloß daher, solange als möglich dort zu bleiben, da es mir die einzige Aussicht bot, eine gute Reihe von Exemplaren zu erhalten; und obgleich ich fast verhungerte, da alles für einen zivilisierten Menschen Eßbare spärlich oder gar nicht zu haben war, so gelang es mir doch endlich.

Gegen Ende September mußte ich durchaus zurückkehren, um meine Heimreise vor dem Aufhören des Ost-Monsun zu machen. Die meisten Männer, welche Bezahlung von mir angenommen hatten, brachten die Vögel, die sie versprochen hatten. Ein armer Geselle war so unglücklich gewesen, nicht einen einzigen zu bekommen, und er gab mir sehr ehrlich die Axt, welche er dafür im voraus erhalten hatte, zurück. Ein zweiter, der sich für sechs verpflichtet hatte, brachte mir den fünften zwei Tage vor meiner Abreise und ging sofort wieder in den Wald, um noch einen zu fangen. Er kehrte jedoch nicht zurück, und als wir unser Boot luden und gerade im Abfahren begriffen waren, kam er hinter uns hergerannt und hielt einen Vogel in der Hand, den er mir gab, und mit großer Befriedigung dabei sagte: »Jetzt schulde ich dir nichts.« Dieses waren bemerkenswerte und ganz unerwartete Beispiele von Ehrlichkeit unter den Wilden, wo es ihnen doch so leicht gewesen wäre, ohne Furcht vor Entdeckung und Strafe unehrlich zu sein.

DIE PARADIESVÖGEL

Da viele meiner Reisen zu dem speziellen Zwecke unternommen worden waren, um Exemplare von Paradiesvögeln zu bekommen und etwas über ihre Gewohnheiten und ihre Verbreitung zu erfahren, und da ich (soweit mir bekannt) der einzige Engländer bin, der diese wundervollen Vögel in ihren Heimatwäldern gesehen und viele derselben erhalten hat, so beabsichtige ich, hier im Zusammenhange das Resultat meiner Beobachtungen und Untersuchungen zu geben.

Als die ersten europäischen Reisenden die Molukken erreichten, um Gewürznelken und Muskatnüsse zu suchen, damals seltene und wertvolle Spezereien, wurden sie mit getrockneten Vogelbälgen beschenkt, die so seltsam und schön waren, daß sie die Bewunderung selbst jener nach Reichtum jagenden Seefahrer erregten. Die malayischen Händler gaben ihnen den Namen »Manuk dewata« oder »Göttervögel«; und die Portugiesen nannten sie, da sie sahen, daß sie weder Füße noch Flügel hatten und da sie nicht imstande waren, irgend etwas Authentisches über sie zu erfahren, »Passaros de Sol« oder »Sonnenvögel«, während die gelehrten Holländer, welche lateinisch schrieben, sie »Avis paradiseus« oder »Paradiesvogel« hießen. John van Linschoten gab ihnen im Jahre 1598 diesen Namen, und er erzählt uns, daß niemand die Vögel lebend gesehen hat, denn sie leben in der Luft, wenden sich stets gegen die Sonne und lassen sich vor ihrem Tode nie auf die Erde nieder; sie haben weder Füße noch Flügel, wie man, so fügt er hinzu, an den Vögeln, die nach Indien und manchmal auch nach Holland gebracht wurden, sehen kann; aber da sie zu jener Zeit sehr teuer waren, so wurden sie in Europa selten gesehen. Mehr als hundert Jahre später sah Herr William Funnel, der Dampier begleitete und einen Bericht über die Reise geschrieben hat, mehrere Exemplare auf Amboina, und man sagte ihm, daß sie nach Banda kämen, um Muskatnüsse zu essen, welche sie berauschten und sie besinnungslos niederfallen machten, worauf sie von Ameisen getötet würden. Bis zum Jahre 1760, als Linné die größte Art Paradisea apoda (fußloser Paradiesvogel) benannte, war kein vollkommenes Exemplar in Europa gesehen worden, und man wußte absolut nichts über sie, und selbst jetzt, hundert Jahre später, führen die meisten Bücher an, daß sie jährlich nach Ternate, Banda und Amboina wandern, während es doch Tatsache ist, daß sie auf diesen Inseln in wildem Zustande ebenso unbekannt sind wie in England. Linné war auch mit einer kleinen Art bekannt, welche er Paradisea regia (König-Paradiesvogel) nannte, und seitdem hat man neun oder zehn weitere Arten kennengelernt, die alle zuerst nach von Wilden auf Neuguinea aufbewahrten Bälgen beschrieben wurden und gewöhnlich mehr oder weniger unvollkommen waren. Diese sind jetzt im malayischen Archipel alle als »Burong mati« oder tote Vögel bekannt, was sagen soll, daß die malayischen Händler sie nie lebend gesehen haben.

Die Paradiseidae bilden eine Gruppe mäßig großer Vögel, in ihrem Bau und ihren Gewohnheiten Krähen, Staren und den australischen Honigsaugern verwandt; aber sie sind durch eine außerordentliche Entwicklung des Gefieders, welches an Schönheit von keiner anderen Vogelfamilie erreicht wird, charakterisiert. Bei mehreren Arten gehen große Büschel zarter, prächtig gefärbter Federn an jeder Seite des Körpers von unter den Flügeln aus und bilden Schweife, Fächer oder Schilder; und die Mittelfedern des Schwanzes sind oft in Strahlen verlängert, die in phantastischen Formen gedreht oder mit den brillantesten metallischen Farben geziert sind.

Der große Paradiesvogel (Paradisea apoda von Linné) ist die größte bekannte Art, gewöhnlich siebzehn bis achtzehn Zoll vom Schnabel bis zur Schwanzspitze. Der Körper, die Flügel und der Schwanz sind von einem reichen Kaffeebraun, welches sich auf der Brust in ein Schwarzviolett oder Purpurbraun vertieft; die ganze Spitze des Kopfes und der Nacken sind von einem außerordentlich zarten Gelb, mit kurzen und dicht aneinander stehenden Federn, so daß sie aussehen wie Plüsch oder Sammet; der untere Teil der Kehle bis ans Auge ist mit schuppigen Federn von smaragdgrüner Farbe mit schönem metallischem Glanze bekleidet, und sammetartige Federn von einem noch tieferen Grün erstrecken sich in einem Bande quer über die Stirn und das Kinn bis ans Auge, welches glänzend gelb ist. Der Schnabel ist bleiblau, und die ziemlich großen, starken und gut geformten Füße sind graurötlich. Die beiden Mittelfedern des Schwanzes haben keine Fahnen, bis auf eine sehr kleine an der Basis und an der äußersten Spitze, und bilden drahtähnliche Federstrahlen, die sich in einer eleganten doppelten Biegung ausbreiten und zwischen vierundzwanzig bis vierunddreißig Zoll Länge variieren. Von jeder Seite des Körpers unter den Schwingen geht ein dichtes, oft zwei Fuß langes Büschel langer zarter Federn von der intensivsten goldgrünen Farbe aus, der sehr glänzt, gegen die Spitze hin aber in ein Blaßbraun übergeht. Dieser Federbusch kann willkürlich aufgerichtet und ausgebreitet werden, so daß er fast den Körper des Vogels verbirgt.

Diese prächtigen Zierden sind gänzlich auf das männliche Geschlecht beschränkt, während das Weibchen nur ein sehr einfacher und gewöhnlich aussehender Vogel von einförmiger, kaffeebrauner Farbe, welche nie wechselt, ist.

Der große Paradiesvogel ist sehr lebhaft und kräftig und scheint den ganzen Tag über in beständiger Bewegung zu sein. Er kommt sehr viel vor; kleine Flüge von Weibchen und jungen Männchen findet man immer; und wenn auch die Vögel mit vollem Gefieder weniger zahlreich sind, so beweisen doch ihre lauten Rufe, welche man täglich hört, daß auch sie in Menge vorhanden. Ihr Ruf ist »Wawk - wawk - wawk – Wōk, wōk - wōk,« und er ist so laut und schrill, daß man ihn in großer Entfernung hört und daß er das hauptsächlichste und charakteristischste Tiergeräusch auf den Aru-Inseln abgibt. Sobald die Eingeborenen sehen, daß die Vögel einen Baum bestimmt haben, auf welchem sie sich versammeln, bauen sie ein kleines Dach von Palmblättern an einem passenden Platze unter den Zweigen, und der Jäger verbirgt sich vor Tagesanbruch, mit seinem Bogen und einer Anzahl in einen runden Knopf endenden Pfeilen bewaffnet, unter demselben. Ein Knabe wartet am Fuße des Baumes, und wenn die Vögel im Sonnenaufgang kommen, sich genügend viele versammelt haben und zu tanzen anfangen, schießt der Jäger seinen stumpfen Pfeil so stark ab, daß der Vogel betäubt herunterfällt und von dem Knaben gefangen oder getötet wird, ohne daß ein Tropfen Blut auf das Gefieder spritzt. Die übrigen nehmen keine Notiz davon und fallen einer nach dem anderen, bis einige von ihnen in Angst geraten.

Die Eingeborenen präparieren sie auf folgende Weise: sie amputieren Flügel und Füße, balgen dann den Körper bis zum Schnabel hinauf ab und nehmen das Gehirn heraus. Darauf wird ein starker Stock hindurch gestoßen, der aus dem Mund herauskommt, dieser mit einigen Blättern umwickelt, das Ganze in eine Palmen-Blütenscheide gelegt und in der rauchigen Hütte getrocknet. Bei dieser Behandlung schrumpft der Kopf, welcher in Wirklichkeit groß ist, auf fast nichts zusammen, der Körper wird sehr verändert und verkürzt und das wallende Gefieder kommt am meisten zur Geltung. Einige dieser von den Eingeborenen gefertigten Bälge sind sehr rein, und oft werden Flügel und Füße daran gelassen, andere dagegen sind furchtbar von Rauch beschmutzt, und alle geben eine irrtümliche Idee von den Proportionen des lebenden Vogels. Die echten Paradesvögel sind omnivor, sie nähren sich von Früchten und Insekten – von den ersteren lieben sie die kleinen Feigen; von den letzteren Grashüpfer, Heuschrecken, wie auch Schaben und Raupen. Als ich im Jahre 1862 nach Hause zurückkehrte, war ich so glücklich, in Singapur zwei erwachsene Männchen des kleinen Paradiesvogels (Paradisea papuana) zu finden, und da sie wohl zu sein schienen und gefräßig Reis, Bananen und Schaben nahmen, so entschloß ich mich, den sehr hohen Preis, der dafür gefordert wurde (100 Pfund Sterling) zu bezahlen und sie mit mir auf der

Überlandroute unter meiner eigenen Aufsicht nach England zu nehmen. Auf meinem Heimwege hielt ich mich eine Woche in Bombay auf, um eine Pause zu machen und einen frischen Vorrat von Bananen für diese Vögel einzunehmen. Es machte mir jedoch große Schwierigkeiten, sie mit Insektennahrung zu versehen, denn auf den »Peninsular and oriental steamers« waren Schaben selten, und nur dadurch, daß ich Fallen in den Vorratsräumen aufstellte und jeden Abend eine Stunde an dem Vorderkastell jagte, konnte ich ein paar Dutzend dieser Geschöpfe bekommen – kaum genug für eine einzige Mahlzeit. Auf Malta, wo wir uns vierzehn Tage aufhielten, bekam ich viele Schaben aus einer Bäckerei, und als ich von da fortging, nahm ich mir verschiedene Bisquitbüchsen voll als Proviant für die Heimreise mit. Wir kamen im März durch das mittelländische Meer und hatten dort sehr kalten Wind; der einzige Platz an Bord des Postdampfschiffes, wo der große Käfig passend hingestellt werden konnte, war einem starken Luftstrom aus einer Luke, welche Tag und Nacht offen stand, ausgesetzt, und doch schienen die Vögel die Kälte nicht zu empfinden. Während der Nachtreise von Marseille nach Paris herrschte ein strenger Frost, allein sie kamen in London vollkommen gesund an, lebten jahrelang im Zoologischen Garten und entfalteten, von den Zuschauern bewundert, oft ihr schönes Gefieder. Es ergibt sich daraus, daß die Paradiesvögel sehr widerstandsfähig sind und Luft und Bewegung mehr bedürfen als Hitze; und ich bin überzeugt, daß, wenn ihnen ein hübsch großes Vogelhaus zugeteilt werden könnte oder wenn sie frei in der tropischen Abteilung des Crystal Palace oder in dem großen Palmenhause von Kew umherfliegen könnten, sie viele Jahre bei uns leben würden.

Leute, welche sich die geläufigen Ideen über die Vegetation der Tropen angeeignet haben – welche sich selbst die Üppigkeit und Pracht der Blumen und das herrliche Aussehen Hunderter von mit Massen farbiger Blüten bedeckter Waldbäume ausmalen –, werden erstaunt sein zu hören, daß, obgleich die Vegetation in Aru in hohem Grade üppig und mannigfaltig ist und eine Menge schöner und seltener Pflanzen bietet, welche unsere Gewächshäuser schmücken würden, doch glänzende und in die Augen springende Blumen im allgemeinen vollständig fehlen oder so spärlich sind, daß sie keine Wirkung auf die allgemeine Szenerie hervorbringen. Um Einzelheiten zu geben: Ich habe fünf verschiedene Lokalitäten auf dieser Insel besucht, ich bin täglich in die Wälder gegangen und habe an hundert Meilen Küstenlandes und Flußufer während einer Zeit von sechs Monaten, in der bis zu meiner Abreise meist schönes Wetter geherrscht, kennengelernt, und ich habe nie eine einzige Pflanze von auffallendem Glanze und von auffallender Schönheit, kaum einen Strauch, der einem Weißdorne gleichkäme, oder eine Schlingpflanze, die unserem Geisblatte gliche, gesehen! Man kann nicht sagen, daß die Blütezeit noch nicht war, denn ich sah viele Kräuter, Büsche und Waldbäume in Blüte, aber alle hatten Blumen von einer grünen oder grünlich weißen Färbung, nicht schöner als unsere Lindenbäume. Hier und da an Flußufern und Küsten stehen einzelne Convolvulaceen, die unseren Garten-Ipomöen nicht gleich kommen, und in dem tiefsten Schatten des Waldes findet man einige schöne scharlach- und purpurrote Zingiberaceen, aber so wenige und so zerstreut stehend, daß sie unter der Masse von grünen und blumenlosen Pflanzen nicht zur Geltung kommen. Und doch bezeugen die edlen Cycadaceen und Pandanen, die dreißig bis vierzig Fuß hoch werden, die eleganten Baumfarne, die hohen Palmen und die Mannigfaltigkeit schöner und seltener Pflanzen, auf die das Auge überall trifft, die Wärme und Feuchtigkeit der Tropen und die Fruchtbarkeit des Bodens. Es ist wahr: Aru schien mir ausnahmsweise arm an Blumen zu sein, aber hier kommt nur der allgemeine tropische Charakter noch erhöht zur Geltung; denn meine Erfahrungen in den Äquatorialgegenden des Westens und des Ostens haben mir im ganzen die Überzeugung beigebracht, daß in den üppigsten Teilen der Tropen Blumen weniger zahlreich, durchschnittlich weniger auffällig sind und weit weniger der Landschaft Färbung verleihen, als in gemäßigten Klimaten. Ich sah nie in den Tropen so brillante Blumenmassen, wie selbst England aufweisen kann in seinen ginsterbekleideten Weiden, seinen heideartigen Berghängen, seinen mit wilden Hyazinthen bestandenen Triften, seinen Mohnfeldern, seinen Wiesen von Butterblumen und Orchideen – Teppiche, gelb, purpur, azurblau und feurig karmesinrot, welche die Tropen selten bieten. Wir haben kleinere Farbenmassen in unserem Weißdorne, unserem Holzapfelbaume, unseren Hügel- und Bergeschen, unseren Ginstern, unseren Glockenblumen, Primeln und purpurnen Wicken, welche mit ihren hellen Farben die ganze Länge und Breite unseres Landes bedekken. Diese Schönheiten finden sich überall, sie sind für das Land und das Klima charakteristisch, man braucht sie nicht zu suchen, sondern sie erfreuen das Auge auf jedem Schritt. In den Äquatorialgegenden auf der anderen Seite, sei es nun Wald oder Savanne, bekleidet ein düsteres Grün die ganze Natur. Man kann stundenlang und selbst tagelang reisen und trifft auf nichts, was die Einförmigkeit unterbricht. Blumen sind überall selten und irgend etwas Auffallendes trifft man nur in weiten Zwischenräumen.

Die Idee, daß die Natur in den Tropen helle Farben zur Schau stelle und daß die allgemeine Ansicht der Natur dort glänzender und mannigfaltiger in Farbe als bei uns sei, ist selbst zu der Grundlage von Theorien der Kunst gemacht worden, und man hat uns untersagt, glänzende Farben in unseren Gewändern und in den Dekorationen unserer Wohnungen anzuwenden, weil man annahm, daß wir dadurch in Gegensatz zu den Lehren der Natur träten. Das Argument selbst ist ein sehr schwächliches, denn man könnte mit demselben Rechte behaupten, daß, da wir die Fähigkeit besitzen, Farben zu schätzen, wir uns für die Lükkenhaftigkeit in der Natur entschädigen und die hellsten Farbentöne in den Gegenden anwenden sollten, in denen die Landschaft am einförmigsten ist. Aber die Annahme, auf welcher dieses Argument beruht, ist total irrig, so daß, selbst wenn die Überlegung eine gültige wäre, wir nicht zu fürchten brauchten, die Natur zu beleidigen, wenn wir unsere Häuser und unsere Personen mit all den hellen Farben schmücken, welche so verschwenderisch über unsere Felder und Berge, über unsere Hecken, Wälder und Wiesen ausgestreut sind.

Man sieht leicht, was zu dieser irrtümlichen Ansicht über die Natur der tropischen Vegetation geführt hat. In unseren Treibhäusern und auf unseren Blumenausstellungen sammeln wir die am schönsten blühenden Pflanzen aus den entferntesten Gegenden der Erde und stellen sie in eine Nähe zueinander, welche in der Natur nie vorkommt. Hundert verschiedene Pflanzen, alle mit glänzenden oder seltsamen oder prächtigen Blumen, bieten, wenn sie zusammenstehen, einen wunderbaren Anblick dar; aber vielleicht nicht zwei dieser Pflanzen können jemals im Naturzustande beieinander gesehen werden, indem eine jede eine entfernte Region bewohnt oder einen verschiedenen Standort einnimmt. Ferner werden alle mäßig warmen außereuropäischen Länder mit den Tropen zusammengeworfen, und man bildet sich so eine vage Idee, daß das, was hervorragend schön ist, von den heißesten Teilen der Erde kommen *muß*. Aber gerade das Gegenteil ist tatsächlich. Rhododendren und Azaleen sind Pflanzen der gemäßigten Regionen, die prächtigsten Lilien stammen aus dem gemäßigten Japan, und ein großer Teil unserer am auffälligsten blühenden Pflanzen haben ihre Heimat auf dem Himalaya, am Kap, in den Vereinigten Staaten, in Chile oder in China und Japan, alles Gegenden der gemäßigten Zone. Wohl gibt es eine große Anzahl herrlicher und prangender Blumen in den Tropen, aber der Anteil, den sie der Masse des Pflanzenwuchses geben, ist außerordentlich gering, so daß das, was eine Anomalie zu sein scheint, nichtsdestoweniger eine Tatsache ist: Die Wirkung der Blumen auf die allgemeine Ansicht der Natur ist eine weit geringere in den äquatorialen als in den gemäßigten Zonen der Erde.

GLOSSAR

ACKER

Altes Feldmaß mit sehr unterschiedlichem Flächeninhalt von 0,2168 ha bis 0,6503 ha; 1 Hektar (ha) = 10 000 qm. Der preußische Acker umfaßte 0,2553 ha.

ANOA DEPRESSICORNIS

Malayisch sapi utan, d. h. Rind des Urwaldes (utan oder hutan); die Anoa gehört zu den echten Rindern und ist mit Damwildgröße die kleinste Wildbüffelart der Erde. Sie kommt nur auf Celebes (Sulawesi) und einigen eng benachbarten Inseln vor.

ANNONACEAE

Die Rahmapfelgewächse (Annonaceae) gehören mit über 2000 Spezies zu den artenreichsten Familien der Magnolienarten. Sie sind vor allem in den Tropen der ganzen Erde verbreitet. Besonders in der Gattung Annona sind verschiedene Obstsorten vertreten, wie A.cherimola, die zu den besten tropischen Obstsorten gehört.

ANTHRIBIDAE

Die Breitrüßler oder Maulkäfer. Es sind entfernte Verwandte der allbekannten Borkenkäfer. Einige von ihnen sind als Larven Schädlinge der Kaffeebohnen, Kakaobohnen, Muskatnüsse u. a.

APOCYNACEAE

Die Hundsgiftgewächse (über 2000 Arten) sind vor allem in den Tropen und Subtropen verbreitet. Viele Arten enthalten medizinisch wichtige Alkaloide, aber z. T. auch gefürchtete Pfeilgifte. Wegen ihrer absonderlichen Stammbildung sind besonders afrikanische Arten oft in Gewächshäusern zu sehen.

ARACEEN (ARACEAE)

Die Aronstabgewächse sind mit großem Formenreichtum über die gesamten Tropen verbreitet. Jedem Blumenfreund sind Philodendron, Dieffenbachia und Anthurium bekannt. Eine der wichtigsten tropischen Knollenfrüchte, der Taro (Colocasia esculenta), gehört ebenfalls zu dieser Familie.

ARECA-PALME (ARECA CATECHU)

Diese Palme ist überall in Südasien und Indonesien verbreitet. In den Samen (Betelnüsse) ist das Alkaloid Arecolin enthalten, das anregende Wirkungen auf das Nervensystem ausübt.
S. auch: Sirih-Blätter

ARENGA SACCHARINA (ZUCKERPALME)

Die Palmengattung Arenga ist mit 18 Arten von Indien bis Nordaustralien verbreitet. Aus den Blütenständen der Zuckerpalme wird Palmzucker gewonnen.

ARTEMISIEN

Die zu den Korbblütlern gehörende Gattung Artemisia (Beifuß) ist mit zahlreichen Arten vor allem in den Trockensteppen Innerasiens verbreitet. Viele Arten sind Heilpflanzen oder Gewürzpflanzen, wie der bekannte Estragon.

ARTOCARPUS (JACKFRUCHT)
Noch größer als die Früchte des Brotfruchtbaumes sind die von A.heterophylla, dem Jackfruchtbaum. Auch dieser gehört zu den Maulbeerbaumgewächsen.

L'ASTROLABE
Der Name des Schiffes, mit dem der französische Seefahrer Dumont d'Urville von 1826-1829 und 1837-1840 vor allem die Südsee bis zum Antarktischen Meer bereiste.

ATTALEA SPECIOSA (AMAZONAS-PALME)
Attalea und verwandte Formen gehören im Amazonasgebiet zu den häufigsten Palmen der Flußniederungen und haben z. T. als Faserpflanzen und Öllieferanten lokal erhebliche Bedeutung. A. R. Wallace schrieb ein Werk über die Palmen des Amazonasgebietes.

BABIRUSSA (HIRSCHEBER)
Der Babirussa gehört zur Familie der Schweine und ist nur auf Celebes (Sulawesi), Buru und einigen anderen Inseln verbreitet. babi (malayisch) Schwein, rusa (Sanskrit) Sambhur-Hirsch.

BATES, HENRY WALTER
Reiste im April 1848 mit seinem Freund A. R. Wallace ins Amazonasgebiet, wo er sich 11 Jahre lang aufhielt. Er entdeckte tausende bis dahin unbekannte Insektenarten. Sein hochinteressantes Reisewerk »The naturalist on the River Amazon« erschien 1863.

BERNSTEIN, HEINRICH
Der 1828 in Breslau geborene Naturforscher kam 1855 als Arzt nach Batavia (Java). Im Auftrag der holländischen Regierung unternahm er mehrere Forschungsreisen nach Neuguinea, Dschilolo (Halmahera) und den Molukken. Er erlag 1865 einer Tropenkrankheit.

BETELNUSS
s. Areca-Palme

BLEEKER, DR. P. (1819-1878)
Berühmter holländischer Ichthyologe, der seit 1842 als Militärarzt in Batavia lebte. Er erforschte eingehend die Fischfauna der indonesischen Inselwelt und ihrer Meeresgebiete.

BLIMBING (AVERRHOA BILIMBI)
Eine säuerlich schmeckende fingerlange Frucht aus der Familie der Sauerkleegewächse (Oxalidaceae). Die Früchte werden häufig mit Zucker eingekocht und dann als Beigabe zu Reisgerichten verwendet.

BORASSUS FLABELLIFORMIS (FLABELLIFER)
Die Palmyra-Palme ist ein sehr vielfältig genutzter Baum und nahe verwandt mit der Seychellen-Palme (Lodoicea), welche die größten Baumfrüchte der Erde aufweist (Seychellen-Nuß).

BOROBODUR (BOROBUDUR)
Dieser 1100 Jahre alte Tempel ist die berühmteste buddhistische Kultstätte Javas und eines der großartigsten Kulturdenkmäler der Menschheit. Die Freilegung dauerte von 1814 bis 1911. Zur Zeit wird

die gesamte Anlage Stein um Stein abgetragen und nach gründlicher Restaurierung wieder aufgebaut.

Brambanam (Prambanam)
Nach dem Dorf Prambanam benannte hinduistische Tempelanlage. Der 50 m hohe Shiva-Tempel war lange das höchste Gebäude Javas. Nach einem Erdbeben stark zerstört, ist er heute völlig restauriert und gehört zu den eindrucksvollsten Werken indischer Tempelbaukunst.

Bromelien
Die Familie der Ananasgewächse (Bromeliaceae) ist bis auf eine Art (in Westafrika) nur in Amerika verbreitet. Viele leben als Epiphyten auf Bäumen und Felsen. Die zur Familie gehörende Ananaspflanze gelangte in alle Tropengebiete. Die von Wallace erwähnten »Bromelien« müssen andere Epiphyten sein.

Brooke, James (1803-1868)
Diente zunächst in der britisch-indischen Armee, wo er sich in den Burma-Kriegen auszeichnete. Im Juni 1839 landete er mit einem eigenen Schiff von Singapur aus in Sarawak. Nach Niederwerfung eines Aufstandes des dortigen Statthalters übertrug ihm der Sultan von Brunei die Verwaltung der Provinz. Brooke führte zwei erfolgreiche Feldzüge gegen die Seeräuber durch. Nach heftigen Anklagen wegen angeblicher brutaler Maßnahmen und persönlicher Bereicherung, wurde er 1855 von einer Untersuchungskommission in Singapur freigesprochen. Sein Neffe Charles Brooke übernahm von ihm den Posten eines weißen Rajah von Sarawak.

Brotfrucht, echte
Der echte Brotfruchtbaum (Artocarpus incisa) tritt z. B. in Flußniederungen Neuguineas auf, wo er größere zusammenhängende Bestände bildet. Berühmt wurde die Pflanze durch den Versuch Englands, ihn von Otaheite (Tahiti) nach Westindien zu verpflanzen, was durch die Meuterei auf der Bounty zunächst verhindert wurde.

Buceros bicornis
Der in Süd- und Südostasien verbreitete Doppelhornvogel (Fam. Nashornvögel).

Bugis
Als Seenomaden bekannter Volksstamm von Südwest-Celebes. Sie fuhren schon vor Jahrhunderten bis nach Nordaustralien (Arnhem-Land) und waren in der Java-See lange Zeit als Piraten gefürchtet.

Buitenzorg (heute Bogor)
Der 111 Hektar große Botanische Garten von Bogor wurde im ersten Viertel des 19. Jahrhunderts von Sir Stamford Raffles gegründet. Als der Naturforscher H. v. Rosenberg den Garten 1871 besuchte, wurden dort ca. 250 tropische Pflanzenfamilien kultiviert. In seinem Buch »Der malayische Archipel« (Leipzig 1878) sind ein Plan des Gartens und genaue Liste aller Pflanzenfamilien enthalten.

Bukit Tima
Der Bukit Tima (malayisch: Zinnhügel) war zur Zeit von Wallaces Besuch noch von ausgedehnten Dschungelgebieten umgeben, die heute gerodet sind. Der Regenwald des Bukit Tima blieb, wie ein

kleiner Dschungel im Botanischen Garten von Singapur, erhalten und ist heute Naturschutzgebiet.

BUPRESTIDAE (BUPRESTIS)
Die Familie der Prachtkäfer (Buprestidae) ist mit über 13 000 Arten eine der artenreichsten Käferfamilien.

CALAMUS (ROTANG)
Die über 300 Arten der Gattung Calamus gehören zu den eigenartigsten Palmen. Ganz im Gegensatz zu dem von Kokospalmen u. a. geprägten Palmenbild der Europäer, handelt es sich hierbei um Lianen, die als sogenannte Spreizklimmer oft über 100 m lange stachelbewehrte »Stämme« ausbilden. Besonders Calamus rotang liefert das Material (spanisches Rohr) für Korbmöbel.

CARABIDAE (LAUFKÄFER)
Von den über 25 000 Arten dieser räuberisch lebenden Käfer sind rund 500 in Mitteleuropa beheimatet.

CARPOPHAGA
Eine Gattung der Fruchttauben; die meisten der über 100 Arten sind auf den Inseln vom Indischen Ozean bis in den südlichen Pazifik verbreitet.

CERAMBYX
Eine Gattung der Bockkäfer; diese Familie (mit über 25 000 Arten) zeichnet sich durch viele bemerkenswerte Formen mit oft überlangen Fühlern aus.

CHARAXES
Eine Schmetterlingsgattung aus der Familie der Edelfalter (Nymphalidae), die zu den beliebtesten Sammlerobjekten gehört. Charaxes weist besonders prachtvoll gefärbte Arten auf.

COMPOSITAE (KORBBLÜTLER)
Die Korbblütler bilden mit fast 20 000 Arten nach den Orchideen die größte Pflanzenfamilie. Sie sind überall auf der Erde verbreitet, hauptsächlich aber außerhalb der Tropen. Vertrautheit mit der außerordentlichen Fülle der Formen (rund 1000 Gattungen) erfordert jahrelanges Spezialstudium.

CONVOLVULACEEN (WINDENGEWÄCHSE)
Vertreter dieser Familie enthalten dem LSD verwandte Halluzinogene. Die bekannteste Nahrungspflanze aus dieser Pflanzengruppe ist die Batate oder Süßkartoffel (Ipomoea batatas).

CORACIAS TEMMINCKI
Der Celebes-Roller oder die Kappenracke kommt nur auf Celebes vor und gehört zur Familie der Rackenvögel.

CRUCIFEREN (KREUZBLÜTLER)
Die Familie der Kreuzblütler (ca. 3000 Arten) ist weltweit verbreitet.

CYCADEEN (CYCADACEAE)
Die Palmfarngewächse erinnern äußerlich an Baumfarne und gehören zur vielfältigen Gruppe der Nacktsamer, wie die Nadelhölzer. Die altertümlichen Gewächse kommen in allen Tropengebieten vor.

DACRYDIUM
Eine Nacktsamer-Gattung aus der Familie der Stieleibengewächse
(Podocarpaceae); hauptsächlich verbreitet von Neuseeland bis Indo-
nesien.

DAMMARHARZ
Stammt von einer Art der Baumgattung Shorea aus der Familie der
Flügelfruchtgewächse (Dipterocarpaceae). Das Dammarharz ist nicht
zu verwechseln mit dem Manila-Kopal, der von der Dammar-Tanne
(Agathis dammara) stammt.

DAMPIER, WILLIAM
Der berühmteste Seefahrer (1652-1715) des 17. Jahrhunderts, der sich
auf seinen Reisen auch als Seeräuber betätigte. Er besuchte unter anderem die Karibik, Brasilien und die indonesische Inselwelt.

DRAKE, SIR FRANCIS
Der berühmte »Pirat im Dienst der Queen« (1545-1595) kaperte an
der Westküste Südamerikas spanische Schiffe; er vernichtete auch
einen Teil der Armada. Die Insel Ternate erreichte er am 4. November 1579.

DU CHAILLU, PAUL BELLONI
Bekannter Afrikaforscher (1835-1903), der als erster zwei lebende
Gorillas aus Gabun nach Europa brachte.

DURIAN (DURIO-ARTEN)
Aus der Familie der Bombacaceae, zu denen auch der Affenbrotbaum
gehört. Im Gegensatz zu dem ausgezeichneten Geschmack entwickelt
die Frucht, besonders in geschlossenen Räumen, einen unangenehmen Geruch.

ELLE
Sehr unterschiedliches altes Längenmaß, von 0,495 bis 0,779 m.

EUPHORBIEN
Die Gattung Euphorbia, aus der überaus formenreichen Familie der
Wolfsmilchgewächse, umfaßt über 1500 Arten. Bekannt ist bei uns
besonders der Weihnachtsstern (Euphorbia pulcherrima).

FADEN
Altes Längenmaß zur Bestimmung der Meerestiefe, wobei ein Faden
sechs Fuß entspricht. Ein Fuß: 0,25 bis 0,34 m; ein engl. foot =
12 inches (Zoll); ein inch = 2,54 cm.

FLUGFROSCH
Wallace war wohl der erste, der von diesem Gleitflieger unter den
Amphibien berichtete. Der Borneo-Flugfrosch (Rhacophorus parda-
lis) gehört zur Familie der Ruderfrösche.

GNAPHALIEN
Eine Gattung aus der Familie Korbblütler (Compositae).

GULDEN
Ursprünglich eine Goldmünze, z. B. der Florin aus Florenz mit
3,537 g Goldgehalt. Gulden waren weit verbreitet in Europa. Zur
Zeit von Wallaces Reisen in der Insulinde entsprachen 100 Gulden
9 englischen Pfunden (Lstr. = Pound Sterling).

HELIX
Eine Schneckengattung, zu der auch die Weinbergschnecke (Helix pomatio) gehört.

DR. HOOKER, JOSEPH DALTON
Reiste von 1847 bis 1851 durch den Himalaya, Bengalen und Assam, wobei er ca. 6000 neue Pflanzenarten fand. Er schrieb zahlreiche Florenwerke über Indien, Neuseeland u. a. Gebiete. 1865 wurde er Direktor des berühmten Botanischen Gartens von Kew bei London.

HYLOBATES
Eine der drei Gattungen der Gibbons, die den Menschenaffen nahe stehen und fast ganz auf Südostasien beschränkt sind. In zoologischen Gärten am häufigsten anzutreffen ist der Weißhand–Gibbon (Hylobates lar).

JACK(-FRUCHT)
s. Artocarpus

JAMBOU (EUGENIA)
Die Kirschmyrte (Gattung Eugenia) aus der Familie der Myrtengewächse ist mit zahlreichen Arten in allen Tropengebieten verbreitet. Verschiedene Arten liefern eßbare Früchte. Zu den Myrtengewächsen gehört auch die Gewürznelke.

JOHN, SPENSER ST.
War eine Zeitlang Sekretär von James Brooke; ab 1855 wurde er Generalkonsul von Britisch-Borneo, wo er ausgedehnte Reisen unternahm. Sehr informativ ist sein zweibändiges Werk: »Life in the forests of the Far East or travels in Northern Borneo«, London 1863.

KANARIENBÄUME (CANARIUM)
Kanarienbäume sind überwiegend in Südostasien verbreitet; einige sind Harzlieferanten, andere tragen als Obst geschätzte Früchte. Die Canarium-Arten gehören in die gleiche Familie (Burseraceae) wie die Weihrauchpflanzen (Boswellia).

KANNENPFLANZEN (NEPENTHES)
Die Nepenthaceae werden als eigene Familie betrachtet, die nur die Gattung Nepenthes mit ca. 80 Arten umfaßt. Verbreitungszentrum sind die Inseln Sumatra und Borneo. Bei allen Arten ist die Blattfläche zu einer Kanne umgebildet, die als Insektenfalle dient und einen Verdauungssaft enthält. Diese Pflanzen fehlen in keinem Gewächshaus größerer botanischer Gärten.

KASUAR (CASUARIUS GALEATUS)
Die Kasuare sind große, bis 80 kg schwere flugunfähige Laufvögel, welche die dichten Wälder der Molukken, Neuguineas und Nordaustraliens bewohnen. Sie sind recht häufig in zoologischen Gärten zu sehen, in ihrem natürlichen Lebensraum aber heute stark bedroht.

KÖNIGSFISCHER (HALCYON)
Die echten Lieste – Königsfischer bei Wallace – bilden die umfangreichste Gattung der Familie der Eisvögel. Sie sind von Westafrika bis zu den Marquesas-Inseln im Pazifik verbreitet.

KÖNIGSFISCHER, RACKETTSCHWÄNZIGER (TANYSIPTERA NAIS)
Eine Eisvogelart der Insel Amboina.

KORNWÜRMER
s. Anthribidae

KUSKUS
Eine eigenartige Gattung (Phalanger) der Beuteltiere, die von Australien über Neuguinea bis Celebes und Timor verbreitet ist.

LANIADAE (LANIIDAE)
Die Vogelfamilie der Würger. Die bekannteste Art in Mitteleuropa
ist der Neuntöter.

LANSAT (LANSIUM DOMESTICUM)
Gehört zu den beliebtesten Obstarten Südostasiens; die Früchte sind
etwa taubeneigroß. Wie der echte Mahagonibaum gehört der Lansat-
Baum zu den Meliaceae.

LEMUREN
Die eigentlichen Lemuren (Fam. Lemuridae), die zu den sogenannten Halbaffen gehören, kommen nur auf Madagaskar und den Ko-
moren vor. In Asien leben die mit ihnen verwandten Spitzhörnchen
(Tupaiidae), s. Tupajas.

LEMURIA
In den 6oiger Jahren des vorigen Jahrhunderts entdeckte der Geologe
William Blanford die Ähnlichkeit zwischen den Gesteinen und Fossilien der Landschaft Gondwana in Zentralindien mit Gesteinsschich-
ten in Südafrika. Der österreichische Geologe Eduard Suess folgerte
daraus, daß zwischen Indien und Afrika einst ein großer Kontinent
(Gondwana-Land) bestanden hatte. Der deutsche Zoologe Ernst
Haeckel glaubte, daß dieser von ihm indomalayische Landbrücke genannte Kontinent bis zur Erdneuzeit (Tertiär) bestanden habe und
dann versunken sei. So ließ sich die auffallende Verteilung der heutigen Lemuren (Halbaffen) auf Afrika, Madagaskar, Indien und den
Malayischen Archipel erklären. Der englische Zoologe Sclater prägte
für diesen Kontinent den Namen Lemuria. Heute wissen wir, daß tat-
sächlich im Erdaltertum eine riesige Landmasse von Südamerika über
Afrika bis nach Indien und Australien hin existierte (Gondwana-
Kontinent). Dann erfolgte seit der Kreidezeit, vor über 100 Millionen
Jahren, durch allmähliches Auseinanderdriften der heutigen Konti-
nente (Theorie von Alfred Wegener) die Auflösung Gondwanas – der
Indische Ozean entstand.

LYCOPODIEN
Die Bärlappgewächse, altertümliche Sporenpflanzen, die in der Stein-
kohlenzeit (Karbon) ausgedehnte Wälder mit 30 m hohen Bäumen
bildeten. Die heutigen Bärlapppflanzen sind meist dem Boden anliegende Arten.

LYELL, CHARLES (1797-1875)
Berühmter englischer Geologe und persönlicher Freund von Charles
Darwin. 1830 erschien der erste Band seines für die Entwicklung der
geologischen Wissenschaft grundlegenden Werkes »Principles of
Geology«, das sowohl Darwin als auch Wallace eingehend studiert
hatten.

MACACUS (CYNOMOLGUS)
Die zu den Tieraffen gehörenden Makaken sind von Marokko bis

nach Japan verbreitet. Die bekanntesten sind wohl der Magot, der durch die Affengruppe auf Gibraltar berühmt wurde, und die indischen Rhesusaffen.

MALEO (MACROCEPHALON MALEO)
Das Hammerhuhn gehört wie das berühmte Talegallahuhn Ostaustraliens, das seine Eier in riesigen Laubhaufen ausbrüten läßt, zur Familie der Großfußhühner (Megapodiidae). Den ersten Bericht von der ungewöhnlichen Lebensweise dieser Hühnervögel lieferte 1521 der Italiener Pigafetta.

MALTHUS, THOMAS ROBERT (1766–1834)
Seine berühmte Schrift »An Essay on the Principle of Population« erschien 1798 in einer ersten Fassung. Darwin wie Wallace schöpften aus dem Studium dieser Schrift wesentliche Anregungen für ihre unabhängig voneinander aufgestellte Theorie einer allgemeinen Entwicklung der Arten.

MANGUSTAN (MANGOSTANE; GARCINIA MANGOSTANA)
Sie gehört zu den beliebtesten tropischen Obstarten. Die über 200 Garcinia-Arten sind wie unser heimisches Johanniskraut (Hypericum) Vertreter der Familie der Hartheugewächse.

MATONIA
Eine auf das tropische Asien beschränkte Gattung von Farnen mit charakteristisch ausgebildeten Wedeln. Matonia hat sehr begrenzte Standorte. Nähere Verwandte sind nur fossil bekannt, Matonia gilt daher als ein »lebendes Fossil«.

MEGAPODIUM (MEGAPODIUS)
Die Grabhühner, die wie die Maleos zur Familie der Großfußhühner gehören, sind von den Molukken bis zu den Salomonen verbreitet. Ihre Bruthaufen sind die größten von Vögeln errichteten Bauten.

MEILE
Eine Meile (Deutsches Reich): 7500 m
Eine Londoner Meile: 5000 Fuß = 1523 m
Eine britische Meile: 1609 m
Eine Seemeile, international: 1852 m
Eine nautische Meile (nautical mile): 1853 m

MELALEUCA CAJUPUTI
Diese das Kajeput-Öl liefernde Pflanze gehört zur Familie der Myrtengewächse. Die meisten Melaleuca-Arten sind, wie der verwandte Eukalyptus, in Australien beheimatet.

MIMIKRY
Auf seinen Reisen durch die Amazonas-Regenwälder entdeckte der englische Naturforscher Henry Walter Bates, daß einige als Weißlinge bezeichnete Schmetterlinge auffallend ähnlich aussahen wie die Heliconiden genannten Schmetterlinge, die nie von Vögeln gefressen werden. Bates schloß daraus, daß die Weißlinge von dieser Ähnlichkeit profitieren. Heute kennt man zahlreiche Beispiele solcher Nachahmung (Mimikry).

MODIFIKATION
Die hier als Modifikation bezeichnete Erscheinung beruht auf Verän-

derungen des Erbgutes (Mutationen). Der Begriff der Mutation war aber zur Zeit von Wallace und Darwin noch nicht bekannt.

MUSACEEN
Die Familie der Bananengewächse, zu der sämtliche Bananenarten gehören.

NASENAFFE (NASALIS LARVATUS)
Bei diesem Tieraffen, der nur auf Borneo (Kalimantan) vorkommt, trägt das ausgewachsene Männchen eine auffallend verlängerte Nase. Die Tiere sind recht selten in zoologischen Gärten zu sehen und nur schwer zu züchten.

NIPA-PALME
Nur eine Art (Nipa fruticans) ist bekannt, die in den Mangrovewäldern von Ceylon bis zu den Salomon-Inseln vorkommt.

ORANG-UTAN
Die einzige Menschenaffenart Asiens, die nur auf Sumatra und Borneo vorkommt. Die Bestände sind heute gefährdet.

ORNITHOPTERA BROOKEANA (HEUTE: PAPILIO BROOKEANA)
Ein prachtvoller Schmetterling aus der Gruppe der Vogelflügler, die zu den schönsten Edelfaltern gehören.

PANDANUS (PANDANEN)
Die Schraubenbaumgewächse (Pandanaceae) sind von Westafrika bis nach Hawaii verbreitet. Die schraubig angeordneten Blätter sind bis zu 9 m lang. Einige Pandanus-Arten werden vielfältig genutzt.

PHASMIDAE
Die sehr formenreiche Gruppe der Stabheuschrecken bzw. Gespenstschrecken.

PIERIS
Eine Schmetterlingsgattung der Weißlinge, die fast über die ganze Erde verbreitet sind. Ein europäischer Weißling ist der Kohlweißling (Pieris brassicae).

PISANG
Malayisches Wort für Banane.

PITTA
Die Vogelfamilie der Pittas gehört zu den Sperlingsvögeln. Einige Pitta-Arten sind auf wenige Molukken-Inseln beschränkt.

PODARGIDAE
Die Vogelfamilie der Schwalme, die einer Ordnung angehören, zu der auch die Ziegenmelker gerechnet werden.

PRAU (MALAYISCH: PRAHU)
Typische malayische Ausleger-Segelboote mit einem Gewicht bis zu 250 t. Die Praus zeigen, bei großer Formenvielfalt, einen hohen Standard traditioneller Schiffsbau-Technologie und werden häufig ohne Verwendung von Nägeln gebaut.

RAFFLES, SIR STAMFORD
War von 1811 bis 1815, als Java an die Holländer zurückgegeben wurde, britischer Gouverneur dieser Insel. Er schrieb ein reich illu-

striertes Werk »The History of Java«, 2 Bde. London 1817. 1819 gründete er Singapur. Am Singapur-River, direkt gegenüber den Hochhäusern des modernen Geschäftszentrums, erinnert ein Denkmal an den berühmten Stadtgründer, ebenso wie das aus der Kolonialzeit stammende Raffles-Hotel, nicht weit davon.

RAMBUTAN (NEPHELIUM LAPPACEUM)
Der Rambutan oder falsche Litchi hat kugelige, etwa pflaumengroße Früchte, die mit zahlreichen fleischigen Fortsätzen bedeckt sind. Er gehört, wie die chinesische Litchipflaume, zur Familie der Seifenbaumgewächse (Sapindaceae).

ROSENBERG, HERMANN VON
Naturforscher aus Darmstadt, der 1839 in die holländische Armee eintrat und rund 30 Jahre in Indonesien lebte. Mehrere Jahre verbrachte er im Gebiet der Molukken.

ROTANG-PALMEN
s. Calamus

SANDFLIEGEN
Eine Gruppe sehr kleiner Stechfliegen (ca. 2,5 mm) aus der Familie der Schmetterlingsmücken (Psychodidae), die z. T. Krankheitsüberträger sind.

SAPI-UTAN
s. Anoa

SIAMANGA SYNDACTYLA (SIAMANG)
Eine Gibbonart (s. Hylobates), die heute unter dem wissenschaftlichen Namen Symphalangus syndactylus geführt wird. Diese fast ganz schwarz gefärbte Art ist der größte Gibbon.

SIRIH-BLATT
Blatt des Betelpfeffers (Piper betle); die Blätter werden mit Betelnüssen, Kalk und anderen Zusätzen zusammen gekaut.

SPRACHE, HALBBARBARISCHE
Aus der malayischen Seefahrersprache, ursprünglich lingua franca der Kaufleute und Matrosen, wurde in diesem Jahrhundert die offizielle Amtssprache Indonesiens (Bahasa Indonesia) entwickelt. Sie besitzt einen vielfältigen Lehnwortschatz aus dem Arabischen, Englischen, Lateinischen, Sanskrit u. a. Sprachen.

SULU-PIRATEN
Bewohner der Sulu-Inseln, zwischen Borneo und der Philippinen-Insel Mindanao.

TEMPERATUR
Die Temperaturen sind in Fahrenheit angegeben. 80° F. entsprechen ca. 28° C.; 62° F. entsprechen ca. 18° C. Umrechnungs-Formel: $C = {}^5\!/_9 \, (F - 32)$

TIMOR-SEE (TIEFE)
Vor der Südküste der Insel Timor bis über 2000 m tief (Timor-Graben). Südöstlich davon bis nach Nordaustralien (Arnhemland) maximale Tiefe 109 m. In der Arafura-See zwischen Arnhemland und Neuguinea Höchsttiefe bei 56 m!

Trepang
Die Seegurken oder Seewalzen (malayisch trepang, engl. sea-slug, franz. beche-de-mer) sind Stachelhäutertiere, also Verwandte der Seesterne und Seeigel. In den 30iger Jahren des vorigen Jahrhunderts waren die Fidschi-Inseln ein Zentrum des Seegurkenhandels.

Tupajas
Die Spitzhörnchen oder Tupajas sind in Südostasien verbreitete Halbaffen. Man sieht sie heute relativ häufig in zoologischen Gärten. Vorfahren dieser lebhaften Tagtiere werden als Stammformen aller Primaten (Affen und Menschenaffen) angesehen.

Viverra tangalunga
Diese asiatische Zibetkatze sondert wie ihre afrikanischen Verwandten Moschus-Duftstoffe ab. Beide gehören, wie die possierlichen Erdmännchen (Surikaten) Südafrikas, zur Familie der Schleichkatzen.

Waringin-Bäume (Ficus religiosa)
Dieser »Gummibaum« aus der Familie der Maulbeerbaumgewächse besitzt Laubblätter mit einer lang ausgezogenen Träufelspitze. Bei den Buddhisten gilt der Baum als heilig, da Buddha unter einem solchen Bo-Baum seine Erleuchtung gehabt haben soll.

Zingiberaceen (Ingwergewächse)
Hierher gehören die wichtigen tropischen Gewürzpflanzen Ingwer, Gelbwurzel und Kardamom.

Zoll
Altes Längenmaß (Zollstock). Ein Fuß (0,25-0,34 m) umfaßte 10-12 Zoll, d. h. ein Zoll entsprach ca. 2,5 cm.

Zollinger, Heinrich
Holländischer Naturforscher, der sich um die Erforschung der indonesischen Inselwelt große Verdienste erwarb. 1847 bestieg er den gefährlichen Vulkan Tambora auf der Insel Sumbawa.

WALLACES REISEN IM MALAYISCHEN ARCHIPEL –
EINE CHRONIK

1854	April	Ankunft in Singapur
	Juli-September	Aufenthalt im Hinterland von Malakka
	November	Ankunft in Saráwak
1855		Aufenthalt in Borneo
1856	Januar	Rückkehr nach Singapur
	Mai	Reise nach Bali und Lombok
	September	Reise nach Magkassar (Celebes)
	Dezember	Reise zu den Kei-Inseln und nach Dobbo (Aru-Inseln)
1857	März-Mai	Reise ins Innere von Aru
	Mai	Rückreise nach Mangkassar
	Juli-November	Aufenthalt auf Süd-Celebes
	Dezember	Über Timor und Banda nach Amboina und Ternate
1858	Januar-März	Reise nach Dschilolo (Halmahera)
	März-Juli	Reise nach Neuguinea ins Vogelkopfgebiet (Dorey)
	Juli	Abreise nach Ternate
	Oktober	Aufenthalt auf Batchian
1859	April	Rückreise nach Ternate
	Mai	Reise nach West-Timor über Amboina und Banda
	Juni-September	Aufenthalt auf Nord-Celebes
	Oktober	Reise nach Amboina und Ceram
	Dezember	Zurück nach Amboina
1860	Februar-Juni	Erneute Reise nach Ceram über Manawoko, Matabello und Goram
	Juli-September	Aufenthalt auf Wageu
1861	Januar	Von Ternate nach Delli
	April	Reise nach Buru
	Juni-Oktober	Über Ternate und Menado nach Surabaya, Batavia und Buitenzorg (Java)
	November	Ankunft in Palambang auf Sumatra
1862	Januar	Von Sumatra über Banka nach Singapur; von dort Rückreise nach England über Bombay und Aden

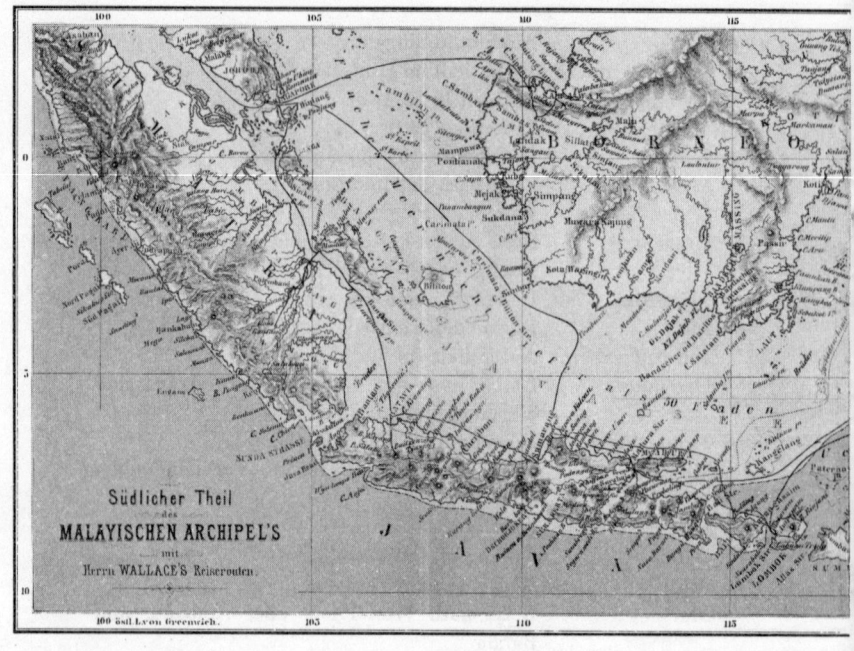

Südlicher Theil
des
MALAYISCHEN ARCHIPEL'S
mit
Herrn WALLACE'S Reiserouten.